오랜시간의 기다림

오랜시간의 기다림

초판 1쇄 인쇄 | 2016년 12월 21일
초판 1쇄 발행 | 2016년 12월 28일

지은이 | 염근호
교정/편집 | 이수영 / 김현미 / 김보영
표지 디자인 | 김보영
펴낸이 | 서지만
펴낸곳 | 하이비전

신고번호 | 제 305-2013-000028호
신고일 | 2013년 9월 4일 (최초 신고일 : 2002년 11월 7일)

주소 | 서울시 동대문구 신설동 97-18 정아빌딩 203호
전화 | 02) 929-9313
홈페이지 | hvs21.com
E-mail | hivi9313@naver.com

ISBN 978-89-91209-72-5 (03810)

값 15,000원

오랜시간의 기다림

염근호

차례

1장

제자들에게 보내는 서신(書信)

2장

시련을 통해 더 큰 축복으로 누렁이를 주신 하나님

3장

방학동안 추억 만들기

4장

오랜 시간의 기다림

1장

제자들에게 보내는 서신(書信)

진현 섬강변의 추억

남양주시 진건면 정도주택 1층에 전세를 살고 있던 우리 가족은 여름방학을 맞아 집에서 지내고 있었다. 무더운 여름 푹푹 찌는 더위와 열대야 현상으로 밤에도 제대로 잠들기가 힘든 나날이 계속되었다. TV에서는 연일 경포대해수욕장, 해운대해수욕장 등을 비추며, 인산인해(人山人海)를 이루고 있는 수많은 인파와 시원한 바닷물에서 피서를 즐기는 행락객(行樂客)들의 모습을 중계방송하고 있었다. 방송에서 흘러나오는 노래도 대부분 여름 피서를 권하는 유혹의 노래들이었다. 집에서 책을 읽으며 피서를 즐기고 있는 나에게 어린 딸과 아들이 불만을 표시했다.

"아빠, 우리도 바다로 놀러가요."

"이웃집 용희 아빠도 가족들과 함께 동해안으로 해수욕 갔대요."

"요즈음 바다로 놀러 가면 사람들이 너무 많아서 제대로 놀지도 못하고 고생만 한단다. 즐겁기는커녕 바가지요금에다 사람들이 버리는 쓰레기더미에 몸살을 앓을 지경이라는데 집에서 동화책이나 보며 시원한 지하수로 샤워하는 것이 더 좋아. 그리고 너희들은 너무 어려서 해수욕도 못하고 파도가 치면 위험해."

"괜찮아요. 놀러가요. 다들 놀러 가는데 어떻게 우리만 집에 있어요?"

아이들은 뾰로통하여 몸을 좌우로 흔들어 대며 계속 졸라댔다.

앞으로 일주일동안 일기예보를 검색해 보아도 비가 온다는 소식은 없고 무더위는 계속될 것이라고 기상대는 예보하고 있었다. '세상에 자식 이기는 부모 없다'는 말이 있듯이 나도 아이들의 의견을 따라 물놀이를 가기로 했다. 아이들에게 굴복(屈伏)했다기보다 한창 뛰어놀 아이들이 애비를 잘못 만나 방구석에만 있는 것이 모두 내 탓인 것만 같아 불쌍한 마음이 들어서였다.

생각한 끝에 행선지는 간현관광지로 결정했다. 간현관광지는 원주시 지정면에 있는 유원지로 간현역에서 강 쪽으로 조금 내려가야 한다. 당시 자가용이 없던 나는 버스를 갈아타고 동해안으로 가봐야 고생만 할 것 같았고, 아이들이 너무 어려서 바다는 파도에 휩쓸릴 위험이 있을 것 같았다. 또 바닷물에 들어갔다 나오면 샤워를 해야 하는데 맑은 계곡물은 수고스럽게 소금기를 씻을 필요도 없다. 그리고 섬강을 건너 계곡 안쪽으로 들어가면, 수심이 얕고 맑은 계곡물이 흐르는 삼산천이 있어 아이들이 놀기에 안성맞춤이었다. 나는 아이들을 데리고 물놀이를 갈 때는 안전을 제일 우선으로 삼는다.

배낭에 그릇, 음식물, 이불, 텐트 등을 챙겨 청량리 행 버스를 탔다. 물놀이가 끝나면 원주에 계시는 어머님과 형님 내외분, 누님 등 친척들을 찾아 뵐 계획이었다. 아이들은 신이 나서 중앙선 열차의 차창 밖으로 보이는 한강과 팔당댐의 시원한 강물을 바라보며 쉴 새 없이 계속 조잘거렸다.

양동역을 지나 판대역 부근 들판에 자그마한 학교 건물이 보인다. 지정초등학교 판대분교다. 언젠가 지정초등학교 선생님들과 함께 판대분교에 인사차 방문한 적이 있었다. 무더운 더위를 자양분 삼아 논과 밭에는 벼와 콩, 옥수수 등이 하늘을 향해 무럭무럭 자라고 있었고, 서로를 격려하며 악수하듯이 바람결에 잎사귀를 부딪치며 우정을 나누고 있었다. 나는 판대분교 어린이들의 몸과 마음이 한여름의 곡식과 나무들처럼 무럭무럭 건강하게 자라주기를 마음속으로 기원했다.

생각에 잠겨있는 동안 기차는 섬강을 가로지르는 철교를 지나 간현역에 도착했다. 간현역 출입구를 나와 마을을 살펴보니 감회가 새롭다. 간현을 떠난 지 몇 년 되지 않았는데도 오랜 세월을 타향에서 지내다 고향 마을을 찾은 듯 반가움이 가득하다. 여기가 내가 아끼고, 사랑하는 제자들이 사는 곳이라 생각하니 가슴이 설렌다.

우리 가족은 섬강으로 향했다. 강가에 서있는 커다란 나무들이 옛 추억을 생각했는지 고개를 숙여 인사를 하는 것 같았고, 바람결에 흔들리는 나뭇잎들은 나에게 어서 오라고 손짓하는 것 같았다. 강가 백사장의 모래를 밟으니 푹푹 빠지는 모래 발자국이 우리의 깊은 추억을 의미하는 것 같았다.

지정초등학교에서 5년을 근무하는 동안 전교 학생들은 봄 소풍을 매년 이곳으로 왔었다. 각 학년, 반으로 나뉘어 둥글게 둘러앉아 수건돌리기도 했고, 한쪽다리를 손으로 잡고 외다리로 뛰면서 상대방을 밀어 넘어뜨리는 닭싸움도 했었다. 또 강가의 돌 밑에 물건 이름이 적힌 종이를 여러 군데 감추어 놓고 그 종이를 찾는 어린이에게 상품을 주는 보물찾기 놀이도 여기서 했었다. 각 학년 놀이가 끝나면 전교생이 모여 노래자랑도 했고, 어머님들도 참여해 함께 노래를 부르기도 했다. 섬강과 철교를 배경으로 학생들과 함께 소풍 기념사진을 찍기도 했다.

강가의 여러 음식점 중에 최익수 부모님이 운영하시는 식당도 보였다. 섬강을 건너 계곡으로 들어가다가 이미영이를 만났다.

"선생님, 안녕하세요."

"그동안 잘 지냈지?"

미영이는 키도 많이 크고 어른스러워져 있었다.

"어떻게 여기 오셨어요?"

"무더위를 피해 계곡에서 사흘 정도 쉬다가 가려고."

"저는 부모님 장사하시는데 심부름 왔어요. 그럼 선생님은 언제 가세요?"

"모레 이곳을 떠나려고 해."

우리 가족은 미영이와 헤어져 계곡 안쪽으로 더 들어갔다.

미영이를 보니 내가 지정국민학교에 부임하여 4학년 담임을 맡아 1교시 수업을 마쳤을 때가 생각났다. 농촌의 아이들은 나에게 호기심을 느끼면서도 부끄럽고 수줍어서 내 곁에 다가오지 못했다. 그런데 조그맣고 깜찍하게 생긴 여학생이 내 앞으로 다가왔다. 그리곤 호기심이 가득한 눈빛으로 말을 걸어왔다.

"선생님, 먼저 있던 학교는 어디에요?"

"검지초등학교라고 태백시에 있는 학교야."

"우리 학교보다 커요, 작아요?"

"우리학교보다 훨씬 큰 학교야."

"학생은 몇 명이나 돼요?"

"3천 명이 넘는 학교란다."

"와아!"

여학생은 3천 명이라는 숫자에 놀라 입을 다물지 못하면서도 계속 질문을 했다. 그 여학생이 미영이다. 그 후로도 미영이는 의문이 생기면 망설임 없이 질문을 하곤 했다.

내가 웃으며 답변을 잘 해주자 학생들이 모여들었다. 조용히 곁에서 둘의 이야기를 듣던 학생 중에 귀엽게 생긴 남학생이 말을 걸어왔다.

"선생님, 저 선생님의 고향이 어딘지 알아요."

나는 놀랐다. 3월 10일자 중간 발령으로 이 학교에 와서 수업을 하느라 아직 자세한 소개도 못했는데 나의 고향을 알고 있다니 궁금했다.

"어딘데?"

"흥업이요. 저의 엄마 고향도 흥업이거든요."

"그런데 엄마가 어떻게 아셨지?"

아이는 부끄러운 듯 수줍어하며 말하기를 머뭇거리다간 코를 훌쩍 거렸다. 미영이가 대변인 역할을 자처했다.

"얘 아빠가 이 학교 이광옥 선생님이에요."

나는 웃었다. 자세히 보니 짙은 눈썹이며 약간 까만 얼굴 피부까지 아빠를 붕어빵처럼 빼닮았다. 이진성이다. 아버지가 선생님이니까 별도의 자신감을 갖고 친근감을 표시한 것이다. 이광옥 선생은 교무선생이면서 6학년 담임을 맡고 있었으며 학교 뒤편 독립된 관사에 살고 있었다. 진성이 외에 5학년에 다니는 딸도 있다.

5학년 담임은 박신선 선생이다. 살아가는 태도가 신선(神仙) 같았다. 쾌활하고 농담도 잘하고 술도 즐기는 편이다. 두 분 다 지정초등학교가 모교이고 학교 부근이 고향이다. 나와는 선후배 간으로 두 분 모두 춘천교대 선배이시다.

나는 계곡 안쪽으로 들어가 텐트를 쳤다. 아이들은 냇물이 흐르는 옆에다 텐트 치기를 원했지만 하늘이 하는 일을 어찌 인간이 알 수가 있겠는가. 만사불여(萬事不如) 튼튼이란 말이 있듯이 튼튼하고 안전한 것이 최고의 우선이다. 하늘에서 큰 비가 내려 계곡물이 한꺼번에 쏟아져도 괜찮을 만한 높은 곳에 텐트를 쳤다.

아들의 태어남

내가 지정초등학교 발령을 받고, 학교에 연락하니 관사가 있다고 했다. 무작정 이삿짐을 싸서 차에 싣고 학교에 도착해 보니 관사는 학교 앞 도랑 너머에 있었다. 관사는 손을 보지 않아서 도깨비 집같이 거미줄이 늘어져 있었고 낡은 벽지는 여기저기 떨어져서 보기에 흉했다. 전 학교의 새로 지은 깨끗한 관사에 살던 나는 마음이 무거웠지만 고향인 원성군에 온 것만으로 마음의 위안을 삼았다. 아내는 배가 불러 무거운 몸으로 여동생과 함께 힘들게 도배를 했다.

4월 초순 어느 날 아내는 나에게 말을 했다.

"이 광옥 선생님 사모님이 말씀하시는데요, 섬강에서 물을 대는 보(洑)가 있는데 봇물이 흐르는 늪지대에 커다란 민물조개가 많이 있대요. 내일 조개를 잡으러 가기로 했어요."

나는 민물에도 커다란 조개가 살고 있다는 말에 신기하기도 했지만 아직 물이 차가워, 아내가 만삭(滿朔)의 몸으로 조개를 잡으러 가는 것을 적극 만류했다. 그런데도 이튿날 아내는 커다란 조개를 꽤 많이 잡아왔다. 그리고 세수 대야에 조개가 죽지 않도록 물을 부어 놓곤 흥분된 표정으로 신이 나서 나에게 보여주었다. 홍합같이 시커멓고 커다란 조개를 많이도 잡아왔다.

"늪에 고운 진흙이 깔려 있어요. 다니다 보면 발에 밟히는데 허리를 굽혀 주우면 돼요."

"아니 그러면 찬물에 몸을 담그면서 주웠단 말이오?"

"예, 조개를 주우려 몸을 굽히다 보니 배까지 물에 잠기더라고요."

나는 걱정이 되었다. 그러나 이미 지나간 일이었다. 신이 나서 즐겁게 이야기하는 아내의 기분을 상하게 하고 싶지 않아 아무 말도 하지 않았다.

이틀 정도 지났을까 아내는 몸이 아프다며 병원을 가자고 했다. 나는 몇 가지 용품을 정리해 원주시에 있는 중앙산부인과로 갔다. 원주시는 조선시대 관찰사가 정무(政務)를 보던 감영(監營)이 있던 곳으로, 지금도 포정루(布政樓)와 관찰사가 사무를 보던 선화당(宣化堂)이 남아있다. 중앙산부인과는 바로 감영 뒤에 자리 잡고 있었다. 마침 중앙산부인과에는 고종사촌 매형님이 근무하고 계셨다.

"처남, 걱정하지 마. 아기는 이상이 없어. 하지만 산모가 고통을 너무 느끼니까 촉진제 주사를 놔야겠어. 괜찮겠지?"

"촉진제 주사가 아기와 산모에게 부작용은 없나요?"

"걱정하지 않아도 돼. 전혀 부작용이 없어."

"저는 잘 모르니 매형님이 판단하셔서 좋으신 대로 결정해 주십시오."

다행히 아내는 순산했고, 아기는 아들이었다. 어머님께 연락을 드렸다. 깊은 밤이라 내일 오시라고 말씀을 드렸으나 택시를 타고 달려오셨다. 도착하시자마자 아기가 보고 싶다며 아기를 찾으셨다. 간호사에게 부탁해 아기를 데려다 달라고 말했다. 아기를 안아 보신 어머님이 무척 기뻐하셨다. 이렇게 어머님이 기뻐하신 적을 본 적이 없었다. 영아(嬰兒)실에 맡기고 주무시라고 말씀드렸으나 밤새도록 아기를 안으신 채 긴 밤을 새우셨다. 나는 표현하지는 않았으나 어머님이 기뻐하시는 모습을 보니, 조금이나마 효도한 것 같아 흐뭇했다.

이튿날 고종사촌 매형님께서 나를 불렀다.

"산모와 아기 모두 건강하니까 오늘 오후에 퇴원하도록 해."

"저는 일주일이나 열흘 정도 입원해서 건강을 회복한 후에 퇴원하려고 하는데요."

"아니야, 그렇게 할 필요가 없어. 병원비만 비싸게 나오지. 집에서 편안하게 몸조리하는 게 더 좋아."

매형님은 웃으면서 나에게 말했다. 첫딸을 낳을 때도 아내는 나의 고향 흥업 집에서 출산을 했는데, 그때 나는 삼척 학교에서 아이들을 가르치느라 아내의 출산을 지켜보지 못했고 몸조리 하는데도 도움을 주지 못했다. 이번 기회에 그동안 간직했던 미안함도 풀 겸 병원에서 편안하게 몸조리하도록 하고 싶었지만 고종사촌 매형님은 퇴원을 적극 권유했다. 아내의 옷가지를 가방에 넣으면서 매우 미안했다.

닭갈비에 관한 소고

교육청에서 매월 과학(자연)과 연수가 있었다. 과학과 연수를 마치고 나오면서 주문수 선생이 나에게 말했다.

"염 선생, 사모님이 이번 달 출산예정일이라더니 아기 낳으셨어?"

"응, 아기 낳았어."

"사모님 순산하셨고 아기도 건강해?"

"둘 다 굿(good)"

"아들이야, 딸이야?"

"아들."

"그럼 가만히 있어서는 안 되겠네. 득남 주를 사야 되겠네?"

"오케이, 그냥도 살 텐데 겸사겸사 잘 됐어. 술 마시러 가자고."

우리는 남부시장 뒷골목에 있는 갈빗집을 향해 이야기를 나누며 걸어갔다. 그 당시에는 남부시장 뒷골목에 돼지갈비와 삼겹살을 파는 음식점이 많이 있었다. 음식도 맛이 있었다.

주문수 선생과 나는 춘천교육대학에 다닐 때 같은 반이었다. 1학년 4월 초순 어느 날 수업을 마치고 교문을 나서 집으로 가는 길이었다. 주 선생은 퇴계동이 집이었고, 나는 퇴계동에서 자취를 했었다. 꽃샘 추위를 하는지 날씨는 추웠고, 솜덩이 같은 함박눈이 펑펑 쏟아지고 있었다. ○○닭갈비란 간판이 여기저기 붙어 있었다. 나는 의문이 생겼다.

"춘천에는 닭갈비 파는 집이 많이 있네. 닭갈비가 그리 흔하지 않을 텐데?"

"춘천에는 닭갈비집이 많이 있어. 춘천 닭갈비는 원래 유명하잖아. 그런데 염 형은 아직 닭갈비 안 먹어 봤어?"

"부모님이 땀 흘려 고생하시며 농사지은 쌀 팔아서 학교를 보내는데 어떻게 닭갈비를 사먹어. 학교 다니는 것만으로도 지극히 감사해야 해. 나는 내가 교육대학까지 다닐 줄은 꿈에도 생각 못 했어."

"아이, 안 됐어라! 아직까지 닭갈비를 못 먹어봤다니. 내가 닭갈비 사줄게. 닭갈비집으로 가자구."

주 선생은 간판이 보이는 닭갈비집으로 나를 데리고 들어갔다.

"아주머니, 여기 닭갈비 2인분하고 소주 2병이요."

"친구는 교회 열심히 다니는데 술 마시면 안 되잖아."

"나는 좋은 친구 만나 기분이 좋을 때는 술 잘 마셔."

"어떻게 한 달 정도 사귀고 좋은 친군 걸 알아. 나는 좋은 친구가 못 되는데."

"얼굴에 다 나타나 있어. 그리고 염 형을 만나면 왠지 기분이 좋아져."

"부족한 날 좋게 봐줘서 고마워."

아주머니가 닭갈비를 불판에 올려놓았다. 양배추, 생강, 고구마, 파, 양념과 함께 닭갈비가 섞여 있었다. 그런데 닭갈비에는 닭의 갈비뿐만 아니라 다른 부위도 섞여 있었다.

"아니 이건 닭갈비가 아니네. 목, 다리, 날갯죽지도 다함께 섞여 있네."

"이 모든 걸 다함께 닭갈비라고 그래."

주 선생은 웃으며 말했다.

"나는 닭의 갈비 부분만 파는 줄 알았어."

주 선생은 닭갈비를 타지 않게 뒤적이며 내 앞으로 밀어 주었고 많이 먹으라고 웃으며 말했다. 그리고 나에게 술을 따라 주었다. 창밖에는 여전히 함박눈이 펑펑 쏟아지고 있었고, 마지막 겨울의 무명(無名) 전사(戰士)처럼 혼신을 다해 떨어진 눈송이는 아픔을 참지 못하고 눈물을 흘리며 아스팔트에서 녹아내렸다. 닭갈비집 문과 창문에 휘날리며 부딪힌 눈송이도 우리와 같이 우정을 나누지 못하는 슬픔을 억제할 수 없는 듯, 눈물자국을 남기며 이슬 같은 눈물이 되어 주르륵 주르륵 흘러내렸다. 흘러내린 눈물은 이별을 서글퍼하며 깨끗하고 맑은 호수의 도시를 거쳐 의암호에 들어가 옥빛 강물이 되었다.

"아주머니 소주 한 병 더 주세요."

주 선생이 아주머니에게 소리쳤다.

"소주 된 것 같은데……."

"안주가 많이 남았어. 한 병 더 마셔도 충분할 것 같은데……."

주 선생은 나를 바라보며 조용히 웃었다. 주 선생은 내가 많이 먹도록 천천히 먹으며 배려했고, 나도 많이 먹고 싶었지만 친구를 생각해서 꾹 참으며 닭갈비의 줄어드는 속도를 조절했다. 이렇게 나의 낯선 타향살이의 시작은, 호반(湖畔)의 도시 춘천에서 주문수 선생과 함께 우정의 닭갈비와 소주로 위로를 삼으며 시작되었다.

나는 지금도 그때의 닭갈비 추억을 잊지 못한다. 그리고 비가 오거나 눈이 내리면 차분하고 조용한 주문수 선생이 그리워진다.

"아주머니 돼지갈비 2인분하고 소주 2병이요."

나는 구이용 철판이 놓여 있는 원탁 테이블의 의자에 앉아서 아주머니에게 주문을 했다.

우리 둘은 서로를 좋아했으면서도 대학을 졸업하고 햇병아리 선생을 하는 동안 멀리 떨어져 있어서 만나지 못했다. 대학 졸업 후 9년 동안 헤어져 지내다 과학과 연수를 통해 만나게 되었다.

추가로 안주와 술을 시켜 그 동안의 생활을 이야기하며 시간이 흘러갔다. 나도 많이 취해 있었다. 그러나 내가 먼저 술자리를 끝내자고 하기는 소중한 만남을 가볍게 생각하는 것 같아 망설여졌다.

"우리 소주 더 마실까?"

"아니야, 됐어. 이젠 끝내."

나는 술집을 나와 주 선생에게 인사를 했다.

"주 선생, 조심해서 잘 가."

"아니 여기서 끝내려고."

"응, 오늘은 이만 헤어지는 게 좋을 것 같은데."

"헤어지긴 뭘 헤어져. 그럼 나보고 득남주만 마시고 헤어지란 말이야? 축하주도 사 줘야지. 이젠 내 차례야, 날 따라와!"

주 선생은 강력한 자석처럼 나를 이끌었고, 나는 힘없는 철가루처럼 이끌려 다른 술집으로 들어섰다. 어떻게 마셨는지 무슨 이야기를 나누었는지 전혀 기억이 나지 않았다. 그리고 밖으로 나와 헤어졌다.

교통사고의 아픔

혼미했던 정신이 잠시 깨어났다. 그 무렵 아내와 아기는 고향 흥업 집에서 어머니가 돌보고 계셨고, 나는 학교 관사에서 혼자 지내고 있었다. 아내와 아기를 돌보고 있는 어머니께 감사의 인사를 드리고 싶었다. 그리고 아내와 아기가 보고 싶었다. 고향집으로 가기 위해 버스를 타러 정류장으로 발걸음을 옮겼다. 그리고는 또다시 전혀 기억이 나지 않았다.

정신이 들어 눈을 뜨고 두리번거리니 병실이었다. 원주의료원의 응급실이었다. 온몸이 욱신거리고 아파서 고통이 너무나 심했다. 특히 오른쪽 다리의 무릎이 너무나 아파서 견디기 어려웠다. 버스 정류장 근처에서 택시에 치이는 교통사고를 당했다는 것이다.

"정신이 드십니까?"

"예."

"다행입니다. 엑스레이(X-ray) 검진 결과 골절은 되지 않았습니다. 타박상입니다. 신경과 근육을 다친 것 같습니다. 몇 주간 치료를 받으시면 완쾌될 것 같습니다."

흰 가운을 입은 의사는 나를 안심시키려는 듯 말했다.

내가 입원한 곳은 외과 병실이었다. 거의 모든 환자들이 팔과 다리에 깁스를 하고 있었다. 입원해 있는 한 환자가 웃으며 침대에 걸터앉아서 말을 걸어왔다.

"우리 병실에 입원하신 것을 환영합니다. 환자들이 깁스를 하고 있어서 매우 중환자처럼 보이지만 모두 외상(外傷) 환자들이라 병실이 깨끗합니다."

나는 가볍게 목례로 그의 인사말에 답을 대신했다. 심한 통증을 느끼면서도 환영한다는 그의 말에 웃음이 나왔다.

아침식사 시간이 되어 식반을 가득 실은 수레가 도착하자 두 명의 환자가 일어나서 식반을 꺼내어 환자들의 침대에 옮겨 주었다. 고마웠다. 자신도 환자이이면서 다른 환우를 돕는 사람이 있다는 것이 매우 인상적이었다.

3일 후부터 나도 식사 시간이 되면 식반을 다른 환자분들께 옮겨주었다. 나의 입원을 환영한다고 말했던 환자가 또 말을 걸어왔다.

"입원하신지 며칠 안 돼서 벌써 식반을 옮기시는 것을 보니, 나보다 신참(新參)이지만 제대는 먼저 하실 것 같습니다. 대개 제대 말년인 사람들이 식반을 옮기거든요. 저는 아직도 5개월은 더 입원해 있어야 한답니다. 하기는 죽지 않고 살아 있는 것이 다행이기는 하지만……."

트럭에 치어 죽을 뻔했다는 젊은이는 3개월을 입원해 있는 중이라며 얼굴을 찌푸리고 병실의 답답함을 토로해냈다.

"학교에 나오는 아이들을 생각하면 미안해서 어쩔 줄을 모르겠습니다. 학교에서 공부를 가르쳐야 할 내가 병원에 있으니 미안한 생각만 들 뿐입니다."

나는 겸연쩍게 웃으며 대답했다.

병문안을 오시는 형님 내외분을 비롯해서 학교 선생님들, 학부형님들께 너무 미안하고 죄송스러웠다.

"염 선생, 그만하기가 불행 중 다행이야. 선생님들이 열심히 가르치고 있으니까 걱정 말고, 마음 편히 생각하고, 건강에만 신경 쓰고 있어."

교장선생님께서는 내 마음을 다 아시는 듯 위로의 말씀을 건네 주셨다.

"아범아, 아들 낳자 네가 죽을 뻔 했구나. 이제부터는 술을 조금 마셔라. 아니 아예 끊어 버려라. 몸에도 좋지 않은 술을 왜 그리 마셔대냐."

어머님께서는 강력하게 금주할 것을 명령하셨다. 아기와 아내의 산후 몸조리에 피곤하실 어머님께 마음까지 아프게 해드려 죄송스러웠다.

"어머니, 너무 걱정하지 마세요. 앞으로는 술 마셔도 정신 바짝 차려서 교통사고가 나는 일이 절대로 없도록 하겠습니다. 항상 좌우를 살펴보고 횡단보도를 건너겠습니다."

"그래도 술 끊겠다는 말은 하지 않네."

"하하하하……."

모자(母子) 간의 대화를 지켜보던 병실의 환자들은 모두 웃음을 터트렸다. 아내도 병원을 찾아왔다. 병원이라 아기는 데려오지 않고 혼자 왔다고 했다. 말없이 나를 바라보는 아내에게 미안한 생각만 들었다. 입원 2주 만에 퇴원을 결정했다.

"주사에는 아픔을 줄이려고 진통제도 있었습니다. 주사를 맞지 않으면 퇴원 후에 더욱 아플지 모르니 각오를 하셔야 합니다. 약을 1주일씩 복용하시고 상태를 봐 가면서 병원에 오셔서 약을 타 가도록 하십시오."

의사 선생님은 친절하게 준수 사항을 자세히 알려 주었다.

택시기사와 함께 진술서를 작성하기 위하여 원주경찰서로 갔다. 그곳에서 우연히도 경찰서에 근무하고 있는 서규병 친구를 만났다. 서규병 친구는 고등학교 동창이다.

"어떻게 왔어?"

"교통사고가 나서 병원에 입원해 있다가 퇴원하면서 진술서를 작성하러 왔어."

"그래 다친 몸은 다 나았어?"

"아직도 많이 아픈걸."

"아픈데 퇴원을 해?"

"아이들 때문에 미안해서 병원에 오래 입원해 있을 수가 없었어. 학교에 출근해서 빨리 공부 가르쳐야지."

"아이들 공부도 중요하지만, 본인 건강이 더욱 중요하지. 아픈데 퇴원을 해?"

"나는 젊잖아. 약 먹으면서 아이들 가르치다 보면 자연스레 날 거야."

"보상금은 받았어?"

"아니, 내가 잘못한 것 같은데."

"어떻게 잘못했는데?"

"술 취해서 전혀 기억이 없어. 그러니 내 잘못이지."

"술 취한 사람이 지나가면 정지했다가 가야지. 모든 도로에서는 사람이 우선이야."

친구는 내 걱정을 해 주었다. 언제나 자상하고 착한 그 친구는 화천경찰서 정보과장을 끝으로 정년퇴임을 했다.

진술서를 작성하러 가니, 초등학교 동창인 김효열 친구가 담당자였다. 서로 악수를 하고 반갑게 인사를 했다. 나에게 의자에 앉기를 권하더니 방금 전의 다정했던 얼굴 모습은 사라지고, 엄숙한 모습으로 갑자기 존댓말을 쓰기 시작했다.

"지금부터 진술서를 작성하기로 하겠습니다."

"염근호 씨 본인 맞습니까?"

"예."

친구는 빠른 속도로 타자기 자판을 두들기며 진술서를 작성해 나갔다.

"교통사고 당시의 상황을 기억하고 있습니까?"

"술에 취해서 전혀 기억을 하지 못 합니다. 그러나 저의 과실(過失)이라고 생각합니다. 술이 취하지 않았으면 교통사고도 나지 않았을 테니까요. 택시기사 분께서는 잘못이 없습니다. 모두 저의 잘못입니다."

"진술하신 대로 작성하였습니다. 읽어보시고 이상 없으시면 날인하시기 바랍니다."

진술서에는 '술에 취해서 전혀 기억을 하지 못합니다.'까지만 기록되어 있었다. 그 이하는 기록되어 있지 않았다. 친구도 내 편이었다. 내 자신이 불리하게 말한 부분은 의도적으로 기록하지 않은 것 같았다. 내가 진술서에서 고개를 들어 친구의 얼굴을 보니 친구는 웃고 있었다. 나는 아무 말 없이 날인을 했다.

영업 택시기사는 어두워서 잘 보지 못하다가 급히 브레이크를 밟았으나 빗길이라 제동거리가 길어진 탓이라고 했다. 진술을 마치고 경찰서를 나서는데 효열이 친구는 문 앞까지 나와서 인사를 했다.

"친구, 몸 건강히 지내. 잘 가."

"업무에 바쁠 텐데 나까지 신경 쓰게 해서 미안해. 잘 있어."

경찰서 마당에서 택시기사와 나는 작별 인사를 나누었다.

"진술서 작성 시에 말씀을 잘 해주셔서 감사합니다."

"아닙니다. 저 때문에 일도 못하시고 걱정을 끼쳐드려 죄송합니다. 언제나 건강하시기 바랍니다."

악수를 하고 헤어지면서도 미안한 마음만 앞섰다. 택시기사의 가정과 하시는 일이 잘 되기를 기원했다.

조엄 선생 묘소 참배

지정초등학교는 원주시 지정면 간현리에 있다. 면사무소에서 동쪽으로 간현(艮峴)이라는 작은 고개를 넘어 내려오다 보면 마을과 떨어진 외딴 곳에 학교가 자리 잡고 있다. 원래 간현이라는 말은 숫돌고개에서 유래되었다고 한다. '(숫돌에 칼을) 갈다'에서 간(艮)자와 고개를 뜻하는 현(峴)자가 합쳐져 만들어진 지명이다.

나는 학생들과 공부하면서 작동(爵洞)이라는 마을의 북쪽 동산에 조엄(趙曮) 선생(先生)님의 묘가 있다는 사실을 알고 토요일 오후 현장을 답사 참배하였다. 묘의 위치는 강원도 원주시 지정면 간현리 산 69-12번지에 있었다. 조엄(1719~1777) 선생은 조선후기의 인물로 문장이 뛰어나고 민생(民生) 문제에도 많은 관심을 가지고 있었다. 지평, 수찬, 경상도 관찰사, 충청도 암행어사, 이조판서, 평안도관찰사 등 여러 벼슬을 지내면서 조창(漕倉)을 설치하고 조세 부담을 줄이는 등 많은 공을 세웠다.

특히, 조선 영조 39년(1763) 통신사로 일본에 가서 쓰시마섬(대마도)에 들러 고구마의 재배법과 보관법을 익히고 돌아와 최초로 우리나라에 고구마 종자를 전파하였다. 그 후로 고구마는 가난한 백성들의 구황작물(救荒作物)로 활용되었다.

선생의 봉분(封墳) 앞에는 제사 음식을 차려 놓을 수 있는 상석과 망주석 2기가 있다. 묘소에는 묘비가 세워져 있으며, 이곳에서 100m 떨어진 묘소 진입로 쪽에 신도비(神道碑)가 세워져 있다. 신도비의 비문은 영의정 남공철(南公轍)이 짓고, 글씨는 광주유수(廣州留守) 김이재(金履載)가 쓰고, 이조판서 김재창(金在昌)이 전서(篆書)를 썼다. 선생의 저서로는 통신사로 일본을 내왕하며 적은 '해사일기(海槎日記)'가 있다.

나는 이곳에 훌륭한 분의 묘소가 있음을 확인하고, 수업시간에 조엄 선생님에 관해서 질문을 해보니 어린 학생들이라 그런지 아는 학생이 없었다. 학생들에게 애향심과 자긍심을 고취(鼓吹)시켜 주고 싶었다. 조엄 선생님의 묘소에 현장학습을 다녀오겠다고 교감선생님, 교장선생님께 말씀드리니 웃으시며 허락해 주셨다.

"학생들 다치지 않도록 주의하고, 특히 산에 오를 때는 쐐기벌레, 벌, 뱀 등을 조심해서 다녀오도록 해."

교장선생님께서 할아버지처럼 학생들의 건강을 염려하셨다.

"예, 제가 현장답사를 다녀왔는데 묘소가 나지막한 곳에 있어서 수풀은 없었습니다. 별로 위험하지는 않은 것 같은데 혹시 모르니 제가 맨 앞에서 주의 깊게 살피면서 다녀오도록 하겠습니다."

교장선생님께서는 다시 한 번 빙그레 웃으셨다.

현장학습을 간다는 나의 말에 작동마을에 사는 조숙연과 전정환, 김은주, 정은미가 매우 좋아했다. 늘 얌전하고 수줍음이 많던 조숙연이가 내 옆에서 기뻐서 폴짝폴짝 뛰었다. 묘소를 참배하고, 우리 조상들이 배고픔을 겪으며 힘들어 할 때 고구마를 가져와서 보탬을 주신 고마운 분임을 상기시키고 항상 감사한 마음을 갖도록 했다.

성명학과 이름 짓기

나는 틈틈이 논어, 맹자, 역경 등 고전(古典)을 옥편(玉篇)을 찾아 독서하면서 성명학(姓名學)에도 관심을 갖게 되었다. 그리고 성명학을 공부하면 할수록 재미가 있었다. 쉬울 것만 같은 이름 세 글자(간혹 네 글자, 다섯 글자도 있음)가 그리 만만하게 볼일이 아니며 함부로 이름을 지을 일이 아니었다.

이름은 부르기 좋은 글자로 하되 경음(된소리)이나 격음(거센소리) 등은 가급적 쓰지 않는 것이 좋다. 어감이 산뜻하고 밝은 느낌의 양성모음을 가급적 사용하되 부르기 좋게 음성모음을 섞어 짓는 것도 괜찮다고 본다. 또한 한자의 경우에도 복잡하고 획수가 많은 것은 가급적 피하는 것이 좋다. 간단하고 쓰기 좋고 명랑한 의미의 한자를 사용하는 것이 좋다. 의미론 상으로도 좋아야 한다.

그러나 그것으로 끝나는 것이 아니다. 성명의 세 글자가 합하여 의미적, 수리적으로 시너지효과가 극대화 되게 이름을 지어야한다.

김대중(金大中)이라는 성명을 예를 들어 말해보고자 한다. 金은 한자 획수로 8획이다. 성은 조상 대대로 물려받는 것이라 자기 마음대로 고칠 수가 없다. 그래서 이것을 하늘에서 물려받은 것이라고 해서 천위(天位)라고 한다. 천위와 가운데 글자(金大)를 합하면 11획이 된다. 이를 인위(人位)라고 한다. 즉 인위는 하늘과 땅의 합일체(合一體)로서 그 사람의 운명을 지배하는 중추(中樞) 역할을 한다. 인위의 운명은 그 사람의 일생을 지배한다. 이름의 가운데 글자와 끝자(大中)를 합한 것을 지위라고 한다. 지위의 획수는 7획이다. 지위는 내 자신을 지적하는 부위이며 유소년기의 운을 나타낸다. 지위는 선천운이라고도 한다. 가난한 시골 농촌에서 태어난 것도, 어머님이 일찍 돌아가시고 새어머니의 보살핌 속에서 자란 것도 모두 유소년기의 운에 따른 것이다.

그러나 유소년기의 운이 나쁘다고 해서 실망할 필요는 없다. 어린 시절의 어려움을 이겨내고 더욱 굳세게 자라나 훌륭하게 된 사람들이 많이 있다. 현대그룹의 회장이었던 정주영씨, 미국의 16대 대통령 에이브러햄 링컨(Abraham Lincoln), 세계적인 축구스타 크리스티아누 호날두(Cristiano Ronaldo) 등이 대표적인 예다.

이름의 바깥을 구성하고 있는 글자(金中)를 외위(外位)라고 한다. 성과 이름의 맨 끝 글자의 획수를 합한 것이다. 외위의 획수는 12획이다. 외위는 그 사람의 활동력, 사교성, 설득력, 환경 등을 나타낸다. 그리고 그 사람의 이름 金大中 전체의 획을 합한 15획을 총위(總位)라고 한다.

그리하여 성명학은 천위, 인위, 지위, 외위, 총위까지 5위로 나누어 계산 분석한다. 5위 모두 좋아야 하겠지만 천위는 작명가의 마음대로 되는 것이 아니다. 이름이 상관되는 운명을 유기적(有機的)으로 합쳐서 행운과 불운, 성공과 실패를 결정하는 가장 중요한 요소는 총위이다. 모두 좋아야 하겠지만 그것이 힘들다면 성명 세 글자(혹은 네 글자나 다섯 글자라도)를 합한 총위는 반드시 좋아야 한다.

이름을 지을 때에 마음심(心)자는 4획으로 계산하지만 심방변은 3획으로 계산하며, 물수(水)자는 4획이나 삼수변은 3획, 이수변은 2획으로 계산하는 것이 원칙이다. 일부에서 삼수변을 물수(水)자로 보고 4획으로 계산하는 것은 옳지 않다고 본다.

성명의 배치(配置)에서는 오행(五行)의 배치에 따라 감정(鑑定)을 한다. 오행 즉 목성(木性), 화성(火性), 토성(土性), 금성(金性), 수성(水性)의 오종(五種)으로 나누는 다섯 가지 성질에 의해서 그 친화(親和)와 상극(相剋)이 나타난다. 그러므로 이름을 지을 때는 이름 세 글자가 서로 유기적이고 친화적인 글자로 지어야 한다.

나는 아기의 이름을 지으면서 이왕이면 대통령(大統領)이 되는 대운(大運)으로 이름을 짓고 싶었다. 퇴근 후 집에 돌아와서는 아기의 이름 짓기, 작명(作名)에 골몰했다. 그러나 대통령이 될 만한 이름은 테러(terror)에 의해서 살해당하거나 간신히 생명을 구하는 운, 감옥에 가야 하는 운, 자살할 운, 타인에게 모함을 받아서 괴로워하는 운, 믿었던 사람에게 배신당하는 운, 타국으로 도피를 가는 운 등이 대부분이었다. 대통령이 되어서는 죄 없는 사람을 억울하게 죽이거나 감옥에 넣을 운, 일가친척이 비리(非理)에 연루되어 감옥에 가는 운 등 행복과는 거리가 먼 운들이었다. 유럽을 호령하던 대로마제국의 황제들도 자연사(自然死)한 황제는 몇 명 안 되고 대부분 암살이나 독살로 살해되거나 전투에서의 패전으로 적군에 의해서 죽임을 당했다고 한다.

나는 욕심을 접었다. 내 사랑하는 아기에게 권력욕이나 명예욕에 사로잡혀 무섭고 힘든 이름을 지어주고 싶지 않았다. 그래서 가정적으로 행복하고, 소박하면서도 다정하고 건강하게 사는 평범한 시민의 이름을 지었다.

아기의 출생 신고를 하러 흥업면사무소 담당자를 찾아갔다. 고향의 선배님이었다.

"형님 안녕하세요? 그동안 건강하게 잘 지내셨지요?"

"오래간만이야. 어떻게 왔어?"

"아기 출생신고를 하러 왔습니다."

"축하해."

아기의 출생신고 용지를 받아보신 선배님은 용지를 읽어보고 난 후에 나를 보며 말했다.

"신고 기간이 무척 지났네."

"예, 여러 가지 사정으로 출생신고를 제때하지 못했습니다."

"과태료를 내야하는데……."

선배님은 말끝을 흐렸다. 나는 웃으며 말했다.

"괜찮습니다. 얼마지요?"

"아냐, 안 내도 돼. 모처럼 만난 고향 후배에게 얼마 되지도 않는 돈을 야박하게 받을 수는 없지."

그리고는 출생신고 용지 의견란에 '아기의 부(父)는 초등학교만 졸업한 사람으로 출생신고 기간이 있는지도 모르는 무식한 사람으로서 생업에 바빠 늦게 신고하였음'이라고 썼다. 그리고는 웃으며 말했다.

"이렇게 쓰면 안 내도 돼. 잘 가!"

"형님, 안녕히 계십시오."

되돌아 나오면서 나도 웃음이 터져 나왔다. 그리고 적은 돈이나마 과태료를 내지 않은 것이 미안했다.

일기쓰기 지도

학생들의 공부를 가르치면서 시간이 나면 일기 지도에도 신경을 썼다. 매주 한 번씩 일기장을 내게 해서 틀린 철자를 교정해 주었다. 처음에는 맞춤법의 철자가 틀린 것을 집중적으로 지도하여 바르게 문장을 완성하도록 지도했다. 일기를 잘 쓴 학생은 여러 학생들이 보는 데서 칭찬하여 격려해 주었다. 아이들의 일기라 솔직하게 어려운 형편을 쓰는 학생도 있었다. 그런 학생들에게는 용기를 주고, 위로가 되는 말도 써 주었다.

학생들이 일기 쓰는 것이 정착되자 욕심이 생겼다. 더욱 재미나게 일기를 쓰도록 지도했다. 대부분의 학생들이 '아침 먹고 학교에 가서 공부하고 집에 와서 숙제하고 저녁 먹고 TV 보다 잠들다'의 형식이 대부분이었다.

"일기는 그 날에 있었던 일을 사실대로 쓰는 것이야. 그러나 매일 되풀이(반복) 되는 일은 쓰지 않아도 된단다. 그 날에 있었던 가장 특별하고 중요한 일 한 가지를 골라서 자세히 쓰는 것이 좋아. 그리고 내가 한 일이 아니더라도 하루의 어떤 일을 보고 느낌이 있을 때, 그 느낀 점을 자세히 쓰도록 해 봐."

나는 예를 들어가며 일기 쓰는 법을 지도했다. 일기는 개인의 기록이며 역사이자 하루의 일을 돌이켜 보고 반성하며 마음이 커가는 심성(心性)의 과정이다. 또한 계속해서 일기를 씀으로써 문장과 표현력의 향상으로 글짓기 능력도 향상된다고 믿었기 때문이다.

한 가지 주제(主題)를 선정하여 내용과 느낌을 자세히 적도록 했다. 처음에는 한 줄만 써오는 학생들도 있었다. 의무적으로 다섯 줄 이상의 일기를 쓰도록 했다. 시간이 지나자 학생들의 일기 쓰는 실력이 몰라보게 향상되었다. 처음에는 한 페이지의 반도 채우기를 힘들어 하던 학생들이 앞면과 뒷면의 2페이지를 정성스레 꽉 채워서 자세히 쓰는 경우도 생겼다.

관찰력과 사고력의 깊이도 좋아졌고 표현력도 향상되었다. 나는 칭찬의 댓글도 써주고 잘 쓴 글은 여러 학생들 앞에서 읽어주기도 하며 꾸준히 지도하였다. 나는 지금도 일기를 정성껏 잘 쓰던 학생들을 기억하고 있다.

'조은미, 이화용, 이은옥, 김정아, 이영수, 전정환, 조숙연, 성주연, 최홍인, 문미정, 이상복, 손상희, 이호준, 이용구, 이은숙, 이미영, 김장주, 김은주, 한성태, 유혜연, 이효순, 정은미.'

그 중에서도 나는 전정환의 일기 앞부분을 지금도 기억하고 있다. 어린 학생의 일기라기에는 너무 깊은 생각이 잘 나타나 있어 인상적이었다.

제목 : '죽음'

'아침에 가방을 메고 학교를 가는데 상여가 지나간다. 우리 동네 할아버지가 돌아가신 것이다. 나는 학교를 가다 말고 상여를 물끄러미 바라보았다. 상여 앞에서 작은 종을 흔들며 어떤 아저씨가 노래를 부르면, 상여를 멘 동네 아저씨들이 따라 불렀다. 노래 소리가 매우 구슬펐다. 뒤에는 가족들이 따라가며 슬피 울고 있었다.

사람은 모두 아기로 태어나 자라서 살다가 늙으면 병이 들어 죽는 것일까? 나도 지금은 어리지만 어른이 되어 엄마가 되고, 그다음 할머니가 되었다가 죽게 되는 것일까? 왠지 슬퍼진다. 살아있는 동안 착하게 살아 많은 사람들이 나의 죽음을 안타까워하고 슬퍼했으면 좋겠다. 그러면 죽음이 조금이나마 위로가 되고 무섭지 않을 것 같다…….'

대략 이러한 내용이었다. 나는 밑에다 글을 써주었다.

'동네 할아버지의 상여를 본 느낌을 자세히 잘 썼습니다. 그러나 어린 나이에 죽음을 너무 무서워하거나 슬퍼하지 마세요. 기쁘고 행복하게 살기 바랍니다. 나이가 들어 할머니가 되면 죽음이 무섭지 않고 친해져서 기다려질지도 모릅니다.'

장학지도가 있었다. 교감선생님께서 말씀하셨다.

"장학지도가 있어서 장학사가 온다는데 뭘 마땅히 보여줄 것도 없고, 학생들 일기장을 보여주는 게 어떨까?"

"예, 그렇게 하겠습니다. 장학지도가 있는 날 아침에 학생들이 일기장을 가져오도록 하겠습니다."

장학지도가 있던 날 오후 장학사의 평가 말씀에서 '일기를 매우 잘 쓰고 있다. 학생들의 실력이 대단하다'는 칭찬을 받았다. 비록 지나가는 덕담이었는지 모르지만 내가 받은 칭찬 이상으로 기분이 좋았다.

주 선생과 소방차

교육청 과학(자연)과 연수를 마치고 주문수 선생과 나는 같이 길을 걷고 있었다.

"지난번 연수 마치고 득남주 마실 때는 너무 마셨나봐. 헤어질 때에 어떻게 헤어졌는지 전혀 기억이 나지 않아. 학교 관사로 갈 수가 없어서 친척집(처갓집)에서 잤어. 잠에서 깨어보니 친척집이더라고. 그렇지만 오늘도 한잔해야지?"

주 선생은 즐겁게 웃으며 말했다.

"그럼, 한잔해야지. 한 달에 한 번밖에 못 만나는데."

"지난번 염 선생은 괜찮았어?"

"아냐, 나도 너무 마셨는지 전혀 기억이 않나."

"그런데 염 선생 교통사고 당했었다며?"

"어떻게 알았어?"

"내가 염 선생한테 얼마나 관심을 갖고 있는데 그걸 몰라. 그런데 언제 당한거야?"

"주 선생하고 술 마시던 바로 그날."

"정말?"

"응, 정말이야."

나는 아무렇지도 않은 듯 대수롭지 않게 말했으나 주 선생의 얼굴은 새카맣게 변했다. 굉장히 미안한 표정이었다. 그리고는 손사래를 치며 말했다.

"염 선생, 오늘은 술 마시지 말고 그냥 헤어져."

"술을 마시지 말자니 그게 무슨 말이야? 오늘 같은 날은 꼭 마셔야 해. 환생 주(還生 酒)."

"환생 주?"

"죽을 뻔했다가 살아났으니, 토끼 용궁 갔다가 살아 왔으니 한잔해야지."

주 선생은 나의 말에 웃었다.

"먼저처럼 너무 많이 마시지 말고 각 1병이나 2병 정도만 마시면 괜찮아. 주 선생과 마시면 기분이 무척 좋아지니까. 학생들도 더욱 잘 가르칠 수 있을 거야."

우리는 과학과 연수가 있을 때마다 남부시장 뒷골목에서 술을 마시며 우정을 나눴다. 그러던 어느 달이었다. 우리가 갈비와 술을 주문해서 한두 잔 마셨을까 했을 때 옆자리에서 술을 마시던 두 사람

중의 한 사람이 말을 걸어왔다.

"여보세요."

"예?"

우리 둘은 옆자리로 고개를 돌렸다.

"말씀하시는 것을 들으니 선생님 같은데 맞습니까?"

"예, 그렇습니다."

"저희는 원주소방서에 근무하는 사람입니다. 같은 공무원끼리 만나서 반갑습니다."

"반갑습니다. 그러시면 혹시 김득수라고 아십니까?"

"알다마다요. 내가 데리고 있었지요. 내 밑에서 근무했었습니다."

"성실하고 좋은 사람이지요. 저의 고등학교 동창입니다."

"착실하고 나무랄 데 없는 좋은 사람이지요."

그분들은 시원스럽고 젊었지만 우리 둘보다는 확실히 나이가 5~6세는 더 먹은 연장자로 보였다. 득수 친구를 화제로 그분들이 정답게 느껴졌다. 나는 그분들에게 가서 정중히 인사를 드렸다. 우리는 시작이었지만 그분들은 안주도 거의 없었고, 소주병도 비워져 있었다.

"저의 자리로 가셔서 합석하시지요."

"쓸데없는 이야기를 해가지고 괜히 빈대 붙는 것 같아서……."

"아닙니다. 득수 친구랑 함께 근무하셨다니 너무 반갑습니다."

합석한 우리들은 술과 안주를 비우고 한 번 더 안주와 술을 시켰다. 두 번째 안주와 술을 시키려고 나는 식당 여주인을 불렀다.

"사모님, 여기 갈비 2인분하고 소주 2병만 더 주세요."

"아니, 됐습니다. 여기서 끝내시고 우리가 2차로 사겠습니다. 자리를 바꿉시다."

소방관이 고개를 돌려 식당 여주인에게 큰소리로 말했다.

"아주머니, 식탁을 깨끗이 치우시고 새로 술자리를 봐주세요."

주 선생이 미안한 표정을 지으며 조심스럽게 말을 꺼냈다.

"죄송하지만 저는 이만 일어서야 하겠습니다. 막차시간이 다 돼 가서요."

"어디 사시는데요?"

"부론면 손곡초등학교 관사에 삽니다. 거기까지 가야하기 때문에……."

"걱정하실 필요가 없습니다. 소방서에 전화해서 저희가 편안히 모셔다 드릴 테니 우리가 사는 술 마음 편히 즐겁게 드시고 가십시오. 지금까지 즐거웠는데 선생님이 가시면 허전해서 되겠습니까?"

"으응, 그렇게 하면 돼."

다른 소방관도 고개를 끄덕이며 맞장구를 쳤다.

우리는 식탁을 옮겨 서로 따라주고 잔을 부딪치며, 부담 없는 대화로 웃고 떠들며, 귀뚜라미 우는 초가을의 밤을 보냈다. 우리가 식당을 나섰을 때는 밤이 꽤 깊었다.

"오늘 밤 즐거웠습니다. 주 선생을 잘 부탁드립니다."

"걱정하지 마십시오. 우리는 화재 현장에 출동할 때 저마다 기도합니다. '반드시 두 사람을 구할 수 있게 해 주소서. 등에 업은 한 사람과 저 자신, 제 목숨을 잃으면 다른 사람을 구할 수 없기 때문입니다.'

오늘 밤은 차를 운전하는 소방관과 주 선생을 위하여 기도할 겁니다. 우리 소방관과 주 선생 모두 건강하시기를 위해서…….”

소방관은 몸이 약간 비틀거렸지만 엄숙하게 말했다. 남부시장 삼거리에 나섰을 때 커다란 소방차가 요란하게 사이렌 소리를 울리며 도착했다. 주 선생은 운전석 옆자리에 올라앉았다.

“선생님이셔. 내일 학생들 수업에 지장이 없도록 잘 모셔다 드려. 올 때도 조심해서 잘 오도록 해.”

“예, 걱정하지 마십시오. 금방 다녀오도록 하겠습니다.”

소방차는 다시 경광등을 번쩍이며, 앵앵 사이렌 소리를 크게 울리며 출발했고, 남은 셋은 아쉬움을 달래며 헤어졌다.

우리는 한 달 후에 다시 갈빗집에 앉아서 대화를 나눴다.

“그 때 잘 갔어?”

“응, 잘 갔어. 어떻게 빨리 달리는지 정신이 없었어. 적색(赤色) 신호등에서도 경광등을 번쩍이며 앵앵 사이렌을 크게 울리며 진입하니까 모든 차들이 멈춰 서서 길을 내주는 거 있지. 마치 1호차를 타는 기분이었어.”

“1호차라니?”

“대통령 차 말이야. 마치 대통령이 된 기분이었어. 만종, 동화, 문막을 지나면서도 어떻게 빨리 달리는지 맞은편에서 오던 트럭, 택시 등이 갓길에 바짝 붙어서 멈춰 서있더라고.”

“왜 멈춰 서?”

“그게 예의래. 학교까지 10분에서 15분 사이에 도착했을 걸. 내가 원주에서 손곡초등학교까지 그렇게 빨리 가본 적은 소방차가 처음이야. 나도 무서워서 안전벨트를 했으면서도 손잡이를 꽉 움켜잡고 갔어.”

“급한 용무도 아닌데 왜 그리 빨리 갔을까?”

“습관이래. 화재 현장에는 불이 커지기 전 초기에 진압하기 위해서, 될 수 있는 한 빨리 가야 인명과 재산 손실을 줄일 수 있기 때문에 최선을 다해 속도를 낸다는군.” “재미있었겠다.”

“재미있긴 너무 빨리 달려서 무서웠어. 그리곤 창피해서 죽을 지경이었어.”

“왜?”

“소방차가 앵앵 크게 사이렌을 울리면서 운동장에 있으니까 무슨 일이 발생했는지 궁금해서 관사에 사시는 선생님, 사모님, 아이들까지 잠옷차림으로 뛰어나와 보고 있는 거 있지. 그런데 술이 잔뜩 취한 내가 내리니까 얼마나 우스웠겠어. 미안해서 혼났어.”

나는 심각한 표정으로 이야기하는 주 선생의 말을 들으면서 웃었고, 주 선생을 태워다 준 소방관에게 감사했다.

“주 선생, 우리 건배하자. 불철주야(不撤晝夜) 화재 예방과 재난을 최소화하기 위해서 노력하는 소방관을 위하여! 술꾼까지 태워다 주는 소방관에게 감사하며!”

몇 년 후 나는 경기도로 발령받아 주 선생과 헤어졌다. 지인(知人)을 통해 들은 바에 의하면 주 선생의 아들이 가톨릭대학을 졸업하고 신부가 되어 카자흐스탄으로 가서 선교활동을 한다고 들었다. 주 선생은 이역만리(異域萬里) 타국에서 온갖 어려움을 겪으며 선교활동을 하는 아들을 돕기 위해 학교에 사표를 내고 사모님과 함께 아들 곁으로 갔다고 한다. 주문수 선생님 내외분과 아들 주 신부님의 복음

활동에 하느님의 크신 은혜와 함께 커다란 결실이 있기를 삼가 기원합니다.

물놀이와 다슬기

그해 여름은 무척 무더웠다. 점심 식사 후에 있는 체육 시간은 너무 더워 운동장에서 수업을 하기가 힘들었다. 어린 학생들도 교실에서 수업을 하는 것조차 힘들어 할 정도였다. 나는 융통성을 발휘하여 각각 분산되어 있는 체육 시간을 합쳐서 점심시간 후에 2시간으로 배정했다. 물론 학생들과도 합의 하에 결정한 것이다.

사전 답사를 한 결과 동화역에서 지정초등학교 쪽으로 가는 곳에는 높은 철교가 있었다. 철교 밑에는 물을 막은 보(洑)가 있어서 학생들이 수영이나 물놀이를 하기에 매우 좋았다. 학생들에게 내일 체육 시간에는 수영을 하러 갈 예정이니 수영복을 가져오라고 했다. 모두들 크게 소리를 지르며 환호했다. 교무선생님, 교감선생님, 교장선생님께 허락을 받은 후에 학생들을 데리고 철교 밑의 보로 갔다.

동화리, 보통리에 사는 김 현중, 채 완기, 김 남성, 손 상희, 이 화용은 책가방을 싸서 메고 수영장으로 가도록 했다. 하교할 때 일부러 학교까지 다시 왔다가 집으로 돌아가는 번거로움을 덜어주기 위함이었다. 동화리, 보통리에 사는 학생들이 더욱 좋아했다.

우리들이 찾아간 그 보는 경장동, 지정초등학교 서쪽과 남쪽에 있는 어랭이 들판의 넓은 논들에 물을 제공하는 규모가 아주 큰 보였다. 철교의 둑이 있는 곳은 모래 바닥으로 수심이 얕았지만, 물살이 굽이 치고 봇물이 빠져나가는 산 밑 바위 쪽으로는 수심이 깊었다. 특별히 주의를 필요로 했다. 학생들에게 준비운동을 시킨 후에 당부를 했다.

"오늘 물놀이는 더위도 식힐 겸 너희들 즐겁게 해주기 위해서 선생님이 마련한 특별한 시간이야. 마음껏 재미있게 놀아도 된다.

단, 두 가지를 꼭 지켜야 해. 첫째, 서서 배꼽이 물에 잠기지 않도록 한다. 깊은 곳으로 들어가다가도 배꼽이 물에 잠길 만하면 되돌아 나와야 해. 둘째, 재미있게 놀되 친구를 물속에 거꾸로 집어넣는 짓궂은 장난을 치면 절대 안 된다. 친구가 숨도 못 쉬고 위험해질 수 있으니까. 알겠지?"

"예~에! 와~아!"

우리 반 아이들은 일제히 큰 소리로 대답하고 물속으로 뛰어 들어가 재밌게 놀고 있었다. 물고기가 물 만난 것처럼 물장구도 치고, 상대편의 얼굴을 향하여 손바닥으로 물을 쳐서 보내며 물싸움도 하고, 혼자 수영도 하면서 저마다 제각기 즐겁게 노는 모습은 보는 것만으로도 웃음이 나오고 행복했다.

그러나 담임으로서 아이들이 재밌게 노는 모습을 넋 놓고 바라보고만 있을 수는 없었다. 만일의 비상사태에 대비해야 했다. 수영도 못 하는 아이가 물에 빠져 허우적거리고 있다면 이쪽 모래사장에서 달려가 구하는 것보다 산 쪽 바위에 앉아 있다가 구하는 것이 훨씬 가깝고 쉬웠다. 나는 헤엄을 쳐서 산 쪽 바위로 갔다. 그리고 앉으려고 하다가 깜짝 놀라 바위를 살펴보니 커다란 다슬기가 다닥다닥 붙어있었다. 산 쪽으로 물이 잠겨 있는 바위에는 온통 커다란 다슬기들 천지였다. 다슬기를 주워서 옆에다 놓아주고 바위에 걸터앉았다.

동화역을 감싸고 흐르는 냇물은 흥업면 매지리에서 흐르는 매지천과 판부면 서곡리에서 흐르는 백운천, 흥업면 대안리에서 흐르는 대안천이 서로 합류한 것으로, 이곳을 지나면 다시 섬강과 합류한다. 섬강의 지류(支流)인 셈이다. 원래 이곳에는 다슬기가 많지만 봄부터 가을까지 다슬기를 주우러 다니는 사람들이 많아, 큰 것을 발견하기가 그리 쉽지 않았다. 그런데 이 바위에 오려면 옷을 벗고 헤엄쳐서 와야 하니 사람들이 다슬기를 줍지 않아 큰 것이 남아있었던 것 같았다. 물놀이가 끝나고 학생들은 머리도 헹구고, 몸도 깨끗이 씻은 후 학교로 돌아왔다.

다음 주 체육 시간에 다시 물놀이를 갔다. 가곡리에 사는 이현준, 이호준이도 책가방을 가져가겠다고 수줍은 듯 말했다. 편하다면 좋은 대로 하라고 허락했다. 나는 물놀이를 갈 때에 주전자를 준비해 갔다.

보의 시멘트 둑이나 모래바닥을 붙잡고 다리로 물장구치는 방법을 지도했다. 무릎을 굽히지 않은 상태에서 가볍게 다리를 들어 올려 물장구를 치도록 지도했다. 물장구치는 방법이 틀린 경우는 교정도 해주었다. 그리고 자유형, 평영, 접영, 배영을 시범 보이며 지도했다. 선수를 양성하는 것이 목표가 아니라 안전한 물놀이를 위해 교양으로 지도하는 것이니 부담이 적었다. 수심이 얕은 곳에서 학생들은 저마다 배운 것을 연습해 보며 수영 실습을 했다. 체육시간이 끝났을 때 나는 다슬기를 주우러 갈 사람을 선발했다. 학생들은 저마다 자신 있다고 손을 들며 자원했다.

"저요!"

"저요! 저요!"

발을 동동 구르며 신청을 했지만 수영을 잘하는 김남성이를 비롯한 4~5명의 학생들만 데리고 산 쪽 바위로 헤엄쳐 갔다. 몇 분도 되지 않아서 한 주전자를 가득 채웠다. 학교로 돌아올 때 학생들은 기분이 매우 좋아서 노래를 부르기도 했다.

나는 다슬기를 아내에게 갖다 주었다. 아내는 2~3일 해감을 시켜서 깨끗이 씻은 후 장을 넣고 끓였다. 나는 삶은 다슬기를 보고 잠시 망설였다. 학생들에게 주기엔 너무 양이 적었고, 주변에 강과 내가 많아서 다슬기 삶은 것을 많이 맛보았을 것 같았다. 그래서 나는 선생님들께 갖다 드렸다. 선생님들은 무더운 여름의 오후를 이쑤시개나 핀(pin)으로 다슬기를 꺼내 먹으며 무료함을 달랬다.

'미안하다. 다슬기를 어린 너희들에게 주지 못한 것이 지금도 선생님 마음에 걸리는구나.'

수해로 가슴 졸인 여름방학

그해 여름방학을 맞아 학생들이 오지 않으니 학교는 조용했다. 농촌학교라서 그런지 서울에 있는 교회에서 학교 강당과 교실을 빌려 교회 다니는 학생들을 위한 수련회를 열었다. 무더운 여름에도 불구하고 강의를 하는 강사선생님과 열심히 듣는 학생들, 그 학생들을 뒷

바라지하기 위해서 애쓰시는 어머님들의 헌신적인 모습이 인상적이었다.

수련회가 계속되는 가운데 강사선생님들과 어머님들의 열정은 변함이 없었지만 학생들은 조금씩 지쳐가는 모습이었다. 안타까웠다. 그러나 교회 다니는 학생들이라서 그런지 예의가 바르고 온유했다. 나는 학생들이 수련회를 통해서 많은 깨달음과 복음을 얻어 우리나라의 훌륭한 지도자로 성장하기를 기원했다. 교회학교 수련회가 끝나자 학교는 더욱 조용해졌다.

장마가 시작되었다. 장마전선이 중부지방에 집중되었는지 굵직한 빗줄기는 멈출 줄 모르고 계속 내렸다. TV에서는 비바람에 과일나무가 뿌리째 뽑히고 낙과가 많아 과수농가의 피해가 극심하다고 보도하였다. 또 강물이 범람하여 논과 밭이 유실되고 제방이 무너졌다는 소식도 계속 보도되고 있었다. 비는 계속 내리고 물은 점점 불어났다.

내가 사는 허술한 관사 뒤에도 가곡리 쪽에서 내려오는 작은 개울이 있었는데 흙탕물이 무섭게 불어나고 있었다. 관사 앞으로는 도랑이 흐르고 있었는데 이쪽 도랑물도 많이 불어났다. 우리 관사는 마치 물속에 둘러싸인 섬과 같았다. 학교 운동장에도 마치 물을 쏟아 부은 것처럼 콸콸 흘러넘쳐 내려가 운동장 바닥이 파인 곳이 여러 군데 있었다. 학교 앞 도로의 도랑물도 넘쳐흘러 도로가 파이고 도랑은 토사(土砂)로 메워져 있었다.

빗물은 계속 거세게 쏟아지고 있었다. 우비(雨備)를 입고 삽을 들고 논을 살펴보던 조은미 아빠를 만났다. 빗줄기 소리에 목소리를 크게 해야 이야기를 나눌 수 있었다.

"선생님, 마음의 준비를 하셔야 될 것 같습니다. 몇 년 전에도 큰비가 내릴 때 학교 운동장까지 물이 찼었다고 합니다."

"섬강에서 학교까지 거리가 엄청 먼데 여기까지 물이 차오른다는 말입니까?"

"그럼요. 충주 쪽에서 흐르는 남한강 물의 수위가 높아지니까 섬강 물이 미쳐 뚫고 흐르지를 못하는 겁니다. 그래서 섬강 물이 넘쳐나고 사제천 쪽에서 흐르는 냇물이 섬강 물에 막혀 제대로 흐르지 못하니 수위가 높아져 논밭을 뒤덮고, 연쇄반응이 일어나는 거지요."

나는 고개를 돌려 경지정리가 잘 된 어랭이 들판의 넓은 논들을 바라보았다. 붉은 흙탕물이 서서히, 말없이 어랭이 들판의 논에 있는 녹색의 벼들을 잠식하며 차오르고 있었다. 흙탕물은 소리 없이 차오르고 있었지만 그것은 공포의 대상이었다.

물이 얼마나 무섭게 쏟아지는지 우리가 사는 관사의 뒤편 냇물이 관사의 지반 흙을 다 파내서, 그렇잖아도 취약한 관사가 쓰러져 버릴 것만 같은 기분이 들었다. 관사에 같이 사는 고조아씨가 짐을 꾸려 비닐로 싸서 교실로 옮기고 있었다. 우리가 사는 관사는 학교 운동장보다도 훨씬 낮은 곳에 위치하고 있었다. 고조아 씨가 얼굴에 흘러내리는 빗물을 닦으며 나에게 말을 걸어왔다.

"선생님, 선생님도 짐을 싸서 옮기셔야지요?"

"……"

나는 집으로 들어섰다. 아내가 말을 꺼냈다.

"여보, 우리도 짐을 꾸려서 학교로 옮겨야 하는 거 아니에요?"

"하늘에 맡겨야지, 우리가 짐을 옮긴다고 해결 되겠소. 우리 방까지 물이 차오를 것 같으면 내가 아기를 안고 교무실로 갈 테니 당신은 혜인이 손을 잡고 교무실로 오시오. 만일 교무실까지도 물에 잠기려 한다면 다시 학교를 나와서 간현 도로를 따라 위쪽으로 피해가면 돼요."

비상시의 행동지침이었다. 아내의 얼굴이 어두워졌다. 우리 둘은 걱정에 사로잡혀 있었지만 아기는 편하게 잠들어 있었고 딸아이는 아무것도 모른 채 방안에서 뛰어놀고 있었다. 어린 딸아이가 밖에 나가지 않도록 아내에게 부탁했다.

나는 특히 간현국민관광지에서 음식점을 하는 최익수 부모님과 가족이 걱정되었다. 음식점이 강 주변에 있어 더욱 피해가 클 것으로 생각되었기 때문이다. 또한 농사를 짓는 학부모님들의 피해도 걱정이 되었다. 대부분 우리학교 학부모님들은 농사를 지으며 생활하고 있었다.

고향의 어머님, 외할머님도 걱정이 되었다. 그러나 장마에 농토 일부가 훼손된다 하더라도 집이 높은 곳에 위치해 있어서 한편으로는 안심이 되었다. 나는 잠을 자지 않고 우산을 쓰고 나가 손전등으로 비춰보면서 수시로 상황을 점검하였다. 그해 여름방학의 가장 긴 밤이었다.

이튿날 새벽 학교 주위를 돌며 피해 상황을 점검하며 어랭이 들판을 바라보았다. 학교 옆에 있는 논까지 차오르던 흙탕물은 서서히 빠져나가고 있었다. 빗줄기도 가늘어졌다.

그러나 학교 앞 경장동 마을의 제방이 무너져 논이 많이 망가졌다. 간현국민관광지의 많은 음식점과 상점들도 물에 떠내려가 피해가 크다고 한다. 문막 면소재지도 물에 잠겨 피해가 심하단다. 문막초등학교 1층도 물에 잠기고 초등학교 수영장은 떠내려 온 흙이 가라앉아 흙 범벅이 되었다고 들었다. 안창리의 넓은 들판에 자리 잡은 논들도 물에 잠겨 피해가 크다는 소식이다.

비 피해 소식은 지상파 방송을 타고 실시간으로 중계되고 있었다. 장맛비 피해는 우리 지역만이 아니었다. 규모가 전국적이었고 특히 중부지역의 피해가 말할 수 없이 컸다.

이튿날 오후 이광옥 선생님이 나에게 말했다.

"염 선생, 우리 물 구경 갈까?"

"위험하지 않을까요?"

"괜찮아, 물이 많이 줄어들었으니까."

"선생님, 부모님이 사시는 가곡리는 피해가 어떻습니까?

"논두렁이 깨지고, 일부 흙이 파여 나간 곳도 있지만 그 정도를 피해라고 할 수 있나? 워낙 피해를 크게 당한 곳이 많아서……."

나는 이야기를 나누며 이광옥 선생님을 따라 섬강까지 물 구경을 갔다. 벼들은 흙탕물을 뒤집어써서 푸르고 녹색 빛나는 색깔은 없어지고 황갈색으로 변해 있었다. 물이 줄었다고 하지만 아직 제방의 턱 밑까지 흙탕물은 넘실거리며 도도하게 흘러가고 있었다. 제방에는 뿌리째 뽑혀 물에 떠내려 온 과일나무, 익지도 않은 풋과일 등이 걸려 있었고, 가구, 의자, 부엌의 플라스틱 그릇, 바가지 등도 보였다.

"누군가의 집이 장마에 부서져 떠내려 왔나 봐?"

"그런 모양입니다."

비 피해에 걱정하실 수해(水害) 가족들을 생각할 때 가슴이 아팠다. 무거운 마음으로 집으로 돌아오며 다시 논들을 살펴보았다. 비닐이 떠내려 와 벼 위에 걸쳐 있기도 하고, 여러 가지 쓰레기들도 벼 위에, 논바닥에 깔려 있었다.

학교 앞 경장동 마을의 피해도 컸다. 동화역 쪽에서 흘러나오는 냇물의 힘을 버티지 못하고 제방이 무너져 논의 흙이 자취도 없이 파여 나가거나, 한창 자라던 벼를 떠밀려온 흙이 덮어 버린 곳도 있었다. 박신선 선생님이 오토바이를 타고 학교에 왔다. 경장동 마을 부근에는 박 선생님의 어머니와 동생이 살고 있었다.

"선생님, 고향마을에 피해가 큰 것으로 알고 있는데 다녀오셨습니까?"

"응, 다녀왔어. 피해가 말할 수 없이 커. 제방이 터져서 우리 논을 싹 쓸어버렸어."

심각하게 말하는 박 선생님의 표정을 보며 나는 아무런 위로의 말도 하지 못했다. 내가 고등학교 다닐 때 수해를 입어 마음 고생하시던 부모님의 모습과 박 선생님 어머님과 남동생분의 모습이 함께 떠올라 마음이 아플 뿐이었다. 다음날 비가 또 내렸다. 은미 아빠가 말했다.

"이번 비는 약비입니다. 많이 오지 않는다니까 다행이지요. 벼 잎에 붙어 있던 부토(腐土)를 이번 비가 다 씻어준다면 좋은 일이지요. 비가 오지 않고 황토나 부토가 벼 잎에 말라붙어 있으면 벼가 병이 들고, 썩고 다 망가진다니까요."

"벼 잎에 붙어 있는 찌꺼기나 깨끗이 청소해서 씻어 줬으면 좋겠네요."

나는 불행 중 다행이라 싶어 벼 잎에 붙어 있는 흙을 깨끗이 씻어 줄 정도로만 비가 오기를 바라는 마음이었다. 많은 사람에게 상처를 준 올 해의 장마는 그렇게 끝났다. 다음날, 짐을 학교로 옮겼던 고조 아씨는 다시 집으로 옮겼다. 많은 사람에게 아픔을 준 여름방학은 장마의 끝과 함께 지나가고 있었다.

개학을 했다. 조용했던 학교가 아이들의 웃음소리로 떠들썩하고 활기가 넘쳤다. 2학기 개학식을 마치고 교실에 들어온 아이들과 인사를 나눴다. 아이들의 얼굴은 티 없이 맑고 웃음이 가득했다.

"방학동안 아픈데 없이 건강하게 잘 지냈니?"

"네~ 에!"

아이들은 힘차게 대답했다. 나는 조심스럽게 말을 꺼냈다.

"올 여름 장마가 심해서 부모님들께서 걱정을 많이 하셨을 텐데, 혹시 이번 장마에 피해가 있는 학생들은 이야기 해봐."

몇몇 학생들이 대수롭지 않다는 듯 신이 나서 이야기 했다.

'어린아이들이 부모님들의 힘드신 고통을 어찌 알겠는가? 부모님들께서 이번 장마로 많은 피해를 당하셨어도 어린아이들에게 어려움을 말씀하실 리가 있겠는가?'

어린 학생들에게 물어보는 내가 바보 같은 생각이 들었다. 나는 이번 장마로 가장 큰 고통을 겪었을 익수 부모님을 떠올리며 익수 곁으로 다가갔다.

"부모님 건강하셔?"

"예."

익수는 부끄러운 듯 수줍음을 타며 대답했다. 막심한 피해를 입힌 대형 장마에도 어린아이들은 구김살 없이 씩씩하게 자라고 있었다.

운동회 연습(태권도를 가르치며)

장마의 피해도 잊은 듯 학교의 확성기에서는 커다란 음악소리가 울려 퍼졌다. 학생들은 음악에 맞춰 매스게임 연습을 하고 있었다. 가을 운동회 준비를 위해 개회식과 폐회식 훈련, 곤봉, 고전무용 등 단체 운동과 기마전, 박 터트리기 등 단체 게임도 연습하였다. 아침부터 오후 수업을 마칠 때까지 확성기 소리는 운동장에 울려 퍼졌고, 학생들은 음악과 구령소리에 맞춰 움직였다. 방학동안 운동장에 기세 좋게 자라던 풀들도 힘을 쓰지 못하고 서서히 자취를 감춰 버렸고, 발길이 뜸한 구석진 곳의 잡풀들은 학교 행정요원(고용원)이 뽑아서 깨끗해졌다.

나는 단체 종목으로 4, 5, 6학년 남학생의 태권도를 지도했다. 대한민국의 어린이라면 운동회를 통하여 태권도의 기초 동작 정도는 알아 두는 것이 좋겠다는 생각에서였다. 태권도는 우리나라 고유의 전통무예로서 세계에도 널리 알려져 있는 운동으로 남을 공격하기 위한 것이 아니라 위급할 때 자신을 방어하고, 약한 사람이 공격을 받아 위기에 처했을 때 구출하기 위한 신사의 운동임을 강조했다. 마음과 몸을 단련함으로서 건강한 체력을 유지하고 강자에게는 강하며, 약자에게는 부드러운 예의 바른 어린이가 될 것을 강조했다.

태권도의 기본동작인 준비서기, 주춤새 몸통지르기, 아래막기, 앞차기, 몸통 바깥막기, 등주먹치기, 옆차기, 몸통막기, 손날막기, 얼굴막기, 손날 목치기, 얼굴지르기 등을 가르쳤다. 그리고 품새로서 태극1장, 태극2장을 가르쳤다. 태권도의 용어도 순수한 우리말로 많이 순화되었고, 품새의 이름과 행동동작도 약간씩 수정되었다. 예를 들면 내가 어릴 적 태권도를 배우고 학생들을 가르칠 때는 기마자세였는데 요즈음은 주춤서기로 바뀌었고, 품새도 단군형, 율곡형, 퇴계형 등이 태극1장, 태극2장, 태극3장 등으로 바뀌었으며 내용도 수정이 되었다. 태권도가 올림픽 종목으로 채택되고 세계화 되는 과정에서 좀 더 신체 과학적이고, 고유 전통을 살려 대한민국을 빛낼 수 있는 방향으로 개선되는 점은 바람직하다고 생각한다.

"태권도는 정확하게, 빠르게, 힘 있게 하는 운동이야."

나는 학생들에게 이 세 가지 중요성을 강조했다.

"준비자세는 태권도의 기본자세로서 맨 처음 시작되는 자세다. 또한 운동을 하다가도 '바로!'하고 구령하면 준비 자세로 복귀한다. 준비자세는 어깨 위에서부터 두 주먹을 자연스럽게 내려 배꼽부분에다 두 주먹을 모은다. 두 주먹 사이의 간격은 주먹 하나가 들어갈 정도로, 두 주먹과 배 사이에도 주먹이 들어갈 정도의 거리를 두어야 한다. 발과 발사이의 간격은 어깨 너비로 한다. 왜냐하면 어깨 너비로 발을 벌려 서있는 것이 가장 편안한 자세이기 때문이다."

나는 학생들에게 한 동작 한 동작을 시범을 보이며 학생들을 지도했다.

"주춤서기의 발과 발사이의 거리는 어깨 너비로, 무릎은 말을 타는 기분으로 적당히 구부려서, 시선은 정면을 응시한다. 몸통지르기는 주먹이 상대편의 명치를 가격(加擊)하는 것이다. 왜 명치냐 하면 명치부분이 사람의 몸에서 가장 약한 부분이기 때문이다. 말하자면 상대편의 급소(急所)이기 때문이다. 사람이 다치면 위급해지는 부분을 급소라고 한다. 그리고 명치는 가슴과 가슴 사이의 경계선에 배의 오목한 부분이 있어. 그곳을 명치라고 해. 자, 각자 자신의 명치부분을 만져봐."

학생들은 자신의 명치부분을 만져보았다.

"자, 모두 옷을 걷어 올리고 옆 사람의 명치를 만져봐."

"선생님, 얘가 내 명치를 만지다가 간질였어요."

"하하하하……."

나도 같이 웃었다. 내 웃음소리에 아이들은 긴장감이 풀렸는지 더 크게 웃었다.

"자, 웃음 멈추고, 상대편 명치를 가격하려면 주먹을 자기의 어깨 높이보다 낮춰서 몸통지르기를 해야 하겠지?"

"주춤새 몸통지르기, 하나, 둘, 셋, 넷."

"악!"

학생들은 나의 구령에 맞춰 몸동작을 하며 주먹을 내질렀다.

"너 점심 안 먹었어. 점심 안 먹고 나왔냐고?"

"점심 먹고 나왔습니다."

"그런데 힘이 왜 그렇게 없어? 힘 있게 주먹을 내 지르라는 말이야! 젖 먹던 힘을 다해서. 너처럼 몸통지르기를 하면 상대편이 맞고 아파하기는커녕 1000번을 맞아도 끄떡없이 웃으며 서있겠다. 한두 번에 상대편을 쓰러트릴 정도로 힘 있게 몸통지르기를 하란 말이야. 한 번 주먹을 내 지르면 기운이 쫙 빠질 정도로 힘 있게."

나는 학생들에게 동작 하나 하나에 있는 힘을 다해 최선을 다해 줄 것을 요구했다.

"주춤새 몸통 2번 지르기, 하나, 둘, 셋, 넷."

"악!"

마지막 구령에는 기합 소리를 넣게 되어 있는데 '앗'으로 구령을 넣으니 짧게 발음하는 학생, 길게 발음하는 학생이 있어 기합소리가 불일치되는 경우가 많았다. 그래서 '아'자에 기역'ㄱ' 자음을 넣어 '악'으로 기합소리를 내게 하였더니 기합소리가 일치되었다.

"주춤새 몸통 3번 지르기, 하나, 둘, 셋, 넷."

"악!"

"팔 바꿔. 주춤새 몸통 4번 지르기, 하나, 둘, 셋, 넷."

"악!"

"자, 다음은 얼굴막기야. 옆구리 부분에서 두 팔을 모았다가 위에 있는 팔을 얼굴 앞으로 들어 올려 머리 위에다 정지시키는 거야. 얼굴막기는 상대편이 얼굴을 가격하거나, 몽둥이로 머리를 내리칠 때 자기 몸을 방어하기 위한 동작이야. 팔을 들어 올렸을 때 머리와 팔의 거리는 주먹이 하나 들어갈 정도면 적당한 거리야. 머리 위에 있는 팔의 방어 자세는 주먹을 쥔 곳이 위로 팔꿈치가 아래로 향하게 비스듬해야 한다. 그래야 몽둥이를 팔로 막았을 때 저항이 약해서 팔이 부러지지 않아. 만일 수평으로 막는다면 팔이 부러질 수도 있어."

나는 천천히 몇 번씩 시범을 보인 후 학생들이 얼굴막기를 실습해 보도록 했다.

"얼굴막기, 하나, 둘, 셋, 넷."

"악!"

"방향 바꿔! 하나, 둘, 셋, 넷."

"악!"

"바로."

나는 얼굴막기 동작이 느린 학생 앞으로 갔다.

"너, 동작이 너무 느리다. 얼굴을 맞기 전에 막아야 하는데 너는 얼굴을 맞은 다음에 막는 거 같아. 얼굴을 맞아서 코피가 줄줄 흐른 다음에 막으면 무슨 소용이 있어. 맞기 전에 재빠르게 막아야지."

"자, 다시 한 번 얼굴막기. 하나, 둘, 셋, 넷."

"악!"

"방향 바꿔. 하나, 둘, 셋, 넷."

"악!"

"다음은 앞 발 들어올리기, 앞 발 들어올리기는 오른발을 들어 올릴 경우 왼발이 앞에 오른발이 뒤에 있도록 한다. 발과 발 사이의 거리는 어깨 너비의 1.5배 정도로 충분히 벌려준다. 그래야 다리를 올려도 자세가 안정되고 흔들리지 않으며 다리를 내렸을 때에도 안정된 자세를 취할 수 있다. 팔과 다리의 각도는 45°를 유지한다. 다리는 어깨까지 닿도록 힘 있게 끌어 올린다. 다리가 내려진 다음에는 두 팔을 머리 위에서 X자로 모아 방어 자세를 취했다가 자연스럽고 재빠르게 내린다."

시범 동작을 몇 번씩 반복해 보인 다음 학생들에게 실습해 보도록 했다.

"앞 발 들어올리기, 하나, 둘, 셋, 넷."

"악!"

"발 바꿔."

"하나, 둘, 셋, 넷."

"악!"

"다음은 옆차기, 옆차기는 발을 들어 올려 발바닥으로 상대편을 공격하는 방법이야. 이때 공격하는 부분은 발뒤꿈치 부분으로 하는 것이 좋아. 발뒤꿈치가 발바닥에서 가장 힘 있는 부분이기 때문이지. 발가락은 발등 쪽으로 구부려서 하는 것이 좋아. 발가락이 펴있는 상태로 공격을 하다가 발가락이 상대편 몸에 부딪혀서 부러질 수 있기 때문이야. 발가락은 약하기 때문에 상대방과의 접촉을 피하기 위해서 발등 쪽으로 구부리는 거야. 그리고 시선은 발끝 쪽을 봐야해. 정확히 상대편을 보고 가격을 한 다음 빠르게 원위치해서 정면을 보는 거야."

옆차기도 시범동작을 몇 번씩 반복해서 보여준 다음 학생들에게 실습해 보도록 했다.

"옆차기, 하나, 둘, 셋, 넷."

"악!"

"방향 바꿔."

"하나, 둘, 셋, 넷."

"악!"

나는 이런 방식으로 학생들에게 태극2장까지 지도를 했다. 운동장에서 태권도 지도를 하고 있는데 여선생님이 다가와 말했다.

"선생님, 죄송하지만 운동장을 좀 내주시면 안 될까요? 여학생 무용이 제대로 되지 않아서 연습을 많이 해야 하겠어요."

"예, 걱정하지 마시고 쓰십시오."

나는 나에게 배정된 운동장 사용 시간을 여선생님이 쓰도록 쾌히 허락했다. 그리고 학생들을 데리고 버드나무 밑 그늘로 갔다. 종열대형(縱列隊形)으로 조를 편성했다. 태권도를 가장 잘하는 학생을 조장으로 임명했다.

"태권도는 대한민국 남자라면 누구든지 꼭 배워야 하는 운동이야. 군대 장교가 되기 위해서 사관학교 시험을 볼 때나 경찰이 되기 위해서 경찰 시험을 볼 때 태권도 유단자가 되면 가산점이 있어서 합격하기가 쉽단다. 태권도를 뛰어나게 잘하면 아예 시험을 보지 않고 특채로 합격시키는 경우도 있어. 이번 기회에 열심히 배워두도록. 지금 이 시간부터 각 조별로 태권도 연습을 한다. 잘해서 빨리 합격하는 조는 바로 보내준다. 연습은 학교 운동장 가장자리 어디에서 연습해도 상관없어. 그러나 이왕이면 버드나무 그늘 등 시원한 곳에서 연습하는 것이 좋겠지. 빠르고, 정확하고, 힘 있게, 마지막으로 여러 학생들이 연습을 해도 마치 한 학생이 하는 것처럼 동작이 일치돼야 해."

나는 태권도의 필요성을 강조했고 학생들에게 태권도에 대한 동기유발을 강화하기 위해서 그 쓰임새의 예를 들어 설명했다. 나무그늘의 적당한 곳에 흩어진 학생들은 조장의 구령에 따라 순서대로 열심히 연습을 했다.

"얼굴막기, 하나, 둘, 셋, 넷."

"악!"

"방향 바꿔! 하나, 둘, 셋, 넷."

"악!"

"바로."

"옆차기, 하나, 둘, 셋, 넷."

"악!"

"방향 바꿔."

"하나, 둘, 셋, 넷."

"악!"

운동장 곳곳에서는 학생들의 연습소리와 기합소리가 울려 퍼졌다. 나는 각 조를 찾아다니며 자세가 바르지 못한 학생들을 교정해 주었다. 자신 있는 조는 나에게 와서 검사를 받도록 했다.

"불합격, 태권도 동작이 빠르고, 느리고 일치가 되지 않아. 손발이 맞도록 더 연습해."

"불합격, 동작이 힘이 없어."

"합격, 아주 잘했어. 집에 가도 돼."

"와아~ 아!"

합격한 조는 환호성을 지르면서 집으로 갔지만, 불합격한 조는 실망한 표정을 지으며 다시 연습을 했다.

잘 못하는 학생이 있어서 매번 늦게 가는 조가 있었다. 조원 모두 의기(意氣)가 소침(消沈)해져서 보기에 딱했다. 나에게 검사도 받으러 오기를 머뭇거렸다. 태권도가 뭐라고 남의 귀한 아들 기죽일 일이 있겠는가? 나는 지나가다가 웃으며 말했다.

"매일 열심히 연습을 하더니 실력이 많이 향상되었네. 어제보다도 오늘 훨씬 더 잘하는 것 같아. 합격!"

학생들이 나를 보며 어리둥절한 표정을 지었다. 검사 신청도 안했는데 제일 먼저 합격이라니 의외였던 모양이다. 꿈인지 생시인지 분간이 안 되는 것 같았다.

"정말 열심히 연습했어. 잘했어. 집으로 가도 돼."

"와아~ 아아아!"

늦게야 합격 사실을 깨달은 학생들은 크게 환호성을 지르며 가방을 둘러메고 집으로 가려고 했다. 그런데 6학년 조장이 내 마음을 알았는지 학생들을 불러 모아 가방을 내려놓고는 다시 연습을 했다.

"태극 1장."

"악!"

"태극 2장."

"악!"

잘 못하는 학생의 자세를 바르게 고쳐주면서, 되돌아서기의 방향을 바르게 가르쳐 주면서 열심히 연습을 하고 있었다. 그 이튿날도 나는 검사도 받지 않고 열심히 연습하는 그 조에 제일 먼저 다가갔다.

"합격! 열심히 연습했어."

"와아~ 아아아!"

그날도 학생들은 일찍 귀가하지 않고 연습을 했다. 나는 조장의 머리를 쓰다듬으며 말했다.

"너는 이다음 커서 훌륭한 사람이 될 거야. 사람은 남보다 앞서 가는 것보다 다함께 가는 것이 더욱 소중해. 너는 지금 그것을 실천하고 있어."

나는 못하는 학생에게도 다가가 머리를 쓰다듬으며 말했다.

"사람은 최고로 잘하는 사람보다 최선을 다하는 사람이 훌륭한 사람이야. 너는 지금 실망하지 않고 최선을 다하고 있어. 훌륭해."

격려의 말에 두 아이는 쑥스러워 하면서도 기쁨이 가득한 모습이 얼굴에 잘 나타났다. 의기소침 조는 달라지기 시작했다. 동작 하나하나에 힘이 들어가고 기합소리도 더욱 힘차게 소리를 질렀다. 내가 옆을 지나갈 때마다 흥미와 기대가 가득한 눈빛을 반짝이며 나를 바라보았다.

나는 모든 학생들에게 매일 조금씩 더 높은 수준의 목표를 제시하며 합격, 불합격을 외쳤고, 학생들은 그 목표에 도달하기 위해 열심히 연습을 했다. 운동장에 입장하여 전체 인원이 손발을 일사불란하게 움직이며 태권도 동작을 시연한 후 퇴장하는 것까지 여러 번 반복하여 연습하였다. 운동회를 며칠 앞두고 태권도 연습은 마무리 지었다.

운동회 전일(前日) 오후 남선생님들은 만국기를 달고, 운동장 트랙에 횟가루를 뿌리고, 천막을 치고, 내빈(來賓)들 앉으실 의자들을 갖다 놓았다. 퇴근시간이 훨씬 지나서였다.

"자, 준비가 다 되었으니 전야제(前夜祭) 행사로 술 한 잔 해야지."

박신선 선생님이 호탕하게 웃으며 제안했다.

"간현으로 갈까요?"

나는 두 분 선배님의 얼굴을 보며 조심스럽게 의견을 말했다. 나와 이광옥 선생님은 관사에 살고 있었기 때문에 간현이 거리도 가까워서 편리했다.

"간현으로 가면 우리가 매일 술만 마시는 줄 알아. 바닥이 좁아서 말이야. 전야제 행사를 하려면 좀 거(巨)하게 마셔야 하는데 시내로 나가는 게 좋아."

"박 선생 말이 맞아. 시내로 가는 게 좋아. 될 수 있으면 학부형님들한테 술 취한 모습 보이지 않는 게 좋아."

이광옥 선생님도 고개를 끄덕이며 박 선생님의 말에 동의했다. 우리는 원주시내로 나갔다. 즐겁게 이야기에 웃음꽃을 피우며 술잔이 오고갔다.

"선배님, 이젠 됐습니다. 그만 마시겠습니다."

"뭘 이까짓 정도를 가지고 그래. 잔 받아."

"아닙니다. 내일 운동회인데 그만 마시겠습니다."

"운동회가 뭔데? 운동회는 학생들 연습시키고, 소품(小品) 만들고, 준비기간이 힘든 거지, 내일은 프로그램대로 진행만 시키면 되는데 무얼 걱정해. 학생들 공부시키는 것도 아닌데. 자, 받아."

박 선생님은 호탕하게 웃으며 다시 술을 권했다.

"되레 술을 많이 마셔야 바짝 긴장을 해서 실수가 없고 진행이 매끄럽게 된다고. 운동장에서 쓰러지지만 않으면 돼. 쓰러지지만 않을 정도로 마시면 된다고. 만일 우리 셋이 쓰러지면 운동회는 아마 엉망이 될 걸."

"하하하하하."

박 선생님의 말에 우리 셋은 모두 껄껄대며 웃었다. 정말 우리 셋이 쓰러지면 운동회는 엉망이 될지도 모른다. 이광옥 선생님은 교무선생님으로 입장식과 폐회식의 진행을 해야 하며, 운동 종목의 설명과 방송 안내를 맡았다. 박 선생님은 체육 담당으로서 운동회 전체를 주관했다. 나는 막내로서 허드렛일을 도맡았다.

다음날 운동회는 매끄럽게 끝났다. 나는 정말 운동장에서 쓰러질 것 같은 걸 바짝 긴장을 하고 안간힘을 다해 버텼다. 뒷정리를 다 마치고 나니 긴장감이 풀리는 것 같았다.

"염 선생, 몸 상태는 어때? 괜찮아?"

"말이 아닙니다."

"뭘 그까짓 걸 가지고 그래. 운동회가 잘 끝났으니 후야제(後夜祭)를 해야지. 하하하하."

추석을 며칠 앞두고 교무실로 모이라는 방송 안내가 있었다. 선생님 한 분 한 분씩 교장실에 들어갔다 나오며 웃음을 머금고 있었다. 내 차례가 되어 교장실에 들어갔다. 교장선생님께서는 자상하게 나의 가족 관계를 물어보시고 명절 차례는 어디서 지내는지도 물어보셨다. 어머님 모시고 즐거운 추석을 보내라며 말씀을 마치시고는 노란 봉투를 건네주셨다.

"염 선생, 이거 얼마 안 되는 돈이지만 추석 보내는데 보태 쓰도록 해."

"교장선생님, 감사합니다."

교무실로 돌아와 봉투를 열어보니 4,000~5,000원 정도의 돈이 들어 있었다. 나는 추석 때 고향집에 와서 내가 드리는 용돈과는 별도로 교장선생님께서 주시는 특별금도 어머님께 드렸다. 어머니는 내가 드린, 액수가 많은 용돈보다도 교장선생님이 주신 특별금을 받고 더 좋아하셨다.

"내가 살다보니까 교장선생님께서 주시는 봉투도 다 받아보는구나. 선생님 아들을 두었더니 교장선생님께서 주시는 추석 특별금도 다 받아보고……."

"액수가 너무 적어서……."

"금액이 많고 적은 게 문제냐? 교장선생님께서 아랫사람을 그만큼 생각해 주시는 게 고마울 따름이지. 훌륭한 교장선생님을 정성껏 모셔라."

어머님의 기뻐하시는 모습을 보면서 나는 기쁘면서도 한편으로는 나의 융통성 없음을 스스로 후회했다.

'저렇게 좋아하실 줄 알았으면 교장선생님이 주신 추석 특별금에다 내 돈 몇 만원을 더 보태 넣어서 드릴 걸…….'

체육 종목 지도(핸드볼과 테니스)

지정초등학교의 육성 종목은 핸드볼이었다. 박신선 선생님이 학생들을 선발해 핸드볼을 지도하고 있었다. 어두워지는 퇴근 시간대까지 학생들은 이리 뛰고 저리 뛰며 열심히 연습을 하였다.

원주시의 실내체육관에서 다른 학교와의 시합이 있을 예정이었다. 박 선생님의 전략은 수비 위주에다 원톱 속공 전략이었다. 수비를 하다가 한 학생에게 연락을 하면 그 학생이 재빠르게 공을 몰고 가서 골을 넣는 작전이었다. 그러나 한 학생에게 너무 의존하다 보니 원톱 학생의 피로도가 빨리 왔다. 양쪽 지도 선생님의 고성이 오고 갔다.

"머뭇거리지 말고 공을 앞쪽으로 던져 줘!"

"최유성, 너무 깊숙이 들어가서 공격하지 말란 말이야! 중간에서 흘러나오는 볼을 잡아서 공격수에게 연락만 해주란 말이야! 그러다가 상대가 공격을 하면 즉시 바짝 따라 붙어서 공격수를 커버하란 말이야!"

"빨리, 더 빨리!"

"팔을 더 크게 벌리고 앞에서 바짝 붙어!"

"안용희, 패스할 수 있게 옆에서 같이 뛰어!"

학생들은 땀을 뻘뻘 흘리고 숨을 헐떡이며 최선을 다했으나 몸이 말을 듣지 않는 것 같았다. 운동경기에서는 승패가 반드시 있게 마련이다. 두 학교 선수 모두 열심히 뛰었지만 우리학교가 분패했다. 이긴 상대편 선수들은 땀을 닦으며 웃고 환호했지만, 우리학교 선수들은 말없이 고개를 숙이고 있었다. 묵묵히 지켜보던 교장선생님께서 박 선생님에게 화를 내시며 불만을 토로했다. 학부모님과 여러 선생님이 있는 곳에서 교장선생님이 참지를 못하신 것이다. 늘 시원스레 호탕한 웃음을 날려서 남까지 웃기던 박 선생님은 그날 웃지 않았다. 나는 박 선생님을 위로해 드리고 싶었지만 어떻게 위로해야 할지 방법을 찾지 못했다. 그저 학생들에게 위로를 할 뿐이었다.

"열심히 했어. 수고했어."

버스에서 내려 운동장을 들어서면서 이광옥 선생님이 말했다.

"박 선생이 무심했어. 시합이 임박해서야 선수를 구성해서 연습을 시작했으니 말이야."

"……"

나는 박 선생님의 학생지도 방법을 보면서 매우 훌륭한 지도자감이라고 생각했다. 비교적 선수 선발이 자유로운 24학급 이상의 학교에서 동기부여만 확실히 시킬 수 있는 교장선생님을 만나 의욕을 갖고 꾸준히 지도한다면, 어떤 구기(球技) 종목이라도 전국대회에서 입

상할 수 있는 능력 있는 선생님이라고 생각했다.

학교 뒤뜰의 운동장에 테니스(tennis)장을 만들었다. 조금 부족한 듯 했지만 아쉬운 대로 쓸 만했다. 교감선생님께서 교직원들에게 테니스를 배우도록 적극 권유하셨다. 교감선생님, 이 선생님, 박 선생님은 상당한 실력의 소유자였다. 나는 이 세 분과 테니스를 치면서 조금씩 기본기를 익혀 나갔다. 특히 박 선생님이 라켓을 쥐는 방법, 서브를 넣는 방법, 백핸드와 스매시, 랠리를 하는 방법 등을 꼼꼼히 가르쳐 주셨다.

주로 복식 시합을 할 때에는 박 선생님과 내가 한편이 되고, 교감선생님과 이 선생님이 한편이 되었다. 테니스를 배우고 익히면서 조금씩 테니스의 매력에 빠져들기 시작했다. 관내 기관에 근무하시는 분들이 한자리에 모여 테니스 시합을 할 때에도 우리학교 실력은 우수했다. 물론 내가 잘해서가 아니라 나를 제외한 세 분들이 잘 하셨기 때문이다.

행정요원 고조아 씨

지정초등학교 행정요원(고용원)으로 고조아 씨가 있었다. 고 씨는 고기 잡기와 고스톱 게임을 좋아했다. 컴컴한 밤에는 섬강(蟾江)으로 나가 고기를 잡아다 아침이면 시내에 갖다가 판다. 투잡(two job)족이다. 어느 날 교장선생님이 나를 부르셨다. 심각한 모습이다.

"염 선생, 고 씨 그 녀석이 당직근무 시간에도 근무는 안서고, 고기를 잡으러 나간다는 말이 사실이야?"

교장선생님께서는 어떻게 아셨는지 나에게 사실을 확인하고자 하셨다. 나는 사실대로 말씀드리지 못했다. 고 씨에게도 말하지 못했다. 고 씨 스스로 고쳐나가길 바랄 뿐이었다. 따사로운 햇살이 내리쬐는 오후 잠을 설친 듯 눈이 쑥 들어간 고 씨가 싱글싱글 웃으며 나에게 다가왔다.

"선생님, 나 고용원 때려치워야 하겠어요."

"아니, 왜 때려치워?"

"월급 쥐꼬리만큼 받고서 고용원 하는 것이 시답지 않아서……."

"시답지 않기는, 이만한 직장이 어디 있다고?"

"난 잔돈푼이나 월급으로 받고 사는 선생님 같은 쩨쩨한 사람이 아니라고요."

"쩨쩨하다니?

"난 통이 큰 사람이라고요. 크게 사는 사람이라고요."

"어떻게 사는 게 통이 크게 사는 건데?"

"사실은 어젯밤에 190만원 벌었어요. 간현에 가서 화투(花鬪)를 했거든요."

고조아 씨는 입을 크게 벌리고 싱글벙글 웃었다. 고 씨가 내게 다가와 하는 말은 어젯밤 돈 번 것을 자랑하기 위해서 하는 말이었다. 고 씨가 투잡도 모자라서 쓰리잡(three job)으로 직장을 확대한 모양이었다. 그 당시 내 월급이 20만 원 안팎이었으니 190만 원이란 꽤나 상당한 돈이었다. 알뜰하게 생활하며 1년간 저축을 해도 190만 원을 모을 수 없는 형편이었다. 그 때에는 나도 가끔 고스톱을 쳤지만 심심풀이로 어쩌다 한 번 칠 정도였다. 고 씨는 내게 바짝 다가와 은근하게 속삭였다.

"선생님도 같이 가서 돈 버실래요?"

"그 사람들 아는 사람이야?"

"아니 모르는 사람이에요."

"간현 사람들이 아니라고?"

"간현 사람들은 아닌데 사람들이 무척 좋아요. 나보고 어떻게 화투를 그렇게 잘 치냐고 하면서 칭찬일색이에요. 서울 한복판 물 좋은 데로 진출해도 충분히 큰 돈 벌어 잘 살 거라고 하네요."

고 씨는 여전히 웃음을 가득 머금은 얼굴로 어젯밤 화투 무용담을 털어 놓으며 자신만만해 하고 있었다. 나는 여전히 의구심을 감출 수가 없어서 다시 한 번 물어보았다.

"고 씨, 화투 멤버가 모두 몇 명이야?"

"나까지 모두 다섯 명이에요."

"그럼 고 씨 빼놓고는 모두 모르는 사람들이야?"

"예, 모두 모르는 사람들이에요. 그런데 사람들이 무척 좋아요."

"아무리 생각해도 고 씨가 짜고 치는 고스톱 판에서 미끼를 덥석 물고 있는 것 같아. 다행히 잃지 않았다니까 앞으로는 그 사람들하고 절대 돈 내기 하지 말고 여기서 멈춰. 그리고 고스톱을 치려면 친목 겸 오락으로 조그맣게 치도록 해. 따는 사람이나 잃는 사람들이 다 같이 부담이 없도록 말이야. 절대 간현으로 넘어가지 마라."

"아따, 선생님이 뭔데 나보고 간현으로 넘어가지 말라 간섭을 하고 그러십니까. 내가 한두 살 먹은 아이도 아니고 내일은 스스로 알아서 한다고요. 메뚜기도 가을이 한철이라고 돈 땡길 수 있을 때 확실히 땡겨서 한 번 눈이 번쩍하게 살아봐야 할 거 아닙니까? 오늘 밤은 쉬고 내일 밤 또 크게 돈 벌러 가야지……."

"고 씨, 정신 차리라니까?"

"선생님, 너무 걱정하지 마세요."

내가 소리를 크게 지르며 만류하자 고 씨는 웃으며 나를 안심시켰다. 그러나 요지부동이었다. 마치 무엇엔가 홀린 사람 같았다. 일주일가량 시일이 흘렀을까, 고 씨가 비틀거리며 내 앞으로 걸어 왔다. 눈은 호미로 파낸 듯 움푹 들어가 있었고 눈가에는 커다란 눈곱이 붙어 있었다. 며칠 밤을 새웠는지 수면 부족으로 피부는 거칠었고, 입술은 바짝 말라붙어 하얀 고기비늘 같은 표피(表皮)가 다닥다닥 세워져 붙어 있었고 턱수염도 까칠하게 솟아나 있었다. 내 앞에 서있는 고 씨는 살랑대는 바람에도 날아갈 것 같이 기운이 하나도 없어보였다. 마치 산들바람에 날아다니는 민들레 홀씨가 내 손바닥에 내려앉아 잠시 멈춰 서있는 듯 했다. 내가 다시 '호~오'하고 불면 어디론가 무한정 날아 갈 것만 같았다. 바로 땅바닥에 쓰러질 듯, 민들레 홀씨처럼 바람에 날아갈 듯 위태롭게 서있던 고 씨가 마침내 말문을 열었다.

"선생님 말이 맞았어요. 그 놈들 짜고 치는 사기꾼이었어요. 돈을 다 잃었어요."

"땄던 돈을 다 잃은 거야?"

"땄던 돈도 다 잃고 그동안 직장생활하면서 모아놨던 돈도 다 잃었어요."

"거봐, 간현 넘어가지 말라고 그렇게 내가 말렸잖아?"

"……"

"할 수 없지 뭐. 앞으로는 절대 도박하지 않으면 돼. 좋은 경험을 했다고 생각해. 앞으로 더욱 열심히 살면 돼."

나는 어떻게 위로의 말을 해야 할지 몰라서 고 씨를 물끄러미 쳐다보다 겨우 일반적이고 의례적인 말만 했다. 터져 나오는 울음을 가까스로 참고 있던 고 씨는 뒤돌아서 내 앞에서 멀어져갔다. 마치 민들레 홀씨가 작은 바람에 천천히 날아가는 것처럼 그렇게 힘없이 멀어져 갔다. 그날따라 유난히 구부정한 고 씨의 등을 바라보면서 고 씨가 한없이 가여웠다. 그리고 고 씨의 부인과 내 딸과 함께 운동장에서 뛰노는 고 씨의 두 아들이 더욱 가여웠다.

얼마나 시간이 흘렀을까, 저녁상을 앞에 놓고 아내가 비밀스럽게 말을 건넸다.

"고 씨가 도박을 해서 집에 있는 돈을 다 날렸다지 뭐예요. 부인이 보험회사에 다니면서 푼푼이 모아 적금 들었던 돈까지 몰래 해약해서 날려버렸대요."

"……"

아내의 말을 차라리 듣지 않은 것이 좋았다. 가슴이 아파왔다. 나는 고 씨의 가정에 다시 행복이 깃들기를 마음속으로 기원할 뿐이었다.

자연보호 활동과 가물치

지정초등학교에서는 매월 하루를 자연보호 및 환경보호의 날로 정하여 수업을 마치고 학교주변 정화 활동을 하였다. 쓰레기를 주워 빈병 등 재활용할 수 있는 것은 분리수거를 하여 재활용을 하는 한편 활용할 수 없는 폐품들은 소각을 하였다.

그날도 나는 우리 반 학생들과 함께 학교 밖 울타리 주변과 도로에 버려진 쓰레기를 줍고 난 후에 가곡리 쪽에서 내려오는 가곡천을 따라 내려가며 비닐, 플라스틱, 캔 등을 수거하고 있었다. 어린 학생들이지만 우리 반 아이들은 즐겁고 신나게 열심히 줍고 있었다. 어린 아이들이라 쑥쑥 앞서 나가며 진도는 빠르지만 꼼꼼하지를 못해서, 나는 중간 부분에서 학생들이 빠트린 폐비닐 등을 수거하며 학생들을 이끌어 나가고 있었다. 앞서 나가던 학생들 쪽에서 함성이 터져 나왔다.

"와~아! 고기다! 큰 고기다. 고기 잡았다."

학생들이 소리 나는 쪽으로 모여 들었다. 나도 그 쪽으로 걸어갔다.

"선생님, 고기 잡았어요."

이계철이는 두 손으로 고기를 꽉 움켜잡고 달려와 내게 보여줬다. 검은 줄무늬가 있고 엷은 진흙 색깔의 독사와 비슷하게 생긴 가물치였다. 계철이 눈동자는 반짝반짝 빛나고 싱글벙글 웃으며 자랑스러움이 가득 차 있었다. 견물생심(見物生心)이라고 했던가. 나는 고기를 보자 어머니께 갖다 드리고 싶었다.

"계철아, 이 고기 선생님 줄 수 있겠니?"

"예, 그렇게 하세요."

계철이는 웃으며 선선히 고기를 나에게 건네주었다. 계철이가 고마웠다. 자연보호활동을 마칠 때까지 어린 학생들은 왁자지껄 떠들며 흥분돼 있었다. 어머님께 말씀드리니 아내에게 삶아 주라고 하셨다.

"아범아, 푹 삶아서 어멈한테 주거라. 그러면 젖도 잘 나오고 아기도 건강하게 자란다."

"어머님이 푹 삶아서 당신한테 먹이라고 말씀하시는데."

"나는 가물치가 보기에도 흉측하고 무서워서 못 먹겠어요."

아내는 고개를 가로저으며 손사래를 쳤다. 어머님께 가져다 드렸다. 어머님은 아내에게 먹이지 못한 것을 못내 아쉬워 하시면서도 푹 삶아서 잘 드셨다.

이 글을 쓰면서 늦게나마 계철이에게 감사의 마음을 표시하고 싶구나. 어려움이 닥칠지라도 언제나 밝고 씩씩하게 살아갈 계철이에게 행복이 가득하길 기원한다.

"계철아, 시간 있으면 선생님에게 연락해. 친구들이랑 함께 오면 더욱 좋겠다. 선생님이 저녁 식사라도 대접하고 싶구나. 될 수 있으면 빨리 오렴. 지금 선생님의 최대 주량은 2홉 소주 1병이야. 더 늦게 찾아오면 너희들이랑 소주 한 잔도 못 마실지 몰라."

북한의 수해 구호품

학교 정문 앞 조그만 다리를 건너면 학생들의 학용품 및 식료품을 파는 작은 가게가 있었다. 가게 주인아저씨와 아주머니는 나의 고향 이웃에 사시던 분이었다. 지나가다 눈이라도 마주치면 늘 반가워 하셨다.

간단한 물건을 사러 가게에 가니 진열대 앞 평상에 낯모르는 건장한 두 남자가 앉아서 갈증을 풀어내려는 듯 음료수를 마시고 있었다. 가게 앞 도로에는 커다란 트럭에 시멘트가 가득 담겨 있었다. 북한에 대한 이야기를 나누는 것을 듣고 호기심이 발동했다. 그분들 옆자리에 앉아서 이야기를 들었다.

"북한 시멘트가 우리나라에서 만든 시멘트보다 질이 떨어진다고 하던데."

"시멘트의 질뿐만 아니라 시멘트 포장지도 질이 떨어진다니까. 인천부두에는 지금 북한 배에서 내린 시멘트가 산더미처럼 쌓여있고, 하역(荷役)하다 찢어진 시멘트 포장지와 시멘트 가루가 수북이 쌓여 있다니까. 전국에서 시멘트 실으러 온 트럭과 시멘트 나르는 트럭으로 인천부두는 지금 북새통이야."

"사실 북한 적십자사에서 시멘트 10만 톤, 쌀 5만 섬, 천 50만 필을 수해구호품으로 보냈다고 하지만, 우리나라에서 카세트라디오, 손목시계 등이 든 848개의 선물 보따리를 답례품으로 보냈다고 하니 북한이 훨씬 남는 장사를 한 셈이야."

"그렇고 말구. 북한에서 보낸 천은 옷으로 만들어 입을 사람이 없다고 하잖아. 너무 조악(粗惡)해서. 그런 녀석들에게 트럭 34대분의 선물을 보냈으니 값으로 따지면 북한에 더 많은 답례품을 보낸 셈이지……."

"이번 수해구호품 받았다고 방심해서는 안 돼. 언제 무슨 짓을 할지 모르는 놈들이니까."

"암, 방심해서는 안 되고 말구. 언제 뒤통수를 칠지 모르는 놈들이야."

나는 두 남자의 대화 사이에 슬며시 끼어들었다.

"사장님께서 저 시멘트를 싣고 오셨습니까?"

"예, 그렇습니다."

"실례지만 저 시멘트는 어디로 가는 건가요?"

"간현4리 경장동 마을과 보통3리 윗마을로 가는 것입니다. 두 마을 수해지역 복구사업에 쓰라고 가는 것입니다. 시멘트만 내려놓으면 되니까 조금 쉬면서 목 좀 축이고 있는 중입니다. 어차피 오늘은 일도 더할 수 없으니까."

"더운 날씨에 노고가 많습니다."

"노고라니요? 다 먹고 살려고 하는 일이지요. 지금 인천부두에는 트럭기사들끼리 난리에요! 난리! 한 탕 뛸 것을 두 탕 뛰면 두 배로 돈을 버니까 서로 실어 가려고 난리를 쳐서 교통정리 요원에다 순번표까지 발급한다니까요. 나도 한 탕 더 뛰고 싶지만 가봤자 시멘트는 싣지도 못하고 차안에서 고생하며 밤만 새울 것 같아서 내일 새벽에 가려고 그럽니다. 욕심은 나지만 기다리는 시간이 많아서 어차피 하루에 한 탕밖에 못합니다."

트럭기사는 나를 보고 씨~익 웃으며 말을 끝맺었다.

'구호품을 받았으면 감사한 마음만 갖고 있으면 되지, 질을 따져서 상대방에게 상처를 주어선 안 된다. 북한은 아무리 미워도 미워할 수 없는 우리와 같은 한민족이다. 북한 독재체제에서 고생하는 동포들을 구출하려면 남과 북의 이념의 차이를 극복하고 서로 이해하고 사랑하여 하루빨리 평화적으로 통일을 이룩해야 한다. 언론사에서도 구호품의 질을 따지고 답례품과 가격을 비교하여 이해득실을 따지는 선정적 보도는 남북관계에 미칠 영향을 고려해서 지양해야 한다.'

나는 두 남자에게 목례를 하고는 물건을 사서 집으로 돌아오며 생각했다.

초등학교 교사의 애환

집으로 돌아오니 아내가 급히 나를 불렀다.

"이 선생님이 지금 엉엉 울고 있어요. 당신이 가서 위로 좀 해주세요."

나는 학교 뒤편 관사에 살고 있는 이광옥 선생님 댁으로 급히 달려갔다. 이 선생님은 아주 슬프게 소리 내어 울고 있었다. 사모님은 화난 목소리로 하소연 하듯 나에게 말했다.

"우리 애 아빠가 세게 때리지도 않았대요. 많이 때리지도 않고 회초리로 종아리 세 대 때렸나 봐요. 그런데 그 애 아빠가 '광옥아 이놈아, 니 애비를 생각해서라도 내 아들을 이렇게 때릴 수 있냐?' 하면서 막 욕을 하더래요."

이 선생님의 성격상 학생을 세게 때릴 성격도 아니다. 마음이 여린 분이기 때문이다. 아이의 아버지가 이 선생님을 때렸다 해도 세게 때렸으리라 생각되지 않는다. 아마도 학생의 아버지가 이광옥 선생님 부친과 친구이거나 가까운 사이였다가, 믿었던 신뢰 관계가 깨어져 마음의 상처가 깊었기 때문에 이 선생님이 슬피 울었나보다. 제대로 위로의 말도 못하고 서있는 나에게 이 선생님이 의미심장하게 말했다.

"염 선생, 농촌지역이라고 학부모님들을 순진하게 생각하면 오산이야. 조심해야 해. 기관에 투서(投書)를 제일 많이 하는 면(面)이 ◇◇면하고 ◎◎면이야."

고향 학부모님과의 다툼이 충격이 컸던 것일까. 나는 붉게 충혈된 이 선생님의 눈동자와 심각한 표정을 보면서 가슴이 아팠다. 더욱이 이 선생님이 입고 있는 러닝셔츠는 낡아서 등에 구멍이 여러 군데 나 있었다. 사모님만 검소하시고 알뜰하신 줄 알았더니 이 선생님도 알뜰하고 검소하셨다. 양복 속에 감춰져 있던 이 선생님의 참 모습을 보면서, 구멍이 여러 군데 뚫린 러닝셔츠를 입고 일하시던 아버님과 밤이면 등잔불 밑에서 양말을 깁던 어머님의 모습이 떠올랐다.

스승의 날이었다. 이 선생님이 다가와 나에게 말했다.

"오늘 스승의 날인데 내가 저녁을 살 테니까 다른 약속은 하지 마."

"아니요, 괜찮습니다. 같은 직원끼린데 안 사셔도 됩니다."

"아냐, 그냥 지나가면 섭섭하잖아. 박 선생한테도 이야기 했어."

"염 선생, 미안해 할 필요 없어. 아버지가 담임선생님한테 식사 대접한다면 기분 좋게 먹으면 되는 거야. 하하하하"

우리 셋은 간현 식당으로 갔다. 이 선생님은 우리를 정성껏 대접했고, 더 들기를 권했다. 박 선생님과 나는 웃고 떠들며 그날 식사를 즐겼다. 운동장을 지나 집으로 오면서 지난 번 스승의 날을 생각하니 이 선생님과 사모님께 더욱 미안한 마음이 들어 콧등이 시큰거렸다.

얼마 후 이 선생님은 원주시내 청산사거리 부근의 단독주택 양옥집으로 이사를 갔다. 교감선생님과 나는 이 선생님의 집에 초대 받아 갔다. 편도 2차선의 도로가에 교통이 혼잡하지도 않고 불편하지도 않은 이상적인 곳의 남향집이었다. 맞은편에는 원주시 종합운동장이 있어 운동하기도 좋았고 조망권도 넓게 펼쳐져 있어 내가 보기에도 참 좋은 집을 잘 샀다는 생각이 들었다.

'이 선생님과 사모님이 검소하고 알뜰하시더니 이렇게 좋은 집을 장만하셨구나.' 마음속 깊이 축하를 했고, 이 집에서 온 가족이 오래오래 행복하게 사시길 기원했다.

가을 현장학습

가을 현장학습을 떠나게 되었다. 가을 현장학습은 학년마다 자유로이 선택하여 가기로 결정되었다. 나는 학생들에게 반공정신을 체험을 통해 교육시키고 싶었다. 평화로운 시기일수록 미래의 국난(國難)을 예상하고 대비하는 마음의 자세가 필요하다. 그래서 선조임금 때 10만 양병설을 주장한 이율곡 선생님의 생가인 오죽헌(烏竹軒)을 견학하기로 하였다.

동해안을 관광 코스로 정하여 현장학습을 떠났다. 맨 처음 견학을 간 곳은 강원도 평창군 용평면 은드령에 있는 이승복기념관이다. 1968년 12월 9일 '울진 삼척지구 무장공비 침투사건' 당시 희생되면서 '나는 공산당이 싫어요.'라고 외친 이승복 어린이의 반공정신을 알리기 위하여 설립된 기념관이다. 이승복 어린이의 생가 모형, 다니던 학교, 민속자료관, 야외에 전시된 군사장비들을 견학하면서 나는 학생들이 굳건한 반공정신을 갖게 되기를 바랐다.

전 세계 어떤 나라에도 공산주의는 존재하지 않는다. 모든 국민의 공평(公平)을 주장하던 베트남도 소수의 공산당 각료가 권력을 독점하고 5%의 권력자가 국민 전체 부(富)의 80%를 독차지하고 있다. 일부 공산당 각료는 모든 이권을 독차지하고 있으며, 겉으로는 소박한 생활을 하는 것처럼 보이지만 그 내면을 들여다보면 자녀들까지도 호화로운 생활이 말 할 수 없을 정도다.

북한의 실정도 마찬가지다. 모든 인민(人民)을 제일 우선시 한다는 정치는 허구에 지나지 않는다. 소수의 노동당 각료가 권력과 부를 독차지하고 있으며, 대다수의 인민들은 김 씨 정권의 일당독재 절대권력 앞에서 노예와 같은 생활을 하고 있다. 북한 지역 곳곳에는 김일성, 김정일의 동상이 세워져 있고 우상화 놀음은 세계 어느 나라에서도 유례를 찾아보기 힘들 정도로 극치를 이루고 있다.

노동자들은 국내에서나, 해외에서나 자신들이 번 소득의 80~90%를 정부에 바친다고 한다. 착취를 당하고 있는 것이다. 열심히 일해 봤자 자신들에게 돌아오는 소득은 극히 미미하다. 그러니 근로 의욕이 저하될 수밖에 없다. 소득의 상향평준화가 아니라 하향평준화가 이루어지고 있는 것이다. 인민의 천국이 아니라 지옥처럼 살 수 없는 나라로 변해가고 있다.

공산주의 시조인 소비에트연방공화국도 이미 무너져 버렸다. 공산주의는 미화(美化)된 허구에 지나지 않으며 언어의 장난에 불과하다. 국가와 세계는 시장의 원칙에 따라 자유롭게 경쟁해야 한다. 값싸고 질 좋은 제품이 잘 팔리고, 값비싸고 질이 나쁜 제품은 도태될 수밖에 없다. 선의의 자유경쟁에 의해서 개인과 국가와 세계는 발전해야 한다. 그래야 개인의 창의성이 발휘되며, 근로의욕이 생기고 경쟁에 뛰어들고 싶은 인간의 강렬한 욕망이 되살아난다. 개인의 자유가 최대한 보장될 때 국가는 발전하며, 국가가 발전할 때 세계 또한 발전한다.

현 시대는 세계화 시대이다. 우물 안 개구리가 되어서는 안 된다. 세계에서 뛰어난 교육자, 농학자, 과학자, 의학자, 예술가, 금융가, 기업가가 많은 나라가 정신세계와 물질세계에 막대한 영향력을 행사하는 시대이다. 나는 우리나라에 이러한 유능한 인재가 많이 나타나 국가를 발전시키길 기원했다.

정부는 인권, 환경 등 꼭 필요한 부문만 남기고 규제를 과감히 철폐해야 한다. 개인과 기업에 대해 규제가 많은 나라일수록 발전하지 못하고, 규제를 생산하는 일부 관료들만 부를 늘려 가면 나라는 부패해 간다. 규제가 적은 나라일수록 시장의 기능에 의해서 국민들은 부유해지고, 나라는 발전한다. 땀 흘려 성심성의를 다해서 노력하는 사람이 잘 살아야 하고, 게으르고 일하기 싫어하고 방탕한 사람이 못

사는 사회가 당연한 사회다. 세계는 평등한 사회가 아니라 불평등한 사회가 되어야 한다. 그래야 발전한다.

그러나 장애가 있는 사람, 게으른 부모님에 의해서 본의 아니게 어려움을 겪는 자녀들, 열심히 노력했으나 실패한 사람, 자녀를 키우기 위해서 헌신적인 뒷바라지를 하고도 노년에 어려움을 겪는 노약자들을 돌보고 뒷바라지하는 것은 성공한 사람들과 정부가 당연히 해야 할 몫이다. 성공한 사람은 교만해서는 안 되고 겸손해야 하며 스스로 낮아져야 한다. 자기가 번 재물은 자기가 잘나서 똑똑해서 번 것이 아니라 주위의 협조와 배려 속에, 하나님의 은총(恩寵)에 의해서 번 것임을 자각하고 사회에 환원하여 우리 사회에 사랑이 강같이 흘러 넘치게 하여야 한다.

기업가는 개인의 탐욕만을 추구해서는 안 되며 사회적 기업의 이념을 모토(motto)로 그 이익을 직원들의 복리증진과 사회적 약자를 위해서 써야 한다. 세계적인 기업 가운데 탐욕적인 기업보다 그 이익을 사회에 환원하여 함께 공유하는 기업이 매출액, 영업이익, 순이익이 견고하게 증가한다는 사례를 세계적 경제학자가 쓴 논문을 통해서 읽은 적이 있다. 우리나라에서도 이런 사회적 기업이 많이 나오길 바란다. 왜냐하면 사회적 기업이 만든 제품일수록 고객의 신뢰도가 높고 사랑을 받기 때문이다.

기업가는 미래의 통찰력과 굳은 의지, 강인한 인내심, 불굴의 용기를 가지고 좋은 기업을 더욱 많이 만들어 고용을 창출하고 사회와 국가와 세계 발전에 기여하되 검소하고 스스로 절제할 줄 아는 아름다운 사람이 되어야 한다. 그리고 우리는 이런 기업가를 존경해야 한다.

그분들의 도전과 용기에 격려의 박수를 아끼지 말아야 한다. 기업가야말로 국부와 고용을 창출하는 애국자이다. 나라 살림을 걱정하며 바른 말 잘하는 정치인들이 얼마나 고용을 창출하는가? 그들이 국민들을 어떻게 먹여 살리던가? 누구나 그럴듯한 말로 국민을 현혹시킬 수 있다. 그러나 실천이 동반되지 않은 말은 언어의 유희(遊戲)에 불과하며 사기나 마찬가지이다. 말보다 땀 흘려 노력하는 사람, 기업가가 존경받는 사회가 아름다운 사회다. 기업가, 부자는 자신이 축적한 부가 국민과 국가의 사랑 속에 발전하고 성장했음을 기억하고, 공권력이나 단체의 강제력에 의해서가 아니라 자발적 의지로서 사회적 약자를 위해 기부를 해야 한다. 그것이 하나님의 축복된 사회다.

'약대가 바늘귀로 들어가는 것이 부자가 하나님의 나라로 들어가는 것보다 쉬우니라.'라는 성경 말씀과 '나사로라는 한 거지가 헌데를 앓으며 그 부자의 대문에 누워 부자의 상에서 떨어지는 것으로 배불리려 하매…… 너는 살았을 때에 네 좋은 것을 받았고 나사로는 고난을 받았으니 이것을 기억하라. 이제 저는 여기서 위로를 받고 너는 고난을 받느니라.'는 성경 말씀이 있다. 우리 모두는 이 구절을 명심하고 사회적 약자를 배려하고 그분들을 보살펴야 한다. 자유시장 경쟁 체제에서 선의의 경쟁을 하되 사회적 약자를 하나님의 섭리에 의해서 사랑하는 사회가 가장 바람직한 사회이다.

나의 이러한 생각을 학생들이 조금이나마 함께 갖게 되기를 바라는 심정으로 이승복기념관을 견학했다. 가난한 산골 2학년 어린 학생의 찢어진 입이 기록된 사진, 낡은 옷과 신발, 도시락, 초라한 생가 등을 보면서 안타까움을 갖게 되기를 바라는 마음이었다. 그리고 무장한 북한 인민군의 살기(殺氣)어린 태도에도 당당하게 '나는 공산당이 싫어요.'하고 외친 그 용기를 우리 반 학생들도 가슴속에 간직하기를 바랐다. 야외에 전시된 전차 앞과 위에서 우리 반 학생들은 기념사진을 찍고 이승복기념관을 떠났다.

강원도 평창군 진부면 오대산에 있는 월정사에 도착했다. 월정사 주변의 맑게 흐르는 계곡물과 곧게 자란 전나무 숲을 보면서 학생들이 전나무의 곧고 푸른 기상(氣相)을 마음속에 가득 품기를 기원했다.

월정사는 대한 불교 조계종 4교구 본사가 있는 절이다. 월정사는 자장율사가 신라 선덕여왕 12년 643년에 창건하였다. 학생들에게 적광전, 수광전, 대륜법전, 금당, 적멸보궁 등을 둘러보게 하였다. 적멸보궁은 부처님의 진신사리를 모신 건물로, 모든 바깥경계에 마음의 흔들림이 없고 번뇌가 없는 보배스러운 궁전이라는 뜻이다. 월정사 팔각 9층 석탑은 고려시대가 되면서 4각형의 평면에서 벗어난 다각형의 다층석탑이 우리나라 북쪽지방에서 유행하게 되는데, 이 탑도 그러한 흐름 속에서 만들어진 것으로 고려 전기를 대표하는 석탑임을 학생들에게 알려줬다. 특히 어린 학생들이라 기단(基壇) 부문에 대해서 자세히 설명을 했다. 기단을 만드는 목적은 첫째 개개의 초석으로부터 전달되는 탑의 무게를 받아 지반에 골고루 전달하기 위한 것이고, 둘째 빗물과 지하수 등으로부터 탑을 보호하기 위한 것이며, 셋째 탑을 집터보다 높게 보이게 하여 탑에 장중함과 위엄 등을 주기 위한 것이다. 특히 학생들에게 기단은 층수에 포함되지 않는다는 사실을 강조하고 층수를 세어보게 했다. 학생들은 층수를 세어보며 기단에 대해서 이해를 하는 것 같았다.

검지초등학교의 추억

작년에도 똑같이 설명을 하고 기념촬영을 했던 검지초등학교 6학년 3반 학생들과, 최돈용 교감선생님의 모습이 떠올랐다. 벌써 1년이란 세월이 지나가며 의젓한 중학생으로 공부하고 있을 학생들의 모습이 추억이 되어 그리움으로 가슴을 적신다.

반장으로 노래도 잘 부르고 귀염둥이로 웃기기도 잘하고 장난꾸러기여서 꾸중도 많이 들었던 조기환, 의젓하고 공부도 잘하면서 모범생이었던 이덕희, 6학년 점심시간에는 짬뽕과 짜장면, 볶음밥을 어머니가 보내줘서 너와 마주앉아 같이 먹던 기억이 떠오른다. 그때 덕희 부모님께 감사했지만 다른 학생들에게 미안해서 극구 사양했던 기억이 떠올랐다. 공부를 잘해서 특별상으로 논어(論語)책을 사주며 이다음에 커서 읽어보라고 말했던 기억이 생각났다.

동시를 잘 써서 신문에 실려 교실 뒷면 게시판에 전시했던 이주만, 내가 아파서 밥도 못 먹고, 병원에 가서 주사를 맞고 약을 먹어도 낫지 않을 때 특별한 약초를 보내줘서 나의 병을 치료해준 멋진 왕자님 같이 잘 생긴 김성호와 부모님의 고마움에 가슴이 뭉클해졌다. 언제나 귀엽고 생글생글 웃음 지으며 나에게 다가와 말을 걸던 조흥식, 착하고 마음이 여린 강석태, 축구를 잘했던 김동일, 유대훈, 이유경, 김오기, 권경훈, 남만태, 권혁일, 신동준의 모습이 영화의 한 장면처럼 서서히 지나갔다.

당시 검지초등학교의 축구부 실력은 막강했었다. 전년도에는 도대회 우승은 물론 청룡기 전국 초등학교 축구대회에서 준우승을 할 정도로 기염(氣焰)을 토했다. 청소년 국가대표 출신이 전임 코치로 학생들을 지도했을 뿐만 아니라 도내에서 뛰어난 학생이 있으면 스카우트 하곤 했었다. 체육후원회가 있었는데 우리 반 이덕희 아버님이 후원회장을 맡고 계셨던 것으로 기억된다. 때로는 선수들의 체력을 보강해 주기 위해서 운동장 구석에 가마솥을 걸어놓고 고기를 삶는 것을 자주 보았다. 주력 선수 대부분이 우리 6학년에 포진되어 각 반에 골고루 분산되어 있었다.

그해(1983년) 6월 박종환 감독이 이끄는 청소년 국가 대표팀은 멕시코에서 열리는 세계 청소년 축구대회에서 4위의 업적을 이루고 귀국했다. 축구가 육성 종목이었던 검지초등학교는 교장선생님의 배려로 TV로 경기를 관람하면서 열광의 도가니에 빠져 흥분되어 있었다.

우리 6학년은 축구를 제일 잘하는 반이 어느 반인가 승부를 가리기 위해서 리그전으로 상위 두 팀이 결승전을 갖기로 했다. 리그전 결과 조실리 선생이 맡은 6학년 2반과 우리 반이 결승전에서 맞붙게 되었다. 결승전답게 조실리 선생과 나는 음료수 한 상자를 내기로 걸었다. 상대팀의 전력 분석은 리그전에서 확실하게 파악되었다. 지금 그 당시의 선수들의 위치 선정과 이름은 기억나지 않지만 대충 기억을 더듬어 보면 다음과 같다. 투톱(two-top) 작전이었던 같다. 가장 발 빠르고 공격 능력이 있는 두 어린이를 전진 배치했다.

"너희 둘은 함부로 체력을 소모하지 마라. 2반 아이들이 우리 팀 진영으로 공격해 와도 네 주변에 공이 왔을 때는 마크하더라도 우리 진영으로 깊숙이 들어와서 수비를 할 필요는 없어. 우리가 골을 먹더라도 너희 둘의 책임은 아니야. 그 대신 너희에게 공이 왔을 때는 확실하게 젖 먹던 힘을 다해서 골을 몰고 2반 골대를 향하여 달려가야 해. 둘이 보조를 맞춰서 뛰다가 상대 수비가 마크할 것 같으면 미리 패스를 하란 말이야. 골을 넣을 때는 너무 세게 찰 필요는 없어. 정확하게 빈 공간으로 차 넣어주면 골이 되니까. 투톱 뒤에 있는 학생들은 아이들이 공을 몰고 갈 때, 뒤에서 받쳐 주면서 같이 공격하란 말이야. 상대편이 차 내는 공을 받아서 빈 공간으로 패스하고 너희에게도 기회가 오면 과감히 슛을 날려도 좋아."

"상대가 공격을 할 때는 너희가 죽기 아니면 살기로 막아야 해. 넌 2반 공격수 병태를 집중 마크 해. 최종 수비수 오기는 미리 2반 공격수가 수비라인에 들어오면 마크하고, 오기가 뚫리면 경훈이가 책임져. 경훈이는 상대가 패스할 때를 생각해서 맞은편 방어를 철저히 하고. 골키퍼 혁일이는 골대를 잘 지키되 위험하면 뛰어 나가서 막아도 돼. 그러다가 골을 먹으면 네 책임이 아냐. 마음 편히 네가 판단해서 결정해. 그리고 모든 선수들은 우리 편이 패스하기 쉽도록 움직여 줘. 패스하기 좋은 빈 공간으로 움직이란 말이야. 그리고 패스할 때는 앞쪽으로 패스해 줘. 뛰어가면서 받을 수 있게. 그리고 공은 가급적 수비라인, 미드필더들은 논스톱으로 패스하란 말이야. 될 수 있는 한 빨리 대훈이, 의경이, 동일에게 연결해 줘. 속공으로 알았지."

"네~에."

선수들은 우렁차게 대답했다. 나는 다시 스탠드에 앉아 있는 학생들에게 말했다.

"운동경기는 응원에서 승패가 결정된다고 해도 과언이 아니다. 홈그라운드가 유리하다고 말하는 것은 바로 뜨거운 함성으로 상대방이 기죽도록 열심히 응원하기 때문이다. 축구시합에 지는 것은 용서할 수 있어도 응원에서 지는 것은 용서할 수 없다. 목이 터져라 응원해야 한다. 알았나?"

"네~에"

학생들은 운동장이 떠나가도록 힘차게 대답했다. 나는 다시 선수들에게 말했다.

"여기 너희들 앞에 있는 음료수 상자는 선생님이 사온 것이다. 나는 이 음료수를 목이 터져라 응원하는 학생들과 운동장에서 열심히 뛰고 들어온 선수들에게 마시게 하고 싶다. 그러나 선수들이 지면 이 음료수는 응원한 학생들도 마시지 못한다. 내기를 했기 때문에 이 음료수는 2반 아이들이 마시게 된다. 선생님이 사온 음료수를 담임 맡은 제자들이 마시지 못하고 다른 반 아이들이 마시는 슬픈 비극은 일어나지 않기를 바란다. 알았나?"

시합에 나간 학생들은 음료수 상자를 뺏기지 않으려는 듯 필사적으로 뛰었고, 스탠드에 앉아서 응원하는 학생들도 열심히 응원했다. 그날 반장 조기환이를 비롯한 몇 명의 아이들은 치어리더 역할을 하면서 흥을 돋웠고, 평소 수줍음이 많고 조용하던 이정록, 이교영, 김흥태, 이을용, 위득규, 김홍기, 우찬용, 박상근, 정광욱, 박남진, 김진구, 김주은, 이호성, 정연태, 김선호, 박덕호, 이수용, 배정호, 김인수, 조성조, 엄성환, 전천홍, 장호섭, 김동필 등 모든 학생들이 한마음으로 열심히 응원했다. 단연 응원에서 우리 반이 월등히 앞섰다.

이 경기에 대해서는 여기서 마치고 싶지만 이다음 책을 낼 때에 우리 반 학생들이 무척 아쉬워 할 것 같아서 끝부분까지 자세히 쓰고자 한다.

그날 승리하고 운동장을 나오는 우리 반 학생들은 땀방울로 얼굴이 뒤범벅이었지만, 아이들의 얼굴은 웃음으로 가득 찼고, 사이다 상자를 2반에 넘겨주지 않고 응원한 학생에게 마시게 할 수 있다는 성취감에 프랑스 개선문을 지나는 장군보다도 더 당당했다. 우리 반 응원단은 기립박수와 환호성으로 개선장군들을 환영했다. 2반 조실리 선생님은 음료수를 사오지 않은 덕분에 나는 한 상자 값을 현금으로 받아 수입과 지출 합계 결과 제로가 됐다. '그날 6학년 3반 모두가 잘했어. 사이다를 '꿀꺽~꿀꺽' 마시는 너희들을 보면서 선생님은 무척 행복했어. 안녕!!!'

늘 착하고 바른 생활 어린이인 김기남, 박경한, 임경태, 김기현, 이승형, 강종구, 손혁제, 이진우, 백무현, 주영준, 양철호, 최영식, 권용진, 김동석의 모습이 시골의 풍경화처럼 떠올랐다.

그러나 지금도 가장 가슴 아프게 다가오는 제자는 안경을 쓴 김종인이다.

종인에게 보내는 마음의 글

교실 건물 뒤편에서 학교 꽃밭을 만들 때인지, 자연보호 운동을 할 때인지 둘 중의 하나라고 생각되는구나. 네가 조금 장난을 친 걸 가지고 선생님은 벌을 주었어. 안경알이 빠져서 울면서 끼우던 생각이 나는구나. 그 때 선생님은 가슴이 무척 아팠지. 너한테 사과하고 싶었지만 알량한 자존심 때문에(혹은 사과가 도리어 종인에게 나쁜 영향을 미칠지도 모른다는 생각에) 하지를 못했다. 졸업식 전날 종인이 손을 잡고 위로의 말을 하려고 했는데 그만 잊고 지나가고 말았구나. 지금 60이 넘은 나이지만 매일 하루에 한 번씩은 네 모습을 떠올리며 죄스러움 속에서 미안한 마음을 가지고 살고 있단다. 항상 귀엽고 밝은 모습의 종인아! 지금은 가장이 되어 행복한 가정을 꾸리고 있으리라 믿는다. 그때 선생님은 무척 엄격했었어. 어릴 때 선생님도 아버님께 그렇게 교육을 받았거든. 세 살 버릇 여든까지 간다고 조금만 잘못해도 꾸중을 듣곤 했었지.

춘천교육대학교 2학년 여름 방학 때 절터골 콩밭에 김을 맬 때였다. 그 밭은 돌이 많고 몇 군데 큰 돌무더기도 쌓여 있었단다. 좋지 않은 땅이었지. 경사가 져서 비가 많이 오면 흙이 파여 나가곤 했단다. 내가 고등학교 2학년 여름에는 산사태가 나서 커다란 돌과 흙들이 탐스럽게 열매 맺힌 넓은 콩밭을 뒤덮은 적도 있었어. 밭과 논 밑에는 연못이 있었는데 연못 둑이 터져 고였던 물이 다 빠져버릴 정도로 비가 많이 왔었단다. 나는 그 때 슬픔에 잠긴 채 돌을 주워 내시던 부모님과 형님을 도와드리지 못해서 무척 미안했었지. 그때 일을 생각하며 아버지와 나는 나란히 콩밭을 매고 있었단다.

“사람들은 돌이 오줌을 싸서 잘 되는 것 같다고 웃으며 말하지만 내가 이 땅에 퇴비도 많이 주고 정성을 다하여 사랑을 쏟기 때문이란다. 나같이 무식(無識)한 농부도 흙을 사랑하고 정성을 다하는데 하물며 너는 남의 귀한 아들, 딸을 가르칠 사람이 아니냐. 온갖 정성을 다해서 아이들을 가르쳐야 한다. 그리고 농부도 농사짓는데 필요한 호미,

괭이, 삽, 쇠스랑, 쟁기 등을 사지 않니? 목수도 남의 집을 짓기 위해서 먹줄, 대패, 끌 등 연장을 준비하는데, 선생인 너는 월급만 타먹는 사람이 되지 말고 학생들에게 책, 공책도 사주는 선생이 되어라. 특히 가난하고 어려운 학생들을 따뜻이 보살피는 선생이 되려무나."

아버지의 말씀을 듣고 묵묵히 밭을 매던 나는 풀기 어려운 궁금한 것을 여쭈어 보았단다.

"요즈음 학교에서는 학생들 매를 때리는 것에 대해서 의견이 분분(紛紛)하거든요. '체벌은 절대하지 말아야 한다. 때로는 학생들의 바른 성장을 위해서 필요하다.' 는 의견이 나뉘어져 팽팽하게 맞서고 있는데 어떻게 해야 할지 모르겠어요?"

"네가 애비가 되었을 때 아들, 딸이 잘못한다면 어떻게 하겠니?"

"버릇을 고치기 위해서 때리겠습니다."

"네 자식이 잘못하면 때리고, 남의 귀한 자식이 잘못하는데 내버려둬서 그르치게 해서는 안 된다. 요즈음 선생님들이 월급만 타먹고 아이들이 잘못해도 그냥 내버려두고 '오냐오냐'하는 선생님이 많다더라. 그래서는 안 된다. 매를 들어라. 그러나 함부로 매를 들거나 벌을 줘서는 안 된다. 네 자식보다 더 사랑하고 아끼는 마음을 갖고 매를 들어야 한다."

아버지는 콩밭 매던 일을 멈추시고 엄숙한 표정으로 나를 바라 보셨단다. 무더위 밤나무 그늘 아래서 쉴 때였어.

"교대 졸업해도 발령이 안 나서 걱정하는 사람이 많다더라. 그러나 너는 기죽지 말고 열심히 공부하고 좋은 책도 많이 읽어라. 언젠가는 발령이 나겠지. 그까짓 2~3년 쉬는 것이 무엇이 큰 문제냐? 무엇이던 다 때가 있다더라. 나도 너의 할아버지께서 금광을 하시며 잘 사실 때 독선생님을 두고 한문을 가르치셨는데 어린 나는 철없이 뛰어 놀기만 했었지. 너의 두 고모님은 착실하게 공부해서 글을 많이 깨우쳤단다. 너의 할머니께서 때려서라도 붙잡고 공부를 가르쳐야지 그냥 내버려두면 어떻게 하냐고 화를 내셨지만 큰댁까지 합쳐서 아들 하나인 나를 너무 귀여워하셨던 할아버지는 이다음 철들면 알아서 공부를 잘 할 것이라고 웃어 넘기셨단다. 할머니가 마련해 주신 비단 새 옷을 입고 산비탈에서 미끄럼을 타다 옷이 흙투성이가 되고 엉덩이가 구멍이 나서 돌아와도 할아버지는 할머니가 꾸중을 못하게 말리셨단다. '아이를 대장부로 만들려면 그런 조그마한 잘못을 가지고 야단을 치면 소심해져서 안 된다.'고 껄껄 웃어넘기시곤 했단다. 그 때 집에는 집안 사무를 보시던 집사(執事)님이 있었는데 나를 도련님이라 부르며 돌보아 주셨단다. 내가 놀러 나가면 따라오셔서 '우리 도련님 나라를 위해서 큰일을 하실 분이니 다치지 않게 잘 놀아 줘야 한다.'고 말씀하시면서 동네 형들에게 떡, 과자, 엿 등 먹을 것도 나누어 주고 그랬었지. 동네 형들이 매일 대문 앞에서 기다리다가 나를 귀여워 해주고 잘 놀아주니 나는 놀이에만 신이 났었지. 이제 와서 생각해 보면 그 때 할아버지가 매를 안 드신 것이 원망스러울 때가 있단다. 공부는 다 때가 있는 것이니 너는 네가 가르치는 아이들이 게을러져 때를 놓치는 일이 없도록 하여라."

아버지는 더위를 식히려는 듯 밀짚모자로 가슴과 얼굴에 부채질을 하시면서 옛날을 회상하셨지.

그 후 아버님이 돌아가실 때 나는 옆에서 조용히 하늘나라에서 행복하시길 기원하며 지켜보고 있었지. 아버님이 야윈 손을 내밀며 나에게 말씀하셨어.

"근호야, 너에게 꾸중도 심하게 하고, 말 못할 고생을 많이 시켜서 미안하구나. 다 네가 이다음 열심히 노력해서 잘 살라고 한 일이었어. 못난 애비를 용서해다오."

"아닙니다. 아버지는 훌륭하셨어요. 미안해하실 것 없습니다. 저희들을 위해서 최선을 다하신 너무나도 고마운 분이신 걸요."

나는 아버님이 내미신 야윈 손을 두 손으로 붙잡고 흐느껴 울었단다. 지금 나는 나의 아버지의 심정으로 너에게 용서를 빈단다.

"종인아, 이 못난 선생님을 용서해다오. 종인이가 힘든 사회생활 속에서도 바르고 굳건히 잘 살라고 벌을 세운 것이라 생각해 주면 고맙겠어. 그러나 선생님은 냉정하고 침착하게 체벌을 한 것이 아니라 즉흥적 감정에 많이 사로잡혀 있었어. 종인아, 이 못난 선생님이 다시 한 번 용서를 빈단다. 가장이 되어 행복하게 살고 있을 너에게 하나님의 사랑이 네 주위에 충만하시길 기원한다."

제자들에게 보내는 서신(書信)

그리고 6학년 3반 학생들에게 용서를 구한단다. 그때 모든 학생에게 책을 선물하지 못하고 덕희에게만 책을 선물해서 미안했어. 지금 너희들이 어느 곳에 살고 있는지 모르지만 책을 사서 보내고 싶은데 주소도 모르고 해서 마음의 선물일지라도 책을 선물하고 싶구나.

성경책과 찬송가를 마음의 선물로 너희들에게 보내마. 꼭 사서 읽기 바란다. 선생님이 지금껏 많은 책을 읽었지만 성경보다 더 위대하고 감명 깊은 책은 없었어. 우리나라의 대표적 독립운동가인 이승만 대통령, 김구 선생님, 안창호 선생님 등이 모두 착실한 기독교 신자로서 장로님까지 하신 분이란다. 그리고 우리나라의 첫 국회인 제헌국회를 열 때도 기도를 드리고 시작했다고 한다. 유교학자, 불교 신자, 천도교 신자인 제헌의원들이 모두가 일어서서 한마음으로 기도를 드렸지.

선생님이 다니던 육민관중 · 고등학교 설립자이신 홍범희 선생님도 제헌국회의원이셨단다. 홍범희 선생님은 배우지 못하는 농촌의 자녀들을 안타깝게 생각하시고 시골 마을에 초가집을 짓고 학생들을 가르치신 인간 상록수란다. 김좌진 장군과 함께 청산리 전투로 널리 알려진 이범석 장군이 내무부장관으로 계실 때 내무부차관을 하시기도 했단다.

우리나라는 기독교 교리에 의해서 용서와 화해와 사랑으로 건국된 나라란다. 최소한의 흉악한 매국노를 처벌하고 모두를 거의 용서하고 사랑으로 시작했지. 그렇기 때문에 지금 우리 대한민국은 세계에서 유일하게 2차 대전 후에 식민지에서 해방된 신생국가 중 OECD 가입 국가가 되었고, 경제발전과 민주화를 함께 이룰 수 있었단다.

용서와 화해, 사랑이 가득한 예수그리스도의 가르침만이 인류를 발전시킬 수 있단다. 지식이 가득한 사람은 겸손하여 낮아지고, 덜 배운 사람은 겸손한 사람에게 배워 높아짐으로써 상향 평등을 이루고, 부유한 사람은 나누고 베풂으로써, 가난한 사람은 나눔과 베풂을 받음으로써 부유해져서 상향 평등을 이룰 수 있다고 생각한단다. 용서와 화해, 함께 하는 사랑이 없이는 발전이 없단다.

게르만 민족의 우월성을 강조하며, 당시 독일에서 경제력이 막강하던 유태인을 대량 학살한 히틀러는 2차 대전을 일으키고 수많은 인명을 학살한 후에 비극적 종말을 맞이했단다. 황국신민(皇國臣民)임을 자랑하며 우월감에 도취했던 일본도 대동아공영권(大東亞共榮圈)을 부르짖으며 침략 전쟁을 미화하고 동남아시아를 집어 삼키던 그들은 결국 세계에서 가장 잔인한 식민지 지배자라는 오명을 쓴 채 패망하고 말았단다. 다른 나라를 능멸하고 짓밟으며 세력을 키워가던 일본은 사할린 섬을 러시아에 내주고 도리어 작아지는 나라가 되었다.

독일도 마찬가지였다. 폴란드, 소련 등 주변국에 엄청난 인명과 재산 피해를 입히고, 자국은 동서로 분단되는 아픔을 겪었지. 통일이 된 후에도 국가원수가 피해 국가를 순방할 때마다 사죄를 해야 했으며, 지금도 전쟁 배상금 문제로 후유증을 앓고 있단다.

북한도 마찬가지다. 김일성 집단에 반대하는 세력들은 누명을 씌워 무참히 학살하였다. 친일파는 물론 남로당 박헌영을 비롯하여 연안파 김두봉, 최창익 등 반대파들은 무조건 숙청하고 1인 지배체제를 강화한 그들은 결국 세계에서 손꼽는 빈곤국가로 전락했다. 통일이란 미명 아래 1950년 6월 25일 전쟁을 일으켜 남침함으로써 수많은 인명을 살육하고 재산상의 손실을 끼쳤지. 그뿐 아니라 전쟁으로 인한 유가족과 이산가족의 아픔은 지금도 계속되고 있단다. 결국 1인 독재체제를 강화하기 위해서 장기(將棋)로 말하자면 차(車), 포(包), 마(馬)를 떼어버리고 두는 우(愚)를 범하고 말았단다.

캄보디아의 폴포트는 정권을 잡자마자 도시에는 기생충으로 들끓고 있다며 당시 도시에 살고 있던 엘리트들을 대량 숙청하는 킬링필드(killing field)를 자행하여 수백만 명의 생명을 빼앗아 갔단다. 그 결과 캄보디아를 이끌어 나갈 우수한 지도자가 없어지고 피폐해지고 말았단다. 심지어 인구센서스(census) 조차 할 수 없을 정도가 되었다니 말해 무엇 하겠니?

솔직히 말해서 우리나라의 해방과 독립은, 독립 운동가들의 처절한 노력도 있었지만 힘이 많이 모자란 것도 사실이란다. 미국이 2차 대전 승전국이 됨으로써 우리는 해방의 기쁨과 독립을 맞이할 수 있었지. 지진과 태풍피해가 자주 발생하는 일본은 극소수(5% 내외)의 친일파만 남겨두고 우리민족을 만주로 옮기며, 일본인을 한국으로 이주시켜 우리나라를 영원히 일본 영토화하려는 계획을 착실히 진행시키고 있었단다. 일본이 2차 대전에서 패하지 않았다면 하마터면 우리는 옛날의 유태인들처럼 내 나라 없이 타국을 떠돌아다니는 유랑(流浪) 민족이 될 뻔 했단다.

미국이 어떤 나라냐. 영국의 청교도들이 신앙의 자유를 찾아 아메리카 대륙으로 건너가 건설한 나라가 아니더냐. 지금도 미국 대통령은 취임식 때 성경책 위에 손을 얹고 취임식 서약을 한단다. 우리는 미국에 감사하고 은혜를 잊어서는 안 된다. 감사와 은혜를 아는 사람만이 성숙한 인간이 될 수 있기 때문이다.

지금 미국은 세계 최대 강대국이다. 미국만큼 개방적이고 인권의식이 강하며 개인의 도전의식을 고취하는 나라가 없기 때문이다. 그러나 오늘날 미국은 서서히 병들어 가고 있다. 각종 총기사고는 물론

동성애 문제, 흑백문제 등을 해결하지 못하고 문제점이 점점 커져 곪아가는 종기의 부위가 넓어지는 모양이 되고 있단다. 이제 우리는 신성한 하나님의 사랑과 섭리로 미국을 뛰어넘어 세계를 품고, 세계인을 사랑하여야 한다. 또 우리의 국민정신을 함양하고 문화와 경제적인 분야도 발전시켜 나감으로써, 조화되고 윤택한 일류국가로 도약해야 한다고 본다.

사실 우리나라가 지금의 산업화를 이룩한 것도 친일파 엘리트들을 숙청하지 않고 용서하고 화해하고 사랑했기 때문이라고 생각한다. 박정희 대통령도 만주군관학교, 일본 육군사관학교를 졸업한 친일파지만 이승만 대통령의 기독교적 사랑 때문에 살아남을 수 있었다고 본다. 그리고 이제 우리는 과거에 너무 집착해서는 안 된다고 본다. 이승만 대통령, 박정희 대통령 두 분 다 잘못이 있었지만 잘하신 일이 훨씬 많다고 본다. 나는 두 분 다 위대한 대한민국의 대통령으로 존경한다.

이승만 대통령은 독립운동가로서 많은 고초를 겪으시며 조국의 독립을 위해 애쓰셨고, 해방 후에는 대통령으로서 당시에 최대의 인기 이데올로기였던 공산주의를 선택하지 않고 자본주의의 자유시장경제를 선택하여 나라를 세우셨다. 초등학교의 의무교육을 실시하여 문맹(文盲) 퇴치에 앞장섰고, 일부 지주의 과다한 토지를 유상몰수(有償沒收)하여 소작농에게 유상 분배함으로써 다수의 소작농에게 내 땅을 갖고 농사를 짓는다는 자긍심과 국가에 대해 감사하는 애국심을 길러줬다. 6.25남침을 극복했을 뿐만 아니라 한미상호방위조약을 체결하여 우리나라의 안보를 튼튼히 했고, 민주주의 교육에 앞장서 민주 시민을 양성하였다. 비록 말년에 독재자란 오명(汚名)을 쓰고, 4.19혁명에 의한 많은 젊은 학생들의 희생 속에 물러나는 아쉬움을 남기셨지만 '국민이 원한다면 하야(下野)하겠다.'고 하시며 물러나신 고마운 분이시란다. 권력욕 없이 순수하게 나라를 사랑하고 미래를 정확히 예견하여 건국(建國)의 기초를 세우신 것만으로도 우리는 그분을 존경하고 사랑해야 한다고 본다. 시리아 같은 나라는 대다수 국민들의 하야 요구에도 불구하고 대통령이 물러나지 않음으로써 내전으로 발전해, 수많은 사상자와 재산상의 피해를 입혔고 외세의 개입으로 국가는 황폐해지고 급기야 시리아를 떠나는 난민이 발생하는 사태에 이르지 않았니?

박정희 대통령도 친일파라고 하는 사람들도 있지만, 당시에는 먹고 살아남기 위해서, 또는 공부를 하고자 부득불 친일행위를 한 사람들이 대부분이란다. 그들을 비난하고 돌을 던지기 보다는 고귀한 나라를 일본에 빼앗긴 조상들의 잘못이 크다고 본다. 다시는 그런 일이 되풀이 되어서는 안 된다고 생각한다. 사실 세계에서 가장 잔인한 일본의 식민지 통치 아래서 목숨을 걸고 독립운동을 하거나 창씨개명(創氏改名)에 반대하신 분은 극소수에 불과하단다. 그렇기 때문에 그 분들의 업적이 더욱 빛나는 것이며, 우리는 그분들의 숭고한 가치와 목숨 건 나라 사랑에 감사하는 마음을 계속 간직해야 하겠지.

5.16군사혁명이 일어나기 전 우리나라는 굉장히 무질서하고 혼란스러운 상태였단다. 일부에서는 수돗물이 나오지 않는다고 데모를 할 정도였으니까. 박 대통령은 집권 후 '우리도 잘 살 수 있다. 조상에게 물려받은 가난, 후손에게 물려주지 말자.'며 국민에게 자신감과

미래에 대한 희망을 제시한 대통령이란다. 국민에게 허황된 꿈으로 과다한 몽상(夢想)을 갖게 한 지도자가 아니라, 보릿고개의 가난과 어려움 속에서도 근검절약을 호소하며 절미운동(節米運動)까지 장려하신 분이시지. 국민에게 땀과 단결과 애국을 외치셨단다. 전국에 걸쳐 지역사회 개발운동인 새마을운동을 실시하여 마을길도 넓어지고 초가지붕도 개량하였지. 농업만으로는 모든 국민을 잘 살게 할 수 없다는 생각에 어려운 나라살림과 많은 사람들의 반대에도 불구하고 경부고속도로를 건설하셨으며, 포항제철 등 여러 가지 산업의 기반이 되는 많은 공장을 만드셨단다. 그때 주변 상황이 좋지 않았음에도 올바른 판단과 미래에 대한 통찰력으로 외국에서 차관(借款)을 빌려 많은 성과를 올리셨다. 그 때에는 월맹과 월남이 전쟁 중이었는데 도미노이론이 유행처럼 떠돌아 다녔으며 공산화에 대한 우려가 커지고 있었다. 박대통령은 예비군을 창설하여 나라 발전과 국방력 강화를 함께 하셨다.

나는 지금 우리가 먹고 사는 것이 해결된 것은 박정희 대통령의 업적 때문이라고 생각한다. 수도권 2,000만 인구가 마시고 쓰는 수돗물도 박정희 대통령 때 소양댐, 춘천댐, 의암댐, 팔당댐, 충주댐을 건설했기 때문이란다. 옛날 내가 어릴 때 신문을 돌리며 기사를 읽어보면 서울시 인구가 지금보다 훨씬 적었는데도 가뭄에는 서울 고지대 시민들의 물 부족을 해결하기 위해서 소방차가 물을 실어 나르고 시민들이 양동이, 함지박 등 그릇을 가지고 길게 줄을 서있는 모습을 많이 보아왔단다.

요즈음 정치인들은 국민의 눈높이에 맞춰 정치를 해야 한다고 입

버릇처럼 말하곤 하는데 나는 국민의 눈높이에 맞추는 정치를 해서는 안 된다고 생각한단다. 훌륭한 정치인은 국민보다 훨씬 높은 통찰력과 비전(vision)을 가지고 국민을 설득하고 이해시켜 국민에게 땀과, 눈물, 미래에 대한 희망을 제시하며, 모세가 이스라엘 민족을 이끌고 광야와 홍해를 건너듯이 함께 가는 지도자가 되어야 한다. 불행하게도 우리나라에는 이승만, 박정희 대통령 이후에 풍선에 바람 넣듯 기대만 부풀리는 지도자만 많을 뿐 50~100년의 먼 미래를 내다보고 국민에게 땀과 인내와 희망을 제시하는 지도자가 없어서 안타깝기 그지없구나.

그러면 1960~1970년대 우리나라가 눈부신 발전을 할 수 있었던 원동력은 무엇일까? 그 원인을 분석해 보면 훌륭한 지도자와 국민들 각자의 가슴 속에 뜨거운 사랑이 있었기 때문이란다. 부모님의 자식에 대한 사랑, 자식들의 어버이에 대한 사랑(孝), 형제자매 간의 우애(友愛), 국민의 국가에 대한 애국심이 지극했기 때문이었지.

부모님은 보릿고개의 가난 속에서도 많은 자식을 낳으셔서 어떤 대가도 바라지 않으시고 오직 자식들이 잘 되기만을 바라셨단다. 형은 박봉 속에서도 동생을 가르치고 동생은 커서 형님을 걱정했지. 방직공장에 다니는 누나는 자신은 돈을 쓰지도 못하면서 동생들의 학비를 보냈단다. 혼기도 놓치면서 미장원에 다니는 누나는 동생들을 뒷바라지 했고, 외국에서 대접 받던 학자들은 훨씬 적은 봉급에도 불구하고 국가의 발전을 위해서 헌신하고자 기꺼이 귀국했단다.

지금 이 시대를 사는 우리들은 깊이 반성해 보아야 한다. 오직 자식만을 위해 근검절약 하시며 살다 돌아가신 어버이에게, 박봉에 고생하신 형님과 형수님께, 혼기도 놓치고 동생이 잘되는 것을 기쁨으로 알고 희생하시던 방직공장, 미장원을 다니던 누님들께 잘못한 일이 없는지 깊이 자신을 돌아보아야 한다. 끊임없이 받으려고 손만 내밀고, 이제 와서는 배은망덕하게도 가족들의 어려움은 모른 채 침묵하고 있지는 않은지 자신을 반성해 보아야 한다. 우리는 그분들의 희생 위에 부요(富饒)해졌으나, 그분들은 가난 속에 살고 있지는 않은지, 그 때의 동생을 향한 아낌없는 사랑이 나의 실수였다고 후회의 눈물을 흘리고 있지는 않은지 우리는 반성하고 또 반성해 보아야 한다.

그리고 이제라도 그분들이 음지에서 고생하고 계시다면 찾아가 위로의 말씀을 드리고 작은 부요함이라도 함께 나누며 우리 서로 사랑하자. 극도로 개인주의가 만연한 오늘날, 이기적인 욕심을 버리고 이타적 사랑이 강같이 흘러넘치게 하자. 다시 과거로 돌아가 가족과 직장, 국가에 대한 사랑과 사명감을 가지고 우리 다정하게 사랑하며 행복하게 살자.

언젠가 읽은 신문기사에서 한국을 잘 아는 학자 한 분이 말씀하시길 대한민국에는 세계적으로 인정할만한 최고의 인물이 두 분이 있는데 이순신 장군과 박정희 대통령이라고 하더구나. 임진왜란 당시 해전에서 23전(戰) 23승(勝)을 거둔 이순신 장군은 세계해전사(世界海戰史)에 최고의 인물이며, 제갈량이 적벽대전에서 오(吳)와 촉(蜀)이 연합하여 조조의 군사를 물리친 1:50의 비율을 앞서는 위대한 해전이라고 한다. 한편 우리나라의 산업발전에서는 영국의 산업혁명보다도, 명치유신(明治維新) 이후 근대화를 이룩한 일본보다도 짧은 시간에 급속한 산업화를 이룩할 수 있도록 국민을 이끈 박정희 대통령이 세계 최고의 지도자라고 하는구나.

참고로 박정희 대통령의 성명을 역학적인 면에서 풀이해 보면 끊임없이 불타오르는 커다란 불꽃이란다. 산불로 말하면 대형 산불인 셈이지. 가운데 정(正)자는 그칠 지(止)자를 위에서 한 일(一)자로 덮어 씌워 막아 놓은 형상이거든. 그래서 자신까지 화를 입는 안타까운 이름이지만 후대에는 역사가 및 국민들의 재평가에 의해 그 공로를 인정받으며, 자손까지 몇 대에 걸쳐 귀(貴)하게 되는 대운(大運)의 이름이란다. 산불로 말하면 커다란 나무가 타죽는 아픔이 있지만 타버린 나무가 재가 되어 산의 새싹들이 무럭무럭 자라나듯이 후손들이 후광(後光)을 크게 입어 잘 되는 이름이란다.

건국의 기초를 굳건히 다지신 이승만 대통령과 조국의 근대화와 산업화를 이룩하시기 위해서 커다란 신념을 갖고 불꽃처럼 자신을 불태우신 박정희 대통령께 하늘나라에서 축복 있으시기를 삼가 기원합니다. 고통을 가한 사람의 미안함 보다 고통 받은 분들의 상처와 원통함은 몇 백 배, 몇 천 배 크나니 두 분의 통치 기간 중에 불행하게도 고초를 겪으셨거나 사망하신 분들께도 하나님의 지극하신 위로와 평강이 함께 하시길 기원하오며, 하늘나라에서 용서하시고 화해하셔서 함께 행복하시기를 간절히 소망합니다. 나는 늘 이렇게 기도하며 그 유가족 분들께도 아픔을 극복하시고 강건하시며 크나큰 발전이 있으시기를 기원한단다.

중국의 작은 거인 등소평도 박대통령의 산업화를 배워 경제 발전을 하려고 했을 때, 하필 아시아의 소국(小國) 대한민국을 모델로 삼으려고 하냐며 측근들이 반대하자 대한민국이야말로 나라는 작지만 경공업, 중공업이 고르게 발전한 나라라고 흑묘백묘(黑猫白猫)론을 제기하며 중국을 산업화하여 오늘에 이르지 않았니? 역사를 한 쪽으로 치우치는 쏠림 현상으로 근시안적 사시(斜視)로 평가해서는 안 되겠지. 모든 면을 골고루 전체적으로 분석하고 평가하여 장점이 많고 국가 발전에 기여한 공로가 많으면 훌륭한 분으로 평가하는 것이 옳다고 생각한다.

이왕 말이 나온 김에 이순신 장군에 대해서도 조금 더 이야기해 보고자 한다. 내가 농사를 지을 때였어. 겨울철 나무를 하고는 내 고향 흥업 울업에 사는 원명식이란 친구네 집에 모여서 이야기를 하며 놀곤 했었지. 때로는 심심풀이 화투를 쳐서 흥업 사거리에 나가 노가리나 두부를 안주삼아 막걸리를 마실 때도 있었단다. 그 날도 강응조, 고춘성 등 친구들이 모여서 잡담을 하며 웃고 있었는데 고춘성이란 친구가 말을 하더구나.

"우리 집에 형이 장교라서 읽고 갖다 논 난중일기가 있는데 말이야, 나도 읽어 보려고 했더니 맨날 빳다(곤장, 棍杖) 때리는 것만 나오고 재미가 없어서 못 읽겠어. 히히히히."

나는 난중일기란 말에 귀가 번쩍 띄었단다.

"난중일기를 나에게 빌려 줄 수 있겠니?"

"그래, 빌려줄게. 그런데 재미가 없을 텐데……."

나는 난중일기를 몇 번씩 되풀이해서 읽었단다. 그리고 이순신 장군의 곤장은 목숨을 건 전쟁에서 적을 무찌르고 아군의 피해를 최소화하기 위한 불가피한 선택이라는 것을 알았어. 아군이 적군에게 위기에 처했을 때 동료의 생명을 구하기 위해서 과감히 적진을 공격하는 용기 있는 군대를 만들기 위해 필수적인 군율(軍律)을 강화하기 위한 조치였지. 그 당시 전투는 배에 많은 군인을 싣고 적진으로 다가가 적선에 갈고리를 던져 배를 당긴 후 적선에 올라타 칼과 총을 이용하여 적군과 접전을 벌였지. 왜군이 노리는 전략은 그런 방식이었단다.

그런데 이순신 장군은 왜군보다 배도 적고 군사의 수도 훨씬 적어서 이러한 전투를 하지 않았단다. 근접전에서는 불리하다는 것을 알고 왜군이 원하는 전투를 하지 않았어. 왜군은 초승달 모양으로 우리 해군을 포위하여 섬멸하려고 했지. 이순신 장군은 해안가에서 전투를 하지 않았단다. 왜냐하면 적군이 물에 빠졌다가도 헤엄쳐 살아남아 양민(良民)에게 피해를 입힐까 걱정을 하셨기 때문이지. 그래서 일정하게 접근하여 포를 쏘아 왜군의 배에 포격을 가하고, 후퇴하는 척하며 적을 유인하여 육지에서 멀리 떨어진 곳에서 전쟁을 하셨단다. 당시 왜군의 배는 배 밑바닥이 뾰족한 첨저선(尖底船)이라 우리나라 배보다 속도도 빠르고, 왜군의 조총은 화살보다 위력이 대단했단다. 우리나라는 배 밑바닥이 편평한 평저선(平底船)이라 왜군의 배보다 속도가 느린 반면 풍랑이 심한 곳에서도 심하게 흔들리지 않아 포를 쏘기에는 유리했단다.

그래서 이순신 장군은 왜군이 불리하도록 안개가 자욱한 날씨나 풍랑이 심한 곳에서 학익진 등 우리에게 유리한 작전을 구사하며 적과 싸웠단다. 그리고 거북선은 적의 주력부대를 향하여 돌진하여 적선을 침몰시키고 대오(隊伍)를 무너뜨렸단다. 거북선은 그 당시 왜군으로서는 속수무책으로 당할 수밖에 없는 새로운 전투선이었거든. 장군은 이렇게 적의 장점을 무력화하고 아군의 장점을 극대화함으로서 23전 23승의 불멸의 업적을 이룩한 성웅(聖雄)이셨지. 현재의 우리도 애국심과 창의력을 발휘하여 정치, 경제, 군사 등 모든 분야에서 눈부신 발전을 이룩해야 한다고 본다.

이제 우리나라가 세계에서 가장 아름답고 훌륭한 국가가 되기 위해서는 먼저 국민 개개인의 마음과 창의력, 실천력이 세계 최고, 최선이 되어야 하겠지. 나는 지금 예수님의 제자들이 편지를 쓰는 심정으로 너희들에게 이 글을 쓰고 있단다. 그렇게 되려면 국방력은 적국의 침략으로부터 우리나라를 보호하면서 그들이 다시는 도발하지 못하도록 응징하는 차원이면 되고, 절대 '다른 나라를 공격하여 인명이나 재산에 피해를 끼쳐 이웃나라를 가슴 아프게 해서는 안 된다'고 생각한다. 우리 국민 모두가 땀 흘려 노력하며 검소한 생활로써 가정과 국가가 건실해지고, 하나님의 사랑이 강같이 흘러넘쳐 이웃나라 국민들이 우리나라를 부러워하고 스스로 대한민국 국민이 되고 싶어하도록 만들어야 한다.

역사는 되풀이 된다고 한단다. 우리가 북한, 만주, 연해주를 사랑으로 품을 때 통일은 물론 저 넓은 만주, 연해주도 대한민국의 영토가 될 수 있다고 생각한단다. 그때야말로 말뿐인 대한민국이 아니라 명실상부한 대한민국이 될 수 있다고 생각한단다. 사랑하는 검지초등학교 제자들은 물론 다른 학교의 모든 제자들까지 선생님이 보내는 마음의 선물 성경책을 삼가 경외(敬畏)하는 마음으로 숙독(熟讀)하고 그분 말씀에 따라 행동하기를 바란다. 예수님께서도 먼저 행하시고 말씀하셨거든. 성경을 읽는 모든 학생들과 그 가족들에게 하나님의 축복과 영광이 영원히 함께 하시기를 기원한단다.

오죽헌 견학

강릉에 도착해서는 먼저 오죽헌을 둘러보았다. 오죽헌(烏竹軒)은 신사임당과 그분의 아들 율곡 이이(李珥) 선생님이 태어난 생가(生家)다. 신사임당은 시와 글씨, 그림에 뛰어난 재능을 가진 여성으로서 현모양처의 대표적 여인이며 율곡 이이 선생의 어머니로도 유명하다.

이율곡 선생은 조선 선조 임금 때 병조판서(1583)가 되어 국가의 개혁을 주장하며 시무육조(時務六條)의 개혁안을 임금에게 올려 제도의 개혁을 주장하였다. 시무육조에 들어있는 제도 개혁 중 10만 양병설은 서울 도성에 2만, 각도에 1만씩 군사를 배치하여 변란에 대비하자고 했던 율곡의 주장이다. 하지만 그를 시기하던 대신들이 예산 문제 등을 들며 반대하여 뜻을 이루지 못했고, 결국 9년 뒤에 일어난 임진왜란에서 이를 대비하지 못한 대가를 톡톡히 치르고 말았다.

우리 학생들은 이율곡 선생이 태어난 몽룡실, 영정을 모신 문성사, 〈격몽요결〉과 선생이 사용하던 벼루를 보관하기 위해서 건축된 어제각을 둘러보고, 강릉시의 시화(市花)이기도 한 배롱나무까지 관찰했다. 배롱나무는 꽃이 100일 동안 피어 있다고 해서 백일홍이라고도 한다.

우리 반 학생들은 오죽헌 견학을 마치고 나오면서 기념사진을 찍었다. 작년 검지초등학교 6학년 3반 학생들과 오죽헌 입구의 계단에 앉아서 기념사진을 찍은 생각이 났다. 월정사에서부터 오죽헌까지 추억에 젖었던 검지초등학교 학생들이 건강하게 잘 지내고 있는지 다시 한 번 그리움이 가슴 속으로 파도처럼 가득 밀려왔다.

우리는 일본을 가까이 하되 경계심을 늦춰서는 안 된다. 일본은 지정학적으로 우리의 가까운 이웃이자 동시에 틈만 있으면 침략하려는 강도(强盜)의 나라이기 때문이다. 우리 국민이 단결하고 우리 국가가 부강하면 자유와 평화를 누릴 수 있지만 우리 국민이 분열되고 허약하면 우리나라를 침략하려 호시탐탐 엿보고 있기 때문이다. 수없이 많은 왜구의 침략과 노략질, 그 중에서도 대표적인 임진왜란과 정유재란, 일제에 의해 짓밟힌 잔혹한 식민지 역사가 다시 반복되어서는 안 된다고 생각했다.

우리는 경포대에 올라 푸르른 동해바다를 바라보았다. 갈매기들이 한가롭게 울며 바닷가를 날아다니고 있었다. 경포대는 관동팔경(關東八景)의 하나로 경포호수의 맑기가 거울같이 아름답다 하여 붙여진 이름이다. 어린 학생들이지만 동해안의 맑고 푸른 바다를 바라보며 깨끗하고 넓은 마음을 키우기를 소망했다.

낙산사(落山寺)에 도착하니 제일 먼저 의상대(義湘臺)가 눈에 띄었다. 의상대는 동해안의 일출을 보는 장소로 유명하다. 후에 나는 동해안의 새해 첫날 해돋이를 보기 위해서 낙산사의 의상대를 찾았다. 매섭도록 추운 날씨였음에도 불구하고 바닷가에서부터 낙산사까지 사람들로 인산인해를 이루고 있었다. 특히 의상대는 발 디딜 틈조차 없을 정도로 사람들이 꽉차있었다.

'저러다가 조그마한 의상대가 무너지면 어쩌나?' 하는 쓸데없는 걱정까지 했을 정도로 사람들은 쏘지 않은 화살통의 화살처럼 가득 차 있었다.

우리는 홍련암으로 갔다. 낙산사의 산내 암자인 홍련암은 의상대사(義湘大師)가 기도를 하던 중 홍련(紅蓮)과 함께 나타난 관세음보살을 만났다는 전설이 전해지는 곳으로, 낙산사 창건의 모태가 된 암자이다. 홍련암 밑의 관음굴로는 파도가 들이쳐 하얀 물보라를 일으키고 있는 모습이 장관이었다. 스님은 목탁을 두드리며 조용히 염불을 외우고 있었지만 어린 학생들은 네모난 마루를 들춰 보며 파도치는 물보라를 구경하기에 정신이 없었다. 그리곤 고개를 들고 나오면서 저마다 신기하다는 듯 키득거리며 웃었다. 줄지어 서 있는 학생들은 조바심이 난 듯 자기 차례를 기다리고 있었고 홍련암 내부의 관찰에는 신경도 쓰지 않았다. 나는 아이들의 모습을 보며 웃음이 저절로 나왔다.

동종(銅鐘), 칠층석탑, 해수관음상, 원통보전 등을 관람하고 우리는 절 담장 문 앞에서 사진을 찍는 것으로 관동팔경의 하나인 낙산사의 가을 현장학습을 마쳤다. 미리 차멀미에 대비해서 약을 먹거나 붙이라고 안내했지만 어린 학생들이라 여러 가지 불편한 점이 많았는데 그 때마다 함께 가신 어머니들이 돌봐주셔서 학생들이 한결 행복한 현장학습이 되었다고 생각한다. 학생들을 돌보아주신 어머니들께 감사드립니다.

2장

시련을 통해 더 큰 축복으로 누렁이를 주신 하나님

아버지의 소원과 이사

수업을 마치고 학생들이 청소를 한 후에 집으로 돌아갔다. 텅 빈 교실에서 책꽂이에 책을 가지런히 꽂으며 뒷정리를 하고 있는 나에게 교무실로 오라는 연락이 왔다. 나는 교감선생님 앞에 섰다.

"염 선생, 이광옥 선생이 이사를 가서 교실 뒤편 관사가 비어 있어서 하는 말인데, 학교 관사(官舍)에 관한 내규를 보니까 염 선생이 최우선 순위 입주자야. 앞 관사에 사는 선생이 우선순위로 입주하게 되어 있어. 그러니까 그곳으로 이사를 가도록 해. 그런데 원래 뒤편 관사는 관리자 관사야. 내년 9월에 엄주현 교장선생님이 퇴임하시고, 새로운 교장선생님이 부임하시게 되는데, 만에 하나 교장선생님이 집이 없는 분이 오셔서 관사에 살겠다고 하면 비워줘야 해."

"……"

심각한 표정으로 서있는 내 모습을 보신 교감선생님께서는 안심시키기라도 하려는 듯 다시 말을 이어갔다.

"지금까지 내가 한 말은 원론적으로 한 것이고, 안심하고 이사 가도 돼. 사실 교장이 돼서 지정초등학교에 올 정도의 나이면 50대 후

반이나 60대 초반으로 보면 되는데, 그 정도의 나이면 원주시내에 괜찮은 단독주택 하나씩은 모두 갖고 있다고 보는 것이 정석이야. 그 나이에 집이 없어서 관사로 들어올 정도면 말 안 해도 알아볼 정도 아니겠어. 그런 빈껍데기, 빈털터리 같은 교장은 오지 않을 테니까 마음 편하게 생각하고 살면 돼. 하하하하."

"집에 가서 아내와 상의한 후에 내일 아침 말씀드리겠습니다."

"그래, 그럼 그렇게 하도록 해. 그러나 너무 심각하게 생각할 필요는 없어. 하하하하."

'저축해 놓은 돈도 없는데 만일 집이 없는 교장선생님이 오신다면 어떻게 하나. 최악 경우 관리자 관사에 들어갔다가 도깨비 소굴 같은 관사일망정 지금의 관사에 새 선생님이 입주해서 사는데, 관리자 관사를 비워 놓으라면 어쩌지. 나에게는 5년 만기 500만원 재형저축 3년 치를 납입하고 있는 것 외에는 가진 돈이 없는데……' 아무리 생각해도 막막하기만 했다. 나 혼자서는 판단하고 결정하기가 힘들었다.

울업에 있는 텃논에서 가을 벼를 베어 논바닥에 말린 것을 묶어 집으로 나르고 있었다. 탈곡을 위해서였다. 아버지와 나는 텃논에서 벼를 지게에 지고 기다란 논두렁을 지나 집으로 가는 오르막 길 옆에다 작대기로 지게를 받쳐두고 쉬고 있었다.

"이제는 힘이 딸리나보다. 언덕길을 오르기가 힘이 드는구나. 이 앞에 있는 논이 우리 논이라면 좋을 텐데. 여기다 터를 돋우고 집을 지으면 터둔 논, 절터 골 논밭, 텃논 농사짓기가 무척 쉬울 것 같구나. 사태(沙汰) 밑이라 겨울바람도 막아줘서 아늑하고, 앞으로는 벼가 자라는 들판이라 보기도 좋고, 배부른 산까지 보여서 경치도 참 좋은데……."

아버지는 나지막하게 희망사항을 말씀하셨다. 나도 아버지의 말씀이 옳다고 생각했다. 이 자리는 우리 논밭이 있는 삼각 벨트(belt)의 가운데에 있을 뿐만 아니라 위치도 낮은데 자리 잡고 있어서 봄철 거름을 내거나 농작물을 수확할 때에도 훨씬 쉬운 것이 사실이었다. 언덕배기에 있는 우리 집으로 수확한 농작물을 지게나, 리어카로 나르는 것이 여간 힘든 일이 아니었다. 정미소에 가서 도정(搗精)을 하여 집으로 올 때도 식구들이 뒤에서 밀어 주어야 했다. 앞에서 끄는 사람이나 뒤에서 미는 사람 모두 탈진 상태가 되고는 했다. 구진 골이나 양안치 고개에 가서 나무를 해올 때도 마찬가지였다.

"아버지, 그럼 이 논을 사시면 되잖아요?"

"땅을 사고 싶다고 다 사는 게 아니란다. 종분 네는 열심히 일해서 자꾸 땅을 사는 집인데 이 논을 팔려고 내놓기야 하겠니? 설령 종분네가 논을 팔려고 내논다 해도 우리는 살 돈이 없단다."

"이 논을 그렇게 사시고 싶으세요?"

아버지는 말없이 고개를 끄덕이셨다.

"이 다음 돈을 벌어서, 그리고 이 논을 팔려고 내 놓으면 반드시 제가 사서 아버지 소원을 이루어 드릴게요."

"고맙구나. 그런데 그게 이루어지겠니?"

"아버지 소원은 꼭 이루어질 거예요."

겨울방학이라 우리 가족은 흥업 고향집에 와서 지내고 있었다. 종분 네 집에 놀러갔던 여동생이 돌아와 들은 이야기를 신이 난 듯 말하고 있었다.

"종분이 아버지가 우리 집 밑에 있는 논을 팔려고 내놓았대요. 종분이 오빠가 돼지를 키우려고 농협에서 돈을 빌려 축사를 지었는데, 이자를 갚지 못해서 연체이자는 자꾸 늘어나고, 돼지 값은 폭락해서 사료 값도 건지지 못하고 어쩔 수 없이 논을 내놓았나 봐요."

나는 아버지와의 약속이 생각났다. 아내에게 말을 했다.

"혜인이 엄마, 그 논을 내가 사려고 하는데 괜찮겠소?"

"당신이 사고 싶다면 좋은 대로 하세요."

아내는 쾌히 승낙을 했다. 어머님께도 말씀을 드렸다.

"아니, 농사도 짓지 않는 놈이 그런 건답은 사서 무엇에 쓸려고 사!"

"아버지와 약속을 했거든요. 매물로 나오면 반드시 제가 사겠다고."

"죽은 사람이 무엇을 안다고 약속을 지켜. 재가 즈네 아버지를 닮아서 싱거운 짓만 골라한다니까."

어머니는 눈을 흘기며 땅 사는 것을 적극 만류하셨다. 우리 집 같은 농촌 형편에서 두 아들이 공무원이 된 것을 어머니는 자랑스럽게 생각하셨다. 그리고 어머니는 두 아들이 공무원이 된 것이 다 자신의 노고(勞苦) 덕분이라고 생각하고 계셨다. 그런데 둘째 아들이 땅을 산다니 마음이 상하셨는지도 모른다. 나는 이다음 집을 지을 계획까지 말씀드리며 어머니를 설득했다. 나는 농부가 땅을 얼마나 사랑하는지 잘 알고 있다. 땅을 팔려고 내놓은 종분 아버지의 가슴 아픈 심정을 이해하고 있었다. 차마 이웃사촌인 종분 아버지를 찾아가서 내가 사겠다고 말할 용기가 나지 않았다. 우리 집 이웃엔 홍 씨 아저씨가 살고 계셨다. 육군 장교 출신으로 매우 똑똑하시고 말씀도 조리 있게 잘하셨다.

"안녕하세요."

"웬일이야?"

"아저씨한테 부탁드릴 일이 있어서요."

"그러지 말고 방으로 들어가서 이야기해. 날씨도 추운데."

"아닙니다. 잠시 말씀을 드리면 됩니다. 종분 아버지가 논을 팔려고 내놓으셨다는데 그 논을 제가 사려고요. 중간에서 역할 좀 해주셨으면 합니다. 제가 논을 사게 되면 아저씨께 쌀 한 가마 값을 드리겠습니다."

"겨울철이라 할 일도 없는데 마침 잘 됐네. '싸움은 말리고 흥정은 붙이라.'는 옛말도 있잖아. 다른 사람이 사는 것보다 이웃인 자네가 사는 것이 나에겐 좋지. 내가 열심히 해 볼게."

"아저씨만 믿고 저는 이만 가보겠습니다. 안녕히 계십시오."

처음 내놓은 논 값은 내가 저축한 돈만으로도 살 수가 있었다. 그러나 종분 네가 논 값을 몇 번씩 올리기를 반복하면서, 형님께 돈을 빌려서 힘겹게 논을 샀다. 흥업 사거리에서 응조 친구를 만났다.

"친구 논을 샀다며?"

"응."

"축하해."

"술 한 잔 하고 가."

"그래, 내가 살게."

고향 선후배 5~6명이랑 막걸리를 마셨다. 술자리가 거의 끝날 무렵 후배가 말했다.

"형, 그 논 너무 비싸게 샀어. 다들 바가지 썼다고 그래. 재천 형이 비싸다고 안 샀는데 그 가격보다도 평당 1000원씩이나 더 주고 샀어."

술값을 계산하고 나오면서 형님 친구인 정균이 형한테 여쭈어 보았다.

"형님, 너무 비싸게 샀나요?"

"으응, 비싸게 샀어. 평당 800원에서 1000원가량 비싸게 샀다고 보면 돼. 그러나 괜찮아. 어디 정해진 시세가 있는 것도 아닌데 뭐."

형님은 내 등을 두드려 주며 위로해 주었다.

링 위에 올라선 복싱선수가 팔이 긴 상대 선수에게 속절없이 잽을 맞듯 나는 어머니에게도 자주 꾸지람을 듣곤 했다.

"아이고, 가물에 거북이 등짝처럼 쫙쫙 갈라진 논을 보면 내속이 검은 숯검정이 된단다."

"남의 논은 새파랗게 벼가 잘도 자라는데, 니 논은 벼가 자라지도 못하고 노랗게 말라비틀어진 것을 보면 가슴이 아파 미어지는 것 같다."

"어머니, 너무 걱정하지 마세요. 빚 다 갚고 돈 모아서 불도저로 땅 밀어서 밭을 만들고, 나중에 집도 지을 테니까요."

"어떻게 걱정을 안 하냐? 너는 객지에 있어서 모른다만 나는 눈만 뜨면 보이는 것이, 니 논인데. 차라리 사려면 물 좋은 고래실논을 살 것이지……."

아내도 빚을 갚으랴, 적금을 들랴 알뜰하게 살림하느라 고생이 말이 아니었다. 어머님께도 죄송했고 아내와 딸, 아들에게도 미안했다. 그러나 그 모든 것을 웃으며 버틸 수 있었던 것은 아버지가 사고 싶어 하시던 논 두 필지 중 하나를 장만했다는 뿌듯함에 나는 늘 행복했다.

저녁을 먹고 아내가 설거지를 마치고 들어오자 나는 교감선생님의 말씀을 그대로 전하고, 만일의 경우도 이야기했다. 아내는 기뻐했고, 자신만만했다.

"교감선생님 말씀이 옳아요. 내년에 교장선생님이 관사로 이사 오실 리가 없어요. 교무선생님이 사시던 관사로 이사를 가요. 거기다 그 관사에는 텃밭도 있잖아요. 당신 새벽에만 일찍 일어나서 농사지어도 잘 할 수 있다고 말했잖아요."

"그래도 최악의 경우를 생각해 보아야 하잖아요. 교장선생님이 이사 오시고, 지금 사는 관사에는 새 선생님이 살고 있으면 어떻게 하지? 돈도 없는데. 잘못하다가 낙동강 오리알이 될까봐 걱정이야."

"그건 지나친 기우(杞憂)에요. 그리고 이 집은 좋지 않아요. 한밤중에 여자의 비명이 자주 들리잖아요. 아이들 키우는 데도 교육상 나빠요."

그랬다. 한밤중에 들려오는 여자의 죽어가는 듯한 외침과, 공포에 질린 울음소리는 등골을 오싹하게 했고, 그 소리는 메아리 되어 간현 고개를 넘어 간현 지서(支署)까지 울려 퍼졌다. 나는 잠자고 있는 두 아이를 내려다보았다.

"알겠소. 이사를 가는 것으로 결정합시다."

이튿날 교감선생님께 말씀을 드렸다.

"잘 생각했어. 언제 이사를 가지?"

"이번 주 일요일 날 이삿짐을 옮기려고 생각 중입니다."

"나도 교장선생님께 말씀을 드리겠지만, 염 선생도 직접 말씀을 드리는 것이 예의일 것 같은데."

"예, 잘 알겠습니다."

오후에 교장선생님께 말씀을 드렸다. 잠자코 듣고 계시던 교장선생님께서 무언가를 잠시 생각하시다가 나를 쳐다보셨다.

"으음, 잘 됐어. 교감선생한테 얘기도 들었고, 빈집으로 놔두는 것보다 사람이 들어가 사는 것이 훨씬 좋지. 그런데 내가 부탁을 한 마디 해도 될까?"

"예, 말씀하십시오."

"학교 텃밭 때문에 그러는데, 농작물이 자라는 것을 보면 신통치가 않아. 거름을 하지 않고 비료만 주고 농사를 지어서 그렇다는데. 바로 도로 옆이라 버스 타고 다니는 사람 등 지나다니면서 보는 사람이 많잖아. 지나다니면서 보는 사람들이 마치 흉을 볼 것 같은 느낌이 든단 말이야. 크지도 않은 땅을 농사지으면서 제대로 못하니까 관리자 입장에서 기분이 좋지 않거든. 내년에는 염 선생이 농사 한 번 잘 지어봐."

"예, 최선을 다해서 열심히 농사를 지어 보겠습니다."

이삿짐을 옮기고 은미 부모님이랑 몇 분이 오셔서 축하를 해주셨다. 간단하게 과일이랑 주안상을 차려놓고 덕담이 오고갔다.

"염 선생님, 이사를 잘 오셨습니다. 여기 이 관사가 복이 있는 집터요. 이 관사에 오신 선생님은 모두 집을 장만해서 원주시내로 나갑니다. 임기를 채운 선생님은 돈을 벌어 집을 사서 나가고, 임기를 채우지 못하고 교장선생님한테 밀려서 쫓겨나는 선생님도 모두 집을 사서 나가더라고요. 그런데 학교 앞 도깨비 관사는 재수 없는 관사에요. 5년 임기를 채우고 나가는 선생님이나, 중간에 나가는 선생님이나 거의 집을 사서 나가는 선생님이 없더라고요. 내가 관사 옆에 살면서 계속 지켜봤거든요."

"내년 9월에 새로 부임하시는 교장선생님이 집이 없는 분이 오시면 제가 집을 장만하지 못 하고 쫓겨나는 1호 선생님이 되겠네요."

"아니요, 선생님이 쫓겨난다 해도 집을 장만해서 나간다니까요."

"돈이 없는데 어떻게 집을 장만해요?"

"다른 선생님도 선생님처럼 똑같이 말했어요. 그런데 쫓겨날 때 보니까 버젓이 집을 장만해서 나가더라고요. 선생님도 틀림없이 집을 장만해서 나간다구요. 신기해요."

"하하하하, 호호호호."

은미 아빠의 말씀에 모든 분들이 웃었다.

겨울철에 대한 소고(小考)

무섭도록 쏟아지는 폭우를 이겨내고 노랗게 물들었던 황금들판도 어랭이들을 비롯하여 섬강 저편 안창리, 문막들까지 추수가 끝난 넓은 들판에는 수확하고 남은 볏짚 무더기만이 가을의 이별을 알리고 있었다. 더러는 애써 가꾼 벼농사가 자갈과 모래로 뒤덮여 주름진 농부의 가슴을 아프게 했지만, 차가운 강바람은 농부의 애달픈 사연도 모르는 듯 세차게 몰아쳐 지정초등학교의 건물에 부딪혔고, 얇은 유리창문은 추위에 떨며 신음소리를 토해냈다. 학교 주위를 물들였던 단풍잎들도 이제는 거의 다 떨어지고, 앙상한 나뭇가지만이 추위에 맞서 몸부림치고 있을 뿐이다. 떨어진 단풍잎은 인권을 유린당한 전쟁의 전사자처럼 때로는 발에 짓밟히고, 더러는 바람 부는 대로 땅바닥에 뒹굴며 자기 나름의 머물 곳을 찾아 이리저리 방황하고 있었다. 섬강 가에 자라던 갈대 군락지에서도 차가운 강바람에 허리를 더 낮게 굽힌 갈대는 서로의 몸을 부딪치고 감싸며 추위를 이겨내고 있었다.

첫눈이 내린다. 학교 주위를 감싸고 있는 산에도 흰 눈이 소복이 쌓여, 크리스마스카드에 나오는 산타할아버지가 타는 눈썰매를 연상시키듯 아름다운 풍경을 만들어 내고 있었다. 학교 앞에 펼쳐진 넓은 들판도 하얗고 굵은 눈이 쏟아져 올해의 아픈 상처와 흉터를 부드럽게 감싸며 덮어주고 있었다. 아이들의 옷차림도 겨울옷으로 두터워졌고, 추위에도 아랑곳하지 않고 운동장에서 뛰놀며 첫눈을 즐기고 있었다.

우리 반 아이들이 서로 눈을 맞으며 즐겁게 노는 모습을 보니 갑자기 고등학교 때 보았던 아더 힐러(Arthur Hiller) 감독의 영화 '러브스토리(Love Story)'가 떠오르며 주제가 음악이 귓가에 들리는 듯했다. 추위 속에서도 위대한 자연은 학교 주위의 산하(山河)에 또 하나의 아름다운 눈꽃을 만들어 내고, 아이들은 설경(雪景) 속에서 또 하나의 아름다움을 만들어내는 새싹이었다. 얼어붙은 대지를 굳세게 밟고, 하얀 입김을 내뿜으며 힘차게 자라나는 푸른 새싹이었다.

초등학교 2학년 때 12월경에 있었던 일이다. 책보를 어깨에 메고 사태 밑 길을 지나 수로(水路)를 따라 제방 길에 이르렀을 때 갑자기 선생님의 말씀이 생각났다.

"내일 때 검사를 한다. 왼발 검사를 할 테니 깨끗이 씻고 와."

나는 급히 돌아서 집으로 헐떡이며 뛰어갔다.

"엄마, 물 좀 줘! 발 씻게 물 좀 달란 말이야!"

"아니 갑자기 웬 물이야!"

"오늘 선생님이 때 검사한다고, 발 씻고 오라고 했단 말이야."

"그럼 어제 얘기 했어야지. 지금 뜨거운 물도 없는데."

어머니는 급히 얼어붙은 동이에서 얼음을 깨고, 가마솥에 한 대야 분량의 얼음 섞인 물을 바가지로 퍼붓고는 아궁이에 불을 지피셨다. 나는 지각을 할까 봐 걱정되었다. 다시 발을 동동 구르며 재촉을 했다.

"엄마 빨리 물 줘. 빨리 물 달란 말이야."

겨우 냉기만 가신 물에 발을 씻으려니 새까만 때가 제대로 씻길 리가 없었다. 젖 먹던 힘을 다해 빡빡 문지르니 피부가 빨갛게 달아올랐다. 나는 왼발만 씻고 양말을 신었다.

"발을 씻으려면 두 발 다 씻어야지, 한 쪽 발만 씻으면 어떻게 해."

"지각하면 더 혼난단 말이야."

나는 다시 책보를 어깨에 질끈 동여매고는 학교를 향해 헐떡이며 달리기 시작했다. 운동장에서 1반과 2반의 때 검사가 시작되었다. 선생님은 회초리를 들고 힘차게 소리쳤다.

"오른발 검사야. 모두 양말 벗어!"

나는 오른발을 벗을 수 없었다. 그렇게 했다간 오늘 아침의 필사적인 노력이 물거품이 될 게 분명하니까 말이다. 망설이던 나는 왼발을 벗었다. 모든 학생이 오른발을 벗고 있는데 왼발을 벗고 있던 나를 의심스러운 눈초리로 바라보시던 선생님은 장난스러운 웃음을 터트리며 말했다.

"너는 왜 왼발을 벗고 있지?"

"어제 선생님이 왼발을 검사하신다고 말씀하셨어요."

"오른발 벗어 봐. 얼른 오른발 벗어 보라니까?"

나는 마지못해 오른발을 벗었다. 나의 두 발을 번갈아 보시던 선생님은 웃음을 터트렸다.

"오른발이 새카맣잖아. 얼른 종아리 걷어."

"선생님이 분명히 잘못 검사하시는 거예요. 어제 분명히 왼발을 검사하신다고 말씀하셨어요."

"내가 어제 왼발 검사한다고 말했나. 오른발 검사한다고 말했나?"

"왼발이요!"

학생들은 일제히 큰소리로 대답했다. 키가 작은 나는 앞쪽에서 세 번째에 서있었다. 검사와 벌주기를 마치고 앞으로 돌아오신 선생님은 다시 키득거리며 웃기 시작했다.

"이봐요. 원옥녀 선생, 이 애 발 좀 봐."

"어머나, 호호호호."

"낄낄낄낄"

'선생님만 알고 계실 것이지 여선생님에게까지 얘기할 게 뭐람.'

2반의 여선생님은 한 손으로 입을 가리고는 허리를 굽혔다 펴기를 반복하면서 웃음을 쏟아내고 있었다. 그 모습을 보신 담임선생님도 크게 만족하신 듯 더 크게 웃었다. 그날 담임선생님께 회초리로 2/3가 넘는 학생들이 종아리를 맞았지만 나는 맞지 않았다. 그러나 매 맞는 것 몇 배 이상의 마음의 상처를 입었다. 여선생님의 웃음소리에 부끄러움을 무릅쓰고 묵묵히 서있었지만, 마음속으로는 쥐구멍이라도 있으면 기어들어가 숨고 싶었다. 겨울방학을 앞두고 선생님은 다시 발 검사를 한다고 말씀하셨다. 한 학생이 일어나 질문을 했다.

"선생님, 왼발인가요? 오른발인가요?"

"왼발, 오른발, 어느 발을 검사할지 모른다. 그러니까 두 발 다 씻고 와야 해. 꼭 두 발을 다 씻고 와야 해. 알았지?"

"네~에."

그 때에는 목욕탕도 없었고 가정에 온수 시설이 보급되지 않았던 때라 모든 학생들이 용의(容儀)가 불결했다. 그리고 신발이나 양말도 변변치 못했다. 그래서 선생님께서는 무좀이나 동상만이라도 예방하자는 차원에서, 발만이라도 깨끗하게 하려고 발검사만 하신 것 같다.

초등학교 2학년 여름이었다. 흥대 수용소 벌판에 있는 두수 형네 이발소에 가서 머리를 빡빡 깎았다. 집으로 돌아오니 부모님이 안 계셨다. 절터 골 밭으로 부모님을 만나러 갔다. 연못 위쪽 도랑에서는 넓은 돌판 위에 비누거품을 일으키며 금란이 할머니가 빨래를 하고 계셨다. 비가 많이 왔는지 도랑물은 많은 양의 물이 흘러 연못으로 들어가고 있었다. 쫄랑쫄랑 신나게 걸어가는 나에게 금란이 할머니가 말을 걸어왔다.

"얘, 목에 때가 새카맣구나. 내가 씻겨 줄 테니 씻자."

"안 씻어."

"참외 하나 줄게 씻을래?"

"하나 주면 안 씻어."

"몇 개 주면 씻을 건데?"

"세 개!"

"왜, 세 개야?"

"밭에 엄마, 아버지도 있잖아!"

"아하, 세 개 줄 테니 씻자."

"참외를 갖다 놔야 씻지."

"씻고 따다 준다니까?"

"그럼 안 씻어"

"얘가 중국사람 속옷을 입었나, 왜 이리 의심이 많아?"

"씻고 참외를 안 주면 나만 손해 보잖아?"

"나만 손해 본다고?"

"그래."

"호호호, 알았어. 참외 따오면 꼭 씻을 거지?"

"씻는다니까?"

금란이 할머니는 연못 옆 밭으로 가셔서 커다란 개구리참외 세 개를 따와 도랑가에 담가 놓으셨다. 타협은 끝났다. 금란이 할머니께 얼굴을 맡겼다.

"아이고머니나! 머리통도 돼지등허리 때 딱지처럼 때가 다닥다닥 붙어 있네."

금란이 할머니는 내 목을 왼쪽 겨드랑이에 끼시고 왼손으로 내 얼굴을 받치신 채, 오른 손으로 커다란 빨래비누를 머리통에 쓱쓱 문지르시고는 몇 번씩 손으로 문지르셨다.

"때가 켜켜이 쌓여 딱지처럼 붙어 있어서 안 되겠구나."

혼잣말처럼 중얼거리시던 금란이 할머니는 도랑가의 납작하고 조그만 돌멩이를 주워서 내 머리를 문지르셨다. 마치 껍질이 벗겨지는 것 같은 아픔을 느꼈다.

"아이고, 아파 죽겠네. 때 안 씻을래."

"참외는 어떻게 하고?"

"참외 안 먹을래."

"참외 안 먹는다고?"

"응, 안 먹어."

"이 참외 수박처럼 커지는 참왼데 니가 때 씻는다고 해서 따왔단 말이야. 안 씻을 테면 니가 도로 갖다 꼭지를 붙여놔. 꼭지 붙여 놓을 수 있어?"

"……"

겨드랑이에 꼭 끼인 채 머리를 씻기며 주고받던 실랑이는 나의 일방적인 케이오(KO) 패배로 끝났다. 금란이 할머니가 때도 씻지 않고, 참외 꼭지도 붙여 놓지 않았다고 엄마, 아버지한테 항의라도 하신다면 엄마와 아버지가 어른께 거짓말 했다고 종아리라도 때리실 터인데 그야말로 혹 떼려다 혹 붙인 격이 되고만 셈이기 때문이다. 눈물을 흘리면서도 이를 꽉 물고 아프다는 소리를 하지 못했다. 금란이 할머니는 내 머리통을 팽이 돌리듯이 이리저리 돌리며 깨끗이 씻기고는, 귀와 목덜미까지 빡빡 문지르며 깨끗이 씻어 주셨다. 깨끗이 빤

수건으로 배까지 흘러내린 물을 닦아주신 후에 나를 일으켜 세웠다.

"때를 씻겨내니 예뻐졌네."

나를 닦아 주신 수건으로 얼굴에 흐르는 땀방울을 훔쳐내시며 귀여운 막내아들을 바라보시듯 환한 미소를 지으셨다. 마치 조각가(彫刻家) 피그말리온(Pygmalion)이 자기의 사랑하는 예술품을 바라보듯이…….

"조금만 기다리고 있어. 잘 참았기 때문에 참외 하나 더 따다 줄게."

참외 네 개를 도랑물에 깨끗이 씻은 금란이 할머니는 나에게 물었다.

"이거 어떻게 갖고 갈 거야?"

나는 말없이 러닝셔츠 끝자락을 들어 올렸고, 할머니는 참외 네 개를 넣어주셨다. 나는 빨리 달려가서 엄마와 아버지께 자랑하고 싶었지만, 그러다가 참외를 떨어뜨려 깨트리면 큰일이었다. 조심스럽게, 그러나 될 수 있으면 빠르게 총총 걸음으로 아래 밭으로 갔다.

"엄마, 아버지! 참외 먹어."

"이렇게 고마우실 수가 있나. 바쁘신데 남의 자식 때를 씻겨주고 참외까지 주시다니……."

아버지는 혼잣말처럼 말씀하시며 엄마를 바라보셨다. 엄마는 부끄러운 듯 얼굴을 붉히시며 말했다.

"애가 때 씻는 것을 무척 싫어한다니까요."

"무척 아픈데도 꾹 참고 있었어."

나는 자랑스럽게 말했다. 나는 지금도 그날의 금란이 할머니의 환한 미소와 주황색 은은하고 달콤한 개구리참외의 속맛을 잊을 수가 없다. 그 후 금란이 아버지는 우리 집 아래쪽 밭에 집을 지어 분가하셨고 이웃사촌이 되었다. 어른이 되어 금란이 할머니의 사랑이 그리워 얼룩무늬 개구리참외를 찾아보아도 시장엔 온통 노란색 참외뿐이었다.

경기도 구리시에 살 때였다. 연말에 서울시청 부근의 호텔에서 육민관중 · 고등학교 재경동문 송년회가 열렸다. 예쁜 숙녀가 내가 앉은 테이블 앞으로 걸어와 인사를 했다.

"안녕하세요."

"……?"

"오빠, 절 모르시겠어요? 저 금란이에요."

"이웃사촌인데도 어릴 때만 보고 오랫동안 헤어져 있다가 만나니 몰라 봤네. 미안해."

나는 겸연쩍게 웃으며 말했다. 그리고 두 번 다시 실수를 하지 않으려는 듯 금란이의 얼굴을 천천히 바라보았다. 날씬한 몸매, 알맞은 키, 하얀 피부, 갸름한 얼굴, 눈가의 웃음에서 할머니의 모습을 보았다. 옛날 나를 씻겨 세워놓고 미소 짓던 할머니의 그 미소였다. 금란이가 할머니를 닮았다고 생각했다.

점심시간이 끝나는 종이 울리자 아이들은 교실로 뛰어들어 왔다. 얼마나 신나게 뛰어놀았는지 머리에 쓴 겨울 모자를 벗자 하얀 김이 모락모락 연기처럼 올라왔다. 겨울방학이 열흘정도 남았다. 지정면 면사무소 부근에는 목욕탕이 없었다. 겨울방학 전에 아이들의 몸을 깨끗하게 만들어 주고 싶었다. 나는 학생들에게 말했다.

"앞으로 일주일 후에 용의 검사를 실시한다. 쉽게 말하면 때 검사야. 검사를 할 부분은 발, 배, 목이야. 그리고 손과 손톱 검사까지 한다. 그러니까 몸 전체를 다 검사한다고 보면 돼. 이번 주 토요일이나 일요일 원주시내 목욕탕에 가서 목욕을 하고 오든가, 아니면 집에서 솥에다 물을 끓여서 커다란 대야에 담아 들어가 씻으면 돼. 집에서 목욕을 할 때는 끓는 물에 데지 않도록 조심하고."

나는 매일 되풀이해서 말하곤 했다.

"몸을 깨끗이 씻으면 호흡기에도 좋아. 사람은 코로 숨을 쉬는 것뿐만 아니라 피부로도 숨을 쉰단다. 그러니까 피부를 깨끗이 해야 해. 그래야 몸속에 있는 노폐물도 빨리 밖으로 배출되고, 피부병 예방에도 좋고, 각종 전염병 예방에도 좋단다."

어떤 때는 시내에서 학생과 함께 걸어가시는 어머님과 마주친 적도 있었다.

"시내에 나오셨네요?"

"예, 우리 애가 용의검사가 있다고 목욕탕을 가자고 해서 겸사겸사 나왔어요."

어머니는 웃으며 말씀하셨다. 수줍은 듯 서 있는 아이의 얼굴을 바라보니 말 할 수 없이 깨끗하고, 피부는 수분을 머금어 촉촉했다.

용의 검사의 주목적은 몸을 청결히 하자는데 있지, 갑자기 검사를 해서 학생들의 마음에 상처를 주자는데 있는 것이 아니다. 그래서 나의 용의검사는 날씨가 추워지는 가을에서부터 봄에 걸쳐 이루어졌다. 그러나 일주일이나 열흘 전에 미리 예고를 하고 매일 되풀이해서 말을 해도 예전의 나처럼 안 씻고 오는 학생이 더러 있었다. 그리고 4학년에서 6학년 때까지 굳세게 '배 째라!'는 식으로 거의 안 씻고 오는 남학생 1명과 여학생 1명이 있었다. 그렇다고 두 학생이 불량하거나 마음씨가 나쁜 학생이 아니었다. 둘 다 착하고 마음씨가 비단결처럼 고운 학생이었다. 때로는 애걸조로 타일러도 보고, 때로는 협박조로 겁도 주었지만 변함없이 일편단심(一片丹心) 민들레였다.

'아이들 잘못이 아니야. 부모님이 바쁘셔서 그럴 거야.'

스스로 조용히 생각도 해 보았다. 때를 씻고 오지 않은 학생들을 때리고 싶은 생각은 전혀 없었다. 도리어 씻고 오지 않은 학생들이 가엾게 보였다. 그러나 용의 검사만하고 아무런 제재 없이 그냥 지나간다면 모든 학생들에게 미칠 파급효과를 걱정했다. 손바닥이나 종아리를 약간 아플 정도로 때렸다. 초등학교 때 나의 담임선생님이신 이희철 선생님의 마음도 지정초등학교 교사 시절의 내 마음과 같으셨을 것이다. 그러나 나는 운동장에서 검사를 하지는 않았다. 반드시 교실에서만 했다. 다른 학년 학생들이 보게 되면 우리 반 학생들이 마음의 상처를 입을까 염려되었기 때문이다.

용의 검사의 비밀은 우리 반 학생들과 나만이 알고 있는 특별한 비밀이다. 그러나 지금 생각해 보면 좀 더 세심한 배려를 하지 못했던 나의 잘못이 크다. 관사에 1년 6개월 동안 살면서 그 때만이라도 물을 데워서 남학생은 내가, 여학생은 아내가 목욕을 시킬 수 있었는데 그렇게 하지를 못했다. 하나님께서는 금란이 할머니를 통해서 가르침을 주셨는데, 나는 체험을 하고도 깨닫지 못하고 실천에도 옮기지 못했다. 나의 부족함이 크다. 이제라도 두 남녀 학생을 만나면 웃으며 말하고 싶다.

'내가 원주시 물 깨끗이 쓰기 회장을 할 테니, 둘 중의 한 명은 부회장 하고 한 명은 사무총장을 하자!'고 넌지시 농담 삼아 제의를 하고 싶다.

닭장 만들기와 겨울방학

지정초등학교는 면사무소와 멀리 떨어져 있는 농촌 지역에 있어서 손님이 오시면 식사를 대접하기가 매우 어려웠다. 아내가 분주히 반찬을 마련해도 대부분 푸성귀로 이루어진 식물성 반찬이었다. 아내는 정성껏 힘들게 반찬을 만들고도 늘 미안해했다.

관사에는 어느 선생님이 만들었는지 알 수는 없지만 빈 닭장이 있었다. 아내와 나는 의논한 끝에 내년에는 병아리를 키우기로 했다. 병아리를 키워 닭이 되어 달걀을 낳으면 그것으로 반찬을 만들 수 있고, 갑자기 손님이 오셔도 닭을 잡아서 국이나, 닭볶음탕을 만들어 대접하면 되기 때문이다.

"병아리는 어떻게 사지?"

"당신 걱정하지 말아요. 은미 엄마한테 여쭤보니 병아리 장사가 다닌대요. 은미네도 병아리를 산다고 했으니 그때 같이 사면 돼요. 내가 알아서 다 할게요."

"고맙소. 당신만 믿겠소."

무료함을 달래고자 닭장 주위를 살펴보았다. 망가져 고쳐야 할 곳이 몇 군데 있었다. 닭장을 고치고, 깨끗이 청소를 해 놓고, 망가진 먹이통을 수선해 놓았다. 차가운 날씨에도 햇볕을 쬐며 일을 하다 보니 기분이 상쾌하고 보람을 느꼈다. 내년에 할 일을 미리 고쳐 놓으니 마음이 더욱 뿌듯해졌다.

드디어 겨울방학을 하는 날이다. 어린 학생들은 마냥 즐거워했다. 그러나 아이들과 보내는 1984년도 마무리 시간인지라 더욱 당부의 말을 하고 싶었다.

지정초등학교의 통학구역의 서쪽으로는 북에서 남으로 섬강(蟾江)이 흐르고 있었다. 송강 정철이 관동별곡(關東別曲)에서 '한수를 돌아드니 섬강이 어드메뇨. 치악이 여긔로다.'라고 예찬한 곳이 바로 이 섬강이다. '섬(蟾)'자는 두꺼비를 뜻하며 달을 의미하기도 한다. 섬강이 지나는 간현리의 절벽 위에 토정 이지함 선생이 썼다는 '병암(屛巖)'이란 글씨가 새겨진 병풍바위가 있는데, 그 위에 올라앉은 바위 생김새가 두꺼비를 닮았다고 해서 섬강이라 부르게 되었다는 유래가 있다.

섬강은 횡성천, 원주천, 금계천의 지류(支流)가 합하여 이루어지는데 주변 계곡의 경치가 아름답기도 하지만 수량이 풍부하여 물놀이를 즐기기에 적합하다. 그러나 수심이 깊은 곳이 있어 여름철에는 익사 사고가 일어나지 않도록 유의해야 하고 겨울철 얼음이 얼었을 때도 조심하여야 한다.

섬강 국민관광지 밑에는 보(洑)를 막아서 문막의 넓은 들에 물을 대는 수로가 있는데, 물의 양이 많고 때로는 시멘트 관(灌)을 통하여 땅 속으로 흐르다가 땅 위로 치솟아 흐르기도 한다. 나도 많이 가보았지만 흐르는 물을 보면 공포심이 들기도 한다. 흥업면 매지천과 대안천, 판부면 백운천을 지류로 해서 흐르는 사제천(沙堤川)은 지정면 보통리와 문막면 동화리를 관통하여 굽이쳐 흐른다. 사제천이 흐르는 동화역 부근 철교 밑에는 큰 보가 있어 갑자기 수심이 깊어지는 곳이 동화3리의 아랫마을까지 이어지므로 주의가 필요하다.

"겨울철 썰매나 놀이를 할 때는 물이 얕은 논에서 놀아야지, 절대 섬강이나 수로, 보에 가서 놀아서는 안 된다. 여름철에도 조심해야 하지만 겨울철에는 더욱 조심해야 한단다. 여름철에 물에 빠져 떠내려가면 다른 사람이 보고 구해줄 수 있지만, 겨울철 놀이를 하다가 얼음이 깨져 얼음 속으로 들어가게 되면 주위 사람들의 눈에 띄지 않아 구해 줄 수 없기 때문이다. 간혹 주위에 사람이 있더라도 구하기가 쉽지 않으니 절대 깊은 곳에 가서는 안 된다. 그래도 깊은 곳에 가서 놀다가 빠지게 되면 두 팔을 벌려라. 그리고 조심스럽게 기어 나와야 한다. 또 집 가까운 데서 놀다가 추우면 얼른 집으로 돌아와야지 성냥 등을 갖고 다니면 안 된다. 성냥을 갖고 다니다가 춥다고 남의 볏짚에 불을 해놔서도 안 되고 남의 집 부근이나 산 옆에다 불을 해놔서도 안 된다. 불을 보면 너희들이 끌 수 없다고 생각되면 즉시 가까운 지서나 119에 빨리 신고해야 한다. 언제나 작은 불씨가 큰불이 되기 때문이다. 이 세상에서 가장 소중한 것은 너희들의 생명이다. 개학 때 건강한 모습으로 만나자."

몇 번씩 겨울철 놀이의 주의 사항을 어린 학생들에게 강조하고 또 강조했다. 학생들은 빨리 집으로 가고 싶은 모양인지 눈빛은 반짝반짝 빛나고 있었고, 어떤 학생들은 엉덩이를 들썩이고 있었다.

"이번 겨울방학이 너희들에게 뜻 깊은 방학이 되어야 해. 부모님 말씀도 잘 듣고, 심부름도 잘하고, 형이나 누나와도 사이좋게 지내고 동생도 잘 돌봐주어야 해. 공부도 스스로 잘하고. 부모님이 기뻐서 '우리 아이는 방학해서 늘 집에만 있었으면 좋겠어. 귀여운 짓만 골라하니까 말이야.' 그러시면 나라에서 방학을 더 늘려 줄지도 몰라. 그런데 너희들이 부모님 말씀도 잘 안 듣고, 심부름도 안하고 형이나 누나한테 얻어터지고, 동생 때리고 그러면 부모님이 화가 나셔서 '아이고, 지겨워. 얘가 집에 있는 것이 지긋지긋해. 왜 빨리 개학 안 하나. 방학이 없었으면 좋겠어.' 이러시면 나라에서 방학을 점점 줄일지도 몰라. 온 가족을 행복하게 해드리고 스스로 공부도 열심히 하자. 공부는 늙어서 죽을 때까지 스스로 열심히 해야 하는 것이 공부야. 그러니까 겨울방학 때 스스로 열심히 하는 습관을 길러야 한다. 알겠나?"

"네~~엣."

"이상."

반장이 일어섰다. 전체 아이들을 둘러보고는 구령을 외쳤다.

"전체 차렷."

"선생님께 경례."

"선생님, 안녕히 계세요."

"와~~~~아!"

귀여운 아이들이 썰물처럼 빠져나갔다.

혜인이와 크리스마스

학교 앞 보통리에는 간현 순복음교회가 있다. 조그마한 시골 교회에 믿음을 가지고 열심히 교회에 다니는 사람이 있었다. 허규준 씨다. 허 장로님은 당시 교회에서 집사로 사역(使役)을 하면서 지정초등학교 행정요원으로 근무하고 있었다. 허 장로님은 아들 복(福)이 많아서 세 아들이 있었는데 이름이 광명, 영명, 순명이었다.

현재 광명이는 인도네시아 반둥에서 선교사로 복음을 전파하고 있고, 내가 3학년 때 담임을 맡았던 영명이는 대학에서 복지학을 전공하고 복지 계통에서 봉사하고 있다는 말을 전해 들었다. 막내아들 순명이는 내 딸 혜인이와 나이가 비슷해서 고 씨 둘째 아들과 함께 셋이 모여 학교 운동장 그늘에서 자주 놀고는 했다.

어린 순명이가 전도를 했는지 모르지만 혜인이는 교회를 다니고 있었다. 예수님 탄신일인 성탄절 행사 때 혜인이는 인사말을 하게 되어 있었다. 교회에서 써준 2~3분가량의 짧은 글을 외워서 하게 되어 있었는데 딸은 외우기 위해서, 아내는 암기 지도를 하느라 서로 힘들어 하고 있었다. 반복 지도를 되풀이 하며 어린 딸을 몰아치니 아이는 외우는 중간에 틀리기를 계속했다. 그리고 점점 당황해 했다. 아내의 목소리는 거센소리로 점점 더 커지고, 딸은 점점 더 틀리는 횟수가 많아졌다. 당시 유치원에 입학할 나이도 되지 않은 어린 딸은 죽을 잘못이라도 저지른 사람처럼 쩔쩔매고 있었고, 추운 겨울인데도 아내의 이마와 콧등에는 작은 땀방울이 송글송글 맺혀 있었다.

"그만 둬! 외우지도 못할 걸 교회에서 써준 인사말은 왜 넙죽 받아

가지고 와! 바보처럼!"

혜인이는 금방 울음을 터트릴 것 같았다. 아내는 무관심하게 책을 보고 있는 나에게 불만이라도 표시하듯이 거친 목소리를 내뱉었다.

"얘 데리고 교회에 가서 말해야겠어요. 얘는 어려서 도저히 못하니 다른 아이에게 인사말을 시키라고. 교회서도 그렇지 어린애한테 인사말을 써주면 어떻게 해."

아내는 이제 교회 탓으로 돌리며 불만을 다시 터트렸다. 나는 보던 책을 덮고 일어섰다.

"혜인아, 아빠가 과자 사줄게, 나랑 같이 과자 사러 가자."

두려움 속에서 숨죽이고 있던 아이는 금방 기쁨으로 가득차서 벌떡 일어섰다.

"밖에는 몹시 춥거든. 그러니까 감기 걸리지 않게 옷을 두둑하게 입어야 해. 외투도 걸치고, 모자도 쓰고, 장갑도 끼고."

혜인이에게 벙어리장갑까지 끼운 나는 아이를 데리고 밖으로 나왔다. 그리고 아이의 손을 잡고 천천히 걸으며 말했다.

"혜인아, 아기 예수님 생일날 인사말을 한다는 것은 하나님이 주신 축복이야. 혜인이는 하나님의 축복을 받았기 때문에 충분히 외울 수 있어. 아빠가 과자 사갖고 가서 엄마에게 말할 거야. 혜인이 잘하니까 걱정하지 말라고. 우리 한 번 외우면서 갈까?"

우리는 추위에도 아랑곳 하지 않고 천천히, 아주 천천히 걸으면서 외우기를 반복했고, 나는 교회 인사말 종이를 보면서 틀린 곳을 고쳐주었다. 내 걸음 주위를 깡충깡충 뛰며, 맴돌면서 혜인이는 열심히 외웠다. 학교 앞 문방구에서 산 과자를 가슴에 껴안고 운동장에 들어

설 무렵에는 틀리지 않고 다 외웠다.

"잘 했어. 혜인이 정말 잘하네."

나는 딸을 번쩍 들어 올려 끌어안았다. 그리곤 생글생글 웃음 짓는 눈망울을 바라보다가 딸의 뺨에 내 뺨을 비볐다.

"아빠, 나 잘해."

"그럼 잘하고 말구. 하늘나라에서 하나님께서도 혜인이를 보고 귀여워서 웃고 계실 걸. 집에 가서 엄마 앞에서도 겁먹을 필요 없이 지금처럼 할 수 있지?"

"으응."

"자, 그러면 또 외우면서 갈까?"

혜인이는 신이 나서 큰소리로 외웠다. 방으로 들어와 혜인이가 아까와는 전혀 다르게 자신 있고 기쁨에 찬 표정으로 외우기를 마치자 아내는 웃음을 터트렸다. 1984년의 메리 크리스마스는 흰 눈이 덮인 대지 위에 발자국을 남기며 우리 가족 앞으로 천천히 다가오고 있었다.

외할머니의 지혜

겨울이라 친지를 찾아뵙는 것 이외는 방안에서 공부를 했다. 봄부터 늦가을까지 우리 반 아이들의 교실에서 방송통신대학 행정학과 교재를 들여다보며 공부했다. 토요일 오후나 일요일, 방학 때 내가 가르치던 아이들의 교실에서 공부를 한다는 것은 행복한 일이었다.

글씨 쓰는 소리조차 들릴 정도로 조용한 교실에서 책을 읽다가 집중력이 떨어진다 싶어 일어서서 서성이다 보면, 귀여운 아이들의 모습이 떠올라 기쁨이 배가 되고 학습의욕이 되살아난다.

날씨가 좋아 창문을 열어 놓으면 라일락 향기가 코끝을 스쳐 지나갈 때도 있었고, 운동 삼아 운동장을 거닐다 보면 빨간 장미가 눈부시게 빛을 발할 때도 있었다. 여름방학 때 공부를 하다가 교실에서 벗어나 버드나무 밑 벤치에 앉아서 무더위를 식히면 때로는 바람이 불어 늘어진 버드나무 가지를 춤추게 했다. 커다란 버드나무 위에 몇 마리의 까치가 앉아서 날갯짓하며, 꼬리를 흔들고 울음소리를 높이면 반가운 손님을 기다리는 기다림이 있어 좋았다.

교육학은 대학 다닐 때 공부를 했으니, 새로운 분야를 공부하고 싶어 행정학을 선택했다. 집에서 공부를 하다 보니 아이들과 함께 있을 시간이 많았는데, 딸의 재롱과 아빠를 알아보고 웃음 지으며 기어오는 아들을 안아주는 기쁨도 있어서 좋았다.

새해 1월 중순 무서운 추위가 기승을 부리며 한강이 꽁꽁 얼어붙었다는 기사를 읽었다. 며칠간 추위가 계속될 것이라는 기상대의 일기예보를 들으면서 나는 책을 덮고 외할머니 댁으로 발걸음을 옮겼다. 외할머니께서는 동화역 부근의 마을에 혼자서 살고 계셨다. 외할머니가 사시는 동화역 부근은 지정초등학교의 통학구역으로 우리 반의 손상희와 채완기가 살고 있었다. 나는 손상희 아버님도 잘 알고 있었는데 상희는 날씬한 몸매에 검은 피부, 조용한 성격까지 아버지를 닮았다. 닮았다기보다는 붕어빵처럼 똑같다. 완기는 천진난만한 시골 아이다. 한번은 교실에서 내 사진을 아이들이 달라기에 완기에게 주었다. 완기는 반 아이들에게 부러움의 대상이 됐다. 완기는 그 사진을 늘 주머니에 넣고 다니며 꺼내보고는 했는데, 나중에는 사진이 구겨지고 먼지가 묻어 색 표면이 떨어져 나가고 인화지의 속이 닳아서 솜처럼 피어올랐다.

"야, 선생님이 너에게 특별히 준 사진을 집에다 잘 보관해야지 갖고 다니면서 다 망가뜨렸잖아."

"선생님, 완기가 사진을 다 망가뜨렸어요."

아이들이 몰려와서 일러 바쳤다.

"괜찮아, 그 사진은 완기에게 주었기 때문에 내 것이 아니라 완기 것이야. 완기가 어떻게 하든 나는 어쩔 수가 없어."

나는 웃으며 완기에게 윙크를 보냈다. 참소(讒訴)를 했던 학생들은 머쓱해 하며 뒤돌아섰고, 미안해하던 완기는 해맑은 웃음을 터트리며 다시 어깨를 으쓱거렸다.

"할아버지, 안녕하세요?"

"예, 선생님도 그동안 잘 지내셨어요?"

"할아버지, 담배 한 보루하고, 됫병 소주 한 병 주세요."

"선생님, 비싼 ㅇㅇ담배를 사지 마시고, 값싼 새마을 담배를 사 갖고 가세요. 외할머니께서는 항상 다시 갖고 오셔서 값싼 새마을 담배로 여러 보루 바꿔 가신답니다."

내가 웃으며 서 있자, 할아버지도 웃으며 내가 원하는 담배를 주셨다. 시골 조그마한 가게에 들를 때마다 매번 되풀이되는 일이다. 항상 외할머니께서는 필터 없는 값싼 담배를 피우셨다. 나에게 담배를 사 올 때는 바꾸는 수고로움이 없게 값싼 담배를 사오라고 말씀하시곤 했다. 그러나 나는 그렇게 하지를 못 했다. 외할머니께 비싼 담배를 사 드리고 싶었다.

내가 대문 밖에서 외할머니를 부르며 들어가면 신발도 신지 않으시고 흙으로 된 마당까지 뛰어 나오셔서, 나의 두 손을 잡고 반가워하시곤 했다. 나를 신발도 신지 않고 마당까지 나와서 반겨주신 분은 할머니가 유일한 분이시다. 외할머니는 나를 좋아하셨고, 나는 외할머니를 좋아했다. 어머니보다도 나는 외할머니를 더 좋아했다.

내가 검지초등학교에 근무하면서 원성군으로 근무지를 신청했을 때, 나는 흥업초등학교로 발령이 나기를 희망했다. 어머니를 모시고, 시간이 여유가 있을 때는 농사일도 도울 수 있기 때문이다. 그러나 공무원 발령이 자기 마음대로 되는 것은 아니지 않는가? 생각지도 않은 지정초등학교로 발령이 났을 때, 하나님의 뜻이라 생각했다. 외할머니의 외로움을 조금이라도 덜어드리고 기쁘게 해드리라는 '하나님의 거룩하신 명령'이라 생각했다. 다른 집 보다 유난히 높은 토방(土房) 위에 올라서서 외할머니를 불렀다.

"할머니! 할머니!"

"아니 날씨도 추운데 집에 가만히 있지 않고 왜 왔어?"

문을 열고 나오시며 반갑게 맞아 주셨다. 화롯가에 마주앉아 한 시간 가량 대화를 나눈 나는 일어섰다. 나는 외할머니를 할머니라고 불렀다.

"왜 이렇게 빨리 가?"

"볼일이 있어서요."

졸망졸망 붙어 있는 시골집들 사이로 난 마을길을 벗어나, 할머니의 밭이 있는 밭길을 지나 사제천에서 흘러오는 냇가에 들어섰다. 그리고 철교 밑 보(洑) 위에 올라섰다. 여름방학 전 무더운 날씨에 학생들을 데리고 와서 물놀이도 하고 수영도 하던 곳이다. 보는 깊고 물도 많아 위험하다. 나는 발을 쿵쿵 울리며 얼음이 단단히 얼었는지 시험을 해보면서 자갑동 마을이 있는 산 밑까지 거슬러 걸어가 보았다.

선생은 모범을 보여야 한다. 겨울방학을 앞두고 어린 학생들에게 물이 깊은 곳의 얼음에 들어가지 말라고 말했었다. 그런데 내가 물이 깊은 곳의 위험한 얼음 위를 쿵쿵 울리며 걷는 것은 내일부터 나무를 하기 위해서다. 물이 얼지 않은 상태에서 나무를 하면 자갑동 마을을 거쳐 높게 치솟은 철길 둑을 올라 기차가 지나는 철길을 지나 우회를 해서 할머니 댁에 가야 한다. 그렇게 하면 무척 힘이 든다. 얼음이 얼었을 때 나무를 해서 얼음 얼은 내를 건너 철교 밑을 지나서 가면 힘이 2/3는 절감된다. 나는 추워지기를 기다렸다. 동화역 뒤의 사제천에서 흐르는 냇물이 꽁꽁 얼기를 기다렸는데 그 때가 다가온 것이다.

"여보, 내일부터 할머니 댁 나무를 해 드려야겠어요."

"얼음이 꽁꽁 얼었어요? 위험하지는 않아요?"

"위험하지 않아. 오늘 사전 답사를 갔다 왔거든."

"그래도 조심하세요. 무거운 나무 짐 지고 얼음에 미끄러지는 일 없도록 하고."

"걱정하지 말라니까. 내일 아침밥이나 일찍 해줘요."

나는 웃으며 아내를 안심시켰다. 그리고 일찍 잠자리에 들었다.

외할아버지와 외할머니께서는 아드님을 두셨는데 일찍 돌아가셨다고 한다. 그래서 아드님이 없고 나의 어머님이 맏딸로 이모님 두 분이 계셨다. 그리고 외할아버지께서는 형님이 계셨는데 남매를 두시고 일찍 돌아가셨다고 한다. 그 남매 두 분을 외할아버지와 외할머니가 키우셔서 장가를 들여 분가를 시키셨고, 시집도 보냈다.

내일 나무를 하러 가는 산은 외할아버지의 형님의 아들이신, 나의 외종숙이 되는 분의 산이다. 우리 형제는 그분을 외종숙이라 부르지 않고 외삼촌이라고 불렀다. 외삼촌은 지정초등학교의 이웃인 작동 마을에 살고 계셨다. 외삼촌은 착하시고 말씀이 적은 분이셨다.

외할머니께서는 막내 이모까지 결혼시키시고 혼자서 외롭게 살고 계셨다. 외삼촌이나 어머님, 이모님들이 모시겠다고 해도 모두 거절하시고 혼자서 쓸쓸히 삶의 무게를 걸머지시고 당당하게 살아오신 것이다. 외할머니께서는 혼자 사시며 많은 어려움을 겪으셨는지 세상을 좋게 보지 않으셨다.

"세상엔 도둑년, 도둑놈들이 많단다. 나를 모신다고 해서 따라가면 한, 두 달은 잘해 주겠지. 그러다가 싫증이 나면 개밥에 도토리가 되고 천덕꾸러기가 될 텐데 왜 가냐? 이렇게 혼자 사는 게 좋단다. 너도 이다음 늙으면 나처럼 살아라. 남의 말 쉽게 듣지 말고. 말만 그럴듯하게 허울 좋게 말하고, 뒤통수치는 도둑놈들이 넘쳐나는 세상이여. 항상 정신 반짝 차리고 살아야 해. 이 세상엔 믿을 놈이 없단다."

할머니는 길게 들이마셨던 담배를 내뿜으시며 한 많은 인생의 슬픔을 토로(吐露)하시곤 했다. 혼자 사시면서 이 세상을 불신하고 계셨다.

"할머니, 이 세상엔 좋은 사람이 많아요. 너무 나쁘게 보시면 안 돼요."

나는 웃으며 할머니께 말씀드리고는 했는데 그럴 때마다 외할머니께서도 웃으셨다.

"네가 이 세상을 좋게 보는 것은 니 아버지를 닮아서 착하기 때문에 그런 거여. 거의 다 도둑놈들로 득실거리는 도둑놈 소굴이여."

나는 고등학교 때와 대학 졸업 후, 혼자 사시는 외할머니 댁에 가서 공부를 한 적이 있었다. 외할머니는 혼자 사시기 때문에 집은 조용했고, 동화 마을에는 아는 분이 없어서 더욱 고요했다.

때론 집이 답답하면 냇가에 가서, 동화교 다리 밑이나 넓은 바위 위에 올라앉아서 책을 보기도 했다. 동화마을은 나의 제2의 고향이었다. 내가 외가댁에서 공부할 때 이웃집 할머니 한 분이 오셨다.

"할머니, 우리 할아범 혼 좀 내주세요. 어제 술 마시고 와서 그릇을 때려 부수고 고래고래 소리를 지르고, 창피해서 혼났어요."

"며느리도 술 주사 부리는 걸 모두 봤을 걸 아녀."

"모두 봤지요."

"며느리 보는 데서 큰 욕 봤구먼. 잘 참았어. 내가 대신 정신 차리게 야단쳐 줄 테니까 아무 말 하지 말고 가만히 있어."

"할머니, 고마워요. 안녕히 계세요."

"할머니, 남의 집 일에 참견하셨다가 화(禍)를 당하시면 어쩌시려고 그러세요? 모른 척 지내시는 게 좋을 것 같은데요."

"내가 이 마을에서 제일 나이가 많은 사람이여. 내가 꾸짖지를 않으면 꾸짖을 사람이 없단다. 어른은 어른답게 살아야 하는 법이여."

할머니는 대수롭지 않게 말씀하셨다. 이튿날 건장하신 할아버지가 외할머니 댁 마당을 지나가고 있었다.

"남준이 할아범, 잠깐 들렀다 가!"

"할머니가 나를 왜 부르실까? 혹시 나를 야단치시려고 그러는 건 아니지?"

"같이 늙어 가는데 야단은 무슨 야단이야. 우리 외손자가 술 사온 게 있는데 한 잔 마시고 가라고 불렀지."

"남준이 할아범은 술 복이 많은 사람이여. 마침 술도 있지, 돼지고기 볶아 놓은 것도 있지."

몇 잔의 술이 분위기 좋게 오고갔다. 나는 두 분의 대화를 마루에 앉아서 흥미롭게 지켜보고 있었다.

"그런데 그제 집에서 할멈한테 술주정 부렸나?"

"예, 술이 취해서 한바탕 소란을 부렸지요."

"그럼 쓰나. 며느리도 보고 어린 손자, 손녀들도 봤을 텐데 할아범을 어떻게 생각하겠나? 설사 할아범은 술 취해서 모른다 쳐도, 멀쩡한 할멈은 얼굴이 뭐가 되겠나? 마구 욕을 퍼부어 대니 젊은 며느리 보는 데서 무척 창피했겠지? 늙어 갈수록 불쌍히 생각하고 잘 챙겨 줘야 하는 법이여!"

"할머니, 내가 잘못했어요. 다시는 그러지 않을 게요."

"암, 잘 생각했어. 할멈 젊어 시집 와서 지금까지 얼마나 고생했나? 불쌍하게 생각하고 할아범이 이제부터라도 잘해 줘야 해. 술도 음식인데 알맞게 적당히 마시고."

"그런데 할머니, 혹시 우리 할망구가 일러바친 건 아니지?"

"생사람 잡지 마러. 할멈이 입이 얼마나 무거운데 일러바쳐. 큰 소리가 여기까지 쩌렁쩌렁 들리니까 하는 소리여. 약속해. 다신 그러지 않겠다고?"

"약속할게요. 다신 술주정 부리지 않을게요. 그런데 가만히 생각해 보니, 할머니한테 또 야단맞았네."

"야단은 무슨 야단이여. 사람 사는 얘기한 걸 가지고."

"하하하하. 할머니 안녕히 계세요."

나는 할머니가 무척 지혜로우시다고 생각했다. 이웃의 화목을 위해 하실 말씀은 다 하시면서도 부드러운 물이 흐르듯 막힘이 없으셨다.

외할머니는 키는 작고, 몸집은 살이 없고 말랐다. 추운 겨울에도 나무를 하시곤 했는데 아주 조그맣게 나무 짐을 만들어서 집으로 나르곤 하셨다.

"나는 남자가 지나가면 젊은 사람이라도 기다렸다가 간단다. 여자가 남자가 가는 길을 먼저 가로질러 가면 남자에게 재수가 없는 법이여. 추운 날씨라도 공손하게 옆에서 기다렸다가 걸어가지."

"할머니, 그러면 걸어가시던 분이 뭐라고 그래요?"

"할머니, 괜찮으니 먼저 가시라고 말하지."

"할머니, 요즈음은 남녀평등 시대에요. 그런 것 가리지 않아요. 그러시지 않아도 돼요."

"그건 요즘 사람들이 몰라서 하는 말이야. 아무리 똑똑한 여자도 혼자서 아기를 낳을 수 없단다. 다 남자를 통해서 아기를 낳잖니? 그러니 남자를 존중해야 돼. 남자를 하늘처럼 우러러 받들어야 한단다. 남자도 마찬가지지. 아무리 힘이 좋고, 아는 것이 많아도 혼자서 아기를 낳을 수 없잖니? 다 여자를 통해서 자식(子息)을 생산하지. 그러니 남자도 여자를 땅처럼 귀히 여겨야 한단다. 자기가 걷고, 밟고 사는 땅처럼 소중하게 생각하며 살아야 하지. 그런데 요즘엔 어디 그러니? 서로 자기가 잘났다고 자기 주장만하고, 자기 목소리만 높이니 세상이 엉망이 되어가는 거란다. 요즘엔 결혼한 지 얼마 되지 않아서 이혼도 하고 그런다더라. 하긴 니 막내 이모 때문에 나도 마음고생 많이 했었지."

외할머니께서는 담배에 불을 붙여 한 모금 길게 들이마셨다가 내뿜으시며, 한(恨) 많은 세상살이의 설움도 함께 내뱉어 하늘로 날려 보냈다.

"올 여름이었단다. 밭에 가다보니 동네 사람들이 장마로 망가진 길을 고치고, 풀도 깎고 있더구나. 나는 늙은이라고 동네 사람들이 생각해서 빼놓은 모양이더구나. 나는 돌아와서 막걸리 한 말 값을 갖다가 주었단다. '할머니 괜찮다.'고 받지 않으려 했지만 내가 억지로 건네주었지. '그래야 내 마음이 편하다. 수고 한다'고 말하면서 주었지."

"할머니 잘하셨어요. 멋져요."

"아암, 그렇고 말구. 사람은 늙을수록 남을 생각하면서 살아가야 해. 세상이 어디 혼자서 살 수 있는 세상이냐? 함께 살아가는 세상인데 서로 생각하며 살아가야지."

나는 외할머니와 함께하는 생활이 많았다. 함께하는 생활이 많은 만큼 대화도 많이 나눴다. 외할머니와 대화를 나누면 나눌수록 외할머니가 사랑스럽고, 존경스럽고, 혼자 사시는 삶의 무게가 무거워 보여 안타까웠다.

쓸모 있는 지게질

낡은 지게가 내 앞에 놓여 있었다. 지게의 짐을 받치는 한쪽 가지가 부러져 다른 나무를 이어서 묶은 지게였다. 지게는 낡았지만 지게의 등 받침은 볏짚을 닥나무 껍질로 엮어서 예쁘게 만들어져 있었고, 지게의 멜빵끈도 볏짚으로 갈라 엮어서 만든 새 것이었다.

"이것이 네 지게다."

"지게질을 배워서 쓸모가 있을까요?"

내 앞에 놓여있는 지게를 보면서 나는 절망감과 깊은 회의(懷疑)에 빠져들었다. 내 또래의 친구들은 교복을 입고 책가방을 들고 씩씩하게 학교를 가는데, 나는 책 대신에 몇 배나 더 무거운 짐질을 해야 한다는 게, 내 인생의 숙명(宿命)처럼 느껴졌다. 마치 시지프의 신화에 나오는 시시포스가 끊임없이 무거운 바위를 산 정상으로 밀어 올리듯이, 내가 평생 짊어지고 살아야 할 인생의 멍에처럼 느껴져 슬픔이 복받쳤다.

"암, 쓸모가 있고 말구."

"……"

담담(淡淡)한 표정으로 나를 보신 아버지는 계속 말을 이어가셨다.

"이 지게질이 네가 살아가는데 꼭 필요할 때가 많이 있을 것이다. 나쁜 짓을 하는 것도 아니니, 너무 상심하지 말고 열심히 배워 두어라. 지게가 너무 높이 몸에 붙어 있으면 고개가 아프고, 무게의 중심을 잡기가 힘들고 앞으로 쏠릴 때가 많단다. 또 지게가 너무 낮게 몸에 붙어 있으면 무거운 짐이 뒤로 당겨서 허리를 더 굽혀야 하고, 산

골짜기를 걸을 때는 지게 발목이 땅에 부딪혀서 다니기가 나쁘단다. 자신의 키에 알맞게 지게를 져야 하는데 그 조절은 지게 발목에 매여 있는 멜빵끈으로 조절한단다. 그리고 지게의 등판과 네 등허리가 밀착되어 있어야 한다. 지게 등판과 네 등허리가 겉돌면 몸이 뒤뚱거려져서 넘어지기가 쉽단다. 지게를 받치는 작대기는 너무 가늘면 휘어지거나 부러지기가 쉽다. 너무 굵으면 무거워서 갖고 다니기가 힘들지. 무거운 짐을 지고 일어설 때는 오른발 무릎을 땅에 굽혀서 대고 지게 작대기에 힘을 의지해서 일어나는 거란다. 짐을 너무 무겁게 지면 몸을 상하기 쉽고, 자주 쉬게 되어서 좋지 않다. 알맞게 지고 다녀라. 내가 너에게 가르쳐 준 말보다도 직접 지게질을 하다 보면 스스로 터득하게 될 것이다. 그리고 이지게는 보다시피 헌 지게다. 네가 도랑이나 험한 길을 가다가 넘어져 망가뜨릴까봐 낡은 지게를 주었으니 그리 알아라."

내가 농사를 지으며 지게질을 한지 1년이 넘었을 무렵 아버지는 흥대 밤나무 수용소 벌판에 사는 아편중독에 걸리셨던 분에게서 소나무로 만든 새 지게를 사주셨다. 밤나무 수용소는 6.25전쟁 당시 피난민 수용소가 있던 곳으로, 어르신들께서는 그 곳에 밤나무가 많아서 밤나무 수용소라고 불렀다. 그분은 농토도 없었고, 힘든 일을 할 수 있는 체력도 갖고 있지 않았다. 그래서 지게를 만들기에 좋은 가지 뻗은 나무를 베어 지게를 만들었는데, 솜씨가 좋아 지게를 잘 만드셨다. 그분이 아편중독이 되었었는지 본 적은 없지만 어르신들께서는 그렇게 말씀하셨다. 이제는 내 지게가 아버지 지게보다 더 좋은 지게가 되었다. 소나무로 만든 지게라 가볍고 좋았다.

“아버지, 제 지게와 바꿔요?”

“모처럼 사준 지겐데 그냥 쓰지 않고.”

“저는 겨울철 험한 산에 가서 나무를 하잖아요. 눈길에 미끄러져서 지게를 망가뜨리게 될까 걱정이 돼서 그래요. 새 지게라 망가지면 너무 아까울 것 같아요.”

자연스럽게 아버지의 지게는 내 지게가 되었다. 아버지 지게는 오랫동안 사용하셨기 때문에 많이 낡았지만 망가진 곳이 없었다. 아버지의 지게를 메고 다니면서 나는 아버지의 땀과, 체온을 느끼는 듯했다.

내가 선생이 되어 첫 발령을 받은 곳은 백운초등학교였다. 그리고 세 번째 근무를 한 곳은 노곡면에 있는 둔달분교였다. 두 학교 모두 산골 벽지학교로 규모가 작은 학교였고 주변에는 산림이 울창했다. 그러나 나무를 할 줄 모르고 지게질을 할 줄 몰라 땔감 때문에 걱정을 하는 선생님들을 많이 보았다. 아버지께 배운 지게질이 이렇게 유익하게 쓰이리라고는 예전에는 미처 생각지 못했다. ‘부뚜막에 소금도 집어넣어야 짜다.’는 속담을 직접 체험하는 순간이었다. 그리고 나무꾼이 되어 외할머니께 조금이나마 효도할 수 있다는 생각에 가슴이 벅차올랐다. 옛날 절망감에 휩싸여 슬픔이 벅차오르던 때와는 정반대였다. 그렇다. 자기에게 주어진 환경을 어떻게 받아드리고, 어떻게 노력하느냐에 따라서 사람의 앞날은 달라지는 경우가 많다. 잠자리에 들어서도 옛날 아버지의 모습이 떠올라 잠을 이룰 수가 없었다.

‘아버님, 감사합니다. 저는 아버님처럼 무엇이든 열심히 노력하며 사는 아들이 되겠습니다. 하늘나라에서 부족한 아들이지만 저를 지켜봐 주세요.’

외할머니 나무 해드리기

날씨는 무척 추웠다. 그러나 보(洑)가 있는 양지쪽에 자리잡은 산이라 햇볕을 받아 덜 추웠고, 열심히 나무를 하다 보니 땀이 났다. 내가 하는 나무는 나뭇가지를 자르고 칡넝쿨로 가운데를 묶는 단나무였다. 세 단을 묶어 한 짐을 만드는데, 될 수 있는 한 나무를 많이 넣어 단을 만들기 때문에 세 단을 지게에 지면 꽤 무거웠다. 내가 감당할 수 있을 만큼의 나뭇짐을 만들어 지게에 지고 얼음이 언 봇둑까지 내려와서 외할머니 밭 있는 곳에서 한 번 쉬고는 바로 마당에 도착했다. 짐을 부리는 소리에 외할머니께서 나와 보셨다. 나는 나뭇단을 담장에 붙여 세워 놓았다. 햇볕을 받아 잘 말리기 위해서다.

"이게 웬일이냐?"

"오늘부터 할머니 나무를 해드리기로 했어요."

"미리 얘기를 하면 내가 반찬 준비라도 할 텐데 반찬이 없어서 어떻게 하니?"

"괜찮아요. 전 김치볶음밥을 잘 먹거든요. 옛날에 어머니도 늘 그렇게 해주셨어요."

외할머니께서는 하루 종일 나무를 하셔도 내가 해 온 나무 한 단을 하시기가 벅찼다. 커다란 나무 세 단을 보시며 외할머니께서는 놀라셨고, 한편으로는 흐뭇해하셨다. 오전에 한 짐, 오후에 한 짐씩 하루에 두 짐을 하면 짧은 겨울 해는 자취를 감추고, 동화 마을엔 어둠이 깃들었다.

"할머니, 안녕히 계세요."

"아니, 왜 가려고 그래?"

"오늘 할 일을 마쳤으니 집에 가려고요."

"저녁을 먹고 가야지?"

"집에 가서 먹으면 돼요."

"그렇게 하면 도리(道理)가 아니지. 네 처가 해 주는 밥보다 늙은 내가 해주는 밥과 반찬이 맛은 없겠지. 그러나 저녁은 우리 집에서 먹고 가야 한다. 내가 섭섭해서 안 된다."

나는 할머니가 해 주시는 저녁을 먹고 어둠이 깔린 동화교의 다리를 건너 고개를 넘어 터덜터덜 집을 향해 발길을 옮겼다. 몸은 피곤했지만 나무꾼이 선녀(仙女)의 날개옷을 가슴에 품은 듯 마음만은 기쁘고 가슴은 뿌듯했다.

이튿날도 나무 두 짐을 하고는 외할머니께서 해 주신 저녁을 먹었다. 외할머니께서는 차멀미가 심해서 버스를 타지 못하셨다. 시내에 갔다 오시는 분께 부탁을 하셨는지 생선과 고기찌개도 있었다. 외할머니의 정성이 깃들어 있는 저녁 반찬이었다. 외할머니께서는 저녁 수저를 들지 않으시고 내가 먹는 모습을 지켜보고 계셨다.

"할머니, 왜 수저를 들다 마시고 저녁을 안 잡수세요?"

"저녁을 먹지 않아도 배가 뿌듯해서 먹은 거나 마찬가지다. 네가 간 다음 먹을 테니 걱정하지 말고 너나 많이 먹어라."

외할머니께서는 벽장에서 소주병을 꺼내오셨다.

"기분이 좋으니 술을 마시고 싶구나. 날씨도 추운데 너도 같이 마시자."

나는 외할머니께 술을 따라 드렸고, 외할머니께서는 나에게 술을 따라 주셨다. 술을 드시던 외할머니께서는 심각한 표정으로 나를 바라보시며 말씀하셨다.

"그런데 네 처가 나무하는 것을 싫어하지는 않던? 어제 네 얼굴을 보니 땀과 먼지가 얼룩져 시커멓고 말이 아니던데. 오늘도 마찬가지다만 네 처가 싫어하는 기색이면 나무하지 마라. 요즈음 여자들 자기 남편이 고생하는 것을 보면 누가 좋아하겠니? 옷도 먼지에 흙투성이가 되고. 자기 남편 편하고 깨끗하게 있는 것을 좋아하지 고생하는 것 보고 좋아할 사람이 누가 있겠니? 다시 한 번 얘기 한다만 네 처가 싫어하는 기색이거나 투덜대면 내일서부터 나무하러 오지 마라."

"할머니 그건 오해에요. 제 처 무척 착해요. 오늘 아침에도 대문 밖까지 나와서 나무 많이 해 드리고 오라고 웃으며 배웅까지 해줬어요. 그리고 저도 집에서 책만 보는 것보다 나무를 하니 운동도 되고, 힘도 나고 기분이 좋습니다."

"니 처가 요즘 색시가 아니다. 무척 착하지."

외할머니께서는 웃으시며 술잔을 비우셨다. 나는 외할머니의 빈 잔에 술을 다시 따라 드렸다. 외할머니께서는 다시 심각한 표정을 지으시며 말씀을 이어나갔다.

"얼음 위를 걷다가 잘못되기라도 하면, 니 어미가 나한테 덤벼들며 울고불고 야단을 칠 텐데 조심하도록 해라."

나는 식사를 멈추고 소리 내어 웃었다. 외할머니의 마음을 잘 안다. 얼음길을 조심하라는 말씀이고, 조금이라도 위험한 듯 하면 나무를 하지 말라는 말씀을 에둘러 표현하신 것이다.

"하하하하, 할머니 얼음이 단단히 얼어서 큰 돌멩이로 내리쳐도 깨지지 않을 정도로 단단해요. 걱정하지 마세요. 그리고 설사 제가 잘못된다 하더라도 어머니가 할머니께 울고불고 덤벼드는 일은 없을 거예요."

"모르는 소리 말아라. 니 어미는 낳아서 키워준 나의 공덕(功德)은 모르고 지가 낳은 아들만 끔찍하게 생각하는 여자란다."

"하하하, 어머니가 혼자 사시는 할머니 걱정을 얼마나 많이 하시는데요."

외할머니께서는 외롭게 혼자 사시며 섭섭함이 많으셨던지 아기가 투정부리듯 말씀을 하셨다. 그리고는 담배를 화롯불에 집어넣어 불을 붙이시고는, 양 볼에 우물이 생길 정도로 깊게 담배를 빨곤 흰 연기를 길게 내뿜으셨다. 연기는 한 많은 인생을 살아오신 외할머니의 한숨처럼 보였다.

"니가 외손자가 아니고 내 아들이었으면 얼마나 좋겠니?"

내가 고등학교 다닐 때 하시던 말씀을 똑같이 되풀이해 말씀하셨다.

"할머니, 외손자나 아들이나 마찬가지에요. 전 할머니를 무척 좋아하니까요."

"외손자하고 아들이 어디 똑같으냐? 매우 다르지. 남들이 보기에도 하늘과 땅 차이란다. 아들은 울타리가 될 수 있어도 외손자는 울타리가 될 수 없단다. 아들은 남들이 함부로 업신여기지 못하는 든든한 울타리란다. 니가 내 아들이라면 감옥소처럼 높은 담장 위에 무서운 철조망이 버티고 서있는 그런 울타리가 아니라, 봄에는 예쁜 꽃도 피고 가을에는 열매도 맺는 아름다운 나무 울타리가 될 텐데……."

"할머니, 말씀하시는 것이 시인 같아요."

"시인(詩人)이 무어냐?"

"자기 마음을 짧은 글로 쓰는 사람이요."

"나를 여자라고 무시해서 공부를 안 가르쳐서 그렇지, 글공부만 했다면 왜 짧게 쓰냐? 내 살아온 걸 글로 쓰면 책으로 두, 세 권을 써도 모자랄 거다."

내가 저녁 식사를 마쳤는데도 외할머니께서는 상 치우실 생각은 하지 않으시고 계속 말씀을 하셨다. 어머니 흉을 보신 것이 미안하신 듯 화제를 돌리셨다.

"그래 겨울방학 전에 아이들은 잘 가르쳤냐?"

"예, 열심히 가르쳤어요."

"애들은 때리지 않았니?"

"때릴 때도 있고 안 때릴 때도 있고 그래요."

"내가 애들한테 매를 들지 말라고 했는데 때리면 어떻게 하니?"

"괜찮아요."

"옛날엔 서당(書堂) 훈장(訓長)님이 잘못하는 학생은 종아리를 때리고는 했다만 요즘엔 시대가 달라졌단다. 애들도 많이 낳지도 않고 '금(金)이야, 옥(玉)이야.' 하는데 매를 들면 학부모님들이 섭섭하게 생각한단다. 매를 들지 말고 다독거리면서 가르치거라." "학부모님들은 집에서 일하시고 바쁘셔서 모르실 때도 있어요. 그런데 저는 매일 학교에서 여러 아이들과 지내다 보면 어떤 아이가 힘들어 하는지, 어떤 아이가 잘하는지를 알 수가 있어요. 힘들어 하는 학생에게는 위로와 격려도 해주고 잘하는 학생에게는 칭찬도 해줘요. 그러나 자기가 해야 할 일을 게을리 하거나, 장난이 심하거나, 남을 괴롭히는 학생, 자만(自慢)에 빠진 학생은 꾸짖거나 때릴 때도 있어요. 학생들도 스스로 알고 있고, 학부모님들도 훌륭하셔서 다 이해하셔요. 너무 걱정하지 마세요."

"자기 자식 매 맞아서 기분 좋은 부모가 어디 있다더냐? 내 말대로 아이들에게 절대 매를 들지 말아야 한다. 알았지?"

"할머니, 학교는 책 공부만 하는 곳이 아니라 인생살이를 공부하는 장소이기도 해요. 때로는 다투고, 미워하기도 하고, 후회하기도 하면서, 서로 용서하고, 협조하고, 감사하고, 격려하고, 서로 사랑하면서 커가는 장소에요. 저는 제가 가르치는 아이들이 살아가면서 어떤 시련이나 어려움이 닥치더라도 참고 꿋꿋하게 살아가는 그런 사람이 되기를 바랍니다. 절망 속에서도 희망을 잃지 않고 용기를 갖고 살아가는 사람이요. 그런 사람으로 키우려면 학교에서도 어느 정도 강한 훈련이 필요해요. 산에서 자라는 나무를 보세요. 작은 나무도 봄에 따뜻한 햇살도 받고, 여름의 뜨거운 햇살과 소나기도 맞고, 겨울의 차가운 눈보라를 맞으면서 커가잖아요. 대장간의 쇠도 보세요. 뜨거운 숯불 속에만 있거나 차가운 물속에만 있어서는 좋은 호미나, 낫을 만들 수 없잖아요. 뜨거운 숯불 속에서 꺼내 망치로 두들기고, 차가운 물속에 집어넣기를 여러 번 반복할수록 좋은 연장이 된다고 하네요. 그릇도 마찬가지래요. 가장 뜨거운 불에 구울수록 조그만 습기조차 빠지지 않는 좋고, 아름답고, 단단한 그릇이 된다고 합니다. 저는 제가 가르친 아이들이 어떤 생활 속에 살든지 남에게 아름다움을 줄 수 있는 그런 사람이 되기를 바랍니다."

외로움에 젖어 있는 외할머니와 이야기를 나누려면 밤이 새도 끝이 없을 것 같았다. 나는 일어섰다. 그리고 웃으며 말했다.

"할머니, 아들이 없다고 업신여기는 사람 아무도 없어요. 그건 할머니가 그렇게 생각해서 그런 거예요. 어머님, 두 이모님도 아들이 있지만 저는 할머니를 이 세상에서 제일 사랑하고 존경해요. 할머니는 훌륭하시고 최고예요. 저 이만 갈게요."

"어둡고 날씨도 추워서 붙잡고 싶지만 젊은 색시가 외딴 집에 아기들 하고 있으니 무서워할지도 모르겠구나. 가거라."

외할머니께서는 대문 앞까지 나오셔서 배웅을 해주셨다. 달빛에 비친 외할머니의 그림자가 오늘따라 더 쓸쓸해 보였다.

나의 아버지

집을 향해 걸음을 옮기면서 나는 내가 공부를 가르친 학생들의 얼굴 모습이 떠올랐다. 나는 학생들이 공부뿐만 아니라 다른 많은 것도 느끼고 배우기를 원했다. 갈등하고, 이해하고, 서로 사랑하며, 많은 것을 깨닫고 배워서, 어른이 되어서는 땀 흘려 성실히 노력하며, 겸손하고, 서로 사랑하며 사는, 행동과 마음이 아름다운 사람이 되기를 기대했었다. 그래서 나는 학생들에게 여름의 뜨거운 태양도 되었고, 겨울의 차가운 눈보라도 되었으며, 때론 무서운 호랑이가 되었다가 자애로운 어머니와 아버지가 되고자 다각적인 노력을 기울였다.

'규장' 출판사에서 보내주었던 '사랑의 편지'를 올려 내 마음을 대신하고 싶다.

■그럴만한 이유

영국의 조지 왕이 한 도자기 공장을 방문했을 때 두 개의 꽃병이 특별히 전시되어 있는 것을 보았습니다. 꽃병들은 같은 원료, 같은 타일, 같은 무늬로 만들어졌으나 하나는 윤기가 흐르고 생동감이 있는 예술품의 모양을 하고 있었고, 또 하나는 투박한 채 볼품없는 모양을 하고 있었습니다. 왕은 관리인에게 그 이유를 물었습니다. 관리인이 대답했습니다.

"전하, 이유는 간단합니다. 하나는 불에 구워졌고 또 하나는 구워지지 않았습니다. 시련은 인생을 윤기 있게 하고, 생동감 있게 하며, 무엇보다 아름답게 한다는 것을 보여주기 위해 특별히 전시해 놓은 것입니다.

〈 김상길 / 언론인, 시인 〉

오늘도 자갑동 냇가의 산에서 나무를 했다. 냇가 부근에서는 나무를 다했기에 조금 더 올라가 나무를 했는데, 굵은 칡넝쿨이 길게 쭉쭉 뻗어 자란 것이 눈에 많이 띄었다. 나는 나뭇단 매끼로 쓰기 위해서 칡넝쿨을 많이 끊어 원을 만들어 나뭇짐 위에 올려놓고 지게 끈으로 묶었다. 칡넝쿨은 외갓집 창고에다 따로 넣어 두었다. 나뭇단은 외갓집 마당 담장에 세우기를 마치고, 남쪽으로 향한 부엌의 높은 토방에도 가득 채웠다. 어느 힘 좋은 나무꾼의 나뭇단에 견주어도 손색이 없는, 칡 매끼로 단단히 묶인 굵은 나뭇단을 보면서 외할머니께서는 흐뭇해 하셨다.

"할머니, 이 나뭇단들은 아궁이에 넣기 좋게 다시 도끼로 짧게 잘라서 묶어가지고 비 안 맞게 헛간 처마 끝에다 쌓아놓을 거예요. 그러니까 할머니께서 힘들게 자르실 생각은 하지 마세요. 내일은 눈이 온다고 하네요. 눈 녹으면 다시 나무하러 올게요."

"그동안 애썼다. 네가 있으니까 사람 사는 집 같다. 나무도 쌓이고 생기도 돌고. 배가 고플 텐데 어서 저녁 먹으러 들어가자."

"어서 저녁 먹어라."

"할머니가 먼저 드셔야 먹지요. 제가 아긴가요. 먼저 먹게."

외할머니께서는 오늘도 몇 숟가락 드시고는 다시 화롯불에 담배를 집어넣어 불을 붙이시며 말씀하시기 시작했다.

"아무리 생각해 봐도 니가 하는 일들을 보면 니 아버지를 그대로 꼭 빼닮았다. 니 아버지는 틀림없는 사람이여. 아암, 틀림없는 사람이구 말구. 요즘 세상에 그런 사람 드물다. 어느 해 정초(正初)에 니 아버지가 세배를 왔었다. 밤새 눈이 많이 왔단다. 새벽에 일어나서 마당과 동네 길까지 깨끗이 쓸어 놓고는 아침밥을 먹자마자 간다고 하더라. 외할아버지가 눈이 많이 왔다고 붙잡자 다시 방으로 들어와 잠시 있더니 외할아버지 일복으로 갈아입고는 밖으로 나가서 볏짚을 추려 방 윗목으로 가져와서 새끼를 가늘게 꼬더라. 그리고는 닳고, 타서 망가진 삼태기 끈을 낫으로 잘라 풀더니 새 삼태기를 만들더라. 얼마나 올이 가늘고, 촘촘하고 단단하게 만들던지 나는 그렇게 잘 만든 삼태기는 처음 봤다. 그렇게 해서 이틀 동안에 맷방석, 종다래끼 세 개를 만들더라. 쉬지도 않고 밤늦게까지 열심히 해서 만들어 주고는 아침을 먹고는 떠나더라. 그것뿐이냐? 해마다 여름에 외할아버지 농사짓느라 고생하신다고 몸보신 하라며 개를 길러서는 끌고 왔단다. 없으면 없는 대로, 있으면 있는 대로 지극정성을 다하는 사람이여."

"할머니, 저도 개는 생각나요. 해마다 기르던 개가 큰 개가 되어서는 없어지고는 했어요. 한 해는 누나와 형이 우리 개가 내일이면 외갓집으로 끌려가서 죽을 거라고 수군대며 이야기하더라고요. 저를 좋아해서 잘 따라다니던 개였는데 죽는다니 가슴이 아팠어요. 무척 친했거든요. 그래서 마루에 걸터앉아 계신 아버지께 달려가 울면서 말한 적이 있어요. '아버지, 검둥이가 불쌍해요. 검둥이를 살려주세요. 외갓집으로 끌고 가지 마세요.' 아버지는 아무 말씀하지 않으시고 못들은 체 앞산만 바라보고 계셨어요. 외할아버지가 아셨다면 무척 섭섭해 하셨을 거예요. 그리고 제가 농사지을 때인데 눈이 많이 왔을 때였어요. 아버지는 가늘게 새끼를 꼬아서 멍석을 만드시고 저는 굵은 못자리 새끼를 꼬고 있었어요. 멍석을 다 만드시고 가을 타작 때 풍구 밑에 낟알을 받을 커다란 맷방석을 만드시는데 싸리 껍질로 둥근 무늬를 넣어가며 얼마나 잘 만드시는지 예술 작품 같았어요. 제가 나무를 하러 가려는데 아버지께서도 맷방석 만들던 일을 멈추시고 저와 함께 나무를 하러 가려고 하시는 거예요. '너만 추운 날씨에 산에 보낼 수 없다.'고 말이에요. 저는 완성된 맷방석을 빨리 보고 싶어서 아버지를 간곡히 만류했어요. 집에 나무도 많이 쌓여있고 혼자 해도 되니 맷방석을 만드시라고요. 제가 아버지가 다 만든 커다란 맷방석을 보고 너무 좋아하자 '네가 장가들어서 살림나면 고추나 낟알 말리는데 부족함이 없게 멍석, 맷방석 등을 넉넉하게 만들어 주마.' 하고 말씀하셨어요."

내가 끼어들어 말을 하자 묵묵히 담배를 피우며 듣고 계시던 외할머니께서는 다시 말씀을 시작했다.

"한 해는 니 어미가 우리 집에 왔더라. 니 고종사촌이 내어 놓은 울업 우물이 있는 고래실 논을 사려고 하는데 돈이 없다고 하면서 도와달라고 하더라. 외할아버지는 니 아버지가 시켜서 어미가 온 줄 알고 커다란 소 두 마리를 팔아서 갖고 갖지. 니 아버지가 돈을 안 받더란다. '딸을 키워주신 은혜도 갚기 어려운데, 땅을 못 살망정 돈을 받을 수 없습니다.' 라고 하더란다. 그래서 도로 갖고 오다 날려버렸지 뭐냐? 내가 겨울에 가마솥에다 소죽을 꽁구레이로 저어가며 끓여서, 구유에 날라 주느라고 갖은 고생을 다했는데 속이 상해 죽을 뻔 했단다. 가끔씩 외할아버지한테 잔소리를 하면 외할아버지가 날 위로해주며 말했단다. '그 덕분에 우리 맏사위 착한 걸 알았으니 됐다고.' 세상이 온통 도둑놈 소굴이여. 그런 도둑놈들이 고개 빳빳이 들고 다니면서 착한 사람 망가뜨리고 큰 소리 치는 세상이여. 내 뱃속으로 낳았다만 니 이모 두 년들도 다 속이 시커먼 도둑년들이여. 니 어미도 그중 낫다만 모든 걸 움켜쥐고 집어넣으려는 도둑년이긴 매일반이여. 그런데 니 아버지는 그런 사람이 아니었지. 아주 착하고 고진(固眞) 사람이었어. 내가 알기로는 니 할아버지가 과거에 급제해 궁궐에서 나라님을 모시고 있었다고 들었어. 할아버지한테 집안 교육을 철저히 받은 사람이여. 철부지였을 때 공부를 안 해서 그렇지 공부만 많이 했으면 크게 되었을 사람이여. 암 크게 되고 말구. 그런데 니가 니 아버지를 꼭 닮았어. 니 어미는 참 복두 많은 여자여."

"할머니가 저를 잘 모르시고 좋게만 봐주셔서 그래요. 저는 부족한 점이 너무 많아요."

나도 아버지에 관해서는 할머니 말씀에 동감(同感)이었다. 아버지가 높은 벼슬을 하셨다면 외유내강(外柔內剛)의 청백리(淸白吏)가 되었을 거라고 생각했다. 오늘도 외할머니 말씀은 쉽게 끝나지 않을 것 같았다. 혼자 외롭게 사시며 가슴에 쌓여있는 한이 맺힌 이야기들을 헐어내기에는 시간이 너무 적었다. 하늘에 검은 구름이 많이 떠있고, 간간이 회색빛 구름이 섞여 있는데 마치 검둥이의 털빛과도 같았다.

고모님에 대한 그리움

동화 마을을 벗어나 큰 길에 들어서니 바람이 세차게 불어온다. 남한강을 거슬러 오는 강바람이 섬강을 거슬러 문막을 지나 이리로 불어 닥치나 보다. 나는 문막 방향의 후용리를 바라보았다. 고모님 생각이 났다.

"너희 고모님은 무척 예뻤다. 분(粉)을 바르지 않았는데도 살결이 하얀 게 마치 활짝 핀 배꽃(梨花)이 걸어 다니는 것 같았어."

"고모님이 그렇게 예쁘셨어요?"

"그럼, 지금은 늙어서 그렇지 젊어서는 같은 여자인 내가 보아도 부러울 정도로 예뻤단다."

어머님은 고모님의 젊은 시절 모습을 들려 주셨다.

초등학교 다닐 때의 일이었다. 누나와 나는 고모님 댁에 놀러갔다. 고모님은 친정식구들이 왔다고 기뻐하시며 정성을 다하여 대접해주셨다. 며칠간 놀기를 마치고 돌아올 때였다. 고모님은 땅콩을 싸 주셨다.

"더 주고 싶다만 무거워서 갖고 가지 못할 것 같구나. 이 정도는 갖고 갈 수 있겠지?"

나는 고개를 돌려 둘째 누나를 쳐다보았다. 누나는 부끄러운 듯 웃으며 아무 말 없이 고모님을 바라보고 있었다. 나는 고개를 돌려 고모님을 바라보며 말했다.

"고모, 더 주세요. 우리 집 식구가 많아서 금방 먹어요. 아버지, 엄마, 형, 동생들이랑 먹으려면 많이 있어야 돼요. 더 갖고 갈 수 있어요."

"어린 게 식구들 챙기는 것 좀 봐. 이다음 복 받아서 잘 살겠네."

고모님은 웃으시면서 땅콩을 더 많이 싸 주셨다. 버스 갈아타기를 반복하면서 흥업 면사무소 앞에서 내려 누나는 땅콩자루를 머리에 이고, 나는 낑낑대며 들고 가면서 말했다.

"누나, 무겁지 않지? 이고 갈 수 있지? 내가 더 달라고 말하길 잘했지?"

"응, 잘했어. 집까지 이고 갈 수 있어."

식구들이 모여 앉아 땅콩을 까먹으면서 말했다.

"아버지, 이것 남겨두었다가 내년에 우리도 땅콩 심어요?"

"땅콩은 손이 많이 가는 작물이라 우리는 심을 수 없다."

아버지는 한마디로 딱 잘라 거절하셨다. 내년에도 고소한 땅콩을 먹고 싶었는데, 아쉬움이 컸지만 어쩔 수가 없었다.

내가 퇴임을 하고 원주로 이사를 와서 어릴 적 꿈을 이루고자 땅콩을 심었다. 많이 심지도 않았는데 수확을 하여 껍질을 까느라 고생한 적이 있었다. 정말 손(노동력)이 많이 가는 작물이었다. 껍질 까기가 만만치 않았다.

꼴을 베어 소쿠리에 가득 담고, 송아지를 몰고 집으로 왔다. 고모님이 마루에 앉아 부채질을 하고 계셨고, 어머님은 부엌에서 반찬을 만드느라 분주하셨다. 고모님이 일어나 반갑게 맞아 주셨다. 나는 지게를 벗어 구유 앞에 세워 놓고 소의 고삐를 기둥에 묶었다.

"고모님, 오셨어요. 고모부님도 건강하시지요?"

"응, 그래. 귀한 네 얼굴이 햇볕에 타서 말이 아니구나. 눈은 왜 그러냐?

"벌에 쏘였어요."

"큰일 날 뻔 했구나. 잘못하다가 실명(失明)할 뻔 했네."

"바더리에 쏘인 거라 괜찮아요. 이런 일은 자주 있는 일이에요."

"늘 조심해야 한다."

고모님의 말씀에 아무렇지도 않은 듯 멋쩍게 웃었다. 바더리는 독이 많지 않은 벌로 2~3일 있으면 부기가 빠지고 원상태로 회복된다. 한 번은 말벌에 쏘여 몸에 두드러기가 돋고 고생한 적이 있었으나 일주일 정도 지나니 자연스럽게 회복된 적이 있었다. 고모님은 내 얼굴도 만져주시고 손도 만져 주셨다.

"손바닥이 굳은살이 박여 딱딱한 게 소 발굽처럼 돼 버렸네. 고생이 심하구나. 그런데 아버지는 왜 안 오시냐?"

"남의 집에 품앗이 가셨어요. 아마 꼴을 베어 오느라 늦으신 모양이에요."

"네가 베어 온다고 아침에 아버지께 말씀을 드리지 않고."

"우리 집은 매일 소꼴을 두 지게씩 베어요. '말 못하는 짐승일수록 더욱 잘 챙겨야 한다.' 면서 아버지가 늘 그렇게 하세요."

"이렇게 고생하는 게 다 왜놈들 때문에 생긴 일이란다. 할아버지가 경복궁에서 고종황제를 호위(護衛)하는 높은 벼슬을 하셨단다. 할아버지는 초시, 진사, 무과에 급제하신 훌륭하신 분이셨지. 그런데 왜놈들이 우리나라를 집어 삼키고, 강제로 군대를 해산시키는 바람에 그만 두셨단다. 그리고는 금광을 하셨지. 광부들을 먹이기 위해서 하루에 큰 소를 두세 마리씩 잡았단다. 할아버지는 몸집이 크셔서 흰 말 두 마리가 끄는 마차를 타고 다니셨단다. 집에 오실 때는 멀리서부터 말이 소리를 지르는데 그 울음소리를 듣고는 집에서 일하시는 분들이 분주히 준비를 하고는 했단다. 일하는 아주머니들만 수십 명이 넘었단다. 할아버지가 큰 고모와 나는 남녀칠세부동석(男女七歲不同席)이라고 하시면서 대문 밖으로 나가지도 못하게 했단다. '양갓집 규수가 되려면 집안에서 조용히 공부하고 예의범절을 지켜야 한다. 시집가면 시부모 봉양하고 남편 섬기고, 아이들 바르게 키우려면 공부할 여유가 없다. 시집가기 전에 열심히 공부해야 한다.'고 늘 말씀하셨어."

"그런데 아버지는 정반대였단다. '대장부의 기상을 갖추려면 여러 사람과 어울려 씩씩하게 놀 줄 알아야 한다. 공부는 그 다음에 해도 늦지 않다.'고 하시면서 밖으로 나가 놀게 하셨단다. 우리 집 대문 밖에는 놀러온 아이들로 문전성시를 이뤘단다. 너의 아버지보다 훨씬 나이 많은 아이부터 나이 어린 아이까지, 심지어는 먼 동네 아이들까지 놀러오곤 했었지. 할아버지는 할머니와 집사님께 말씀하셨어. '우리 아들한테 놀러온 귀한 꼬마 손님들이니 잘 대접하라고. 놀아도 배가 불러야 씩씩하게 노니 배가 고픈 아이가 없도록 상을 차려주라.' 고 말씀하셨지. 그래서 늘 놀기 전에 쌀밥에 고깃국을 먹여서 놀게 했단다. 아버지는 놀러 다니는 동네 오빠들이 업어주기도 하고, 귀여워해 주어서 늘 왕자님처럼 대접을 받았어. 그것뿐이 아니라 집사님이 집안일을 마치는 대로 아버지를 따라 다니며 돌보고, 아이들에게 떡 등 먹을 것을 틈틈이 나누어 주었어. 마치 힘든 일을 하는 농부들에게 곁두리를 먹이는 것처럼. 나는 밖이 그립고 오빠가 노는 것을 보고 싶어서 집사님께 부탁을 하여 집안 담장 앞에 큰 돌을 쌓아놓았지. 거기 올라가서 큰 고모와 함께 구경을 하고는 했단다. 그런데 한해 할아버지가 서대문경찰서에 가셔서 사흘간 주무시지도 못하고 조사를 받고는 모든 걸 그만 뒀단다. 왜놈들 순사와 헌병들이 자주 찾아오고 감시가 심해지니까 할아버지는 말씀하셨어. '이러다가는 하나뿐인 아들마저 죽이게 생겼다. 내가 집을 떠나야겠다. 지금은 일본놈들의 기세가 하늘을 찌르고, 우리 국민을 노예처럼 부려먹고 있지만 반드시 패망하고 물러갈 날이 올 것이다. 우리나라가 캄캄한 암흑의 시대지만, 하늘은 반드시 일본을 심판하여 광명의 시대를 안겨 줄 것이다. 내 아들이 살아남아야 손자, 증손자를 낳아서 손(孫)을 이어가다 보면 우리의 노력을 알아줄 날이 올 것이고 억울함도 풀어줄 날이 찾아온다.' 이러시고는 폐인(廢人)처럼 객지를 떠돌아다니시다 돌아가셨단다. 객사(客死)를 하신거지. 할아버지는 자신보다도 아버지를 끔찍하게 생각하셨단다. 아버지를 잘 모셔야 한다. 그런데 이제는 좋은 날이 찾아와서 가문(家門)을 일으켜야 할 네가 공부도 못하고 이런 고생을 하고 있으니 한숨만 나오는 구나."

고모님은 잠자코 듣고 있는 나를 바라보시며 깊게 숨을 들이마셨다 내쉬셨다. 주위에는 어둠이 짙게 깔렸다. 부엌에서 일하시던 어머니가 나오셨다.

"고모, 얘들 아버지가 늦게 오려나 봐요. 시장하실 텐데 먼저 식사하세요."

"아니에요. 힘들게 일하시는 오라버니가 배가 고프시지 가만히 있는 내가 뭐가 배가 고파요. 오라버니 오시면 같이 먹을 게요."

아버지는 소꼴을 베어도 남보다 시간이 많이 걸렸다. 소가 먹기 좋은 연하고 부드러운 풀을 골라 베기 때문이다. 나도 자연히 아버지를 따라서 풀 베는 습관을 익혔다.

아버지가 어디서 오시는지 마중을 나가서 지게를 받아 오고 싶지만 방향을 몰라 마중 나가기가 망설여졌다. 지금은 고모님의 대화 상대가 되어 말씀을 들어 드리는 것이 예의라 생각되어 가만히 앉아있는 것이다. 고모님의 말씀은 항상 조상들의 훌륭하심을 예로 들면서 나중 끝마무리는 '가문을 일으켜야 한다.'로 끝을 맺었다.

아버지가 소쿠리에 가득 꼴을 베어 오셔서 부엌과 외양간 사이의 공간에 세워 놓았다. 고모님이 일어나 아버지의 곁으로 달려가 손을 잡으셨다.

"오라버니, 이렇듯 어두운데 풀이 보여요. 그냥 오시던 가 조금만 베어 오시지 않고서."

"늘 해오는 일인데 뭘. 동생이 올 줄 알았으면 일찍 올 걸 그랬네.

어서 마루로 올라가서 저녁 먹자고."

아버지의 얼굴에 반가움이 넘쳐흘렀다. 저녁을 드시며 아버지는 소주를 몇 잔 드셨다. 저녁 식사를 마치고 어머니가 설거지를 하시는 동안에 두 분의 대화는 고모님 댁과 우리 집을 오가며 그동안의 쌓였던 소식들이 바쁘게 교차하며 오고 갔다. 대화의 상당 부분은 고종사촌 형과, 군대에 가 있는 형에 관한 이야기였다. 고모님은 시집간 두 누나에 관해서는 풀잎을 스쳐가는 바람처럼 잠시 관심을 보였을 뿐 대부분은 친정의 장남인 형에 대한 질문이었다. 어머니가 마루로 올라와 앉자 고모님은 어머니를 보시며 말했다.

"형님, 고마워요. 형님이 오라버니한테 시집오셔서 아들 삼형제를 낳아 주시고 집안을 일으켜 주셨어요. 원래 염 씨 집안이 자손이 귀한 집안이거든요. 큰 아버님도 아들이 없으시고, 아버님도 오라버니 한 분뿐인 외아들이었는데 형님이 자손도 번창케 해 주시고, 저는 늘 형님한테 감사한 마음을 갖고 있어요."

어머니는 고모님의 말씀에 환한 미소를 지으셨다. 저녁 반찬을 만드시고 설거지를 하신 노고도 모두 잊으신 듯했다.

"그래도 나를 알아주신 이는 고모뿐이에요. 내가 시집와서 딸 둘 낳고 애들 할머니하고 큰 고모한테 얼마나 설움을 당했는데요. 군대가 있는 큰 애를 낳으니까 할머니가 다른 사람으로 바뀌더라고요. 둘째 애한테 남동생 본 복덩이라고 귀여워해 주시구요. 큰 애 낳기 전까지 설움을 많이 겪었어요."

어머니는 무척 당당하시고 유쾌해 보이셨다.

"오라버니, 아까 낮에 형님한테 들으니까 저 송아지를 근호가 샀다면서요?"

"설전에 눈이 많이 왔잖아. 그 때 얘가 눈길을 헤치고 다니면서 나무를 팔더라고. 사실 내 자식이 나무장사를 한다는 게 창피하잖아. 그래서 팔지 말라고 했지. 얘가 그러더군. '나무 장사꾼 창피한 것 아니에요. 땔나무가 없어서 추위에 고생하시는 분들 있는데 서로 좋은 거예요.' 일리(一理)가 있더라고. 그래서 그냥 내버려 뒀지. 나무 판 값을 나한테 내놓는 거야. '아버지, 이 돈이 나무 팔아서 번 돈이에요. 필요한데 쓰세요.' '족제비도 낯짝이 있다.'고 그 돈을 내가 어떻게 쓰나. 그래서 네가 쓰고 싶은 데 쓰라고 했지. 며칠 있더니 그 돈으로 송아지를 사고 싶은데 어떻게 생각하시냐고 나한테 묻는 거야. 좋다고 했지. 태장 우시장(牛市場)으로 송아지를 사러 가겠다고 하더라고. 그런데 어린 것이 혼자 시장에 가는 게 걱정이 되는 거야. 그래서 매지리 사위랑 같이 가서 사라고 했지. 송아지를 사왔는데 크기는 한데 비쩍 마른 게 병든 소 같았어. 속으로 걱정을 많이 했었지. 그런데 병든 소가 아니었어. 주인이 잘 거두지 못해서 그런 거였어. 지금 저 송아지를 봐. 누가 송아지라고 하겠나. 중소(中牛)지. 잘 사왔어. 식성(食性)이 좋아서 꼴을 베어다주면 하루 종일 잘 먹어. 내가 많은 소를 키워봤지만 저렇게 잘 먹는 소는 처음이야. 어깨도 넓적하고, 다리도 굵직하면서 길쭉하고, 엉덩이도 펑퍼짐하고 넓적한 게 아주 잘 생겼어. 크면 일을 부려도 일도 잘하게 생겼잖아."

아버지는 흥에 겨우신 듯 기분 좋게 말씀하셨다.

"근호가 일을 잘 하는가 봐요."

"암, 잘하고말고. 얘가 2년 동안 농사를 지으면서 집안이 많이 달라졌어. 장리(長利)쌀 먹은 것도 다 갚고, 리어카와 분무기도 사고 라디오도 샀잖아. 집안 살림살이가 많이 튼실해졌어. 일도 알아서 척척 잘하고. 하나하나 시키는 것만 하면 서로 피곤한데 일의 두서(頭緖)를 알아서 하니 내가 편하지. 이제 모든 일을 다 가르쳤어. 하나 남은 건 써레질만 가르치면 돼."

아버지는 농사일에 보람을 느끼시는 듯 매우 기분이 좋아 보이셨다.

"오라버니, 일 잘한다고 농사일만 계속시키면 어떻게 해요. 공부를 가르쳐야지요. 이제 빚도 다 갚으셨다니 근호를 학교에 보내세요. 가문을 일으켜야 하잖아요?"

아버지의 얼굴이 조금 전과 다르게 어두워지기 시작했다.

"큰 애도 군에서 제대를 하면 농사지을 애가 아니야. 내 품을 떠날 애지. 애도 고등학교만 공부를 시켜도 내 품을 떠나. 못난 자식이 부모에게 효도한다고, 그래서 애는 공부를 안 시키려고 해. 사실 나도 힘이 부쩍 달려. 예전만 못한 것을 직접 몸으로 느끼거든. 밭에 거름을 내는 것도 사실은 둘째가 거의 다하는데 걱정이 돼. 모든 농사일을 다 가르쳐 놨는데 내논다는 게 너무 아까운 생각이 들기도 해. 어제도 터둔 논에 물 보러 갔다 오는 길에 최 목사님을 거리에서 만났어. 목사님도 둘째를 학교에 보내야 한다고 말씀하셨어. 그럴 때마다 가슴이 꽉 막히는 기분이야. 난 어떻게 해야 하나 막막한 기분이 들거든."

아버지의 말씀엔 힘이 없었고 어깨는 푹 꺼져있는 듯 했다.

"근호야, 넌 고등학교 가고 싶은 생각 없니?"

"가고 싶어요. 저는 머리를 기르고 있지만 실은 머리를 깎고, 교복을 입고 고등학교를 다니는 학생이 제일 부러워요. 그렇지만 고등학교를 안 다녀도 괜찮아요. 농사를 짓는 것도 재미있고 보람을 느껴요. 제가 일을 마치고 어둑어둑한 밤에 산에 매어놓은 누렁이한테 가면 말없이 저한테 걸어와 서있어요. 그리고 천천히 꼬리를 흔들어요. 저는 그럴 때마다 누렁이 머리를 만져주면서 '어두운데 혼자서 무서웠지? 미안해. 일하다 보니 늦었어. 우리 같이 집으로 가자.' 하면서 누렁이를 데리고 오지요. 지난번에는 소를 앞세우고 꼴짐을 지고 귀성이네 집 앞을 지나오는데 귀성이네 개가 쫓아 나오면서 크게 짖어대니까 누렁이가 깜짝 놀라서 뛰어 가더라고요. 나는 고삐를 놓쳤는데 용케 우물길을 돌아 외양간에 들어와 있는 거예요. 어린 송아지지만 신통하고 귀여워요. 누렁이가 있어서 요즈음 더욱 행복해요."

어린 두 동생은 안방에서 곤히 잠들어 꿈나라를 떠돌아다니고, 부모님과 나, 고모님은 마루에서 웃고, 심각해지기를 반복하면서 이야기가 계속되었다. 외양간에 있는 누렁이는 윤기 나는 주황색 털을 자랑하면서 커다란 귀를 곧두세우고, 굵은 눈망울을 마루로 향한 채 가끔씩 허옇고 붉은 색깔이 감도는 커다란 혓바닥으로 연한 풀잎을 끌어당겨 맛있게 씹으면서 우리의 이야기를 듣고 있었다. 누렁이는 아버지, 어머니, 나의 애정이 가득 담긴 사랑의 가족이었다. 당연히 우리의 애환을 듣고 함께 공유(共有)할 권리가 있었다.

준비하는 마음

지난 해 초겨울 마근 골에서 나무를 해오다 걸멍지 장등에서 아버지를 만났다. 아버지는 나보다 먼저 나무를 하시고는 쉬고 계셨다. 나도 나뭇짐을 내려놓고 아버지 옆으로 가서 앉았다. 걸멍지 장등은 울업에서 나무를 하시는 분들뿐 아니라 모든 나무꾼들의 쉼터였다. 전망도 좋아 절터 골 우리 밭을 비롯해 울업 마을까지 모두 내려다 보였다.

"근호야, 저기 울업 마을을 보아라. 자세히 보면 뭔가 알 수 있을 것 같은데, 찬찬히 훑어보아라."

"아무리 훑어보아도 모르겠는데요."

"잘사는 부잣집은 나무더미가 많고 못사는 집은 나무더미가 거의 없잖니? 잘사는 집은 추운 겨울을 대비해 미리 준비를 하고 못사는 집은 준비를 하지 못해, 추운 겨울에 고생하는 경우가 많단다. 준비의 차이가 사람의 미래를 결정하는 경우가 많단다."

나는 아버지 말씀을 듣고 다시 한 번 자세히 울업 마을을 훑어보았다. 정말 그랬다. 부잣집은 연세가 많으신 노인 부부가 사시는 데도 나무를 사서 많이 쌓아 놓아 나무더미가 많았다. 반면 젊은 사람이 사는데도 나무더미가 없거나 적은 집은 못사는 집이었다. 젊은 사람이라도 매일 술을 마시러 다니거나 게으른 경우가 대부분이었다. 부지런하더라도 가난해서 품(稟)을 파느라 나무를 못 하는 집도 있었다.

그때 나는 속으로 결심했다. '나무더미가 많은 나무 부자가 되자.

땅 부자는 하루아침에 될 수 없어도 나무 부자는 올 겨울 열심히 노력하면 될 수 있는데 뭘.' 그리고 열심히 나무를 했다. 그해 겨울은 준비성(準備性)을 갖추고자 노력한 한 해였다. 하루는 나무를 해온 후 점심을 먹으려고 들어가려는데 이모부를 만났다. 이모부는 나의 고향인 흥업면 면장님이셨다.

"마침 잘 만났다. 내가 아버지를 만나서 말씀을 드리려고 하는데, 너한테 먼저 이야기를 해야 하겠다. 이번에 손수레(리어카)를 싸게 살 수 있는 기회가 왔다. 시중에서는 6,000원인데 이번 리어카는 4,000원에 살 수 있다."

"리어카가 왜 그렇게 쌀까요?"

"정부에서 영세농가(零細農家) 지원금으로 2,000원을 보조해 주어서 그렇단다. 내가 보기에도 리어카 없이 농사짓는 네가 딱해서 찾아왔다."

"지금 돈이 없는데요."

"걱정하지 마라. 농협에서 리어카를 사는 집에 한해 장기저리(長期低理)로 대출을 해 준단다. 아무래도 네 아버지가 사지 않으실 것 같다. 그래서 내가 말씀을 드릴 때 네가 옆에 있다가 우겨서라도 사거라."

"형님, 이번에 싸게 리어카를 사시지요."

이모부께서는 아버지께 자세히 설명을 해 주셨다. 묵묵히 듣고 계시던 아버지는 나지막하지만 단호한 목소리로 거절을 하셨다.

"여기까지 찾아와서 알려주어 고맙네. 그러나 리어카를 살 형편이 안 되네. 그리 알고 점심이나 먹고 가게."

"아버지, 농협에서 장기 저리로 대출을 해 준다고 하잖아요. 빚내서 사요."

"저 녀석 말하는 것 좀 보게. 작년에 480사업(미공법 480호) 다니면서 보리쌀, 밀가루 타다 매일 보리밥, 수제비국 끓여 먹으면서 자기 입으로 다시는 빚지지 말자고 나한테 수백 번 맹세 하듯 말해 놓고 하루아침에 뒤집어. 빚 무서운 줄 알아야 하는 법이여. 빚 좋아하면 집안도 망하고 나라도 망하는 법이여. 나는 사지 않겠네."

"아버지, 제 이름으로는 나이가 어려서 대출이 안 되니, 아버지 이름으로 대출 받아서 사 주세요. 그 대신 올해 안에 품을 팔아서라도 제가 꼭 갚겠습니다."

"……"

"아버지, 이 기회를 놓치고 싶지 않아요. 리어카를 사게 해 주세요. 제가 반드시 갚을 거예요. 제가 약속을 어긴 적이 한 번도 없었잖아요. 작년에 빚 갚자고 약속하고 다 갚았잖아요. 480 다니면서 남는 보리쌀, 밀가루 팔아 생활비에 보태 써서 어려움도 훨씬 적었잖아요."

나는 떼를 쓰듯 졸라댔다. 아버지로서는 아무 손해도 보지 않는 요구였다. 노름 돈을 대출해 달라는 것도 아니고 리어카를 사겠다는데, 더욱이 아들이 1년 안에 갚겠다고 하는데 더 이상 거절하실 명분이 없으셨다. 이모부는 부자(父子) 사이의 이야기를 흥미롭게 지켜보고 계셨다. 그리고는 만족한 웃음을 지으셨다. 아버지는 목도장을 가지고 농협으로 가셨고, 나는 따라가서 새 리어카를 끌고 왔다. 리어카 타이어 안쪽에 바퀴살이 연결되어 있는 하얗게 빛나는 둥근 쇠를 바라보면서 기쁨에 들떴다. 리어카는 새것답게 잘도 굴러갔다. 그때 리어카를 사 갖고 돌아올 때의 흥분과 기쁨은 지금의 자가용을 살 때의 기쁨보다 몇 백배 더 컸다.

아버지와 나무하기

아버지는 나무를 하실 때 항상 일정한 간격으로 가장 큰 나무를 남겨두어 가꾸시면서 나무를 하셨다. 주인이 있는 산이든, 주인이 없는 산이든 구별하지 않고 나무를 가꾸셨다.

"나무꾼이 나무를 기르지 않으면 누가 나무를 기르겠느냐? 너도 나무를 할 때는 항상 나무를 가꾸면서 하여라."

"그렇게 하면 각지로 긁을 때도 불편하고 나뭇짐이 잘 불어나지 않잖아요?"

"시간이 걸리더라도 그렇게 하는 게 도리다."

나는 아버지의 말씀을 따르지 않았다. 비능률적이고 아버지처럼 나무하시는 분이 몇 분 되지 않았기 때문이다. 아버지와 나는 나무를 하러 산으로 갔다. 가까운 곳은 사람들이 나무를 거의 다 해서 나는 먼 분지울에 가서 솔잎을 긁어 올 계획이었다. 아버지는 오형섭 씨네 산 초입(初入)에서 밑을 내려다보며 말씀하셨다.

"눈이 많이 쌓여서 음지(陰地)는 할 데가 없고, 양지(陽地) 쪽인 이곳에서 나무를 해야 하겠다."

"남이 해 가고 자투리라 나무하기가 마땅치 않은데 여기서 하시려고요?"

"젊은 사람들처럼 멀리 가서 하기는 힘이 부치고 여기서 해야 하겠다. 넓게 잡아서 긁어모으면 가볍게 한 짐은 나올 것 같구나."

"아버지, 그러지 마시고 소나무 가지나 쳐서 가볍게 반 짐 정도 해 갖고 가세요. 오 씨네 산에서 나무를 하다 욕본 사람들 많이 봤어요. 젊은 분한테 고래고래 싫은 소리 들으시고, 나무해서 뺏기지 마시고 다른 데 가서 하세요."

"괜찮다. 뺏으려고 하면 주면 되지 뭐. 너나 가서 나무해 오거라."

젊은 나무꾼들은 거리가 먼 데로 가서 나무하기가 쉬운 장소를 고르고, 연세 많으신 어르신들은 나무하기가 불편하더라도 거리가 가까운 장소를 고르는 경향이 대부분이었다. 나는 분지울에 가서 솔잎을 긁어 얼른 한 짐을 해 지고 몇 번씩 쉬어가며 마근 골을 돌아오면서 아버지가 나무하시는 곳을 바라보았다. 오형섭 씨가 아버지가 나무하시는 쪽에서 내려오고 있었다. 이미 산 주인과 나무꾼의 싸움은 끝났는지 조용했고, 오 씨는 험상궂은 상태가 아닌 평온한 모습으로 내려오고 있었다. 아버지는 산 밑을 올라와 길가에다 나뭇짐을 세워두고 쉬고 계셨다. 나도 나뭇짐을 옆에다 세워두고 아버지 곁으로 다가가 앉으며 말했다.

"욕보지 않으셨어요?"

"욕을 보긴 무슨 욕을 보냐? 고맙다고 하더라."

"솔직히 말씀해 보세요?"

"아저씨처럼 나무를 가꾸면서 하시면 산 주인도 할 말이 없고, 도리어 감사한 마음뿐이라고 하더구나. 그러면서 나무꾼들이 자기 잘

못은 생각 안하고 나만 나쁜 사람으로 만든다고 하더라. 그렇다고 여기서 내가 매일 나무해서는 안 되지. 내일은 조금 멀더라도 다른 산으로 가서 해야 하겠다. 다시 한 번 얘기하지만 너도 나무를 가꾸면서 하여라."

아버지의 얼굴엔 웃음이 넘쳐흘렀다. 오 씨에겐 내 또래의 아들이 있었다. 어린 나는 그 때 항상 능률과 효율만 따졌다. 그러나 내가 다시 태어난다면 조금 남보다 뒤처지더라도 아버지처럼 그렇게 살고 싶은 마음이다.

마근 골과 분지 울의 나무도 사람들이 각지로 긁어 깨끗이 민둥산으로 만들어버렸다. 나무하기에 힘든 곳만 남아있었다. 그런 곳은 어르신들의 몫이었다. 이제 사람들은 리어카를 끌고 구진 골, 고사리 골, 양안치재 밑이나 양안치재를 넘어 천은사(天恩寺) 쪽으로 멀리 나무를 하러 다녔다. 마치 목동이 양떼를 몰고 풀이 많은 초원을 따라 이동하듯이 우리는 움직이며 이동거리를 멀리했다. 나의 막내 동생이 매지 저수지가 있는 곳까지 종종 마중을 오고는 했다. 나이도 어리고 겨울옷도 제대로 입지 않은 동생이 나를 보자 웃으며 말했다.

"형, 나무 밀어주러 왔어."

"명호가 최고네. 형을 생각해서 나무를 밀어주러 오다니."

어린 동생이 나무를 밀어주는 것에 대한 효과는 지금도 의문이다. 사실 매지리에서 우리 집까지 오는 데는 매지리 연못 부근의 언덕과 밤 골 언덕 두 군데밖에 없었다. 매지 연못 부근의 언덕에서 나는 나뭇짐 위에 동생을 번쩍 들어 올려놓았다. 동생의 입이 귀밑까지 찢어지며 크게 웃음을 지었다.

"밧줄이나 나무를 꽉 잡고 있어야 해. 떨어지면 다쳐. 알았지?"

동생은 자신 있다는 듯 계속 웃음을 터뜨리며 고개를 끄덕였다. 나는 달리기 시작했다. 어린 동생에게 최고의 스릴(thrill)과 속도감을 느끼게 해주기 위해서 내가 할 수 있는 모든 힘을 다 동원해 달리기 시작했다. 마치 대한민국 최고의 인력거(人力車)꾼이라도 된 듯이 비포장도로를 달리고 또 달렸다. 밤 골 고개 초입에서 나는 동생을 내려놓았다. 동생은 만족한 듯 웃음을 지으며 아쉬운 듯 내렸다.

"형이 힘들어서 그러니까 고개 위에서 다시 태워 줄게."

"형, 내가 밀어주니까 쉬워? 힘 안 들어?"

어린 동생은 리어카를 밀며 자기의 능력을 계속 물어봤고, 나는 계속해서 같은 대답을 했다.

"그럼, 네가 밀어주니까 무척 쉬워. 힘 안 들어."

리어카는 가속도가 붙어 너무 빠를 때, 뒤에 나무를 칡으로 묶어 브레이크의 역할을 하게 한다. 그러나 나는 동생을 태울 때 거의 브레이크를 사용하지 않고 달렸다. 추위를 무릅쓰고 찾아온 동생에게 내가 해 줄 수 있는 유일한 선물은 가능한 빨리 달리는 것 이외는 대안이 없었기 때문이다. 한번은 각지 나무를 해 갖고 오다 매지 저수지 고개에서 동생을 만났다. 동생을 태웠다.

"나뭇짐이 높으니까 떨어지면 크게 다쳐. 꽉 잡고 있어야 해."

그날도 동생은 함박웃음을 터트리며 자신 있게 고개를 끄덕였다. 나는 달리기 시작했다. 그런데 리어카에 묶은 끈이 풀어져 동생이 떨어지고 나뭇짐이 길가에 나뒹굴었다. 그날따라 아버지와 나무를 함께 한 날이었다. 나는 동생에게 달려갔고, 멀리서 뒤처져 걸어오시던 아버지께서도 달려오셨다. 다행히 상처는 보이지 않았다. 동생을 일으켜 세웠다.

"괜찮아? 아픈 데는 없어?"

"괜찮아, 아픈 데 하나도 없어."

나는 나뭇짐을 다시 바짝 조여 매고는 동생에게 물었다.

"겁나면 타지 말고 천천히 아버지랑 걸어오면 돼."

"아니야, 하나도 겁 안나. 다시 태워줘."

동생은 내가 다시 번쩍 안아 올리자 입이 귀밑까지 찢어지도록 크게 웃음을 터트렸다. 그날 나는 동생에게 미안한 마음을 보답이라도 하려는 듯 더욱 힘을 내어 최고의 속도로 달렸다.

박성균 선생님 부부와 동생 부부, 내 처와 함께 부부동반으로 중국 여행을 다녀온 적이 있었다. 비행기에 탑승했을 때 나는 동생의 얼굴을 유심히 살펴보았다. 비행기 자리에 앉은 동생은 신문을 펼쳐 보다가 이내 잠이 들어 버렸다. 중국 10대 명승지의 하나인 항주의 서호(西湖)에서 배를 탔을 때도, 돌아오며 다시 비행기를 탑승했을 때도, 동생의 얼굴을 살펴보았지만 옛날처럼 그런 웃음은 보지 못했다. 옛날 우리는 가난하고, 힘들고, 어려웠지만, 소박하고 작은 것에도 크게 기뻐하고 만족했다.

농사꾼의 옷차림

정미소에서 도정(搗精)을 하여 지게로 나르고 있을 때였다. 범순

네 집 앞에는 수로(水路)가 있었고, 버드나무 그늘 아래서 은섭이 엄마와 상복이 엄마가 빨래를 하고 있었다. 두 분은 나를 보며 말했다.

"영옥이 오빠를 보면 불쌍해 죽겠어. 매일 거지같이 떨어진 옷을 입고 일만 하고 말이야."

"그러게 말이야, 남이 보면 주워온 아들로 생각하겠어."

"남의 집 머슴도 영옥이 오빠 같지는 않아."

"한창 멋을 낼 나인데 저렇게 매일 일만 하고 있으니……."

"옷 좀 사 달라고 어머니한테 말 좀 하세요."

"이번이 두 번째입니다. 한 번만 더 하시면 화를 낼 테니 그런 말씀 다시는 하지 마세요. 제가 우리 집에서 제일 행복한 아들인데 그런 말씀을 하시다니요. 부모님 계시지, 누나와 형 있지, 여동생과 남동생 있지, 부족한 거 하나도 없이 다 갖추고 있는데 불쌍하다니 그런 말씀 하지 마세요. 그럼 농사꾼이 떨어진 낡은 옷 입고 일하지 양복에 넥타이 메고 구두 신고 일합니까?"

"아유, 사 달라고 해도 안 사줄 텐데 저렇게 말하니 더욱 안 사주지."

아주머니 두 분의 말씀에 엄숙하게 말하던 나는 웃음을 터트리며 발걸음을 옮겼다. 사람은 외양(外樣)으로 평가해서는 안 된다는 것이 나의 평소 소신이었다. 그러나 나무하는 이동 거리가 점점 멀어지면서 나는 매지리 사시는 매형님 집 앞을 지나게 되었다. 국방색 군복 바지는 낡아서 너덜너덜했고 무릎은 떨어져서 몇 번을 덧붙여 꿰맸다. 나는 누님이 친정 동생 때문에 시댁 식구들한테 자존심이 상하실까봐 걱정이 되어 매형님 집 앞을 될 수 있는 한 빨리 지나가려 노력했다. 그날은 친구들과 나무를 해서 리어카에 싣고는 무리를 지어 지나가게 되었다. 매형님과 누님이 소리쳐 불렀다.

"근호야! 근호야! 근호야!"

"처남! 처남! 처남!"

나는 못 들은 체 내달렸다. 친구 영천이가 나를 부르며 쫓아왔다.

"친구들은 누나 네 집으로 다 들어갔어. 지금 누나가 울고 있어. 너를 데리고 오래."

나는 매형님 네 집으로 들어갔다. 울던 누나는 반가워하셨다. 누나는 내가 나무해 오는 시간에 맞춰 부침개를 굽고 계셨고 막걸리도 사다 놓으셨다.

"처남 잘 왔어. 나무하느라 힘들었을 텐데 막걸리 한 잔 하고 가."

나는 지금도 추운 겨울이 오면 매형님과 누님의 그때 모습을 떠올리며 따뜻했던 정을 회상해 보곤 한다. 착하고 고마우셨던 매형님은 이 세상을 떠나 하늘나라로 가셨지만 그날의 나를 부르시던 다정한 목소리는 아직도 귓가에 남아 다정하게 들려오는 듯하다.

양안치 고개를 넘어 천은사 부근에서 나무를 해 올 때였다. 그때 도시락 통은 군인들이 쓰던 도시락 통이었다. 어머니는 밑에다 김치를 잘게 썰어 넣고, 참기름을 몇 방울 떨어뜨려주셨다. 그리고 위에다 밥을 넣으셨다. 나무를 해 한 짐 지고 와서 길가의 나뭇잎과 나뭇가지를 모아 불을 붙이고는 도시락을 데워서 숟가락으로 섞어 먹으면 고소한 맛이 입가를 감돌았다. 그러다 보니 밥통은 검은 그을음으로 새카맣게 변해 있었다. 그러나 시간이 부족할 때는 집으로 오기 전에 불에 데우지 않고 그냥 숟가락으로 섞어 먹을 때도 많았다. 밥과 김치가 얼어 얼음이 씹힐 때도 있었다. 그러나 나의 위장은 거뜬히 소화를 해냈고, 아무런 탈도 생기지 않았다.

리어카에는 톱으로 자른 참나무 등걸 토막도 있었고, 등걸 토막 윗부분의 가지도 섞여 있었다. 나무를 많이 싣고 경사가 심한 곳을 오르다 보니 올라가다 되밀리기를 반복하고 있었다. 그때 오토바이를 탄 한 남자가 멈추어 섰다. 산림간수(山林看守)였다. 영림서 직원이었는데, 우리는 그를 산림간수라고 불렀다.

"야! 이런 미련한 곰탱이 같은 녀석아! 너, 학교 다니다 공부 못해서 퇴학 맞았지?"

"아니요."

"그럼, 싸움질 하다 퇴학 맞았니?"

"아니요."

"너 하는 짓이 꼴통 같아서 퇴학을 맞은 줄 알았지. 그런데 왜 이 고생을 하고 있어?"

"나무하는 게 무슨 고생이에요?"

"야, 인마! 이게 고생이 아니고 무엇이 고생이냐? 공장에 가서 취직이라도 하던지."

"늙으신 아버지가 계신데 나만 편하자고 공장엘 가요?"

"맏아들이냐?"

"아니요. 둘째예요."

"형은 무엇을 하고?"

"군대 가 있어요."

"어느 부대에 있는데?"

"전라도 부안 공군 레이더 기지요. 저는 이 모양이지만 우리 형은 잘 생겼어요."

"학교 가고 싶은 생각 없니?"

"학교 가고 싶은 생각이야 굴뚝같지만 어디 내 맘대로 되나요. 가정 형편도 좋아지고 부모님도 허락하셔야 되지요."

"고등학교 다닌다고 약속하자. 그럼 내가 밀어 줄게."

"저 장담 못해요. 제 맘대로 할 수 있는 게 아닌데 어떻게 약속을 해요."

"너 이거 못 끌고 갈 것 같은데?"

"정 안되면 풀어 가지고 반씩 가볍게 해서 끌고 가면 돼요. 걱정하지 마세요."

"그냥 끌어라. 내가 밀어 줄게."

그날처럼 양안치 고개 위까지 쉽게 올라온 적이 없었다. 40대 후반에 키는 보통 이상이었고 얼굴도 잘생겼던 아저씨는 내 리어카를 밀어준 후 손수건으로 땀을 닦으며 말했다.

"사람은 배워야 하는 법이야, 아는 것이 힘이야, 꼭 학교를 가거라. 꼭 가야 돼."

"아저씨 고맙습니다. 최선을 다해서 노력을 하겠습니다."

친절한 나무장사꾼

설날을 스무날쯤 앞두고 폭설이 쏟아졌다. 며칠간을 굵은 눈이 계속 퍼부어 내리더니 멈췄다. 뉴스에서는 연일 폭설의 피해에 관해서 보도를 하고 있었다. 원주와 춘천을 연결하는 도로를 비롯해서 원주와 여주, 원주와 충주, 원주와 제천을 연결하는 모든 도로가 두절되었다. 원주시는 완전히 고립된 섬이었다. 내가 사는 흥업도 고립되기는 마찬가지였다. 집 주위의 산에는 가지가 부러진 소나무가 많았고, 심지어는 커다란 소나무의 굵은 줄기가 속절없이 부러져 나뒹굴고 있는 경우도 있었다. 아버지는 걱정스러운 표정으로 말씀하셨다.

"이러다가는 집이 무너질지도 모르겠구나. 한겨울 추위에 집이 무너져 봐라 식구들이 모두 마당에서 떨게 생겼다. 너와 내가 지붕에 올라가 눈을 쓸자."

"아버지, 제가 지붕에 올라가 눈을 쓸 테니, 밑에서 떨어진 눈을 쓰세요."

나는 사다리를 놓고 지붕에 올라가 눈을 쓸어 내렸다. 미끄러져 꽝꽝 얼어붙은 마당에 굴러 떨어지면 허리나 갈비뼈가 부러질지도 모른다고 생각하면서 경사진 초가지붕을 조심스럽게 밟고 다니며 눈을 쓸어 내렸다. 폭설이 내린 후 사나흘 정도 지났다고 생각되었을 때 굵은 눈은 앞이 보이지 않을 정도로 다시 쏟아지기 시작했고 먼저보다도 더 많은 양의 눈이 쏟아졌다. 아버지와 나는 내리는 눈을 맞으면서 지난번처럼 지붕의 눈을 쓸기 시작했다.

"우물길도 쓸고, 마을길도 쓸자. 눈이 다 내린 후에 한꺼번에 쓸려면 힘이 들 것 같구나. 자꾸 계속해서 쓸자. 혹 바쁜 사람이 있어 눈길을 지나가다 다치면 어떻게 하니? 우리가 쓸어야 할 곳은 계속해서 쓰는 것이 좋을 것 같구나."

눈을 쓸어내리는 것도 결코 만만한 일이 아니었다. 엎친 데 덮친 격으로 눈은 계속해서 내리고 있었다. 하늘에서 비 퍼붓듯, 폭탄이 쏟아지듯이 눈은 내리고 있었다. 야전(野戰)의 전투에서 승리한 군대가 적군의 사상자를 확인 사살(射殺)이라도 하듯이 재차 폭설이 쏟아지고 있었다. 적당히 눈이 왔다면 눈길을 쓰는 것은 나에게 맡기고, 아버지는 가는 새끼를 꼬아서 멍석이나 맷방석을 만드시며 겨울의 눈을 즐기셨을 것이다. 그러나 이번의 두 차례 폭설에는 걱정스런 표정으로 눈을 쓸어내는 데 모든 노력을 집중하실 뿐이었다.

눈이 멈췄다. 온 산하는 눈으로 덮여 있었고, 햇빛은 눈에 반사되어 사람들의 눈을 부시게 만들었다. 자연이 만든 설경(雪景)은 그 어떤 화가의 그림보다도 아름다웠고 감탄사를 자아내게 만들었다. 그러나 소나무들은 가지가 더 많이 부러지고 나무줄기의 가운데가 부러져 처참한 모습을 하고 있는 나무가 많았다. 범순 네 집 뒤의 수백 년 묵은 소나무도 커다란 가지가 두 개나 부러져 있었다. 부러지지 않은 소나무도 눈의 무게를 이기지 못하고 가지가 휘어진 채 신음소리를 내고 있는 것 같았다. 푸른 소나무는 그냥 푸른 소나무가 아니었다. 겨울에도 푸른빛을 내기 위해서 수많은 고통을 이겨내며 안으로 침묵하며 인내하고 있었던 것이다.

반장님이 집에 와서 사태 밑 마을길을 신작로까지 연결하기 위하여 넉가래를 가지고 길을 치우며 나오라고 했다. 동네 어르신들이 나와서 길을 치우고 신작로길 통행로도 만들었다. 귀성 할아버지가 말씀하셨다.

"내 평생 이런 눈은 처음이야!"

"할아버지 사시는 동안에 이번보다 더 많이 온 적이 없었어요?

"없었어. 굉장한 눈이야."

우선 마을길이라도 뚫어 놓았으니 한시름 내려놓은 셈이라며 어르신들은 눈 묻은 신발을 툭툭 터셨다.

"눈 치우다 골병들어 죽겠어. 그만 합시다."

"참새가 방앗간을 그냥 지나칠 수 있나? 막걸리나 한 사발씩 마시고 갑시다."

어르신들은 막걸리 집으로 들어가셨다. 나는 터벅터벅 집으로 발길을 옮기며 슬피 우는 새들의 울음소리가 오늘따라 더욱 처량하다고 생각했다. 새들은 울며 이리저리 날아다녔지만 먹잇감이 보이지 않는지 계속 슬피 울음소리만 내고 있었다. 점심을 먹고 노곤함을 달래려고 낮잠을 자려고 하는데 나무장사를 하시는 문 씨가 지게를 지고 오셨다.

"나무 좀 팔려무나. 당장 밥해 먹을 나무가 없어. 며칠 전 눈이 왔을 때 100원하던 나무 값이 150원으로 오르는 바람에 이때다 싶어 조금만 남기고 다 팔지 않았니? 그런데 눈이 더 오는 바람에 나무를 할 수는 없고 사러 왔단다."

"요즘 시세가 어떤데요?"

"한 짐에 200원씩 한다는구나. 나는 시내 남부시장까지 가서 100원에 팔았는데 너한테 갑절을 주고 사는 셈이야. 우선 급한 대로 세 짐만 줄 수 있겠니?"

"아무리 나무 값이 올라도 때실 나무는 충분히 남겨두시고 파셔야지요? 항상 어떤 경우가 닥치더라도 버텨낼 수 있는 준비가 필요해요."

문 씨는 씁쓸한 웃음을 지으며 나무를 사 갔다.

"네가 나무 파는 것을 방안에서 듣고 있었다만 문 씨 안됐구나. 부인이 몸도 불편한데 그냥 주면 안 되겠니?"

"……"

"그렇게 안 된다면 나무를 빌려 주었다가 나중에 나무로 받으면 좋을 것 같구나."

"아버지, 동정(同情)은 좋기도 하지만 때론 사람을 나약하게 만들기도 해요. 빌려 주는 것도 좋지만 받을 때 나무의 질도 다르고 무게도 다르잖아요? 저울에 달아보고 받을 수도 없고요. 이번에 문 씨도 배우는 것이 많을 거예요. 고생을 하면서 지혜로운 사람이 될 거예요. 제가 알아서 할게요."

나무장사를 하시는 차 씨가 지게를 지고 왔다.

"근호야, 너는 복이 많은 줄 알아라. 이렇게 앉아서 나무를 파니 말이야. 나는 시내까지 끌고 가서 남부시장 뒤편 언덕배기까지 끌고 올라가서 장작 쌓아주고, 단나무가 길다고 하면 도끼로 짧게 잘라주고 개고생해 가면서 100원씩 받았는데 말이야. 안 되는 놈은 자빠져도 코가 깨진다고 안 되라, 안 되라 하는구나. 그렇다고 내가 나무 동냥을 해봐라. 동네사람들이 다 손가락질을 하지. 저놈의 새끼 지 나무는 팔아 처먹고 나무 동냥 다닌다고. 그래서 나무를 하려고 산에 올라가다 되돌아왔단다. 눈이 푹푹 빠지는데 발목 부러지고, 갈비뼈 부러져서 더 고생하게 생겼어. 어쩔 수 없잖니? 토끼 같은 새끼들 올망졸망하고 미련퉁이 같은 마누라는 나를 노려보고 있는데 어쩔 수 없이 너한테 왔단다. '목마른 놈이 우물 판다.'고 급하니 내가 지고 가야지 어떻게 하니? 차라리 나무는 사고 쌀은 동냥 다니는 게 나을 것 같은 생각이 드는구나."

재담(才談)을 잘하는 차 씨는 나무꾼이 나무를 사간다는 게 자존심이 상했던지 묻지도 않는 말을 길게 늘어놓았다.

"형님, 잘 부탁해요. 저도 올해 리어카 산 것 아시잖아요? 저도 오늘부터 나무장사에 입문했어요. 형님이 선배님이시고 저는 후배예요. 잘 돌봐 주세요."

"하하하, 내가 붙임성이 좋아서 아는 데가 많잖니? 내가 소개해 줄 데 있으면 소개해 줄게."

"형님, 그렇지만 집에 때실 나무는 충분히 마련해 놓고 파세요. 준비를 갖추고 장사를 하셔야지요."

나무 장사꾼 김 씨가 멋쩍은 듯 웃으며 우리 집에 들어섰다. 그분도 나무를 사갔다. 그 당시 나무는 절대적이었다. 아궁이에 불을 때서 밥을 해 먹고, 그 불로 방안의 온돌을 덥히고, 화롯불로 방안의 냉기를 데웠다. 조그만 면 소재지 동네에서 나무꾼은 나무를 팔 수 없었고, 나무장사꾼을 찾아갔던 사람들은 우리 집으로 몰려왔다. 나의 집엔 장작, 단나무, 각지나무 등 고향 분들이 원하는 나무가 골고루 갖춰져 있었다.

보통 사람들은 고생해서 해온 나무를 팔려고 하지 않았다. 또한 나무를 파는 것은 가난의 대명사로 여겨 창피하게 생각했다. 아버지도 나무 파는 것을 창피하게 생각했다. 그러나 나의 생각은 달랐다. 나는 나무를 팔아서 돈을 벌고 그분들은 추위를 이겨낼 수 있다면 서로 좋은 일이라 생각했다. 나는 나무를 사러 오시는 분들에게 곧바로 배달해 드렸다. 나무장사는 피 말리는 경쟁, 즉 레드오션(Red ocean)에서 블루오션(blue ocean)으로 변했다. '자라보고 놀란 가슴 솥뚜껑 보고 놀란다'는 말이 있듯이 뉴스는 연일 기상 이변을 이야기하고 있었고, 철도와 버스 운행이 막힌 지방은 육지의 섬 아닌 섬이 되어 어려움에 처해 있었다. 흥업면소재지도 고립된 작은 섬이었다.

"시내도 나무가 없어서 난리래요."

시내에 급한 용무가 있어서 다녀오신 분은 자기만이 알고 있는 소식을 전해줬다. 면사무소 다니시는 사모님이 장작 10짐을 주문했다. 바로 면사무소 앞길 건너에 살고 계셨다. 10짐을 날라다 드렸다. 면사무소 다니시는 아저씨도 옆에 계셨다.

"여보, 우리 돈 있을 때 10짐 더 사요."

"지금 나무 값이 배가 올랐잖소. 눈 녹거든 나무 값 떨어지면 사려고 그러지."

"올해가 기상 이변이라고 하잖아요. 이러다가 큰 눈이 또 내려서 땔감 없으면 정초에 밥도 못 해 먹고 방안에서 어린애들 오들오들 떨고 있어 봐요. 병이라도 나면 나무 값보다 약값이 더 들어가게 생겼어요. 여기 사시는 분들 이야기를 들어보니까 저 총각도령이 해오는 나무가 장사꾼 나무보다 훨씬 오래 때고 실속이 있더래요. 어린 총각이라 나뭇단이 적을 줄 알았는데 들어 보면 무겁고 좋더래요. 그리고 나무 장사꾼 장작은 부채처럼 장작개비가 가느다랗고 얇은데 총각도령이 해오는 장작은 두툼하대요. 제가 봐도 그래요. 그리고 장사꾼이 해온 나무는 바로 나무를 해다 팔아서 불도 잘 붙지 않고 연기만 나고 고생만 하나 봐요. 그런데 저 총각도령이 파는 나무는 바짝 마른 나무라서 불도 잘 붙고 고생을 안 한대요. 여보, 한 번 오른 쌀값이나 밀가루 값이 떨어진 것 봤어요? 나무 값도 앞으로 오르면 올랐지 절대 떨어지지 않는대요. 저 총각 도령네 나무가 떨어지면 한 짐에 300원으로 오를지 모른대요."

"집에 나무가 많니?"

"팔 나무가 많지 않아요. 저희도 때야 하니까요."

"돈 있을 때 살까?"

"잘 생각했어요. 사요."

"총각, 10짐만 더 갖다 줘?"

"예, 바로 갖다 드리겠습니다."

"여봐요. 총각도령, 우리가 나무를 많이 사잖아요. 그런데 성냥으로 불을 붙이려니까 아까운 성냥이 많이 들어가요. 불쏘시개 할 각지나무 좀 덤으로 줄 수 있어요?"

"예, 사모님이 쓰실 불쏘시개로 솔잎 한 단을 갖다 드리겠습니다. 불쏘시개는 솔잎이 최고예요. 충분하실 거예요."

나는 장작을 비 맞지 않게 잘 쌓아드리고 솔잎 한 단도 비 안 맞는 곳에 쌓아놓고 오면서 기분이 좋았다. 사모님의 판단이 옳았기 때문이다.

나는 그때 나이는 어렸지만 힘은 대단했다. '힘은 쓸수록 늘어나고 좋은 생각은 많이 할수록 지혜로워진다.'는 말이 맞는 것 같았다. 그때 이미 두 매형님과 형을 팔씨름을 해서도 이겼다.

친구 아버지의 장례식 때 잔디를 나르고 물을 길어 나르는 일을 마치고 돌아오는 길이었다. 우리 친구들이랑 우리 위의 20~30대 형님들이랑 사람 수가 비슷했다. 안주는 넉넉했지만 막걸리는 한 통만 남아 있었다.

"야, 사람 수가 많아서 다 먹기는 부족할 것 같으니 팔씨름으로 먹기를 결정하자."

"좋습니다."

"잘못 생각했어. 그냥 조금씩 나눠 마시는 게 좋은걸 그랬어."

"아냐, 어린애들이라 자신 있어."

나는 팔씨름 경기 대표의 한 사람으로 나갔다. 최종 승자가 남는 쪽이 막걸리를 먹기로 결정했다. 결국 막걸리는 우리가 마시게 되었다. 키도 크고 체구도 좋았던 그 형님은 말했다.

"어리다고 만만히 보았다가 지고 말았어. 우리는 이제 지는 해(太陽)야."

"형님들도 같이 마셔요."

"아이고, 이걸 미안해서 어쩌나. 같이 마시자고 해도 형님들이 약속 지키느라 그냥 가실 것 같고."

"약 올리지 마."

응조 친구의 말에 형님들은 아쉬운 듯 막걸리 통을 바라보시며 침을 꿀꺽 삼키고는 힘없이 자리를 떠났다. 나는 그때 형님 몇 분의 목젖이 아래위로 움직이는 것을 바라보면서 대단히 미안했다.

그때 나는 어떤 보양식도 먹지 않았고 특별한 운동도 하지 않았다. 그러나 가슴은 보디빌더(body-builder)처럼 튀어 나왔고, 팔과 다리는 근육질로 뒤엉켜 있었다. 하루에 40~50리 넘는 길을 무거운 짐을 져 나르고, 낫질, 곡괭이질, 도끼질을 하면서 강한 노동에 의해 다

져진 몸매였다. 그때는 무장 공비와 격투를 해도 이길 자신이 있었다. 어린 다윗이 사나운 늑대와 사자로부터 양떼를 보호하기 위해서 열심히 물맷돌 연습을 하여 골리앗을 이길 수 있었듯이, 그때 골리앗 같은 그 형님을 이길 수 있었던 것은 집안일을 돕고자 열심히 노력한 덕분이었다. 나를 주관하시는 하나님의 축복이었다.

정부에서는 나무 값에 대해서 어떠한 규제 정책도 내놓지 않았고 시장(市場)의 수요(需要)와 공급(供給)에 의해서 자동적으로 가격이 형성되었다. 그해 겨울, 나무 수요는 많았는데 공급은 딸렸다.

내가 농사지을 때 농부는 몇 년 고생을 하다가도 고추나 마늘, 배추 값 등이 올라 대박을 터트려 웃음을 지을 때도 있었다. 그러나 이제 대박을 터트려 웃음 짓는 농부는 없어졌다. 고추나 마늘 값이 비싸지면 정부는 수입을 하고, 값싼 중국, 베트남의 농산물이 물밀 듯 밀려오기 때문이다. 이제는 글로벌 시대이다. 농부도 정부의 정책에만 의존하지 말고 스스로 노력하고 새로운 분야를 개척하여, 경쟁력 있고 강한 농부가 되기 위해서 스스로 연구하고 노력해야 할 때이다.

시련을 통해 더 큰 축복으로 누렁이를 주신 하나님

"이렇게 저렴한 대출을 왜 이리 빨리 갚아? 남들은 쓰고 싶어도 대출을 받을 수 없어서 못 쓰는데? 다시 한 번 곰곰이 생각을 해 봐? 이렇게 조건이 좋은 저렴한 대출은 없어."

"돈 생겼을 때 갚으려고요. 집에 돈이 있으면 다른 데 쓰게 될까봐 갚으려고 그래요. 아버지도 빚지는 것을 싫어하시고요."

"동생이 우리 흥업 농협이 생긴 이래 장기대출 받은 돈을 제일 빨리 갚는 신기록을 세웠을 거야. 대출 받은 지 얼마 되지 않아서 이렇게 빨리 갚는 것은 나도 처음 보는 것 같은데."

농협을 나오면서 나는 기분이 좋았다. 사실 나도 리어카 구입 자금을 이렇듯 빨리 갚으리라고는 생각지 못했다. 올해 가을까지 시간 나는 대로 품을 팔아서 돈을 모아놓았다가 갚을 계획이었다.

"너 나무 파는 것 너무 좋아해. 그러다 집에 땔나무도 없겠다. 나무 파는 것 좋아하면 평생 나무장사밖에 못 해 먹는 법이여. 나무장사 평생 해봐야 가난뱅이 구실을 벗어나지 못 해."

"아버지, 너무 걱정하지 마세요. 모내기 할 때까지 시간 나는 대로 구진 골 가서 마른 나무 해다가 충분히 쌓아 놓을 테니까요."

쌓아 놓은 나무더미가 줄어들자 아버지는 걱정스러운 듯 충고까지 해 주셨다.

태장 우시장(牛市場)에서 매형님을 만났다. 여기저기 송아지를 보러 다녔다. 송아지 값이 예상보다 비쌌다. 한 군데를 보니 비루먹은 송아지처럼 비쩍 마르고 병들어 보이는 암송아지가 있었다. 나도 품앗이를 다니며 동네 어르신들이 소에 대해 말씀하시는 것을 귀동냥으로 들어서 어느 정도의 상식은 갖고 있었다. 뼈대도 굵직하고 키도 컸지만 비쩍 말라서인지 예상보다 값이 무척 쌌다.

"매형님, 저 송아지를 사고 싶은데요. 병든 소인가 아닌가 매형님이 확인해 보세요."

매형님은 송아지의 입을 벌려 혓바닥과 입천장을 확인하시고 전체를 두루 관찰하셨다.

"병든 송아지는 아냐. 주인이 게을러서 잘 거두지를 못했나봐. 눈에 눈곱도 끼지 않았고."

"그럼, 저 송아지를 사기로 결정해요. 매형님이 흥정을 해보세요."

"아버님이 나를 꾸중하실까봐 그래. 많은 송아지 중에서 하필 비쩍 마른 송아지를 샀느냐고 책망하시면 어쩌지?"

"제가 모든 책임을 질 테니까 매형님은 걱정하지 마시고 흥정을 해서 사 주시면 돼요. 우리 집에서 한두 달만 지나면 확 달라질 거예요."

흥정은 시작되었다. 소를 파시는 분은 소 장사를 하시는 분 같았다. 우락부락하게 생기고 키도 큰 분이 목소리도 우렁찼다. 반면 매형님은 조용하시고 목소리도 차분했다. 2시간이 지났지만 1000원 때문에 계속 입씨름이 계속되고 있었다. 소장수는 한 푼도 깎을 수 없다고 버텼고 매형님은 1000원만 깎아달라며 졸라대고 있었다. 마치 창과 방패의 대결처럼 끝없이 입씨름만 계속될 것 같았다. 중간 중간 다른 사람이 끼어들려고 했지만 매형님은 흥정 중이라며 돌려보냈다. 성격이 정반대되는 두 분이기에 지금까지 흥정을 하고 있지 똑같은 성격의 사람이라면 벌써 흥정은 깨지고 말았을지도 모른다. 살을 에는 듯한 찬바람을 맞으며 주머니에 손을 넣고 지켜보던 나는 매형님을 불러 조용한 곳으로 모시고 갔다.

"매형님, 소 장사 하시는 분이 달라는 금액을 다 주고 사세요."

"아버님이 한 푼도 못 깎고 비싸게 돈 주고 샀다고 말하시면 어쩌지?"

"괜찮아요. 아버지는 저를 믿으니까요. 깎지 말고 사자고 제가 매형님께 말씀드렸다고 할 테니 부담 갖지 마시고 사세요."

송아지의 고삐는 나에게 넘겨졌다. 소 장사 하시는 분이 매형님과 나에게 말했다.

"자꾸 비쩍 말랐다고 탈을 잡는데 잘 산 줄 아세요. 그 송아지 주인이 술주정뱅이라 잘 거두지 못해서 그런 겁니다. 아무 이상 없는 송아지예요. 아주 싸게 잘 산 겁니다."

매형님은 태장 다리를 건너시면서 말씀하셨다.

"내가 생각해도 싸게 잘 샀어. 그런데 한 가지 걱정이 되는 게, 소 장사 말과 다르게 입이 짧은 소면 어쩌지? 잘 먹지 않는 소 말이야. 그게 걱정이야."

매형님은 근심 어린 표정으로 나에게 말했다. 매형님은 시내에 볼일이 있어 남으셨고 나는 송아지를 끌고 천천히 걸었다. 송아지가 힘들어 할까봐 숨결을 들어가며 알맞게 보조를 맞췄다. 집에 도착했을 때 아버지는 바깥마당에 소 말뚝을 박아 짚을 깔아놓고 기다리셨다. 소 마답을 만들어 놓으신 것이다. 금란이 할아버지, 순금이 아버지, 귀성 할아버지, 상복이 아버지도 함께 계셨다. 동네 어르신들은 송아지를 이리저리 살펴보셨다. 금란이 할아버지는 송아지의 입을 벌리고 혓바닥과 입천장, 귓속도 살펴보셨다. 상복이 아버지는 소의 항문도 벌려보았다. 허리를 굽히시고 송아지 네 다리의 발굽도 살펴보셨다.

"병든 송아지 아냐. 잘 샀어. 마답에 깔린 볏짚을 먹는 거 봐. 무척 배가 고팠나봐."

금란 할아버지가 말씀하셨다. 어머니는 아침에 받아 두었던 쌀뜨

물을 데워서 송아지에게 갖다 주었고, 아버지는 마른 풀을 한 아름 갖다 주었다. 송아지는 목이 마른 듯 물을 들이마시고는 풀을 먹기 시작했다. 송아지는 배가 고픈 듯 맛있게 풀을 먹었다.

"자, 방으로 들어갑시다. 술 한 잔 하셔야지요?"

어머니는 미리 준비하신 듯 주안상에 부침개를 내 놓으셨다. 바로 전에 만드신 듯 온기가 채 가시지 않은 따뜻한 부침개였다. 막걸리를 드시며 동네 어르신들은 자신들의 일처럼 즐거워하셨고, 부모님도 나도 즐거워했다. 그날은 우리 집의 작은 잔칫날이었다. 새로운 가족을 맞이한 축제일이었다.

아버지는 해마다 연한 풀을 베어 음지에서 말려, 서까래 대여섯 개를 세우시곤 비가 스며들지 않게 풀을 쌓아 낟가리를 만드셨다. 서까래처럼 생긴 기둥을 밑은 원모양으로 넓게 벌려 놓으시고 위는 한군데로 모아 묶어 마치 교회 지붕의 첨탑 모양처럼 만드셨다. 그리고는 각 기둥의 일정한 부분마다 칡으로 엮어 놓으시곤 말린 풀을 차곡차곡 쌓으셨다. 맨 꼭대기엔 비가 스며들지 않도록 풀끝을 단단히 묶어 씌워 놓으셨다. 해마다 그렇게 저장했던 풀을 정월이 지날 무렵 동네 분들에게 넘기시며 말씀하셨다.

"내가 사흘 동안 풀을 벤 거요. 날라다 쌓은 수공은 계산하지 않은 거요. 풀을 먹여 보면 알겠지만 좋은 풀만 정성껏 벤 거니 그리 알아요. 바쁠 때 사흘 동안 소를 빌려주면 고맙겠소."

"아저씨가 어떤 분이신지 제가 한두 해 겪어 보나요. 언제든지 말씀하세요. 논·밭 가실 때 언제든지 소를 빌려드리겠습니다. 고맙습니다."

이제 힘없이 풀을 넘기시던 아버지의 모습은 사라졌다. 나는 작두를 밟고 아버지는 풀을 촘촘히 메기셨다. 작두를 밟아 풀을 자르는 것은 힘만 좋으면 되지만 풀을 한 움큼씩 잡고 작두날에 메기는 것은 고도의 기술이 필요했다. 잘못하다가는 손을 다칠 수 있기 때문이다. 옥수수 대의 1/3쯤 밑 부분은 잘라내고 작두에 메기셨고, 볏짚도 촘촘히 잘게 메기셨다. 그리고는 골고루 섞어 수수깡으로 엮어 만든 통에 넣으셨다.

"소의 위가 여러 개 있고 되새김질을 한다고 길게 썰어서 소죽을 끓이면 안 돼. 소가 말을 못해서 그렇지, 말을 한다면 주인을 욕해. 너는 내가 이다음 죽고 너 혼자서 농사를 짓더라도 소여물을 먹기 좋도록 잘게 썰어서 소죽을 끓이도록 해라. 그리고 너의 아들에게도 똑같이 가르쳐라. 그 집이 인정(人情)이 많고 적고를 알려면 그 집 가축을 보면 아는 법이여."

"아버지, 오래 사셔야 해요. 저는 여물 먹이는 일을 못하거든요."

아버지는 웃으셨다. 아버지는 소죽을 끓일 때 콩깍지랑 쌀겨를 듬뿍 넣으셨고, 어머니는 쌀뜨물에 된장을 풀어 넣고 흰콩을 반 됫박씩 넣어 소죽을 끓이셨다.

"어머니, 소죽에 웬 흰콩을 다 넣고 끓이세요?"

"송아지가 불쌍하잖니? 기운 좀 차리라고 그런다. 그리고 간장 우려낸 된장이 많은데 무엇 하니? 이럴 때 소죽에 넣어 주면 송아지가 맛있어서 잘 먹을 것 같아서 그런단다."

"니 엄마 말이 맞다. 우선 송아지가 적당히 살이 붙고 기운을 차릴 때까지는 콩을 넣어서 소죽을 끓이는 것도 좋을 것 같구나."

우리 집은 항상 소죽을 많이 끓여 놓고 점심때도 데워서 커다란 대야에 담아 송아지에게 주었다. 나는 글겅이로 송아지의 털을 천천히 빗겨주며 말했다.

"앞으로 나는 너를 누렁이로 부를 거야. 누렁아, 내가 너를 사오기를 잘한 것 같구나. 이제부터 굶주리는 고생은 안 해도 돼. 우리 아버지와 어머니 참 좋으신 분이거든. 나도 사귀어 봐. 너도 날 좋아하게 될 거야."

누렁이는 내 말을 알아들었는지 못 알아들었는지 열심히 죽만 먹고 있었다. 나는 다시 한 번 내가 한 말을 확인이라도 하듯 누렁이의 얼굴을 손으로 긁어 주었다.

아버지는 누렁이의 덕석을 만들고 계셨다. 기분이 무척 유쾌해 보였다. 누렁이를 사온 후에 아버지와 어머니, 나는 조금씩 바빠지긴 했지만 바쁜 것보다 훨씬 더 큰 즐거움이 있었다. 나는 어머니께 술안주를 부탁드린 후 양조장으로 가서 막걸리를 사왔다. 부침개를 안주 삼아 막걸리를 드시며 아버지는 말씀하셨다.

"털 가진 짐승이라고 왜 추위를 안타겠니? 다 알뜰히 챙겨서 보살펴야 하는 법이여."

아버지는 잠시 추억에 잠기신 듯 말씀을 멈추었다가 옛날의 이야기를 들려주셨다.

"옛날 왜정 시대에 할아버지를 찾아오시는 손님이 있었어. 1~2년에 한 번씩 찾아오셨지. 커다란 삿갓을 쓰셔서 얼굴은 다른 사람이 잘 볼 수 없었지. 해질녘이나 어두워진 저녁에 오셨다가 할아버지와 말씀을 나누고는 해가 뜨기 전에 집을 떠나셨단다. 아마 잠은 조금만 주무셨을 거야. 조용조용 얘기만 나누셨으니까. 그 손님이 오시면 할아버지는 항상 신발도 신지 않으시고 맨발로 뛰어나가 두 손을 마주잡고 반가워하시며 방안으로 모셨지. 그 어느 핸가 오셨을 때는 그 손님의 옷은 남루하고 곧 쓰러지실 것만 같았어. 하룻밤을 지새우며 얘기를 나누시고는 손님은 떠나려 하셨단다. 할아버지는 그냥 떠나시면 길가에서 쓰러지실지 모른다고 만류하셨단다. 몸을 회복하고 떠나시라고 말이야. 할아버지는 시내에 가셔서 새 옷을 사다 입히시고 지극정성으로 모셨단다. 사흘 동안 그 손님은 바깥출입을 안 하시고 방안에서 할아버지와 말씀만 나누셨단다. 그 손님은 어두워져서 우리 집을 떠나셨어. 할머니와 우리에게도 그 손님이 오신 걸 누구에게도 말해선 안 된다고 하셨어. 옛날부터 쭉 그래 왔었지. 그런 손님이 왔었냐고 물으면 '절대 그런 일 없다. 모른다.'라고 대답하라고 항상 가르쳐 주셨으니까."

"그런데 손님이 가신 후 며칠 되지 않아서 할아버지는 일본 순사에 의해 서울 서대문 경찰서로 끌려가셨단다. 그 손님은 심히 망가진 몸으로 앉아 계셨대. 왜놈들에게 고문을 당하셨겠지. 할아버지에게 묻더래. 이 사람을 아냐고. 할아버지가 말씀을 못하고 있는데 그분이 먼저 말씀하시더래. '나는 저 사람을 모르오. 모르는 사람이외다. 다만 금광을 하고 금이 많다고 소문을 들어서 몰래 들어가 훔쳤을 뿐이오.' 그 다음부터 할아버지도 손님이 모진 고문을 굳세게 견뎌내신 걸 알고는 같은 말씀을 하셨대. '나도 저 사람을 모르오. 도둑을 맞았을 뿐이오. 단지 신고를 하지 않은 건 소문이 퍼져서 도둑들이 더 몰려들까 염려했을 뿐이오.' 사흘 동안 밤잠도 못 주무시고 왜놈들의 모진 고문을 이겨내고 할아버지는 풀려나셨단다. 심히 약해진 몸으로 돌아오신 할아버지는 며칠간 밥도 안 드시고 슬피 우셨단다. '의(義)롭고 훌륭하신 분을 도둑으로 만들었으니 내 하늘나라에 가서 어찌 조상님들께 고개를 들겠는가?'"

"할아버지는 이 이야기를 내가 아들을 낳아서 장성(長成)하거든 말해주라고 말씀하셨어. 이제는 네가 다 큰 것 같구나. 일도 어른처럼 잘하고 아버지가 시키지도 않았는데 막걸리도 사오고. 이야기를 해 줄 때가 된 것 같아서 말해 주는 거란다. 너도 내 이야기를 너의 아들이 장성하거든 이야기해 주렴."

"아버지, 할아버지를 찾아오셨던 그 손님의 성함은 아시나요?"

"나도 모른단다. 할아버지는 안 가르쳐 주셨어. 네가 심한 고문을 이기지 못하고 토설(吐說)이라도 하는 날이면 여러 집안이 멸문지화(滅門之禍)를 당한다고 말씀하셨지."

"멸문지화가 뭐예요?"

"여러 집안이 왜놈에 의해 끔찍한 죽음을 당하는 거란다."

중학교를 나온 나도 '멸문지화'를 모르고 있었는데 공부를 안 하신 아버지는 자랑스럽게 설명을 해 주셨다. 분명히 할아버지가 가르쳐 주시고 설명해 주셨음이 틀림없었다.

"할아버지는 말씀하셨어. 나는 죽을 각오가 되어 있다고. 열손가락 손톱 밑에 장대 못을 박고 숯불 위에 올려놓는 모진 고문을 당해도 절대 내가 살기 위해서 토설하는 일은 없을 거라고. 그런데 네가 알았다가 모든 사실이 밝혀지면 큰일이니 그냥 나라를 위해서 목숨 바쳐 일하시는 의롭고 훌륭하신 분으로 알고 있으면 된다고 말씀하셨어. 그리고 네가 아들을 낳아서 장성하거들랑 이야기를 해주고 대대로 이어지게 하라고 말씀하셨단다."

그날 아버지는 막걸리에 취하신 듯 기분 좋게 시작하셨지만 끝을 맺으실 때에는 나를 엄숙하게 만들었다.

"근호야, 평안도 진남포에는 염씨 집성촌이 있단다. 할아버지 말씀이 훌륭하신 분들이 많이 태어나신 곳이래. 지금은 남북이 갈려서 오고가지도 못하지만 할아버지의 고향이니 통일이 되면 네가 찾아가 보려무나. 꼭 찾아가서 고조할아버지, 증조할아버지 산소에 성묘도 하고 친척들도 수소문해서 찾아뵈었으면 좋겠구나."

그날 나는 어린 아들이 아니라 성인으로서 아버지의 말씀을 처음 듣는 날이기도 했고, 아버지의 부탁을 자식으로서 가슴 깊이 새겨듣는 날이기도 했다.

할머니의 소원

며칠 동안 외할머니의 나무를 해드리다 보니 학교일이 궁금했다. 숙직실로 발걸음을 옮겼다. 허규준 장로님이 계셨다.

"아저씨 안녕하세요?"

"예, 그런데 요즈음 선생님 보니까 매일 아침 일찍 동화 쪽으로 가시던데 무슨 일이 있으세요?"

"예, 외할머니 나무 좀 해드리고 있어요. 가까운 사택에 사는 동안만이라도 외할머니 나무를 해 드리고 싶어서 그래요."

"어디서 나무를 하시는데요?"

"철교 밑 보를 지나서 자갑동 외삼촌 산에 가서 합니다."

"위험하지 않으세요?"

"얼음이 꽝꽝 얼어서 위험한 것은 모르겠는데요."

"힘들게 나무를 하지 마시고 학교 옆 산에서 하세요. 내가 한 번 경운기로 실어다 드릴게요."

"산 주인이 싫어하면 안 될 것 같은데요?"

"산 주인이 원주시 사람이란 말도 있고, 서울 산다는 말도 있는데 가지가 많이 뻗어 있어서 가지치기 정도는 괜찮을 거예요. 산 주인도 좋고 나무하는 사람도 좋고 서로 좋은 것 아니에요? 괜찮을 거예요."

"한 경운기에 몇 짐 정도 실을 수 있나요?"

"열 짐 정도는 실을 수 있어요."

"알겠습니다. 학교에는 별일이 없나요?"

"예, 아무 일도 없습니다."

나는 장로님과 대화를 마치고 숙직실을 나섰다. 피곤이 엄습해왔다. 강바람은 남한강 쪽에서 거세게 불어 닥치며 겨울추위를 더욱 실감나게 만들었다. 바람도 추웠는지 교실 안으로 들어가고자 창문을 두드리고 있었다. 바람소리와 창문 두드리는 소리만이 겨울밤의 고요를 깨트리고 있었다.

하얀 눈이 펑펑 쏟아지고 있었다. 학생들에게 편지 답장을 쓰기로 했다. 정성껏 또박또박 쓴 학생들의 편지에서 귀여움과 감사함을 느꼈다. 이화용, 조숙연, 이상복, 이용구, 최홍인, 김정아, 이미영 손상희 등이 보내온 많은 편지가 쌓여 있었다. 이웃집 조은미는 자주 만

나는데도 나에게 편지를 보냈다. 모든 학생들에게 답장을 써서 보내고 다시 공부하기 시작했다.

모르는 분야에 대해서 공부를 한다는 것은 즐거운 일이었다. 행정학도 결국은 사람을 다루는 학문이라 경영학이나 별로 다름이 없다고 생각했다. 아무리 지도력을 공부하고 조직이론을 공부하며 행정의 효율성을 강조해도, 사랑과 사명감이 없으면 사상누각(砂上樓閣)에 불과하다고 생각했다. 스스로 자기 자신을 반성하고 끊임없이 발전시키려 노력하며 시대적 사명감과 소명의식을 갖고 사랑과 섬김으로 자기가 맡은 분야에서 최선을 다하는 사람이 필요하다고 생각했다. 그런 사람이 지도자가 되어 조직원들에게 상찬과 격려를 해주고 사명감과 소명의식을 부여할 때 그 조직은 활성화되고, 목표를 향하여 끊임없이 노력하며 괄목할만한 성과를 창출해 낼 수 있을 것이다. 미래의 희망을 정확히 제시하고 최선을 다해 행동으로 실천하며 땀흘려 노력하는 지도자를 이 시대는 갈망하고 있다.

학교 옆 산에서 나뭇가지를 쳤다. 큰 나무는 장대에 낫을 매달아 가지치기를 했다. 외삼촌 산에 가서 나무를 하는 것보다 훨씬 쉬웠다. 또한 외할머니께서 나를 위해 점심이나 저녁을 준비하시는 노고를 덜어 드릴 수 있어서 나의 마음도 편했다. 나도 하루 종일 강행군의 나무를 하지 않아도 되고, 피곤할 때는 낮잠을 즐길 수도 있었다. 여유로움을 가지고 나무를 했다. 한 가지 아쉬운 점은 나를 보고 싶어 하시는 외할머니와의 대면(對面)이 없다는 점이 흠이었다. 관사길 옆 텃밭에다 나무를 해서 쌓아 놓은 것을 허규준 장로님이 실어다 주셨다. 외할머니께서는 기뻐 하시면서도 장로님을 대접 못하심을 미안해 하셨다. 나무를 부리고 바로 돌아왔기 때문이다.

따뜻한 날을 잡아 외할머니 댁으로 가서 나무를 모탕에 올려놓고 도끼로 잘라 부엌에, 헛간에, 처마 밑에 쌓아드렸다. 외할머니께서는 내가 나무를 자르는 동안 옆에 앉아서 말씀을 하셨다.

"할머니, 날씨도 추운데 방으로 들어가 계세요."

"아니다, 니가 추운 날씨에 고생을 하는데 내가 방안에 있는 것은 예의가 아니다."

"저는 도끼로 자르느라 땀이 나지만, 할머니는 추우실 텐데요?"

"춥긴 뭐가 추워. 니가 일하는 것만 봐도 기운이 나고 힘이 솟는데."

외할머니께서는 옆에서 담배를 태우시며 말씀을 하시다가 심각한 표정으로 말씀을 하셨다.

"내가 니한테 부탁할 말이 있는데 명심해서 듣거라."

"무슨 부탁이신데요?"

"몇 번씩 내가 말했지만 니 어미를 비롯해서 이모 년들 모두 도둑년들이다. 키워준 공도 모르고 조금이라도 가져갈 것 있으면 자기네 집으로 갖고 가려는 도둑년들이여. 그년들이 난 새끼들도 모두 마찬가지여. 나는 화장(火葬)이 싫단다. 사람이 한 번 죽는 것도 끔찍한데, 불에 타서 한 번 더 죽는 것을 생각해 보아라. 생각만 해도 소름이 돋는구나. 그런데 내가 죽으면 그년들이 내 말을 안 듣고 나를 화장을 하려고 할 거다. 내가 그년들 속을 안 들어갔다 나왔어도 시꺼먼 속마음을 잘 알고 있다. 니가 어떻게 해서든 반대를 해서 땅에다 묻어 다오. 정 산소자리가 마땅치 않으면 공동묘지에라도 묻어 주었으면 좋겠구나."

"할머니, 결정권은 어머니와 두 이모님, 이모부한테 있어요. 저는 많은 외손주 중의 한 명에 불과해요."

"그래도 믿을 사람은 너 밖에 없다. 네가 어떻게 해서라도 화장을 막아 다오. 니가 어떻게 해서든지 외할머니의 마지막 소원이 이루어지도록 애써 주기 바란다."

"할머니, 어머니께도 말씀드리고 최선을 다해서 노력해 보겠습니다."

실과 실습 중에 일어난 불

집에서 저녁에 TV를 보고 있는데 겨울철 화재가 뉴스로 보도되고 있었다. 추위를 예방하기 위해서 연료를 많이 사용하다 보니, 다른 계절보다 특히 겨울에 화재가 많이 발생하는 것 같다. 화재에 대비하기 위한 철저한 준비가 필요하다고 생각했다.

실과 실습을 위한 사전 협의 시간이었다. 나는 학생들에게 조별로 준비할 물품을 이야기하며 사전 학습 지도 안내를 시작했다.

"석유곤로나 큰 그릇은 학교에서 가까운 학생들이 가져오는 것이 좋을 것 같구나. 먼 곳에 있는 학생들이 가져오려면 불편하니까 말이야. 그리고 부득불 먼 곳에 있는 학생이 가져올 때는 차에 기름이 흐르지 않도록 조심하기 바란다. 집에서 어머니와 함께 점검하기 바란다. 기름은 충분한지 심지에 불은 잘 붙는지 사전 점검을 꼭 해보고 가져오기 바란다. 튀김을 할 때 쓸 식용유도 사용기간이 지났는지 알아보도록. 그러면 너희들끼리 조별로 협의를 해서 각자 가져올 준비물을 정하고 메모해서 내일은 실습에 차질이 없도록 하여라."

학생들은 웃으며 이야기하며 재밌게 조별로 협의를 했다. 각자 역할 분담이 정해진 것 같았다. 나는 학생들에게 다시 한 번 강조했다.

"내가 맡은 것은 책임지고 꼭 가져와야 한다. 내가 준비물을 가져오지 않으면 다른 학생이 실습을 하지 못하게 되니까 꼭 책임을 완수해야 한다."

실습을 하는 날 학생들은 조별로 책상을 모아 놓고 둘러앉아 흥미롭게 실습을 하고 있었다. 날씨는 따뜻하고 바람도 불지 않아 환기를 시키기 위해서 창문은 활짝 열어 놓았다. 안전사고에 대해서도 사전에 충분히 주의를 주었다. 끓는 기름은 온도가 높기 때문에 화상(火傷)을 입을 우려가 있으니 주의하도록 몇 번을 반복해서 교육을 시켰고, 만에 하나 불이 나면 문 쪽으로 신속히 피하도록 대피 요령도 알려주었다. 그런데 은미네 조의 그릇 안에서 강한 불이 피어오르기 시작했다. 식용유 자체에서 불이 생겨난 것이다. 기름에 붙은 불은 그릇 안에서 강하게 타기 시작했다.

"모두 문 쪽으로 피해!"

나는 신속히 물에 젖은 수건으로 덮었다. 기름 같은 인화성 물질에는 불을 잘 타게 하는 산소의 공급을 차단하는 것이 최우선이라 생각했기 때문이다. 다행히 불은 곧 꺼졌다. 그러나 은미가 가져온 예쁜 그릇은 까맣게 타버렸다. 키도 자그마한 은미는 흐느끼며 아주 서럽게 울었다. 즐거운 실습시간이 되어야 할 텐데, 은미가 우는 모습을 보며 가슴이 무척 아팠다. 실습은 다시 시작되었다. 나는 울고 있는 은미에게 다가갔다.

"은미야, 너무 슬피 울지 마. 선생님이 똑같이 예쁜 그릇으로 사다 줄게."

은미네 조는 겉이 타버린 그릇으로 실습을 다시 시작했다. 어린 학생들은 다시 즐거운 마음으로 실습을 했지만 나의 마음은 아픔으로 가득 찼다. 타버린 그릇을 싸 갖고 돌아가는 은미를 보면서 더욱 마음이 아팠다. 사실 나는 그때까지 그릇을 한 번도 사본 적이 없고 그릇에 대해서 잘 몰랐다. 아내에게 말했다.

"여보, 당신이 은미 엄마께 말씀을 드리고 그릇 값을 드리던 가 새 그릇으로 사다 드렸으면 좋겠는데."

"괜찮대요. 뭘 그런 걸 가지고 그러세요. 신경 쓰지 마세요."

나는 그래도 미안했다. 은미 엄마를 만나서 말씀을 드렸다.

"선생님 잘못이 아니잖아요? 괜찮아요."

"제 잘못입니다. 그릇 값을 드리고 싶습니다."

"일부러 그러신 것 아니잖아요? 실습하다 우연히 일어난 불로 그렇게 된 걸 가지고 무얼 그러세요."

은미 엄마는 웃으면서 다시는 말도 꺼내지 못하게 하였다. 그러나 지금 이 글을 쓰는 순간에도 새까맣게 탄 그릇이 떠올라 미안한 생각뿐이다. 불은 화재가 발생하지 않도록 사전에 예방하고 화재 발생 시 신속하고 적절한 대응조치가 필요하다. 불조심, 아무리 강조해도 지나친 말이 아니라고 생각한다.

동생의 가족들과 함께 한 소금산 등산

삼산천 계곡에서의 하루가 저물어 가는 듯 태양이 서편 간현봉으로 넘어가며 하루의 이별을 알리고 있었다. 해는 저물어 가지만 뜨거운 열기는 남아 있어서 사람을 나른하게 만들었다. 푹푹 찌는 듯한 더위를 식히려 물속에도 몇 번씩 들어갔다 나왔지만 열기는 계속 남아 있었다. 서울은 너무 더워 아스팔트가 녹아 끈적끈적하고 고층빌딩으로 우거진 도심에서는 한낮에는 걸어 다닐 수가 없다고 한다. 방송에서는 열대야 현상으로 잠을 이루지 못하는 사람들이 많다는 뉴스를 계속 전하고 있었다.

우리 가족은 그래도 삼산천 계곡에서 피서를 하고 있으니 행복한 셈이었다. 또한 지정초등학교의 생활을 회상해 보며 겨울방학 때의 추위를 생각하니 마음속에 냉기가 생기는 것 같아 엷은 미소가 피어났다. 이곳 삼산천의 계곡물은 맑고 주위의 경치가 아름답기로 소문이 나있다. 냇물을 따라 커다란 암석이 밑 부분을 형성하고 있으며 '작은 금강산'처럼 아름답다 하여 소금산이라 불린다. 내 앞에 보이는 산이 소금산이다. 이 소금산을 끼고 흐르는 물은 판대 쪽에서 흐르는 물로 맑고 깨끗하기로 유명하다. 소금산에는 병암, 오형제봉, 은주암, 욕바위, 베틀굴 등 간현 팔경을 간직하고 있다.

"작은형, 모처럼 원주에 내려왔으니 오늘은 우리 가족이랑 소금산 등산을 해요."

나는 동생네 가족과 함께 소금산을 등산했다. 산행하기에 힘들지 않으면서도 가파른 경사면도 있고, 깊은 낭떠러지기도 있어서 산행의 맛을 골고루 느낄 수 있는 아기자기한 아름다운 산이었다. 정말 작은 금강산이라 할만 했다. 산행을 하면서 적당히 운동도 되고, 땀도 흘리다 보니 내려와서는 갈증도 생기고 배도 고팠다. 나는 어린 조카들에게 말했다.

"목도 마르고 배도 고프지. 자, 가게로 가자. 큰 아빠가 음료수랑 먹을 것 사 줄게."

나는 조카들을 데리고 가게로 들어가려다 말고 서 있었다. 뒤따라 오던 동생이 말했다.

"작은형, 가게로 안 들어가고 왜 거기 서 있어."

"네가 서두르는 바람에 양복 주머니에 있던 지갑을 안 갖고 왔어. 네가 사야겠다."

"어쩐지 작은형 어깨가 축 처져 있는 게 힘이 하나도 없어 보이더라. 히히히히."

"너 지금 날 약 올리는 거야?"

소금산 등산을 한 날 즐겁고 재미있었지만 어린 조카들과 제수씨에게 미안했다.

밤이 깊도록 지정초등학교에서의 추억을 생각하다보니 늦게 잠이 드는 바람에 아침에 늦게 일어났다. 아내는 일어나 아침밥을 다 해놓고 내가 일어나기만을 기다리고 있었다.

지금은 살기가 참 좋은 세상

설(雪)날이 지나고 처가댁으로 인사를 드리러 갔다. 나는 예나 지금이나 그냥 노는 성격은 못된다. 처가댁은 시골에서 가게를 하고 계셨는데 시골 백화점이었다. 없는 것 빼놓고는 모두 있었다. 쌀에서부터 연탄까지 골고루 갖춰져 있었다. 장모님께서 전화를 받으셨다.

"관사에 연탄 500장이요. 예, 알았습니다. 곧 갖다 드릴게요. 음 이걸 어떻게 하나? 애들도 없고. 내가 갔다 와야 하겠네."

"어머님, 위치만 알려주시면 제가 배달하고 오겠습니다. 리어카 끄는 것은 제가 자신이 있거든요."

나는 처갓집 앞개울의 다리를 건너 관사를 찾아갔다. 사모님은 연탄 때는 부뚜막 오른쪽 구석에다 쌓아주기를 요청했다.

"사모님, 신문지와 쓰레받기, 그리고 빗자루 좀 갖다 주시겠어요?"

"왜요?"

"부뚜막에 연탄을 그냥 쌓으면 나중에 시꺼멓게 연탄 자국이 날까 봐 신문을 깔고 쌓으려고요."

연탄 쌓기가 끝난 다음 나는 부엌에 떨어진 연탄 부스러기를 깨끗이 쓸어 리어카에 담았다.

"새로운 연탄 배달부입니까?"

"예?"

"새로 취직한 연탄 배달부냐고요?

"예, 그렇습니다."

"이번 연탄 배달부는 먼저 번 연탄 배달부와 다르게 매너가 좋네요. 청소도 깨끗이 해주고."

"사모님 감사합니다. 일흥상회를 앞으로도 많이 이용해 주십시오."

"연탄 값은 이틀 있다가 주인아주머니에게 드리기로 했으니까 그리 아세요."

"예, 말씀 들었습니다. 안녕히 계십시오."

장인어르신의 형님을 나는 큰아버님이라고 불렀다. 큰아버님 댁은 바로 옆집으로 붙어 있었다. 나는 큰아버님께 장모님이 깎아 주신 과일 그릇을 들고 찾아뵈었다. 동네 몇 분의 어르신들이 모여 할머니와 고스톱을 치고 계셨다.

"우리 금자 사위여."

"할머니 안녕하셨어요?"

나는 할머님들께 인사를 했다.

"할머님들, 정말 훌륭하세요. 이렇게 추운 날씨에 집에서 가만히 쉬시지 않고, 돈 버시려고 모여서 고도리 치시는 것 보면 정말 생활력이 강하십니다."

"손녀사위가 말도 재밌게 잘하네. 우리가 돈 벌어봐야 얼마나 벌겠어. 재미로 하는 것이지."

"뭐 잡숫고 싶으신 것 있으시면 말씀하세요. 할머님들 최고의 서비스로 모시겠습니다. 옆집이 가겟집이니까 가져오기만 하면 됩니다."

"뭘 먹어. 조금 있으면 저녁 먹을 시간인데 집에 가서 저녁 먹어야지. 늦게 가서 따로 차려 달라면 괜히 미안하기만 하지 뭐."

"지금이 살기가 참 좋은 세상이지. 옛날 해방되고 북한이 다스리던 시절에는 죽을 지경이었어. 허구한 날 시간만 있으면 회의다 뭐다 해서 사람들 불러다 놓고 쉴 틈이 없었다니까."

"그럼, 그렇고말고. 좋은 세상이지. 고도리 치고 싶으면 고도리 치고, 쉬고 싶으면 쉬고, 일하고 싶으면 일하고, 내 마음대로 하고 싶은 대로 하면서 사는 세상인데 살기 좋은 세상이지."

"할머니, 철원 지역이 해방 후에 북한 땅이었다가 6.25동란을 거치면서 우리나라 땅이 된 지역이라면서요?"

"암, 그렇지. 우리에게는 6.25전쟁이 도리어 잘된 셈이지. 그 바람에 우리는 공산당 치하에서 벗어나 자유롭게 살게 되었으니까 말이야."

할머님들의 말씀에 듣고만 계시던 큰아버님도 참견을 하셨다.

"그놈들, 매일 회의야. 일하고 피곤해서 죽겠는데도 밤 11시, 12시까지 매일 회의를 한다니까. 일체 살아가면서 딴 생각을 못하게 하는 놈들이여. 일하고 공산당 생각 이외는 딴 생각을 못 하도록 사상교육이다 뭐다 해서 심지어는 새벽 1~2시까지 할 때도 많다니까."

"피곤하다고 불평하는 사람은 없었나요?"

"불평은 어떻게 해. 불평하면 붙잡아다 세우고 자아비판이다 뭐다 해서 자기가 자기를 비판하고, 남들이 공개적으로 비판하고, 그러다 말 안 들으면 죽이는데 아무도 말 못해. 앵무새처럼 따라서 '옳소, 옳소' 하다가 박수 치고 끝나지, 반대하는 사람은 하나도 없어. 말이 인민재판이지 몇 놈들이 큰 소리 치면서 이끌어 가면 박수 치고 소리 지르다 그치지, 공개적으로 반대하며 나서는 사람은 한 명도 없어. 그 와중에 억울하게 죽은 사람도 부지기수야."

큰아버님의 말씀에 할머님들께서는 모두 고개를 끄덕이셨다.

"우리가 지금 좋은 세상에서 살고 있는 거여. 북한에 살고 있다고 생각해 봐. 얼마나 억울한 일인가?"

할머님들은 이구동성으로 똑같은 말씀을 하시면서 자리에서 일어나셨다. 오늘의 일과는 끝내고, 내일의 생활 계획표를 생각하시는 모양이었다. 나는 집으로 돌아가시는 할머님들께 일일이 인사를 드렸다.

그런데 추운 날씨임에도 불구하고 집 앞 삼거리에서는 헌병들이 차량을 점검하며 구호를 외쳐대고 있었다.

"백골! 백골!"

이곳 백골부대 용사들은 영원한 백골부대 용사들이라고 한다. 살아서도 백골, 죽어서도 백골, 한 번 백골이면 영원한 백골이라는 것을 자랑스럽게 생각한다. 나도 처음 철원 지역에 차를 타고 들어서면서 백골부대 마크를 보고는 섬뜩한 적이 있었다. 그러나 이제는 괜찮다. 자주 보아서 정이 들었기 때문이다.

이튿날 장인 어르신께서 트럭에다 쌀을 싣고 계셨다. 나도 쌀자루를 들어 차에다 싣는 것을 도와 드렸다. 추운 아침에도 군인들은 부동자세로 서서 '백골'을 외쳐대며 차량 점검 등을 하고 있었다. 우리나라에서 철원 지방의 겨울 추위는 알아주고 있다. 시베리아 지역의 한대성(寒帶性) 고기압이 중 · 남부 지방을 강타할 때 휴전선 부근의 철원 지방을 제일 먼저 통과하기 때문이다. 할 일도 없고 해서 집 앞 이발소에 가서 신문을 읽었다. 이곳 이발소 사장은 나와 초등학교 동창이다. 생활력이 강하고 열심히 살아가는 훌륭한 친구이다. 더 이상 신문기사를 읽을 것도 없고 해서 슬그머니 일어나 집으로 왔다. 사랑방에서는 할머니와 아내가 두 아이의 노는 모습을 지켜보고 있었다. 내가 들어가자 아내는 아이들을 나한테 맡기고 장모님 만두 빚으시는 것을 도와주려 안방으로 들어갔다.

"아이들 잘 부탁해요."

"내가 돌보고 있을 테니 걱정하지 말아요."

"기저귀가 젖어서 칭얼대는 것 같으면 즉시 나를 불러요."

"예, 잘 알겠습니다."

아내는 쿵 소리를 내며 미닫이문을 닫고 안방으로 가자 할머니께서는 목소리를 가장 신중하신 걸로 골라 정색을 하시며 나에게 말씀을 하셨다.

"염 서방, 내가 먼저 번에도 얘기했는데 왜 우리 금자한테 자꾸만 존댓말을 쓰나?"

"예, 옛날 아버님이 어머님한테 존댓말을 쓰니까 보기가 좋더라고요. 그래서 저도 결심을 했어요. 이다음 어른이 되어서 장가를 들면 아내한테 꼭 존댓말을 쓰겠다고요."

"아니, 그것도 사람 나름이지, 우리 금자한테 존댓말을 쓰면 남편을 고맙게 생각하는 것이 아니라, 만만히 보고 기어올라서 안 되네. 그러니 꿈적 못하게 꽉 움켜잡고 무섭게 해야 하네. 얘가 지들 엄마를 닮아서 얼마나 독하고 못됐는지 모른다네. 한마디로 말해서 똥인지 된장인지도 구별을 못하는 앨세. 그러니 잘 다루어야 하네."

"하하하하! 할머니, 처가 무슨 똥과 된장도 구분을 못해요. 반찬을 얼마나 맛있게 잘한다고요. 그리고 장모님이 독하신 데가 어디 있어요. 화내시는 것 한 번도 보지를 못했어요. 하하하하!"

"이 사람아, 내가 똥과 된장을 구분하지 못한다는 것은 그만큼 금자가 생각이 짧다는 말일세. 사려 깊지 못하고 생각나는 대로 마구 떠들어 대고. 그리고 애들 어멈이 순한 것은 아범이 워낙 세게 손아귀로 꽉 잡고 있어서 꼼짝달싹을 못하게 해놔서 그렇지 시시한 사람 같았으면 벌써 일을 저지르고도 남았을 걸세. 금자도 마찬가지일세. 고삐 풀린 망아지처럼 이리 뛰고, 저리 치뛰고 하면 어쩌려고 그러나. 쌀 송아지처럼 내달리면 감당하지 못 할 걸세."

"할머니, 너무 염려하시지 않아도 돼요."

"내가 이런 말을 하는 것은 염서방과 내 손녀딸이 이다음 늙어서 죽을 때까지 행복하게 잘 살라고, 염려가 돼서 하는 말일세."

나는 지금 혼자서 밥을 해먹고 청소도 하고 지내면서 할머니가 말씀해 주신 충고를 어떻게 적용했어야 행복할 수 있었는지 반성해 보곤 한다.

3장

방학동안 추억 만들기

개학과 병아리

겨울방학이 끝나고 개학이 되었다. 아이들은 집에서 보양식을 먹었는지 키가 무척 커져서 씩씩하게 등교를 했다. 자라나는 아이들은 한두 달만 보지 않아도 부쩍 큰 것을 알 수가 있다. 아이들은 집에서 머물며 더 놀고 싶었을는지도 모른다. 그러나 집에서 놀고 싶은 것을 참고 학교에 등교함으로써 더 많은 것을 배워가는 것이다.

사실상 학교 진도는 겨울방학 전에 거의 마치기 때문에 지금은 총정리 또는 복습 과정이다. 학생들은 조금 있으면 올라갈 5학년 과정에 신경을 쓰며 재미있어 하곤 했다. 학생들에게 4학년 전체의 성적이 기록되어 있는 통지표를 나누어 주고, 6학년은 졸업식을 하는 것으로 사실상 학년 생활을 모두 마치고 봄방학에 들어갔다. 이광옥 선생님이 나에게 다가와 말했다.

"염 선생, 우리 반 함궁 엄마가 식당을 하시는데, 나보고 아이 가르쳐 줘서 고맙다고 술 한 잔 하러 오시라는데 같이 갈래."

"좋습니다."

나는 이광옥 선생님과 버스를 타고 간현에서 내려 함궁네 식당으로 들어갔다. 함궁 어머니가 반갑게 맞아 주셨다. 어머니는 혼자 힘으로 횟집을 하시면서 어린 형제들을 씩씩하게 키우고 계셨다. 약간 어둠이 깔린 듯한 조명 속에서 우리가 마시는 테이블을 바라보시며 함궁 어머니는 설거지를 하며 말했다.

"아이들이 저의 희망이자 꿈입니다. 저는 우리 아이들만 잘된다면 더 이상 바랄 것이 아무 것도 없습니다."

어머니의 말씀에 비장함마저 감돈다고 생각했다. 함궁 어머니의 말씀 속에서 나는 나의 어머니의 모습을 보는 듯 했고, 아들을 공부시키기 위해서 매일 떡을 만들어 팔러 다니던 한석봉의 어머니를 보는 듯 했다. 여자는 약하지만 어머니는 강하다는 말씀이 그날따라 내 머릿속에 강하게 각인되는 저녁 밤이었다. 지금 이 글을 쓰는 순간에도 나는 함궁의 가정과 함궁 어머님의 건강과 행복하심을 기원한다.

병아리를 가져왔다. 총 20마리라고 생각된다. 노란 병아리들이 종이 상자 안에서 우는 모습을 바라보며 신기했다.

"삐악! 삐악! 삐악! 삐악!"

"우리 집 병아리가 은미네 병아리보다도 훨씬 작아요. 병아리 장사꾼이 남의 집 다 돌고 맨 마지막으로 우리 집에 왔나 봐요. 그래서 좋은 병아리는 다 골라 내려놓고 남은 잔병아리들만 우리 집에 떨궜나 봐요?"

"너무 섭섭하게 생각지 말아요. 좋은 사료 사다가 열심히 먹이면 금방 클 테니까. 그까짓 병아리 때 일은 아무것도 아니니 신경 쓰지 말아요."

나는 병아리의 사료를 조금씩 자주 주면서 물도 자주 갈아 주고 청소도 해주면서 전염병 예방에 신경을 썼다. 병아리는 쑥쑥 컸다. 이제는 종이 상자 안에서 키우기가 힘들 것 같았다. 나는 다시 한 번 닭장으로 나가 망가진 곳이 없나 확인을 하고는 병아리를 닭장으로 옮겨 기르기 시작했다. 병아리가 자라서 커다란 닭이 되어 먹이를 많이 먹게 되자 나는 시내로 나가 사료를 사서 시내버스로 실어 나르기 시작했다. 내가 바빠 시내에 나갈 수 없을 때에는 아내가 아기를 업은 채 무거운 사료를 머리에 이고 학교까지 가져오고는 했다. 아내의 수고로움이 많았다.

관사생활과 불온 문서 습거

5학년 새 학기가 시작되면서 학교에서도 선생님들의 인사이동이 있었다. 교무선생님이셨던 이광옥 선생님이 떠나가시고 김웅변 선생님과 나짜미 선생님이 오셨다. 김웅변 선생님은 교무주임을 맡으셨고, 나짜미 선생님은 새마을 주임을 맡았다. 우리 반 학생들은 1층 교실에서 2층으로 자리를 옮겼다.

나는 건강상태, 키 등을 고려해서 자리를 배치하고 옆에 앉는 짝꿍은 친밀도를 고려해서 자리를 정해주었다. 특히 학력 상태가 저조한 학생에게는 공부도 잘 가르쳐 주면서 친한 학생을 같이 앉게 해주려 관심을 기울였다. 특히 곱셈은 잘하면서도 나눗셈을 틀리는 학생들에게 집중적으로 이해를 시키면서 지도를 하였다.

“나눗셈 어려울 게 하나도 없어. 곱셈할 수 있으면 누구든지 나눗

셈도 할 수 있어."

겨울철에 북한에서 넘어온 불온문서 등이 눈에 파묻혀 있다가 눈이 녹으면서 드러나는 사례가 많이 있다. 특히 날씨가 추운 1~3월에는 집중적으로 불온문서가 바람을 타고 우리나라로 넘어오는 경우가 많았다. 아직 산에는 나뭇잎이 돋아나기 전이라 불온문서를 수거하기가 좋았다. 학교에서는 불온문서를 제일 많이 수거한 학생들을 선정하여 시상하기도 했으며 간현 지서에서도 명단을 수거하여 특별히 공책, 자 등을 보내주기도 하였다. 불온문서 수거는 당시 서무를 맡았던 나의 관할 사무였다. 나는 운동장에 모인 학생들에게 말했다.

"오늘은 불온문서를 수거하러 간다. 불온문서는 북한에서 우리나라로 넘어온 '삐라'와 같은 전단지, 책자 등 모든 것을 통틀어 말한다. 그동안 교실에서 공부하느라 수고가 많았는데 오늘은 답답한 교실을 벗어나서 산으로 불온문서를 수거하러 가니 얼마나 기분이 좋으냐? 소풍 가는 기분으로, 등산 가는 기분으로 산에 가서 불온문서를 수거하기 바란다. 여기저기 불온문서를 수거하러 다니다가 귀, 코, 입 등이 나뭇가지에 걸려서 찢어지는 일이 없도록 조심하여라. 제일 중요한 것은 너희들의 건강과 안전이다. 급한 경사가 지거나 낭떠러지 같이 위험한 곳은 아예 가지를 말기 바란다. 안전사고에 조심하면서 줍기를 바란다. 이미 여러분이 알고 있는 대로 제일 많이 주워온 학생에게는 시상을 할 계획이다."

"와~아!"

학생들은 이리저리 흩어져 불온문서를 찾으러 다녔다. 불온문서를 6~7장씩 주워서 신이 난 학생이 있는가 하면 한 장도 줍지 못해서 시무룩해진 학생들도 있었다.

"불온문서는 남이 다니지 않은 곳을 다니면서 찾아봐야 주울 수 있지 남이 다닌 곳을 뒤쫓아 가면서 찾아봐야 줍기가 힘들단다. 산에 나물 뜯으러 갈 때도 마찬가지야. 남이 안 다닌 곳을 다니면서 찾아야 나물을 많이 뜯을 수 있단다."

나는 학생들에게 예를 들어가면서 독려를 했고, 2시간 정도의 수거 시간에 꽤 많은 성과를 거뒀다. 교육청과 경찰서에 보낼 인증사진을 찍는 것으로 마무리를 지었다.

지난 해 4월에 태어난 아이의 첫돌이 돌아왔다. 아들은 따뜻한 봄 햇살을 즐기기라도 하려는 듯 아장아장 걸어서 집안 마당과 울타리를 넘어 학교 뒷마당의 테니스장이 있는 곳까지 걸어 다녔다. 아기의 노르스름한 옷이 개나리 꽃잎을 닮았다. 박신선 선생님은 테니스를 하면서도 공이 아기에게 맞을까 걱정을 하셨다.

조용했던 우리 집에도 많은 손님들이 찾아와 주셨다. 외할머니, 어머니, 형수님과 조카들, 처 할머니와 아이들의 이모님, 이모부를 비롯한 손님들이 관사를 찾아 주셨다. 손님들은 학교 주위를 둘러보고 운동장에서 공을 차기도 하면서 학교가 조용하고 시골 분위기가 물씬 풍긴다고 말씀하셨다. 하기는 서울에서는 이렇게 공기 맑고 아름다운 곳을 일부러 찾아다녀도 찾기가 힘들 것 같았다. 지난해 수해로 인한 피해가 큰 탓에 복구 작업을 하던 굴삭기 등을 학교 주위의 공터에 세워놓았는데 아이들은 그 기계에 올라타 보며 색다른 놀이를 즐기기도 했다.

이제 들과 산에도 봄이 성큼 다가와 농부들의 일손을 더욱 바쁘게 재촉했다.

“요즘에는 일손이 바빠도 사람을 구하기가 쉽지 않아요. 서로 사람을 구하지 못해서 애를 먹고 있어요.”

“은미 아빠, 사람을 멀리서 구하지 마시고 가까운 이웃에서 구하세요. 저도 웬만큼 일을 하니까 필요하실 땐 말씀하세요. 언제든지 도와드릴게요.”

“선생님이 힘든 농사일을 할 수 있을까요?”

“염려마시고 시키기만 하세요. 열심히 도와드릴 테니까요.”

은미 아빠가 내일 논에 거름을 펴 줄 수 있느냐고 말씀하셨다. 내일은 일요일이기 때문에 따로 약속해 놓은 시간이 없었다. 흔쾌히 허락했다. 은미 네 논에는 쇠똥거름을 경운기로 군데군데 부려놓은 무더기가 있었다. 나는 그 쇠똥무더기를 거름대로 펴서 은미 아빠가 경운기로 논을 갈 수 있도록 골고루 펼쳐놓으면 되는 것이다.

일요일은 날씨도 따뜻했고, 바람도 적당히 불어서 일하기에는 안성맞춤이었다. 은미 아버지와 나는 동화 속에 나오는 의좋은 형제처럼 남이 보기에도 좋은 풍경의 그림으로 열심히 일을 했다. 내가 선생의 직분을 가진 이후 남의 집 일을 해 보는 것은 이번이 처음이었다. 내가 처음 품앗이를 가던 날 아침식사를 마치고 들뜬 기분으로 나서려는 나에게 아버지는 심각한 표정으로 말씀하셨다.

“근호야, 오늘 네가 남의 집 일을 처음으로 가는구나. 집안일을 하다 몸이 아프거나 힘들면 집으로 와서 쉬었다가 해도 괜찮지만, 남의 집 일을 하다가 몸이 아프거나 힘들어도 웬만하면 참고 열심히 일을 하여 마무리를 짓고 오는 것이 농부의 예의란다. 큰 병이 아니라고 생각되면 참고 열심히 일하는 것이 품앗이를 하는 사람의 도리란다. 또 내 집일보다도 남의 집 일을 갔을 때 더 열심히 정성을 다해야 한다."

'내 집 일보다도 남의 집 일을 더욱 열심히 잘하자.'

아버님이 들려주신 품앗이 첫날의 말씀은 아직도 내 인생을 살아가면서 교훈으로 굳건히 마음속에 남아있다.

"선생님, 이번 주 공휴일 날 하루 더 일해 주실 수 있어요?"

"예, 일해 드릴 수 있습니다."

"힘드시지 않으세요?"

"힘들기는요? 막걸리도 주시고, 국수도 주시고 잔칫집에 온 것 같습니다. 기분도 좋고요."

나는 하루 더 은미 네 일을 해 드렸다. 집에서 뒹굴뒹굴 노는 것보다 건강에도 좋고, 따뜻한 봄기운을 느끼면서 일을 하니까 내 몸에도 봄의 기운이 느껴지는 듯 생동감이 치솟아 오르는 느낌을 받는 것 같았다. 바쁘신 이웃사촌의 일을 도와드린다는 기쁨도 함께 얻는 행복이었다.

"선생님, 일을 해주셔서 고마운데 보답할 길도 없는데 어떻게 하나."

"은미 아버지, 쇠똥거름 좀 얻을 수 있을까요? 밭에다 뿌리려고요."

"쇠똥거름을 내가 경운기로 실어서 갖다드릴게요."

"감사합니다."

"쇠똥거름을 펼쳐놓으세요. 바짝 마른 다음 경운기로 제가 갈아드릴게요."

"잘 알겠습니다."

은미 아빠의 도움으로 학교 텃밭 농사는 쉽게 해결되었다. 사실 퇴비를 뿌리지 않고 10년간 화학 비료만 주고 농사를 지은 땅이라 거름을 주는 것이 나름대로 걱정이 되었다. 나의 생각은 학교 푸세식 화장실에서 인분을 퍼다 텃밭에 뿌릴 계획이었다. 그러면 학교도 좋고 텃밭도 좋고 모두가 좋을 것 같았다. 그런데 텃밭이 도로변이라 버스를 타고 왕래하시는 분들께 악취를 풍길까 걱정이 되었고, 그 냄새가 교실까지 풍길까봐 실행에 옮기지 못하고 있던 차에 더 좋은 결과로 끝맺음을 하게 되었다.

은미 아빠가 경운기로 갈아주신 텃밭에 흙을 고르고 둑을 만들어 채소 씨앗을 뿌리고 나니 제법 농사를 짓는 밭 기운이 감돌았다. 농부는 감으로 느끼고 말한다고 한다. 느낌이 좋았다. 농사가 잘 될 것 같았다. 관사 시멘트 담장 옆에다 웅덩이를 파고 쇠똥거름을 넣은 다음 호박씨를 심었다. 남쪽 담장에는 오이씨를 뿌렸다. 관사 안마당에 있는 밭에도 쇠똥거름을 뿌렸다가 말린 후 잘게 부숴서 깊게 갈아엎은 다음 흥업 어머님께서 주신 상추씨와 쑥갓씨, 아욱씨를 뿌렸다. 올봄 종자 파종은 끝났다. 싹이 트고 자란 후에 김을 매주고 돌보아 주기만 하면 될 것 같았다.

외할머니 생신

외할머니 생신이 다가오고 있었다. 작년에도 생신을 해드리고 싶었지만 도깨비가 나올 것 같은 낡은 관사에다 방이라고 너무 작아서 손님들을 모시기가 사실상 어려웠다. 그러나 올해는 넓은 곳으로 이사를 했으니 외할머니 생신을 해드리고 싶었다. 이곳 관사 생활을 하는 몇 년 동안만이라도 외할머니 생신을 해드리고 싶은 마음이 굴뚝 같았다. 나는 아내에게 생각을 말했다.

"여보, 외할머니 생신을 우리 집에서 음식을 장만해 모시고 싶은데 할 수 있을까?"

"할 수 있어요. 그런데 그렇게 하려면 냉장고가 있어야 해요. 승규 돌잔치는 우리 아이라 우리가 간소하게 차려도 누가 말할 사람이 없었어요. 그러나 외할머니 생신은 이모님들도 오시고, 외가 댁 손님들도 오시는데 정성을 기울여야 해요. 나 혼자서 음식을 장만해야 하는데 며칠씩 걸려요. 냉장고가 없으면 음식이 상하기 쉬워 사실상 힘들어요."

"냉장고만 있으면 외할머니 생신을 해드릴 수 있습니까?"

"생신 해드릴 자신이 있다니까요."

"그럼, 냉장고를 삽시다. 이왕 사는 김에 용량이 큰 걸로 사는 것이 좋을 것 같은데 얼마짜리면 좋을 것 같소?"

"500L짜리는 돼야 할 것 같아요."

"나는 냉장고에 대해서는 잘 모르니 당신의 의견을 전적으로 따르겠소."

"그런데 냉장고를 살 돈이 없어요. 10개월 정도 월부로 사야할 것 같은데."

"생활비 쓰고 매달 월부 돈 내는데 지장이 없을 것 같소?"

"자신 있어요."

나는 아내와 함께 의논한 결과 삼성전자 원주 대리점이 있는 중앙 시장으로 갔다. 대리점이 있는 건물은 고종사촌 매형님의 건물이었다. 대리점 주인은 이야기를 듣다가 흥미롭다는 듯 말을 했다.

"이 건물 사장님이 고종사촌이라니 내려오셔서 보증을 서주신다면 할부로 드리도록 하겠습니다."

"건물 주인을 부를 필요가 없다니까요? 우리는 약속을 꼭 지키니까 건물 주인을 불러야 한다면 차라리 다른 대리점으로 가겠습니다."

"선생님, 너무 나쁘게 생각지 마시고 물건 사러 오신 김에 친척 만나보시고 가신다면 서로 좋으신 것 아닙니까?"

대리점 주인은 전화를 걸어 고종사촌 누님이 내려오셨다. 스타일을 완전히 구겼다. 냉장고 하나 사는데도 그냥 구입 못하고 할부로 구입해야 한다니 말이다.

"어, 근호 아니야. 어떻게 왔어?"

"냉장고를 사러 왔어요."

나는 멋쩍게 씨익 웃었다. 대리점 주인에게 사연을 눈을 반짝이며 재밌게 들으신 고종사촌 누님은 보증서에다 서명해 주셨다. 지금 생각해도 아내에게 너무 미안했다. 모두 나의 부족함 때문이었다. 아내는 신이 났다. 더운 여름에도 아이들에게 시원한 팥빙수를 먹일 수 있다며 기뻐했다. 외할머니 생신상 차릴 준비물을 적은 메모지를 갖고 시장에 물건을 사러 다녔고 나는 쫓아다니며 물건을 받아 들었다. 외할머니 생신은 며칠 앞당겨 일요일 날로 날짜를 잡고 연락을 드렸다.

외할머니 생신을 해드리는 날 어머님, 형수님을 비롯해 이모님 내외분, 외삼촌 내외분 등 손님들이 오셨다. 외할머니는 무척 기분이 좋아 보이셨다. 조금이나마 효도를 해드린 것 같아서 나도 기분이 좋았다. 그리고 아내의 노고에 감사했다.

"여보, 당신 수고 많았소. 어린 아이들 데리고 음식 장만하느라 힘들었지? 고마웠소. 당신 최고야!"

아내는 매우 기분이 좋은 듯 해맑은 웃음을 터트렸다.

봄 소풍과 선의 거짓말

봄 소풍을 가게 되었다. 소풍 장소는 간현관광지다. 작년에도 소풍을 이리로 왔었다. 내가 보아도 소풍 장소로 이만한 곳이 별로 없었다. 우리가 소풍을 하는 장소는 남한강 지류인 섬강과 판대 쪽에서 흐르는 삼산천이 만나는 지점의 조금 밑 부분이다. 섬강과 삼산천이 만나는 협곡 밑에는 모래사장이 넓게 펼쳐져 있어 국민 관광지로 널리 알려져 있고, 많은 사람들이 즐겨 찾는다. 우리가 서있는 모래사장을 거닐어 내려가면 푸르고 깊은 섬강물이 보이고 그 맞은편에는 깊은 강물을 품고 커다란 암벽들이 깎아놓은 듯 가파르게 서있어 절경을 이루고 있다. 이곳은 원주 시내에 사는 분들뿐만 아니라 서울 등 외지에 사시는 분들도 무더운 여름이면 자주 찾는 관광의 명소이다.

우리는 모래사장에 터를 잡고 수건돌리기, 보물찾기, 노래자랑, 학생들의 장기 등을 하며 재밌고 따뜻한 봄 소풍을 즐기고 있었다. 특히 소금산 지하터널을 통과하여 섬강을 지나 유격훈련장을 지나는 중앙선 기차를 배경으로 사진을 찍으면 아름다운 추억의 한 장면을 남길 수 있다. 이쪽 모래사장에서 소금산을 향하여 바라보면 아름다운 소금산의 절경이 특히 잘 나타나 있다. 북서쪽으로 섬강을 거슬러 올라가다 보면 군인들의 유격훈련장이 나타난다. 유격훈련장이 있는 곳에서 맞은편 소금산을 바라보면 섬강이 깎아놓은 듯 높은 기암괴석의 절경과 어우러져 감탄사를 자아내게 한다. 이곳의 아름다운 경치가 섬강의 압권이다. 그러나 이곳은 군사시설이 있는 곳이기 때문에 외부인의 출입이 함부로 허용되지 않는다. 소금산 정상에서 섬강을 가로질러 백사장까지 밧줄을 매달아 놓고 군인들이 줄타기 연습을 한다.

"1번 올빼미 하강(下降) 준비 끝!"

"하강!"

"하강!"

깃발 신호에 따라 하강하는 군인들의 모습을 보면 구경하는 일반인들조차 몸에 좁쌀이 돋을 정도로 소름이 끼친다.

학생들은 이곳의 아름다운 경치와 추억을 소중히 간직하려는 듯 친구들, 어머니와 함께 이리저리 배경을 잡아 사진을 찍는다. 학생들이 모여서 학급별 노래자랑 및 보물찾기 노래를 부르며 분위기가 무르익어 가고 있었다. 학생들의 노래자랑이 끝나고 학부모님들과 선생님들의 노래자랑으로 마이크가 옮겨간 모양이다. 김웅변 선생님의 힘찬 노래가 간현 벌에 울려 퍼졌다.

"저~어 푸~른 초원 위에 그림 같은 집을 짓고, 사랑하는 우리 님과 한~평생 살고 싶어."

김웅변 선생님은 간현의 경치를 좋아하고 사랑하였다. 그래서 그런지 섬강의 간현산 밑자락 경치가 아름다운 곳에, 멋진 집을 짓고 퇴임 후의 생활을 즐기고 있다. 조그맣게 농사일을 하시며 토종벌도 기르고, 취미생활도 즐기시는 선생님의 모습이 아름답다. 김웅변 선생님에게서는 봄에 간현산 골짜기에서 피어나는 조팝나무의 향기가 묻어난다.

혜인이의 활동무대가 넓어지고 있었다. 운동장에서 뛰어 놀던 아이가 1층 복도를 지나 2층 우리 교실 문 앞에까지 와서 우리 반 아이들과 떠들고 웃으며 신나게 생활을 하고 있었다. 5학년 우리 반 아이들이 귀여워해주니 너무 좋았나 보다. 교실 앞에서 놀다가 종을 치면 내려가는 일이 종종 생기고 있었다. 아무래도 5학년 수업에 지장이 생길 것 같았다. 혜인이가 마음의 상처를 받지 않고 5학년 교실 앞에 오지 않게 하는 방법이 없을까 하고 곰곰이 생각하던 나는 혜인이에게 선의의 거짓말을 했다.

"아유, 다리 아파."

"아빠, 다리가 아파?"

"응, 많이 아파."

"다쳤어?"

"응, 교장선생님께 종아리를 맞았어."

"왜?"

"혜인이가 우리 반 교실 앞에 놀러온다고 교장선생님께 종아리를 맞았어."

혜인이의 얼굴은 어두워졌다. 그리고는 나에게 미안하다는 듯 말했다.

"아빠, 내가 5학년 언니, 오빠들한테 놀러가지 않을게."

"그래, 1층 복도에도 다니지 않는 것이 좋겠어."

"응, 알았어. 복도에도 다니지 않을게."

이후 혜인이는 복도에도, 우리 교실 앞으로도 놀러오지 않았다. 모든 것이 잘된 줄만 알았다. 하루는 체육을 하러 운동장으로 나갔다. 그런데 교장선생님께서 볼일이 있으신 듯 교장실을 나와 운동장을 가로질러 교문으로 나가셨다. 미끄럼틀 위에서 놀고 있던 혜인이가 갑자기 미끄럼틀 위에서 내려오더니 집을 향해 달리기 시작했다. 한번은 시소게임을 하고 있던 혜인이가 운동장에서 교장선생님을 보자, 갑자기 두려움이 가득한 얼굴로 변해 집을 향해 달리기 시작했다.

"혜인아, 아까 체육시간에 갑자기 왜 집으로 뛰어갔어?"

"응, 아빠가 교장선생님께 종아리 맞을까봐 집으로 뛰었어."

하루가 지나도록 곰곰이 생각한 끝에 나는 다시 딸에게 선의의 거짓말을 했다.

"혜인아, 교장선생님과 어제 팔씨름을 했는데 아빠가 이겼어. 교장선생님이 아빠가 무섭대."

"아빠가 이겼어?"

"응, 교장선생님이 앞으로 혜인이가 운동장에서 노는 것은 괜찮다고 하셨어. 그러니까 운동장에서 놀다가 교장선생님을 만나면 도망치지 않아도 돼. 그냥 '할아버지 안녕하세요?'하고 인사를 하면 돼. 알았지?"

"응."

"언니, 오빠들 운동장에서 체육을 안 할 때는 운동장에서 뛰어 놀아도 돼."

"알았어."

혜인이는 고개를 끄덕이며 좋아했다. 지금 생각해도 엄주현 교장선생님께 죄송한 일이다. 교장선생님께서는 아무 말씀도 안하셨는데 나의 잘못으로 교장선생님을 보면 혜인이가 도망치게 만들었으니까. 선의의 거짓말이라도 거짓말은 안하는 것이 좋다. 그때 무척 후회했다.

대중음악과 생각의 차이

교감선생님이 불렀다. 나는 교무실 교감선생님 책상 앞에 섰다. 교감선생님은 나에게 조용히 말씀하셨다.

"염 선생, 본관 건물을 철거했으면 좋겠는데 말이야."

"지금 쓰고 있는 이 앞 건물을 말씀하시는 건가요?"

"응, 그래."

"선배님들의 전통과 숨결이 배어있는 교실이라 철거하자니 신경이 많이 쓰이는데요?"

"그렇기는 하지만 학생 수는 점점 줄어들고, 교실은 남아도는데 이 본관 건물이 너무 낡았단 말이야. 마루도 낡아서 부서지기도 하고, 전기 누전이라도 되면 화재 위험도 생길 것 같아서 그러니까 '교사 철거 신청서'를 냈으면 좋을 것 같은 생각이 드는구먼."

"교감선생님, 교장선생님께서도 같은 생각이신지요?"

"으음, 같은 생각이야. 교장선생님께서 먼저 말씀하셨으니까 내가 염 선생한테 얘기하는 것이지."

"예, 잘 알겠습니다. 설계도면과 배치도를 작성해서 철거 신청서를 내겠습니다."

교육청 직원의 현장 실사를 거쳐 1년 후 학교 건물은 철거되었다. 낡은 건물이 철거되고 공간은 더 많이 남게 되었다. 시원한 강바람이 더욱 세차게 불어왔다.

작년 극심한 폭우 피해를 입었던 간현 4리 뜰 앞의 논부터 말아웃 논까지 모두가 복구되어 많은 분들이 들에 나와서 모내기에 열중이었다. 나는 오늘이 공휴일이라 교무실에서 당직 근무를 하고 있었다.

어릴 때 절터 골 밭을 어머니와 함께 가는 중이었다. 연못 밑 김 면장님 네 논에서 30여 명의 사람들이 호미로 김을 매고 있었다. 흥선이 아버지가 작은 북을 치면서 선소리로 노래를 부르면 다른 분들이 후렴구로 함께 노래를 따라 부르며 흥겹게 김을 매고 있었다. 모든 분들이 즐거운 잔칫집에라도 온 것처럼 즐겁게 노래를 부르며 일을 하고 있었다. 나의 아버지도 일을 하고 계셨다. 저녁에 일을 마치고 집으로 돌아오신 아버지께 여쭈어 보았다.

"아버지, 왜 모든 분들이 일을 하고 계시는데 흥선이 아버지는 북을 치면서 노래만 부르고 있을까요?"

"모든 사람들이 흥겹게 일하기 위해서 흥선이 아버지가 북을 치면서 선소리로 노래를 부르고 있는 거란다. 한 사람이 일을 하지 않더라도 모든 사람들이 즐겁게 일을 하도록 함으로써 더욱 많은 효과를 얻기 위함이란다. 일을 하더라도 즐겁게 일을 하면 더욱 많은 효과와 결과를 얻게 되는 법이니 너도 어른이 되거든 즐겁게 일을 하도록 하여라."

"흥선이 아버지는 일도 안하시고 노래만 불렀으니 좋았을 것 같아요."

"그것은 네가 어려서 모르고 하는 말이란다. 모든 사람을 즐겁게 하는 것이 그리 쉬운 일이 아니란다. 일하기보다도 훨씬 힘들지도 모르지. 그리고 하루 종일 선소리로 노래를 부르다 보면 목이 붓고, 쉬어서 말을 못하는 경우도 있단다."

아버지는 웃으셨다. 그리고 다시 한 번 말씀하셨다.

"근호야, 세상의 모든 일은 즐거운 마음으로 일을 해야 돼. 너는 이다음 커서 어떤 일을 하든 항상 즐겁고 감사하는 마음을 갖고 일하도록 하여라."

말아웃 넓은 들에서 일하시는 분들에게 조금이라도 노고에 보답하는 차원에서 즐겁게 일하시라고 녹음테이프라도 틀어드리고 싶었다. 나는 스피커의 볼륨을 높이고 이미자의 '동백아가씨'부터 어르신들이 좋아하실 것 같은 곡들을 들려 드렸다.

이튿날 교감선생님께서 내 앞으로 다가오시며 말씀을 꺼내셨다.

"어제 당직근무자가 염 선생이 맞나?"

"예, 제가 맞습니다."

"혹시 어제 대중음악을 크게 틀어놓지 않았나?"

"모내기하시는데 즐거우시라고 농악(農樂) 대용으로 대중음악을 크게 틀어놓았습니다."

"항의 전화가 왔어. 남은 무더운 날씨에 모내기를 하고 있는데, 학교에서는 시원한 교무실에 앉아서 대중음악 크게 틀어놓고 누구 약 올리는 것이냐고 하면서 마구 화를 내더라고."

"이렇게 될 줄은 몰랐습니다. 죄송합니다."

"생각의 차이야. 앞으로는 음악을 틀지 않는 것이 좋겠어?"

"예, 명심하겠습니다."

며칠 후 시간이 흘러 토요일 오후였다. 학생들 청소도 다 점검하여 집으로 돌려보냈고, 선생님들도 거의 퇴근을 하셨다. 박신선 선생님이 웃으며 내 앞으로 다가왔다.

"염 선생, 오늘 날씨가 꽤 무덥지?"

"예, 꽤 무더운데요."

"우리 시원하게 문방구에 나가서 맥주 한 잔씩 할까?"

"예, 좋습니다."

박 선생님과 나는 학교 앞 문방구로 나가서 맥주를 시켜놓고 마주 앉았다. 마침 문방구 앞 평상에는 말아웃에 농사짓는 분도 앉아계셨다. 그분도 맥주를 마시고 있었다.

"선생님, 지난 공휴일 당직자가 남선생입니까? 여선생입니까?"

그는 왕방울 같은 눈으로 박 선생님과 나를 번갈아 보며 대답을 기다리더니 다시 말을 이어 나갔다. 나는 무표정한 듯 그의 모습을 지켜보고 있었다.

"남은 무더위에 모내기를 하고 있는데, 알만한 선생이란 작자가 음악을 크게 틀어놓고, 이건 뭐 약 올리는 것도 아니고 환장하겠더라고요? 미치고 팔짝 뛰겠더라고요. 생각 같아서는 교무실로 당장 쫓아가서 두 손으로 모가지를 닭 모가지 비틀 듯 비틀어 버리고 싶은 생각이 굴뚝같은데 꾹 참았다니까요?"

나는 씁쓸한 웃음을 삼키며 그분의 이야기만 듣고 있었다. 맥주를 마시고 박 선생님과 나는 교무실을 향해 걸으며 말했다.

"이렇게 될 줄은 생각지도 못했습니다. 나는 농악처럼 즐겁게 일하시라고 틀어드린 건데."

"염 선생, 신경 쓰지 마. 저 양반 원래 생각하는 게 저래. 한 번도 긍정적으로 생각한 적이 없었어. 원래 매사에 부정적이야. 참새가 어찌 대붕(大鵬)의 뜻을 알리요. 하하하하."

박 선생님은 호쾌하게 웃었다. 그날 그분께 음악을 튼 사람이 나라는 사실을 밝혔어야 했는지, 그냥 넘어가길 잘했는지 아직도 의문이다. 사실 그분도 내가 음악을 튼 장본인이라는 것을 아시면서 변죽만 울렸는지도 모른다.

차준식 선생의 방문

차준식 선생님으로부터 전화 연락이 왔다. 춘천 강원대학교로 방송통신대학 교재를 찾으러 가는 길에, 자기 책도 찾아다 집에 갖다 놓으라는 부탁이었다. 차준식 선생은 고등학교와 춘천교대 동창인데 방송통신대학 행정학과도 동창으로 같이 다니게 되었다. 서로 의논한 일도 아닌데 우연의 일치다. 교통사고를 당했다는데 많이 다치지 않기를 바라는 마음이었다. 책을 찾아서 갖고 오는데 책이 꽤나 무거웠다. 그러나 무거운 만큼 아픈 친구를 위해서 내가 도울 수 있다는 기쁨에 마음은 무척 즐거웠다. 관사에 갖다 놓고 차 선생에게 전화를 걸었다. 다음 주 일요일에 우리 집으로 오기로 했다.

우리 집 병아리가 매우 작다며 불만을 토로했던 아내는 요즈음 기분이 매우 좋아져 있었다. 병아리 장수가 병아리를 팔러 다닐 때 보통 사람들은 커다란 병아리를 골라 산다. 그런데 병아리 중에서 커다란 병아리는 수평아리가 대부분이었다. 암평아리는 대부분 작기 때문에 농부들의 선택에서 제외되기 십상이다. 여러 집을 거쳐 마지막으로 우리 집에 떨궈진 병아리는 대부분 암평아리였다. 수평아리는 몇 마리 되지 않았다. 거기다 사료를 충분히 먹이고, 정성껏 키운 탓인지 달걀도 쌍알이 대부분이었다. 쌍알이란 달걀 한 개에 노른자가 두 개씩 들어 있는 달걀을 말한다.

"여보, 바로 난 달걀이에요. 따끈따끈하니까 마셔 봐요. 쌍알이에요."

"정말 쌍알이네. 말로만 듣던 쌍알을 직접 눈으로 체험해 보네."

아내와 나는 병아리를 키워 큰 닭이 되면서 여러 가지 신기한 체험을 하게 되었다. 사료뿐만 아니라 아카시아 잎, 민들레, 질경이, 연한 바랭이, 왕고들빼기 등의 풀을 모아 칼로 잘게 썰어서 사료와 버무려 닭에게 주면 닭들도 그냥 사료만 주는 것보다도 훨씬 맛있게 잘 먹었다. 닭은 주인을 잘 만난 탓인지 토실토실 예쁘게 잘 크고, 우리에게 많은 기쁨을 주고 있었다.

차 선생이 오토바이를 타고 우리 집에 처음으로 왔다. 반가웠다. 얼굴에는 군데군데 긁힌 듯한 상처자국이 있었다.

"어떻게 된 거요?"

"관사에서 잠을 자다가 꿈을 꾸는데 커다란 호박넝쿨이 보이는 거예요. 그래서 호박넝쿨을 잡아당기니 노랗고 커다란 호박이 수없이 매달려 나오는 게 아니겠어요? 아무래도 꿈이 이상하다 생각해서 아침을 먹고 복권을 사러 오토바이를 타고 신림고개를 넘어서 원주 쪽으로 향해 달리고 있는데 뒤에서 갑자기 자동차 경적이 크게 울리는 거예요. 뒤를 돌아보니 커다란 레미콘 트럭이 내 뒤에서 달려오고 있더라고요. 가만히 있다가는 레미콘 트럭에 깔려 죽을 것 같아서 오른쪽으로 급히 커브를 틀었더니 2~3m 낭떠러지로 굴러 떨어져서 논에 처박혔지 뭐예요. 다행히 모를 심은 물 논이라 부상이 심하지 않았습니다. 논 주인은 우리 모내기한 것 다 망가트린다고 쫓아와서 고래고래 소리를 지르고, 레미콘 기사는 옆에다 차를 세우고 차안에서 내려다보더라고요."

"레미콘 기사가 잘못을 했구먼. 크게 다치지 않은 것을 다행으로 생각해야 하겠네. 불행 중 다행이오. 그래 복권은 사셨나?"

"예, 흙 몽둥이가 된 몸을 이끌고 간신히 시내까지 나와서 복권을 샀는데 결국 떨어지고 말았어요. 안되더라고요."

"나도 삼척 둔달분교에 있을 때 멧돼지 꿈을 꾼 적이 있어요. 하루는 산에 가서 단나무를 하고 있는데 송아지만한 멧돼지가 나를 발견하고는 쏜살같이 나에게 덤벼드는 것 아니겠소. 그래서 나는 옆에 있는 큰 소나무로 얼른 올라가서 내려다보는데, 멧돼지는 씩씩대며 밑에서 한참을 버티고 있다가 사라집디다. 꿈이 하도 이상해서 아무에게도 말하지 않고 있다가 삼척에 볼일이 있어서 가는 길에 복권을 샀는데 떨어지고 말았어요. 안되더라고요. 나중에 분교장으로 있던 강병근 선생님이 이야기를 하는데 멧돼지가 덤벼들 때 피하지 말고, 창자가 터져서 피투성이가 되는 일이 있더라도 꽉 끌어안아야 길몽(吉夢)이라고 하던데 말대로 안 되더군요. 하하하하."

"차 선생님, 액땜하셨다 좋게 생각하세요."

"그렇게 생각해야지요."

지난 번 손님이 오셨을 때 닭다리를 발로 잡고, 한 손으로는 닭 머리를 잡고 칼로 목을 내리쳤다. 닭 목이 잘린 것을 확인한 후에 닭발을 밟았던 나의 발을 떼어 놓았다. 그러자 목 없는 닭은 6~7m를 휙 날아가다 떨어져 버렸다. 목에서 쏟아지는 피가 날갯짓 하는 바람에 튀어 나의 얼굴과 몸은 닭 피로 범벅이 되었다. 예상치 못한 상황에 아내와 나는 웃음을 터트렸다. 오늘은 은미 아빠가 시범삼아 닭을 잡아 주시기로 했다. 은미 아빠는 닭다리를 묶어 거꾸로 매달고, 날개는 서로 엮어 퍼덕이지 못하게 한 후에 목을 잡아당기고 목줄을 끊어 피가 쏟아지게 했다. 잠시 후에 닭은 죽었다. 닭털을 뽑고 깨끗이 씻어, 각(脚)을 떠서 아내에게 넘겼다. 내가 키운 닭으로 손님을 대접하니 기분이 좋았다. 그러나 그 닭이 마지막이었다. 닭과 정이 들어서 그다음부터는 내 손으로 닭을 잡을 수가 없었다. 아침에 내가 일어나면 나에게 몰려와서 소리 지르고, 퇴근해서 집으로 돌아오면 나에게 몰려와서 반가워하며 내 뒤를 졸졸 따라다니며 좋아라하는 닭들을 나는 더 이상 잡을 수가 없었다. 닭이 가축이 아니라 가족처럼 느껴졌기 때문이다. 손님이 오시면 달걀 요리가 전부였다.

상추와 쑥갓 대접

학교 실습지 논에 5~6학년 학생들이 모내기를 했다. 대부분 부모님들이 농사를 지으시기 때문에 학생들은 농사에 대해서 어느 정도 상식을 지니고 있었다. 모는 4~5개 정도를 될 수 있는 한 얕게 심어야 한다. 얕게 심어야 가지가 빨리 불어나고 수확이 많이 난다. 학생들은 종아리를 걷고 못줄에 맞춰 일정한 간격으로 모내기를 하였다. 모내기를 마치자 학생들은 매우 기분이 좋아 보였다. 학교 실습지는 땅도 기름지고 물도 항상 충분해 작년에도 농사가 매우 잘됐었다. 올해도 벼농사가 잘 되리라 믿었다.

학교 밭에 심은 채소들도 쑥쑥 자라고, 담장 안에 심은 상추와 쑥갓도 잎이 커다랗고 탐스럽게 자라고 있었다. 상추와 쑥갓이 너무 굵고 잘 자라 쓰러질 듯 비스듬하게 기울어 집 앞의 텃밭을 가득 채우고 있었다.

"여보, 상추와 쑥갓이 너무 잘 자라서 우리 식구가 다 먹을 수가 없을 것 같아요?"

"이웃집들도 나누어 주고 그래요."

"이웃집들도 나누어 주는데 이렇게 많이 자라네요."

"그럼, 우리 반 학생들에게 상추를 먹입시다. 당신이 씻어 줄 수 있겠소?"

"내가 상추를 씻어 줄 테니 학생들한테 밥과 장만 갖고 오라고 말씀하세요."

"이왕 학생들한테 상추와 쑥갓을 대접하는데 장도 함께 대접했으면 좋겠는데…….”

“고추장, 된장이 집에 얼마 없어요. 흥업 어머님께 가져오려니 미안하고, 친정에서 가져오려니 여름방학 때는 되어야 할 것 같고, 그러니 학생들한테 밥과 장을 가져오라고 하세요. 괜찮아요. 내가 상추와 쑥갓은 아침부터 씻으면 충분히 넉넉하게 씻을 수 있어요. 학교에서 쟁반이나 갖다 놓으세요.”

“너희들에게 선생님이 한 가지 제안을 하려고 해. 내일 점심에 선생님이 상추와 쑥갓을 씻어올 테니 너희들은 밥과 장만 가져오면 돼. 좋은 학생들은 손들어 봐.”

“와~아, 선생님 좋아요!”

학생들의 반응은 예상 외로 뜨거웠다. 모두가 적극적으로 찬성했다. 내일 둥글게 둘러앉아 쌈을 먹을 자리까지 미리 마련해 두었다. 아내는 아침부터 상추와 쑥갓을 흐르는 물에 열심히 씻고 있었다. 점심시간이 되자 몇몇 남학생들을 데리고 쌈을 교실에다 날라다 주었다.

“와~~~아!”

학생들은 환호를 지르며 열심히 맛있게 먹고 있었다. 비교적 많은 양의 상추와 쑥갓을 모두 먹었다.

“맛있었니?”

“네~~~에!”

학생들은 입맛을 다시며 큰 소리로 대답했다. 이렇게 호응이 좋을 줄은 나도 미처 생각하지 못했다. 내년에는 씨앗을 많이 받아서 올해보다 더욱 많이 심어야 하겠다고 생각했다.

멋있는 양복

박신선 선생님이 새 양복을 맞춰 입고 출근을 했다. 은회색 양복이었는데 선생님한테 무척 잘 어울렸다. 큰 키, 벗겨진 이마와 함께 양복을 입은 선생님의 모습은 어떤 조직의 보스(boss) 같기도 했고, 회사의 젊은 CEO처럼 풍채가 빛이 났다.

"박 선생님, 양복이 멋있습니다. 어울리네요."

"이번에 월급 타서 양복 한 벌 맞췄지. 어울려?"

"예, 어울립니다. 멋있어요."

"농담 아니고 정말로 어울려?"

"어울린다니까요."

"박은숙 선생, 정말로 어울려?"

"호호호, 정말 어울려요. 멋있어요."

"아니, 농담으로 그러는 것 같아. 솔직히 말해봐."

"하하하, 호호호, 정말 멋있다니까요?"

"양복이 어울린다니까 기분이 좋아. 하하하."

"선생님, 착복식 한번 하셔야겠어요?"

나는 웃으며 말했다. 멋있어 보인다는 말은 사실이었지만 착복식 해야겠다는 말은 농담 삼아 던져본 말이었다. 그러나 박 선생님은 유쾌하게 응답했다.

"그럴까, 오늘 퇴근 후에 간현가서 맥주 한잔 하지 뭐."

퇴근시간이 돌아왔다. 그런데 한잔하기 위해 박 선생님의 오토바이 뒤에 타고 간현으로 가던 중 오토바이가 미끄러졌다. 아마 모래가 쌓여있는 곳을 지나다가 땅이 물러 헛바퀴를 돌며 쓰러지게 된 것 같았다. 문제는 박 선생님 새 양복이었다. 박 선생님은 일어나 양복바지에 묻은 흙을 털며 말했다.

"양복 사서 처음 입는 날에 짜깁기해야 되는 줄을 알았네. 괜찮아, 멀쩡해. 무릎, 종아리 조금 긁힌 거야 며칠 있으면 다 나을 거니까. 하하하. 염 선생은 괜찮아?"

"손바닥, 무릎 조금 긁힌 거야 며칠 있으면 괜찮아질 것이고, 선생님 바지가 문젭니다. 다시 한 번 보세요."

"괜찮아, 이상 무!"

박 선생님은 다시 한 번 바지를 털며 관찰을 하신 후에 유쾌하게 말했다. 나도 기분이 좋았다. 그날은 신체발부(身體髮膚)는 수지부모(受之父母)요, 불감훼상(不敢毁傷)이 효지시야(孝之始也)라는 공자님의 말씀은 모두 신경을 쓰지 않았다. 양복이 우선이었다. 만에 하나 박 선생님의 양복에 이상이 생겼다면 나도 마음이 편하지 않았을 것이다.

아버지의 간절한 소원

어머님을 뵙고 싶었다. 시내에 출장을 나온 김에 홍업 행 버스에 올라탔다. 들판에는 이앙한 모들이 논에 뿌리를 활착시키고 시퍼렇게 푸른 잎을 자랑하며 싱싱하게 자라고 있었다. 오른쪽 차창 가에 앉아서 밖을 내다보고 있던 나는 터둔 논을 바라보며 아버지의 얼굴이 떠올랐다. 나는 버스에서 내려 커다랗게 자라는 미루나무 사이 길을 걸으며 터둔 논 앞에 섰다.

교육대학 2학년 여름방학을 마칠 무렵이었다. 아버지의 일을 될 수 있는 한 많이 도와드리고 싶었다. 아버지와 함께 피사리를 했다. 피사리는 벼와 함께 자란 피를 구별하여 솎아내는 일을 말한다. 아버지는 모판에서부터 피사리를 철저히 하셨다. 모판에서 피사리를 깨끗이 하지 못하면 나중 논에서 고생을 한다며 몇 번씩 깨끗이 피사리를 하셨지만, 그래도 모내기 후에 피는 종종 자라나고 있었다. 논에 모내기를 한 후에도 호미로 흙을 뒤집으며 김매기를 하고, 두벌로 손으로 바닥에 난 풀과 피를 뽑아 돌돌 말아 발로 깊게 힘을 주어 땅에 처박았지만, 그래도 여름이면 요행히 살아남은 피가 이삭을 피어내며 농부의 눈길을 거슬리게 하고 있었다. 그 피를 아버지와 나는 무더운 열기를 내뿜는 논을 뒤지며, 땀을 흘려가며 뽑아내고 있었다.

"어떤 사람들은 피의 밑 부분을 칼로 도려내는 사람들도 있지만, 밑 부분의 뿌리가 내년에 또 싹이 날까보아 찜찜하더라. 그래서 나는 힘들더라도 뿌리 채 뽑아낸단다. 그냥 피를 뽑는다고 잡아당기면 벼 뿌리까지 뽑히는 경우가 있으니, 벼 뿌리는 논바닥에다 눌러주면서 피를 뽑아야 한다."

아버지는 다른 집보다 피사리 속도가 늦은 것이 미안하신 듯 나에게 부연설명을 하시며 웃으셨다. 내가 농사를 지을 때는 아버지의 훈계가 매우 철저하셨으나, 이제는 그 강도가 매우 약해지셨다. 그러나 나는 아버지의 마음을 다 알고 있다. 아버지가 하시는 농사 방법과 일이 옳다고 생각하고 있다. 또한 아버지는 내가 농사를 짓는다면 아버지의 가르침대로 농사짓기를 내심 바라고 계셨다. 나도 농사를 짓는다면 아버지의 가르침대로 농사를 지을 방침이었다. 아버지의 흙 사랑은 거룩하셨다. 흙에 대한 감사의 마음이 늘 담겨져 있었다. 어머니가 점심과 막걸리를 갖고 오셨다. 학교를 오가는 길가의 미루나무 그늘에서 점심을 마친 아버지는 무슨 생각인가 골몰한 듯 담담하게 말씀을 하셨다.

"내가 이제는 농사짓는 것도 힘이 부치고, 기운도 없는 것이 오래 살지는 못 할 것 같다. 그래서 하는 말인데 내가 하고 싶은 말을 틈틈이 너에게 해두는 것이 좋을 것 같구나. 사실 나는 공부도 안 해서 너의 할아버지께 늘 불효자라고 생각해 왔는데 내가 살아온 길을 되돌아보면 그래도 내 나름대로 열심히 살아왔다는 생각이 드는구나. 사람은 배웠든, 못 배웠든 간에 지켜야할 도리가 있는데 나는 그 도리도 지켰다고 생각한다. 너의 형이 이번 경찰공무원이 되었다만 부모가 과거 빨갱이 전력이 있다면 안 된다고 하더라. 6.25때 북한군이 내려와서 노동당에 가입을 안 하면 죽이겠다고 협박하고, 국군이 며칠만 늦게 진주했어도 우리는 죽는 목숨이었지만 인민군 하는 일이 옳지 않다고 생각을 해서 노동당에 끝까지 가입을 안 했단다. 곡식 이삭을 세고 밭고랑에 포기수세고, 이랑 수세는 공산당의 행적이 말만 농민을 위할 뿐 실제로는 농민을 위한다는 생각이 들지를 않았기 때문이란다. 그리고 우리 집안이 손이 귀한 집인데 아들 3형제를 두었잖니. 거기다 너는 대학 공부도 하고 있잖니? 할아버지가 하신 일이 무슨 일을 하셨는지 그것만이라도 밝혔으면 내가 할 도리를 다했다는 생각이 들겠는데 내가 무식해서 그냥 있었잖니. 네가 알아봤으면 좋겠다. 사실 너의 할아버지께서 너희들이 장성하거들랑 알려 주라고 하신 말씀은 우리나라가 해방이 될 줄 모르고 왜놈들의 지배가 계속되리라 생각하셨기 때문일 거야. 지금 왜놈들은 물러가고 좋은 세상이 되었잖니. 할아버지를 찾아오시던 손님이 OO지방이 고향이라는 말씀이 있는데 그 지방에 가서 수소문을 해 볼 수는 없겠니?"

"그 손님이 해방이 되고 찾아오셨나요?"

"아니, 찾아오지 않으셨단다."

"그렇다면 손님께서 서대문경찰서에서 서대문형무소로 넘어가셨다가 돌아가신 것이 분명합니다. 일본놈들의 마지막 발악이 극에 달할 때였으니까요. 할아버지께서도 돌아가셨기 때문에 사실을 알아내기가 불가능합니다. 두 분이 다 돌아가셨는데 어떻게 사실을 알아냅니까?"

"할아버지 말씀이 손님과 할아버지의 관계는 피로 맺어진 형제보다도 더 우애가 깊고 돈독한 사이라고 하시더구나."

"……"

아버지의 간절한 소명의식이 담긴 눈빛을 뒤로한 채 나는 모든 것을 포기하고 잊고 있었다. 그로부터 26년의 세월이 흐른 후에 서울에서 염 씨 집안 족보를 만든다는 전화를 받고는 신청을 했다. 그러나 〈뿌리보감〉이라는 책자는 조상들에 대해서 일반적인 사항이 열거되어 있을 뿐 엄밀한 의미에서 족보는 아니었다. 족보를 가장한 책장사에 불과했다. 나는 출판사에 전화를 걸어 족보를 확인할 수 있느냐고 물었다.

"저희들이 찾아봐 줄 수 있습니다. 그러나 먼저 얼마의 사례금을 줄 수 있는지 금액을 먼저 말씀하셔야 알아볼 수 있습니다."

책장사꾼들은 먹잇감이라도 생겼다는 듯 흥정하기에 바빴다. 그들의 행동에 역겨움을 느낀 나는 전화기를 놓아버리고 말았다. 그리고 인터넷 족보에는 할아버지 끝 이름자가 화할 섭(燮) 자가 아닌 걸을 섭(涉) 자로 기록되어 있었다. 호적등본과 틀렸다. 면사무소에 기록되어 있는 호적등본은 6.25전쟁 이후 재편성된 것인데, 화할 섭 자로 기록되어 있었다.

고등학교 다닐 때 교장선생님이셨던 염영도 교장선생님 댁에 족보가 있다는 소식을 듣고는 찾아가 보았다. 그러나 그것도 문중의 계보를 정확히 알 수 있는 족보가 아니었다. 나는 스스로 할아버지의 개인사에 관한 뿌리 찾기를 포기하고 말았다.

내 나이가 점점 많아지고 아들과 조카들이 장성하면서, 성묘할 때마다 나는 할아버지 산소 앞에서 할아버지의 이야기를 되풀이해서 들려줬다. 아버지와 둘째 고모님으로부터 들은 이야기들의 조각을 모아 내 나름대로 모자이크로 재구성해서 아버지의 손자들에게 들려주는 것이다. 아버지가 나에게 간절한 마음가짐을 지니고 말씀하셨듯이, 나 또한 나의 아들과 조카들에게 훗날 어떤 단서를 제공할지도 모른다는 간절함을 가지고 되풀이해서 말을 하고는 했다. 어릴 적부터 성인이 되어서까지 메모를 하고 기록으로 남겨 두지 못한 것을 후회하는 마음이 마음속에 크게 자리 잡고 있었다.

"어떻게 왔어?"

"어머님이 보고 싶어서 들렀어요."

"그런데, 왜 이렇게 늦었냐?"

"예, 아버지 생각이 나서 터둔 논에 내려서 한참 서 있다가 왔어요."

"싱겁기는, 거기는 뭐 하러 내려서 시간을 보내다 오냐. 배고플 텐데 어서 저녁 먹자."

어둠 속에 비친 어머니의 얼굴 모습도 많이 늙으셨다는 생각이 들었다. 어머님이 교회를 다니신다고 들었다. 강한 어머니의 모습 대신에 외로움을 많이 타는 늙으신 할머니의 모습을 느꼈다.

영원한 코이노니아(koinonia)

아버지는 어머니를 많이 사랑하셨다. 두 분 사이에 사랑이라는 말을 쓰기가 부끄러워 대체(代替)할 수 있는 다른 단어를 찾아보았지만 마땅한 단어를 생각해 내지 못했다. 아버지는 어머니가 밭에서 김매시는 것을 싫어하셨다. 어느 여름날 아버지와 내가 조밭을 매고 있었다. 어머니가 점심을 싸 갖고 밭에 오셨다. 셋이서 점심을 먹은 후 어머니도 같이 밭을 매기 시작했다. 어머니가 밭을 조금 맸을 때 아버지가 말씀하셨다.

"여보, 집에 가서 기다리다가 고등어 장수 오면 두 손 사서 반찬 좀 해 놓구려."

"집에서 기다려도 고등어 장수가 오지 않으면 어떻게 해요?"

"고등어 장수가 오지 않으면 그만 두구려. 시내까지 일부러 사러 갈 필요는 없소."

"오늘 오후에는 같이 밭을 매려고 일부러 준비를 하고 왔는데 먼저 가네요."

"괜찮소. 우리 둘이 일해도 충분하니 걱정할 것 없소."

어머니가 점심 먹은 빈 그릇을 머리에 이고 사라진 후에 나는 말했다.

"어머니가 일부러 밭을 매고 가시려 하는데 왜 보내셨어요?"

"너의 엄마는 관절염으로 무릎이 많이 아프단다. 병원에서, 무리하게 무릎을 많이 구부리고 있거나, 많이 걷는 것이 건강에 안 좋다고 하는구나. 우리가 엄마를 챙겨주지 않으면 누가 챙겨주겠니? 우리가 엄마를 생각해 줘야지. 너하고 나하고 부지런히 일하면 엄마가 밭일하지 않고도 충분히 해낼 수 있어. 지금 엄마가 하는 일도 힘들단다. 어린 동생 돌보랴, 물 길러 다니랴, 밥하랴, 반찬 만들랴, 빨래하랴. 엄마가 힘들다는 말을 하지 않고 묵묵히 일해서 그렇지 결코 혼자서 쉬운 일이 아니란다. 엄마한테 늘 감사한 마음을 갖고 있어라."

아버지는 나와 얼굴이 마주치자 겸연쩍은 듯 맑게 웃었다.

"내가 하자는 대로 했으면 흥업면에서 부자가 되었을 것이다. 다 너의 아버지가 꽉 막혀서 고지식하게 살다보니 이 모양, 이 꼴이다. 너희들은 이다음 커서 너희 아버지 같이 바보처럼 살지 말거라. 남한테 착하다는 소리를 들으면 뭘 하니? 자기 자식들한테는 호랑이처럼 무섭게 대하면서 남한테는 늘 손해만 보고 사는데 말이야."

아버지에게 꾸중을 듣고 울기라도 하고 있으면, 어머니는 우리 곁에 와서 아버지 흉을 보시며 우리 편을 들어 주시고는 했다. 어릴 때 내가 관찰한 바로는 아버지와 어머니는 궁합이 맞지 않는 잘못 만난 부부였다. 나는 늘 그렇게 생각했다. 그런데 실제로 농사를 지으면서 아버지와 어머니를 겪어보니 두 분은 서로를 배려하고 깊게 사랑하고 있었다.

내가 춘천교대를 졸업하고 집에서 발령을 기다리며 2년 동안의 시간을 부모님과 함께 생활하고 있었다. 2년 동안의 세월은 나에게는 일종의 방황기였다. 부모님의 농사일을 도와드렸지만 최선을 다해서 도와드리지도 못했고, 내 나름대로 하고 싶은 일이 있었지만 편안하게 원하는 일도 하지 못한 어정쩡한 세월이었다. 그러나 그 세월 동안 내가 분명히 깨달은 것은 어머니의 아버지에 대한 지극한 정성이었다.

내가 선생으로 발령 나기 20일 전쯤 아버지는 이 세상을 떠나셨다. 어머니는 그 기간에 밤잠을 주무시지도 않고 아버지를 지극 정성으로 간호하셨다. 아프신 아버지보다 간호하시는 어머니가 먼저 돌아가실까봐 걱정이 된 나는 밤에는 내가 아버지를 간호하고, 낮에는 어머니가 간호하시도록 분담하였다. 낮에는 병문안 차 찾아오시는 어르신들도 많으셔서 어머님이 필요했다. 그러나 밤에는 조용한 어둠 속에서 아파하시는 아버지를 지켜보며, 나 혼자서도 충분히 잔시중을 들 수 있었다. 피곤해서 잠드신 어머니와 야윈 몸으로 아파하시는 아버지를 번갈아 보며, 역설적이게도 나는 아버지가 참 행복하신 분이라고 생각했다.

'사랑은 아버지와 어머니 같이 함께하는 삶이, 진실하고 아름다운 사랑이다. 그래, 사랑은 힘든 길을 서로 손잡고 함께 천천히 걸어가는 동행(同行)이야. 사랑하는 사람이 기뻐할 때 함께 기뻐해 주고, 힘들어 하거나 아파할 때 지극 정성으로 격려하고 간호하며 옆에서 지켜주는 것이 사랑이다. 사랑하는 배우자가 사업이 실패했거나, 건강이 악화됐을 때, 사랑하기 때문에 헤어진다는 것은 말장난에 불과한 자기기만이고 사기일 뿐이야.'

나는 교육대학 졸업 후 2년간을 방황했지만 아버지의 병환과 어머니의 정성어린 간호를 지켜보면서 큰돈으로도 살 수 없는 많은 것을 배우고 느꼈다. 그리고 두 분의 인생이 일제 식민지와 6.25동란의 커다란 어려움도 겪으셨지만, 그것을 이겨낼 수 있었던 것은 인내, 배려와 감사, 하나님의 사랑이 두 분 사이를 언제나 축복하고 있었기 때문임을 깨달았다. 나의 아버지와 어머니는 생전에 모든 것을 함께 하시는 영원한 코이노니아(koinonia)이셨다.

학업 성취도를 높이기 위한 방법

5학년 수업을 진행하면서 나는 학생들이 스스로 공부에 적극적으로 참여하게 함으로써 보람과 성취 욕구를 높이는 방법을 생각하게 되었다. 학생들이 6명 정도의 그룹을 형성하여 모르는 것은 서로 묻고 가르쳐 주고, 토의를 통해 학습 성취도를 높이고 친밀도를 높이는 방식이다. 모르는 것은 학생들끼리 언제나 묻고, 친절하게 가르쳐 주도록 함으로써 학습 분위기 개선 및 학습 능력 향상을 도모하게 되었다. 개인의 성적 향상도 중요하지만 모든 학생들이 서로 협력하여 서로의 발전을 위해서 노력하는 마음가짐을 길러주고 싶었다. 놀다가도 의문점이 생기면 언제든지 묻고 친절히 대답해주는 학습 분위기를 통해서, 공부와 휴식의 경계를 없애고 자유스러운 면학 분위기를 만들어 주고 싶었다.

"모른 채 가만히 있는 것이 부끄러운 것이지, 몰라서 질문하는 것은 부끄러운 것이 아니다. 질문하는 학생에게는 항상 친절하고 성실히 답변을 해주자."

나는 항상 즐겁게 질문하고 기쁘게 대답하는 관계의 발전을 통해서 한 단계 더 성숙한 학생들을 만들고 싶었다. 아침부터 저녁까지 언제나 사랑하는 교우관계가 유지되는 가운데 친구들로부터 많은 것을 서로 배우는 학생들이 되기를 기원했다.

강당에서는 6학년 1반과 2반 학생들이 모두 모여서 시험을 보고 있었다. 공정한 평가를 위해서 책상 간격도 벌려놓고, 일정하게 떨어진 거리에서 학생들은 바르게 앉아 시험을 보고 있었다. 강당 무대 위에서는 김웅변 선생님이 의자에 앉아서 시험을 보는 학생들을 바라보며 소리를 지르고 있었다.

"고개 돌리지 마! 움직이지 말고 시험지만 보란 말이야!"

김웅변 선생님의 호통 치는 소리는 사격장에서 훈련을 시키는 조교의 목소리보다도 더 우렁찼고 위엄이 있어 보였다. 나는 강당 안의 학생들을 바라보면서 검지초등학교 5학년 때의 기억이 되살아났다. 검지초등학교에서는 학년 선생님들을 교체하여 시험 감독을 하고 채점을 했다. 공정한 평가를 통해서 학생들의 학업 성취를 확인하고, 반성과 개선과 선의의 경쟁을 통해서 더욱더 실력이 향상된다면 바람직한 방법이라고 생각했다.

김웅변, 나짜미 선생님 반의 채점 결과가 김웅변 선생님의 책상 위에 있었다. 교무선생님이었기 때문에 각 학년의 집계가 선생님의 책상 위에 모인 것이다. 나는 두 반의 성적 결과에 흥미를 느껴 성적을 보았다. 서로 비슷했다. 나는 가끔씩 어머니께 싱겁다고 꾸중을 들은 적이 있었다. 나는 갑자기 웃음이 나왔다. 교무선생님이 싱겁다는 생각이 들었기 때문이다.

'웅변이 형님, 이왕 시험 감독하시는 것, 학생들을 열심히 가르쳐서 평균 20~30점정도 쑥 올려놓으실 것이지 도토리 키 재기로 해놓고 감독을 하시면 어떻게 해?'

나는 혼자 터져 나오는 웃음을 삼키며 킥킥댔다. 나짜미 선생이 말하는 것을 들으면 무엇이든지 다 잘하는 투로 말을 한다. 항상 자기가 하는 것이 옳은 투로 이야기한다. 그런데 겪어 보면 실제는 그렇지가 않은 것 같다. 이번 나 선생반 성적표도 별로다. 3월초 부임했을 때 새마을 주임을 맡은 것도 그렇다. 후배인 박신선 선생이 잘하고 있는데 새마을 주임을 자기가 맡겠다고 나선 것이다. 나라면 주임을 맡지 않고 후배가 하고 있으니 양보했을 것 같다. 사람들마다 생각이 다르니 어쩔 수 없겠지만 나 선생이 하는 일엔 수긍하기 어려운 점이 있었다. 그러나 내가 김웅변 선생님을 좋게 생각하는 점은 열정이 있었다. 학생들에게 무엇인가를 가르쳐야 하겠다는 열정을 높이 평가했다.

주변 유적지 답사

일요일, 나는 아침을 먹고 간현으로 가는 버스에 몸을 실었다. 간현역 앞에서 내린 나는 국민관광지 쪽으로 조금 내려가다가 우측으로 난 길을 따라 간현3리 산25번지를 향해 북쪽으로 걸어갔다. 시골 마을과 곡식과 채소들이 자라는 논과 밭을 지나면서 아름다운 전원 풍경에 저절로 기분이 좋아졌다. 산의 수풀 속에서는 아름다운 산새 소리가 울려왔다.

얼마간 걸어가다가 오른편 소나무 숲의 언덕을 바라보니 충숙공(忠肅公) 원충갑(元沖甲, 1250~1321)의 묘소가 있었다. 나는 큰절로 인사를 드렸다. 학생들과 함께 답사를 위해서 사전답사를 온 것이다. 원충갑 님은 고려의 무신으로 원주 출신이며 본관은 원주(原州)이다. 향공진사(鄕貢進士)로 원주별초(原州別抄)에 있으면서 고려 충렬왕 17년(1291) 원나라의 반란군 카단적(合丹賊)이 치악산에 있는 영원산성을 포위하자, 전후 10차에 걸쳐 적을 크게 무찔렀다. 향공진사란 향교에서 공부하는 학생으로 진사시험에 합격한 사람을 말한다. 이로부터 카단적은 예봉(銳鋒)이 꺾이어 감히 공격도, 노략질도 못하게 되었다. 여러 고을에서도 굳게 방어하게 되어 비로소 안정을 되찾게 되었다. 원충갑의 이러한 공로로 원주는 익흥도호부(益興都護府)로, 다시 1308년에는 원주목(原州牧)으로 승격되었고, 원주에 부과되던 각종 부역(負役)과 잡공(雜貢)이 3년 동안 면제되었다.

원충갑은 또한 여섯 번 전임(轉任)하여 삼사(三司) 우윤(右尹)에 올랐다. 치악산 영원산성에 사당(祠堂)을 지어 제사를 모시다가 조선

현종 10년(1669) 원주 읍내에 충렬사를 세워 원충갑을 주향(主享)하고 김제갑과 원호를 배향(配享)하였다. 충렬사는 현종11년(1670) 윤2월 7일에 사액(賜額)되었다.

지정면 안창1리 517-2번지에는 강원도 문화재 자료 제45호로 지정된 흥법사지(興法寺址)가 있다. 흥법사지는 안창리 영봉산 자락에 있는 절터이다. 고려사에 의하면 940년에 이미 흥법사라는 절이 있었음을 밝히고 있어 흥법사가 통일신라 때 세워진 사찰임을 암시하고 있다. 흥법사는 신라 때부터 고려시대까지의 거찰(巨刹)이었으며 동국여지승람이 편찬된 1480년경에도 흥법사는 폐사(廢寺)되지 않았고 진공대사탑비도 원형대로 보존되고 있었음을 알 수 있다. 흥법사가 폐사된 명확한 자료는 없지만 조선시대 전기까지 그 존재가 언급되어 있는 것으로 보아 임진왜란 때 불타 없어졌을 것으로 추측된다.

또 지정면 안창1리 산66-1번지에는 강원도 문화재 자료 제21호인 김제남(金悌男) 신도비(神道碑)가 있다. 신도비란 본래 임금이나 2품 이상의 고관을 지낸 사람에 한해 세울 수 있었으나, 공신이나 저명한 유학자인 경우 왕명에 의해 세울 수 있었다. 대개 묘소 동남쪽에 세웠다. 김제남(1562~1613)은 조선중기의 문신으로, 본관은 연안(延安), 자는 공언(恭彦)이다. 1602년 둘째 딸이 선조의 계비(인목왕후, 仁穆王后)에 뽑힘으로써 연흥부원군으로 봉해졌다. 1613년에 이이첨 등에 의해 인목왕후 소생인 영창대군(永昌大君)을 세자로 추대하려 했다는 모함을 받아 사약을 받았으며, 1616년에 폐모론(廢母論)이 일어나면서 또다시 부관참시 되는 불운을 겪었다. 1623년 인조반정 뒤에 관작이 복구되고 왕명으로 사당이 세워졌다. 근처에 사당이 있고,

그 뒤편에 묘소가 있다. 김제남 신도비는 거북 받침돌 위에 비신(碑身)을 세우고 머릿돌을 올린 구조이다. 신도비의 글은 신흠이 짓고, 심열이 글씨를 썼으며, 전서체(篆書體) 제액(題額)은 김상용이 썼다.

나는 위의 문화재 자료를 사전 답사하는 중에 우리 반 5학년 학생들을 데리고 원충갑 묘소의 참배 및 견학하는 것은 그만두기로 했다. 초등학교와는 거리가 너무 멀어 수업시간에 시간을 내기가 힘들었다. 다행히 지정중학교와 가까워서 중학교 다닐 때 견학할 기회가 있으리라 믿으며, 초등학교 때 지역사회 견학은 조엄 묘소 견학으로 만족해야 했다. 또한 안창리에 있는 김제남 신도비와 영창대군의 슬픈 이야기를 어린 학생들에게 들려줄 용기가 없었다. 구중궁궐의 암투와 양반 권력가와 세도가에 의해서 희생양이 된 외할아버지 김제남과 어린 외손자 영창대군에 대해서는 우리 반 학생들이 어른이 되어서 언젠가는 알고 찾아보리라는 생각이 들었고, 그때 흥법사지도 찾아보리라고 생각했다.

이로부터 7년 후에 나는 남양주시 진건면 진건초등학교에서 특수학급을 담임 맡아 학생들을 가르치고 있었다. 나는 이웃에 살고 있는 용희 아빠의 개인택시를 타고 송능(松陵) 골짜기로 샘물을 뜨러 다녔다.

"산골짜기 돌 틈에서 나오는 샘물이니 얼마나 좋겠어요. 이런 물을 마셔야 한다고요."

용희 아빠는 기분 좋게 약수를 뜨며 나에게 말을 했다.

"집에서 지하수 마시는 것보다 훨씬 좋지요. 그런데 여기를 송능 골짜기라고 하는데 왕의 무덤이 있습니까? 능(陵)자가 들어가는 것을 보면 왕의 무덤이 있는 것 같습니다."

"글쎄요? 이 골짜기 어디에 왕의 무덤이 있다는 말을 들은 적이 있는데 나도 잘 모르겠습니다."

나는 송능에 대한 의문점이 생겨 그 지역 토박이 사람들에게 물어보았다. 그곳에서 어릴 때부터 자란 토박이인데도 불구하고 아는 사람들이 없었다. 열 사람 정도 물어보던 나는 묻기를 중지하고 직접 탐사하기로 결심을 했다. 일요일 아침 간단한 가방을 둘러메고 나는 송능 골짜기를 이 잡듯 뒤지며 헤매기 시작했다. 소나무 숲속에 왕의 능이라기엔 작고 초라한, 그러나 일반 사대부의 무덤보다는 웅장한 무덤이 있었다. 무덤의 묘테석 및 비석 등은 후손이 없는 듯 이끼가 많이 끼어 있었다. 소나무 숲속에 가려진 무덤은 햇빛을 별로 받지 못한 듯 잔디도 거의 없었다. 나는 다가가 묘비를 보았다. 조선시대 파란만장한 인생을 살다 비극적으로 생애를 마친 광해군 이혼의 무덤이었다.

광해군은 영창대군의 이복형이다. 나는 반가움과 슬픔이 교차되며 조용히 고개를 숙여 묵념을 했다. 지정면 안창리에 잠드신 김제남을 비롯한 따님 인목왕후, 외손자 영창대군에게 가해(加害)의 명령을 내린 조선 15대 임금 광해군의 무덤을 보고는 애증이 교차되면서 인간관계의 허무함을 느꼈다. 송능의 의문점을 알아냈다는 기쁨보다는 그날 산을 내려오면서 안창리의 김제남 사당과 신도비가 계속 떠올랐다. 어린 영창대군이 죽음으로 인생을 마치는 모습이 떠올라 가슴이 아팠다.

관사 텃밭에 심은 농작물의 소유권

점심시간에 점심을 먹으러 집으로 오면 어린 혜인이가 마루에 엎드려서 공책에다 글씨를 쓰며 공부를 하고 있었다. 열심히 공부를 해서 그런지 콧등에는 조그만 땀방울이 송골송골 맺혀있었다.

"선생님이 오늘 저녁때까지 공책 두 장을 숙제로 써 오랬어요. 힘들어 죽겠어요."

"어느 선생님이?"

"선생님은 무슨 선생님이요? 얘가 지금 학교 다니는 척 흉내를 내고 있는 거예요."

"우리 혜인이가 이다음 커서 훌륭한 사람이 되겠어. 공부하는 모습을 보니까 너무 예쁘네."

내가 칭찬을 해주자 혜인이는 좋아서 생글생글 웃고 있었다.

맹모삼천지교(孟母三遷之敎)라는 옛말이 생각이 나서 나도 모르게 웃음이 터져 나왔다. 우리 세 식구가 웃음을 터트리자 어린 아들도 덩달아 웃었다. 기분 좋은 점심시간이었다. 마루에 앉아서 시원한 바람을 쐬며 점심을 먹는 나에게 아내가 말을 했다.

"여보, 정아 부모님이 그러시는데요, 정미소에서 방아를 찧고 남은 쌀겨와 싸라기 한두 말 정도가 있는데, 갖다가 닭 먹이로 주라고 말씀하시는데, 갖다가 주면 어떨까요?"

"정아 부모님이 우리가 닭 키우는 것을 어떻게 아셨지?"

"정아가 집에 가서 말했는지 저도 잘 모르겠네요."

"내가 정미소 가서 가져 올게요. 감사한 마음으로 받아서 닭을 잘

키웁시다."

나는 퇴근 후에 경장동 정아 아버님이 운영하시는 정미소에 갔다. 웃으며 쌀겨를 주시던 김정아 아버지의 모습을 지금도 기억하고 있다. 정아와 얼굴이 똑같다. 정아 아버님의 배려에 마음속 깊이 감사드렸다.

무더운 여름이 성큼 다가왔다. 한낮에는 뜨거운 열기가 교실에 있는 것조차 힘들 정도로 교실을 가득 채웠다. 어랭이 들판의 벼들이 새파랗게 쑥쑥 자라고 있었다. 관사 담장 밑에 심어 놓은 호박들도 기대어 놓은 나뭇가지를 올라타고 자라서 시멘트 담장 위를 푸르게 덮었다. 커다란 호박들이 주렁주렁 매달려 이웃 분들에게 나누어 주었지만, 그래도 남아돌아 커다랗게 늙어가고 있었다. 학교 텃밭에 심어 놓은 고구마도 싹이 무성하게 자라 이랑을 푸른 싹으로 덮어버렸다. 가지, 오이, 아욱 및 기타 채소들도 잘 자라서 밭에 나가 볼 때마다 기분이 좋아졌다.

나는 아침 일찍 일어나 밭에 나가서 풀을 뽑고 벌레도 잡아주었다. 하루는 아침에 일을 하러 밭에 나갔다. 고조아 씨가 커다란 오이를 들고 있었다. 나를 보자 당황한 고 씨는 오이를 크게 한입 베어 물고는 힘들게 어귀어귀 씹기 시작했다. 너무 크게 베어 물어 제대로 씹지를 못하고 눈이 뒤집혀 흰자위만 보였다. 한 입 베어 문 오이를 다 씹어 먹은 고 씨는 내게 다가와 말했다.

"배가 고파서요."

"……"

나는 우습기도 했지만 고 씨가 미안해 할까봐 웃지도 못하고 아무 말도 하지 않았다. 그러나 지금 생각해 보면 내가 너무 잘못했다. 지금이라면 다르게 대답했을 것이다.

"괜찮아, 고 씨 필요한 대로 얼마든지 가져가도 좋아. 이 밭은 우리 집과 고 씨 집을 위해서 농사를 지은 거야. 언제든지 밭에 와서 필요한 대로 뽑아가고, 따가도 돼."

나는 지금도 그때의 미안함을 고 씨에게 사과하고 싶다. 그때는 내가 나이가 젊어서 배려가 부족했다. 상추, 호박, 가지 등을 아내를 통해서 고 씨의 아내에게 전달했다. 소유권은 농사를 짓는 나와 아내에게 있었던 것이다. 그러나 지금이라면 달라졌을 것이다. 농사는 우리가 짓더라도 따서 먹는 소유권은 고 씨 가족과 언제나 함께 했을 것이다. 관사에 고 씨와 우리 집, 두 가족뿐이었기 때문이다.

지도자의 책임

지정초등학교에서는 매년 5학년 여름방학 때 강가나 냇가에서 야영(野營)을 하는 것이 전통으로 자리 잡고 있었다. 작년에도 박신선 선생님이 5학년 담임을 맡아서 야영을 했었다. 올해는 우리 5학년이 야영을 할 차례였다.

나는 방학 전에 학생들에게 적합한 야영지를 물색하고자 이화용이 살고 있는 보통리부터 냇가를 따라 다녀보았다. 또한 간현 관광지의 삼산천에도 가보았다. 깊이 생각한 끝에 먼저 선배들이 야영을 한 오얏골 밑의 보에서 우리 5학년도 야영하기로 결정을 하였다. 우리가 야영하기로 결정한 곳 보다 경치도 더 좋고 물놀이하기에 더 좋은 곳도 있었다. 그러나 폭우가 쏟아지는 위급한 상황이 발생했을 때, 어린 학생들이 안전하게 대피할 수 있는 곳은 오얏골 밑의 말아웃으로 물을 대는 보가 제일 안전했다.

여러 가지를 고려한 끝에 나도 선배 학년들처럼 이곳을 야영캠프를 할 장소로 정했다. 구관(舊官)이 명관(名官)이었다. 안전이 제일이기 때문이다. 학생들 안전보다 더 중요한 것은 없었다. 학생들은 함께 합숙할 친구들과 조를 짜고 역할을 분담하여 텐트, 그릇, 가스버너, 식료품 등을 준비하기로 하였다. 나는 야영의 역할 분담을 정할 때에도 될 수 있는 한 텐트 등 무거운 것은 야영지의 가까운 곳에 사는 학생들이 가져오도록 했다. 가스버너 등은 착오가 없도록 부모님이나, 형, 누나 등이 입회한 가운데 집에서 직접 밥을 해보도록 권했다. 사전 실습이었다.

드디어 야영하는 날이었다. 일기예보도 내일 오전까지 청명한 날씨를 예고하고 있었다. 다만 내일 오후에 국지성 소나기가 한 때 내릴 것이나 양은 많지 않을 것이라고 했다. 우리는 내일 아침을 먹고 집으로 돌아갈 계획이기 때문에 문제가 될 것이 없었다.

운동장에 모인 학생들은 경장동 간현4리를 지나, 길게 흐르는 수로를 따라 올라가 오얏골 밑에다 텐트를 설치했다. 말아웃으로 가는 보가 있는 곳으로 보의 남쪽 면에 산이 있어서 한여름의 뜨거운 햇볕을 산과 나무가 막아주어 피서하기에 좋았다. 모래벌판도 자리 잡고 있어서 학생들이 뛰어 놀기에도 적합했다. 보의 물이 흘러내리는 밑에는 커다란 바윗돌이 자리 잡고 있었고 그 밑에는 아이들이 수영을 하며 놀기에도 좋았다. 약간 깊은 곳도 있었으나 서로 조심하며 주의를 하면 될 것 같았다. 안전하고 높은 곳에다 텐트를 쳤다. 어느 정도 많은 소나기가 내려도 걱정이 없는 곳이었다. 또한 대피하기도 좋은 안전한 곳이었다.

"자, 텐트치고 자리 정리하느라 수고했다. 무척 덥지? 지금부터 1시간 동안 물놀이를 한다. 물놀이는 목까지 물이 차면 더 이상 들어가서는 안 돼. 그리고 물놀이를 하면서 친구를 물속에 집어넣는 장난을 치면 안 돼. 잘못하다가는 친구의 목숨이 위험할 수 있어. 그런 학생이 발견되면 선생님은 용서하지 않겠다. 물놀이는 자유스럽고 재밌게 즐기되 친구가 위험하면 엉덩이를 밀어서라도 물 밖으로 나오게 해줘야 한다. 재밌게 놀면서 서로를 보호하고 서로를 지켜줘야 하는 거야. 선생님도 너희들 안전에 관해서 신경을 쓰겠지만, 스스로 서로가 신경을 써야 한다. 알았나?"

"예! 와~아!"

학생들은 일제히 환호성을 지르며 보(洑) 밑 깊은 곳으로 뛰어들었다. 물 만난 고기처럼 학생들은 각자 소리를 지르며 물놀이를 즐기고 있었다. 주위 학생들을 관찰하고 신경을 쓰며 놀라고 말했지만 대답만 큰소리로 외쳤을 뿐 몇몇 학생들끼리 어울려 놀며 서로 신경을 쓰지 않았다. 수영도 하고 물싸움도 하며 서로들 재미있게 놀기에 정신이 없었다.

나는 학생들이 잘 보이는 천막 안에서 학생들을 관찰하느라 시선을 집중하고 있었다. 한시도 다른 곳에 눈을 돌릴 수가 없었다. 키가 작은 은미가 놀다가 발이 미끄러졌나 보다. 갑자기 물이 깊은 곳에서 허우적거리고 있었다. 서로가 돌보며 물놀이를 하라고 했는데도 학생들은 놀기에 정신이 없어서 은미가 허우적거리고 있는 것도 모르고 있었다. 나는 재빨리 물놀이를 하는 곳으로 달려가 은미를 번쩍 끌어안고 밖으로 나왔다. 빠르게 데리고 나왔기 때문에 물을 마시지 않아 응급조치를 할 필요는 없었다. 조금 시간이 지나기를 기다려 은미에게 말했다.

"은미야, 괜찮니?"

"예, 괜찮아요."

"그럼, 다시 물속에 들어가서 물놀이를 하여라. 깊은 곳엔 들어가지 말고. 그렇다고 물놀이를 너무 겁먹을 필요는 없어. 선생님이 너를 항상 지켜보며 보호해 줄 테니까 걱정하지 말고 재밌게 놀아도 돼."

은미는 다시 고개를 끄덕이고는 물속으로 들어갔다. 아이들이 재밌게 노는 것을 보며 나는 한시도 눈을 다른 곳으로 돌릴 여유가 없었다. 아이들이 재밌고 즐겁게 노는 것을 보는 것만으로도 행복했다.

"휘~익."

나는 호루라기를 불었다. 학생들이 모여들었다.

"오전 물놀이는 이것으로 마치겠다. 선생님이 물놀이를 하면서 옆에 있는 학생들에게 항상 신경을 쓰라고 했는데 은미에게 신경을 써 준 학생이 아무도 없었어. 은미에게 신경을 써준 학생이 있었다면 나는 그 학생을 이번 야영의 최우수학생(MVP)으로 상을 주려고 했었어. 그런데 아무도 관심을 둔 학생이 없구나. 남은 기간 친구들끼리 서로 신경을 써 주고, 서로 도우면서 재밌는 야영이 되도록 노력해 주기 바란다. 혹시 냇가에 뱀을 보면 위험한 일을 사전에 막을 수 있도록 선생님께 연락해 주기 바라고 다른 학생들에게도 알려주기 바란다. 이제 점심을 한다. 밥을 할 때는 가스 불에 조심하기 바란다."

학생들은 쌀을 씻어서 물을 붓고 밥을 하기 시작했다. 학생들끼리 밥을 하는 것이 귀엽고 재밌어 보였다. 나는 학생들이 점심 준비를 하는 과정을 돌아다니며 지켜보았다. 모두들 잘하고 있었다. 물이 부족한 것 같으면 물을 더 붓도록 지도를 했다. 학생들과 점심을 먹으면서 뿌듯함을 느꼈다. 될 수 있는 한 밥은 알뜰히 먹도록 지도했고, 남은 음식은 저녁에 먹도록 했다. 음식물을 함부로 버리지 못하도록 했다. 냇가에서 설거지를 하는 장소를 지정해 주었다. 설거지를 마치고 그릇, 수저 등을 정리하자 다시 오후 물놀이를 하였다. 물속에서 학생들은 신나게 놀았다. 물놀이에 지친 듯한 모습을 보이자 나는 호루라기를 불었다. 학생들이 모였다.

"자, 오늘의 수영 및 물놀이는 이것으로 마친다. 사람은 물고기가 아니기 때문에 물속에 너무 오래 있으면 오히려 건강을 해칠 수 있단다. 적당히 알맞은 것이 좋아. 이제부터 물속에 들어가더라도 무릎까지만 들어갈 수 있다. 옷을 벗고 물속으로 들어가는 것은 통제한다. 텐트나 천막에서 쉬고 있어라. 그리고 우리가 머무는 곳에서 50m 이상 벗어날 때는 항상 선생님한테 이야기해야 한다. 다 너희들 안전을 위해서 그러는 것이니 잘 지켜주기 바란다. 알겠나?"

"네~~에!"

학생들은 힘차게 대답했다. 김웅변 선생님이 투망을 메고 오셨다.

"선생님, 어떻게 오셨어요?"

"어떻게 오긴 뭘 어떻게 와? 고기 잡으러 왔지. 저녁에 매운탕 끓여서 염 선생과 소주 한잔 하려고 온 거야. 하하하."

"선생님이 투망을 던질 줄 아십니까?"

"내 고향이 평창강이 있는 평창인데 투망을 던질 줄 모르면 말이 되나?"

선생님은 능숙한 솜씨로 투망을 던져 고기를 잡았다. 투망 던지는 솜씨가 프로였다. 아이들도 몰려와서 나한테 졸라댔다.

"선생님, 저희들도 고기를 잡고 싶어요. 고기를 잡게 허락해 주세요?"

"너희들은 고기 잡을 아무런 도구도 없잖아?"

"손으로 돌멩이를 헤치면서 잡으면 돼요. 허락해 주세요."

"그럼, 잡도록 해. 대신 깊은 곳에는 절대 들어가면 안 된다."

"와~아!"

아이들은 신이 나서 소리를 지르며 고기를 잡기 시작했다. 어린 학생들이지만 내(川)가 많이 흐르는 지역에 살아서 그런지 저마다 고기를 잡는 소질이 있었다. 돌멩이를 들치고 두 손으로 미꾸라지를 움켜잡으며 재미있게 고기 잡기를 하고 있었다. 해가 많이 남아있을 때 나는 학생들에게 저녁 준비를 시켰다. 어두워진 후에 저녁을 하는 것보다 모든 것이 편할 것 같았다. 학생들은 저녁을 먹고 나는 김웅변 선생님과 함께 매운탕을 끓여서 소주를 마셨다. 소주 맛이 일품이었다.

시원하게 섬강에서 불어오는 강바람은 선풍기 바람보다도 더 부드럽고, 더 시원했다. 김웅변 선생님이 잡은 고기에, 아이들의 고사리 손길이 더해져 이름난 식당에서 만든 매운탕보다도 훨씬 맛있었다. 김웅변 선생님의 굵고 맑은 목소리는 오얏골 냇가를 울려 퍼졌다.

"염 선생, 건배."

"선생님, 감사합니다."

김웅변 선생님과 술잔을 부딪치며 나는 낮에 있었던 일을 이야기했다.

"혹시나 내가 실수를 할까보아 물에 빠진 학생 있으면 서로 살피고, 건져주면서 놀자고 했는데, 은미가 물에 빠졌는데도 아이들은 모르고 놀기만 하더라고요."

"아이들이 뭘 살펴, 노는데 정신이 팔려서 모른다니까."

"아이들 물에서 놀 때는 꼼짝 못하고 아이들만 쳐다보고 있으니까 눈이 아프더라고요. 아이들이 잘못 될까봐 한눈을 팔수가 없었어요."

"하하하하."

김웅변 선생님은 나에게 한 잔 더 술을 권했다. 김웅변 선생님을 보면서 나는 여촌 초등학교의 김정환 교감선생님이 떠올랐다. 여촌 초등학교 좌측으로는 서강이 흐르고 있었다. 교감선생님은 투망으로 고기를 잘 잡았다. 교감선생님도 투망으로 고기를 잡는 데는 프로였고, 조수가 필요했다. 조수의 역할이란 잡은 고기를 종다래끼나 비닐봉지에 담아서 보관하는 것이다. 투망에 걸려서 고기가 잘 떨어지지 않는 것을 떼어내기도 한다. 때로는 교감선생님이 던지신 투망이 강가의 나무 말뚝이나 철사, 돌부리 등에 걸려서 나오지 않을 때도 있다. 그럴 때에는 조수가 과감히 옷을 벗고 흙탕물이던, 찬물이던 가리지 않고 뛰어들어 투망을 빼내야 한다. 내가 조수라고 해도 어찌 교감선생님께서 함부로 시키시겠는가? 스스로 알아서 해야 한다.

교감선생님은 나를 좋아하셨고 항상 나는 교감선생님을 수행했다.

교감선생님과 나는 봄에서부터 가을까지 서강에서 고기를 잡았다. 교감선생님과 내가 잡은 고기는 모든 교직원이 먹을 때도 있었고, 교장선생님을 비롯한 몇 분의 남선생님이나 지역 주민과 함께 먹을 때도 있었다.

나는 술이 취하면 교감선생님을 외삼촌이라고 불렀다. 춘천교대 동창의 외삼촌이었기 때문이다. 때로는 소주병을 사갖고 강가로 가서 잡은 고기를 초고추장에 찍어서 교감선생님과 둘이서 술을 마신 적도 있었다. 밝은 달빛을 듬뿍 받으며 오늘처럼 말이다. 나도 교감선생님 조수를 하면서 투망으로 고기 잡는 법을 익혔다. 새 투망을 하나 샀다. 그러나 여촌을 떠나올 때 교감선생님의 낡은 투망을 알고 있었기에 나의 새 투망을 교감선생님께 드리고 왔다. 언제나 웃음이 많으시고 마음씨 착하신 교감선생님의 건강하심을 기원했다.

갑자기 여촌 선생님들과 학부형님들, 그리고 귀여운 학생들의 얼굴 모습이 떠올랐다. 학예회 때 '숲속의 사냥꾼'에서 산토끼 역할을 하여 가마솥으로 들어갔던 키가 작은 아이, 지금은 이름을 잊었지만 사냥꾼을 했던 키가 큰 아이, 주인, 꼬마, 참새 역할을 했던 많은 학생들, 류인택, 김장미, 진순옥, 김경미, 쇠실 마을에 사는 김영은, 인택이네 옆집에 살던 용란이까지 옛날의 학생들 모습이 영화의 한 장면처럼 떠오르며 스쳐 지나갔다. 항상 마음씨가 따뜻하시고 나를 아들처럼 대해 주셨던 용란이 할머니 모습도 떠올랐다.

김웅변 선생님은 술을 몇 잔 하시고는 가셨다. 아마 우리 5학년의 야영을 격려해 주고 나를 위로해 주기 위해서 일부러 시간을 내어 찾아 주신 것 같다. 고마웠다. 저녁을 마치고 설거지를 다하고 나니 어둠이 찾아왔다.

캠프파이어(campfire)를 해야 할 차례였다. 가져온 나무를 쌓아 놓고 학생들은 둘러서서 노래를 불렀다. 불을 지피니 새빨간 불꽃이 어둠을 가르며 기세 좋게 타올랐다. 학생들은 녹음테이프를 틀고 음악에 맞춰 신나게 춤을 추었다. 나는 시골의 순박하고 착한 학생들이라 놀 줄도 모르는 줄 알았다. 그러나 그것은 나의 잘못된 생각이었다. 학생들은 두 손을 흔들고, 몸을 격렬하게 흔들며 요즘의 k-pop 아이돌처럼 신나게 춤을 추었다. 다함께 큰 소리로 노래를 부르고, 몸을 흔들며 노는 모습을 보며 나는 벌어진 입을 다물 줄 몰랐다. 때로는 괴성을 지르며 가져온 여러 개의 손전등으로 원을 그리기도 하고, 끄고 켜기를 반복하면서 노는 것을 보니 마치 나이트클럽의 무대에서 노는 것 같았다. 학생들은 시골 학교의 순박한 학생이 아니라 숙달된 나이트클럽의 댄서 같았다. 주로 간현 관광지에 사는 학생들이 주도적으로 이끌어 나갔고 부끄럼을 타던 학생들도 어울려 환상적인 캠프파이어가 이루어지고 있었다.

백문(百聞)이 불여일견(不如一見)이라는 말이 있다. '백번 듣는 것보다 한번 보는 것이 낫다.'는 말처럼 어린 학생들은 간현 관광지에서 젊은 대학생들이 노는 것을 보고 연습을 많이 한 것 같았다. 나는 검지시에 있을 때 '팔도강산(八道江山)'이라는 나이트클럽에 동기들과 간 적이 있었다. 원주시에 있을 때는 전야제 행사로 두 분의 선배님과 가 보았고, 구리시에 있을 때는 교직원 여행으로 오동도와 향일암에 갔을 때, 여수시에서 1박 중 나이트클럽에서 춤추는 모습을 보기도 했다. 그러나 나는 많은 사람들이 춤추는 것을 보았지만 지정초등학교 학생들처럼 신나고 재밌고, 열정적으로 추는 춤은 처음 보았다. 가져온 장작이 타버려 사그라지자 학생들은 아쉬운 듯 캠프파이어를 끝맺었다.

뜨거운 열기를 식히고 있는 어두운 밤에 용구 부모님과 다른 학부모님이 옥수수를 가지고 오셨다. 어두운 밤길에 이곳까지 찾아오신 학부모님께 감사를 드렸다. 아이들과 나는 옥수수를 맛있게 먹었다.

"선생님, 너무 재밌어요. 내일 아침 먹고 가지 말고 하룻밤 더 지내고 가요."

"그럼 안 돼. 내일 오후에 소나기가 온다잖아. 아침 먹고 빨리 집으로 가야돼."

"선생님, 하룻밤만 더 지내며 놀다 가요. 더 놀고 싶어요."

"선생님, 가져온 쌀과 반찬이 거의 그대로 있어요. 내일 아침에 가기는 너무 아까워요."

"지나가는 소나기라고 하잖아요. 그까짓 거 잠깐 맞아도 괜찮아요. 하루 더 놀다 가요."

"하루 더 놀다 갔으면 원이 없겠다."

"우리의 소원이에요. 부탁 들어 주세요. 제발이요."

아이들은 저마다 한 마디씩 나에게 애원을 하며 하루 더 놀다 가기를 간절히 부탁했다. 아이들의 말을 듣고 있던 용구 어머니께서도 웃으며 말씀하셨다.

"국지성 소나기라고 하잖아요. 밤새워 오는 비도 아니고 잠시 오다 마는 비라는데 별다른 일이 생기겠어요? 얘들이 이렇듯 원하는데 선생님이 부탁을 들어 주세요."

"아이들이 비를 맞고 추워서 벌벌 떨고, 감기 걸려서 고생할까봐 걱정이 돼서 그래요."

"괜찮아요. 그까짓 소나기 끄떡없어요. 하룻밤 더 자고 가요."

"제발, 선생님 하루만 더 놀다 가게 해주세요."

"비가 와서 안 된다니까!"

"우리 모두의 소원이에요. 비를 맞아도 괜찮아요. 하루만 더 놀다 가요."

모든 학생들은 이구동성으로 하루 더 놀다 가자고 졸라댔다. 나는 결정적인 실수를 했다. 만장일치를 조건으로 아이들의 요구를 승낙한 것이다.

"너희들이 한 학생도 빠짐없이 모두 찬성한다면 하루 더 놀다 가겠다. 단 비를 맞고 추워서 벌벌 떨고 다른 말을 하면 안 돼."

"와~~~아!"

오얏골 골짜기가 떠나갈 듯 커다란 함성이 어둠을 갈랐다. 모든 어린이들은 그까짓 지나가는 소나기쯤이야 괜찮다고 자신 있게 말했다.

"자아, 이제 밤도 깊었는데 그만 잠을 자도록 하자. 다른 학생들한테 피해가 가지 않도록 장난치지 말고 조용히 자도록 하자. 자다가 급한 일이 생겼을 때는 선생님을 깨우도록. 혹시 선생님이 곤하게 잠을 자면 마구 흔들고 큰소리로 깨워도 돼. 미안해 할 필요 절대 없어."

하늘은 푸르고 별이 반짝이고 있었다. 옛날 시골에서 모기를 쫓기 위해 쑥불을 피워 놓고 온 가족이 멍석에 둘러앉아 감자를 먹으며 바라보던 그 맑은 하늘이었다.

아침에 일어나 학생들은 밥을 하고 찌개를 끓이며 저마다 일거리를 찾아 분주히 움직이고 있었다. 식사를 마치고, 주변 환경을 깨끗이 치우기 위해서 쓰레기를 주웠다. 무더운 한낮보다는 시원한 아침이 제격이었다. 날씨가 더워지자 모든 학생들은 물속에 들어가서 물놀이를 하며 다시 더위를 식혔다. 날씨는 오늘도 무덥고 습하기가 짝이 없었다.

점심을 먹고 있는데 하얀 구름이, 시꺼먼 구름이 몰려오며 지나가고 있었다. 예견된 일이었다. 국지성 호우가 원주 지방에 잠시 지나가며 내린다고 하더니 비가 올 모양이다. 점점 더 시꺼먼 뭉게구름이 몰려오더니 굵은 소나기가 쏟아지기 시작했다. 소나기는 점점 더 거세고 힘차게 쏟아졌다. 그칠 줄을 몰랐다. 억세게 쏟아지는 빗방울에 냇물은 황토색 흙탕물이 섞여 흐르기 시작했다. 천막과 텐트에는 빗물이 새서 빗방울이 뚝뚝 떨어지고 있었다. 굵은 빗방울이 떨어지자 천막과 텐트 안에 있던 학생들은 우산을 들고 밖으로 나와 비를 맞으며 서 있었다. 모든 학생들이 거센 바람이 몰아치며 내리는 비에 옷이 흠뻑 젖었다. 무더웠던 더위는 어디론가 사라지고 학생들은 냉랭한 찬 기운과 쏟아지는 소나기를 맞으며 오들오들 떨고 있었다. 그까짓 소나기쯤은 문제없다고 큰소리치던 학생들의 당당한 모습은 찾아볼 수가 없었다. 물에 빠져 허둥대던 생쥐처럼 나와 학생들의 모습은 처참했다. 이미 하룻밤을 더 지낼 수도 없었고 캠프파이어도 할 수 없었다. 그런데도 나는 학생들과 약속을 지키려 소나기를 맞으며 말아웃으로 가는 봇물 도랑둑에 서있었다. 한 남학생 내 옆으로 다가와 하소연 하듯 말했다.

"선생님, 저 집이 요 아랜데요, 저 혼자만이라도 집에 가면 안 될까요?"

나는 말없이 그 학생의 얼굴을 바라보았다. 내 옆에 서있던 이상복이가 화난 목소리로 말했다.

"넌, 배신자야. 어제 우리 모두 소나기가 와도 괜찮다고 선생님께 약속했잖아? 그런데 이제 혼자 가려고 꽁무니를 빼?"

상복이의 말에 그 학생은 힘없이 조금 뒤로 물러나서 가만히 있었다. 나는 어린 두 학생의 모습을 보면서 웃을 수도, 울 수도 없는 참담한 심정이었다. 이 모든 것이 나의 잘못이었다. 교사는 모든 학생이 원한다고 그 요구조건을 들어 주어서는 안 된다. 민주주의는 다수결의 원칙을 존중한다. 그러나 다수결이 항상 옳은 것은 아니다. 나는 학생들보다 나이가 많은 교사였다. 리더로서 학생들을 설득하고 귀가를 시켰어야 했다. 오늘의 잘못은 어린 학생들이 아니라 전적으로 나의 잘못이었다.

비가 그치는가 싶더니 농로(農路)를 따라서 조은미 아버지가 경운기를 가지고 오셨다. 학생들의 배낭, 텐트, 천막 등을 경운기에 싣고 우리는 철수했다. 학생들을 버스를 태워 귀가시키고 집으로 들어와 저녁을 먹었다. 밖에 다시 나가보니 구름 한 점 없이 푸른 하늘에 별이 총총히 떠서 빛나고 있었다. 마치 심술쟁이가 부린 잠시 동안의 장난 같았다. 날씨는 다시 무더워지고, 습하고 더운 공기가 몰려오고 있었다. 하늘이 하는 일을 인간이 섣불리 예측한다는 것은 힘든 일이었다.

며칠 후 박신선 선생님이 학교에 출근을 했다.

"어떻게 근무일도 아닌데 출근을 하셨습니까?"

"방학 동안이라 심심하기도 하고 학교일이 궁금해서 왔지 뭐."

"그동안 잘 지내셨지요?"

"응, 그런데 염 선생, 5학년 야영 갔다가 소나기 맞고 철수했다며?"

"예, 내가 잘못했습니다. 하루를 연기하는 바람에 물에 빠진 생쥐처럼 철수(撤收)를 했습니다. 어린 학생들, 특히 학부모님들께 죄송해서 몸 둘 바를 모르겠습니다."

"아냐, 괜찮아. 야영 갔다가 비 맞고 철수하는 건 지정초등학교 전통이야, 전통. 이광옥 선생님도 비 맞고 철수했고, 나도 비 맞고 철수했잖아. 염 선생과 5학년 학생들도 전통을 지켰을 뿐이야. 하하하."

"철수할 때 살수(지금의 청천강)에서 패하여 달아나던 수(隋)나라 군사의 모습이, 내 모습 같을 거라는 생각이 자꾸 들었어요."

박 선생님은 유쾌하게 웃었고, 나도 멋쩍게 따라 웃었다.

그날 이후 교사직을 퇴임할 때까지 나에게는 전과 달라진 점이 한 가지 있었다. 학생들이 아무리 원하고 강력히 요구해도 건강과 안전에 조금이라도 문제가 될 것 같으면 나는 승낙하지 않았다. 학부모님들은 귀한 자녀를 나를 믿고 맡긴 것이다. 학생들의 건강과 안전이 최고였다. 학부모님들께 아이들의 건강과 안전에 대한 책임을 지는 것은 담임인 나였다. 그 일로 인해 나는 한 단계 성숙해 있었다.

"선생님, 무더운데 교실에서 교과서를 공부하지 말고, 운동장에서 축구를 해요."

"선생님, 그렇게 해요."

"아~아, 축구하고 싶다."

학생들이 아무리 요구해도 소용이 없었다.

"지금 운동장에는 장마가 끝난 후라, 운동장이 여기저기 깊숙이 파여 있고 돌멩이와 굵직한 모래들이 많이 돋아나 있다. 너희들이 뛰어다니다 엎어지면 얼굴, 무릎이나 팔꿈치가 까져서 크게 다칠지도 몰라. 돌멩이 줍고, 빗자루로 깨끗이 청소한 다음에 운동장에서 체육을 하자."

"선생님, 다치지 않게 조심해서 운동할게요."

"안 돼, 막상 운동을 하게 되면 지지 않으려고 열심히 하게 되고, 그러다가 다치게 되는 거야."

나는 학생들 모두가 강력히 요구해도 항상 안전과 건강을 우선으로, 다시 한 번 생각해 보며 실천에 옮겼다.

엄주현 교장선생님의 정년퇴임

2층 우리 반 교실에서 방송통신대학 교재를 공부하고 있었다. 무덥기는 했지만 교실 창문과 복도의 문을 열어 놓고 공부를 하면 시원한 강바람이 불어왔다. 집에서 공부하는 것보다 훨씬 시원했다. 마치 커다란 교실 전체를 나 혼자 쓰는 것 같아 과분한 생각이 들고 미안한 마음이 들기도 했다. 조용하고 시원한 섬강의 강바람이 불어와 공부하기에 최적의 공간이었다. 공부를 하다가 무료하기라도 하면 창가에 서서 어랭이 들과 말아웃, 섬강 건너 안창리까지의 넓은 들판을 바라보았다. 불어오는 강바람에 심호흡을 하면서, 무더위에도 불구하고 열심히 일하시는 농부들을 바라보노라면 아버지의 모습이 떠올라 분발하여 공부를 더욱 열심히 하게 된다.

내가 공부하는 교실 옆 1층 강당에서는 서울에 있는 교회에서 여름캠프를 온 중 · 고등학생들이 성경공부를 하며 강의를 듣고 있었다. 나이 어린 학생들이라 그런지 여름캠프 성경공부가 벅찬 듯 피곤해 보이는 학생들도 있었다. 그러나 학생들을 뒷바라지하기 위해서 함께 오신 어머님들은 전혀 달랐다. 무더운 날씨에 가마솥을 걸어놓고 장작으로 불을 때며 밥을 하시고, 설거지를 반복하시는 힘든 일의 연속이었는데도 어머님들의 얼굴 모습은 기쁨으로 넘쳐났고 분주한 가운데서도 행복해 보였다. 어머니는 위대하시다는 생각이 들었다. 우리나라뿐만 아니라 세계의 모든 어머니는 위대하고 훌륭하시다. 나는 책을 덮고 어머님들이 설거지하시는 데로 갔다.

"안녕하세요. 무더운 날씨에 어머님들 노고가 많습니다. 하나님의 은혜가 충만하시기를 기원합니다."

"선생님 안녕하세요. 이렇게 찾아와 격려해 주시니 감사합니다. 저희들이 마땅히 해야 할 일을 할 뿐입니다."

"어머님들 열심히 일하시는 모습을 보니 제가 학교 다닐 때 어머니의 모습이 떠오릅니다."

"선생님 어머님도 교회를 다니시나요?"

"네, 저의 어머님도 교회를 열심히 다니십니다."

"선생님, 어머님도 크리스천이라니 너무 반갑습니다."

"어머님들의 지극하신 정성과 사랑이 아드님, 따님에게 넘쳐흘러 이 나라의 훌륭한 기둥이 될 것을 믿습니다."

“선생님 너무 감사합니다. 하나님의 은혜와 영광이 선생님께 가득하시길 기원합니다.”

나는 그날 학부모님들과 말씀을 나누면서 너무 행복했고, 너무 기뻤고, 너무 감사했다.

“선생님, 오늘 카레라이스를 했는데 같이 점심을 드시지요?”

“아닙니다. 저는 시내에서 출퇴근을 하는 선생이 아닙니다. 교실 뒤 관사에서 살고 있습니다. 집에 가서 점심을 먹으면 되니 너무 걱정하지 마십시오.”

나는 어머님께 감사의 말씀을 드리고 점심을 먹으러 집으로 왔다. 어머님들이 관사에까지 찾아 오셨다.

“선생님, 선생님의 점심을 교무실에 갖다 놨습니다. 맛이 없을지 모르겠습니다만 맛있게 드시면 고맙겠습니다.”

자신들의 자녀들뿐만 아니라 선생님들까지 챙겨주시는 어머님들의 은혜에 감사드릴 뿐이었다. 어머님은 언제나 자식들을 위해서라면 제일 앞장서서 모든 수고로움을 마다하지 않으시는 훌륭하신 분들이시다.

오늘도 2층 우리 반 교실에서 방송통신대학 녹음테이프를 들으면서 교재를 공부하고 있었다. 무더운 날씨였지만 2층이라 산들바람이 불어와서 1층보다는 한결 나았다. 1층 강당에서는 간간히 강사님의 말씀이 바람을 타고 2층까지 울려 퍼졌다. 때때로 들려오는 강의 말씀은 공부를 하는 나에게 신선한 자극제가 되어 깨달음을 주었다. 어릴 때는 열심히 교회를 다녔지만 직장 생활을 하면서 교회를 다니지 않은 나에게 강사님의 말씀은, 부모님 곁을 떠나 망가진 둘째 아들

탕아에게 이제는 아버지 곁으로 돌아가라는 하나님의 말씀처럼 들렸다. 나는 그때 타락한 둘째 아들 탕자보다도 더 부족한 볼품없는 둘째 아들이었다. 타락한 둘째 아들은 잘못을 뉘우치고 겸손한 마음으로 아버지를 찾아 고향으로 돌아가, 아버지의 환대 속에 송아지를 잡아 커다란 잔치를 대접 받는 영광을 누리며 새로운 삶을 살 수 있었다. 그러나 나는 하나님의 진리의 말씀을 외면한 채, 교재 공부에만 몰두하고 있었다. 무료할 때는 창밖을 내다보면서 답답함과 지루함을 달래고 있었다.

그런데 전혀 생각지도 못한 일이 벌어지고 있었다. 작년 대홍수에 부러지고 꺾였던 나뭇가지들이 숙직실 옆 빈터에 무질서하게 쌓인 채 방치되어 있었다. 따뜻한 가을과 봄날에도 그대로 버려두었던 나무들을 고조아 씨가 톱으로 자르고, 도끼로 잘라 예쁘게 단을 묶고 있었다. 이 무더운 여름 날씨에 꾀쟁이 고 씨가 나무를 자르고 있는 것이다.

'고 씨가 미쳤나? 무더운 여름에 왜 안 하던 짓을 하지?'

나는 고 씨가 하는 짓을 흥미롭게 지켜보고 있었다. 오후 운동장에 서있는 나에게 고 씨가 다가왔다.

"선생님, 학교 나무를 잘라서 교회 어머님들께 땔감으로 팔았어요. 오늘 짭짤하게 수입을 잡았어요."

고 씨는 웃었다. 나는 고 씨의 웃는 표정을 보면서 씁쓰레한 표정을 지었다. 우리는 공무원이다. 누가 시키지 않아도 스스로 할 일을 찾아서 최선을 다해야 한다. 개인의 사사(私事)로운 이익에 따라 행동하는 것이 아니라 공익(公益)을 위해 언제나 땀 흘려 일하는 아름다운 사람이 되어야 한다고 생각했다. 월급을 받는 것이 부끄럽지 않게 스스로 최선을 다하는 공무원이 되어야 한다고 다짐했다.

엄주현 교장선생님께서 정년퇴임을 하셨다. 평생을 교직에 몸 바쳐 헌신하시다 떠나신 것이다. 강직하시면서도 온화하신 교장선생님께서 하시는 일마다 행복이 가득하시길 기원했다. 교장선생님이 퇴임하신 후 학교는 왠지 모르게 텅 빈 것 같기도 하고 허전하기도 했다. 여름성경학교 공부를 하던 학생들도 떠나고 학교는 다시 적막 속에 잠겼다.

박신선 선생님도 지난번 간현역으로 맥주를 마시러 갔다 온 후에 기분이 좋지 않은 표정이다. 위로 차 내가 모시고 싶었다. 학교에 출근한 박 선생님께 제안을 했다.

"선생님, 날씨도 무덥고 갈증이 나는데 퇴근 후에 간현 가서 맥주 한잔 하실래요. 내가 쏘겠습니다."

"아, 그것 좋지. 그렇게 하지 뭐."

박 선생님은 흔쾌히 허락했다. 퇴근 시간이 되자 나는 박 선생님의 오토바이 뒤에 타고 간현으로 향했다.

"오늘 어느 식당으로 가지?"

"익수네 식당이요."

"익수네?"

"예, 익수 어머니를 만날 때마다 '선생님, 우리 집에 놀러 오세요.' 라고 늘 말씀하시는데 한 번도 가지를 못했습니다. 언제나 간현역 부근의 식당으로 만 갔습니다. 미안해서 오늘은 익수 네 식당으로 가서 한 번 팔아드리려고요."

"그것 좋은 일이야. 굿."

언제나 봄 소풍 때만 오던 장소를 여름방학의 끝자락에 와보니 피서객들은 이미 떠나갔는지 한 사람도 보이지 않고 썰렁했다. 가게 앞의 모래밭은 사람들의 발자국만이 어지럽게 깊숙이 파여 있었다.

"안녕하세요?"

"선생님 오셨어요. 반갑습니다."

익수 어머니는 반갑게 맞아 주셨다.

"날씨가 무더워서 맥주 마시러 왔습니다. 맥주 좀 주세요."

박 선생님과 나는 식당 가게 앞 둥근 테이블에 앉아서 맥주를 마셨다. 웃고, 떠들며 마시는 가운데 저물던 해는 넘어가고 주위는 어두워졌다. 하늘에 둥근 달은 떠있고 강물에는 달빛이 찰랑이는 물결에 반짝이고 있었다. 강바람이 불어와 선풍기 바람보다도 더 시원하게 살결을 스치며 지나갔다. 박 선생님이 눈앞의 섬강과 간현봉, 소금산을 천천히 바라보다가 맥주를 한 잔 쭉 마셨다. 그리고는 웃으며 말했다.

"염 선생, 내가 갑자기 신선이 된 것 같아. 시원한 바람이며, 달빛에 일렁이는 강물이며, 어둠이 깃든 산이며 너무 멋있어."

"예, 정말 간현 관광지의 야경(夜景)이 너무 멋있습니다. 환상적이네요. 신선이 따로 있나요? 이렇게 좋은 분위기를 느끼며 즐기면 신선이지."

"하하하하."

박 선생님과 나는 크게 웃음을 터트리며 즐거워했다. 내가 보기에도 박 선생님은 신선 같아 보였다. 달빛이 비추는 섬강 가에서 해맑은 웃음을 터트리는 박 선생님의 모습은 잘 어울렸다. 송강 정철의 관동별곡(關東別曲)에 '한수를 돌아드니 섬강이 어드메뇨, 치악이 여긔로다.'라고 절경을 예찬한 섬강에서 정철이 하룻밤 술을 마셨다면 시조 한 수쯤은 남겼으리라 생각됐다. 그렇게 여름밤은 운치가 있었다.

"여름밤의 경치가 너무 좋습니다. 맥주도 잘 마셨습니다. 얼마 드리면 되지요?"

"선생님, 작년부터 한번 모시려고 했는데 잘 오셨어요. 도리어 우리가 기쁩니다. 그런 말씀 하지 마세요."

익수 부모님께 맥주 값을 드리려고 했지만 굳이 받지를 않으셨다. 고맙고 죄송했다. 작별 인사를 드리고 박 선생님 오토바이 뒤에 타고 집으로 향했다.

"익수 학교생활은 어때?"

"착하고 성실해요. 이다음 어른이 되면 잘 살 거예요."

나는 박 선생님이 그렇게 기분 좋아하는 것은 처음 보았다. 나도 기분이 좋았다.

생각지도 못했던 아파트 구입

여름방학이 끝나고 개학이 되었다. 학생들의 방학 과제물을 검사하면서 학부모님들의 방학동안의 노고를 알 것 같았다. 집에서 자유롭게 생활했던 학생들은 다시 시간표대로 바쁘게 움직여야 한다. 나는 학생들에게 어떤 환경에서 살아가든 성실하게 최선을 다해 살아가는 그런 삶을 가르쳐 주고 싶었다. 한 달이 넘는 방학기간이었지만 학생들의 키는 생각보다 많이 자란 것 같았다. 한창 자랄 때라서 그런지 학생들의 몸도 더욱 튼실해진 것 같았다. 나는 학생들에게 미안한 마음을 담아 사과를 했다.

"여름방학 야영 때 재밌었고, 캠프파이어 할 때 춤도 잘 추고 즐거웠어. 선생님이 지켜보면서 나도 무척 즐거웠으니까. 그런데 소나기 맞고 철수할 때 미안했었다. 다 나의 잘못이다. 혹시 집에 가서 감기 걸리고 고생한 학생은 없었니?"

"없었어요!"

"그날 밤 관사에 나와서 하늘을 보니 구름 한 점 없이 하늘은 파랗고, 별은 반짝이며 빛나더구나. 하늘이 하는 일은 사람이 알기 힘들더구나. 너희들도 좋은 경험했다고 생각해라. 이다음 너희들이 엄마, 아빠가 되어서 아이들 데리고 강가나 해변에 놀러 갔을 때, 비가 조금이라도 온다고 하면 미리 피하도록 해라. 야영 때처럼 고집피우다가 아이들 고생시키면 안 된다."

나는 학생들에게 미안한 마음을 갖고 웃으며 말했다. 학생들도 야영 때의 경험은 인생을 살면서 좋은 자산이 되리라고 생각했다.

교감선생님이 불렀다. 미안한 표정이었다.

"염 선생, 9월 1일자 발령이 났는데 우리 학교에 정선에 계신 교장선생님이 오시기로 되었어. 교장선생님 말씀이 집이 없나봐. 관사가 있냐고 물어 보시던데."

"잘 알겠습니다. 될 수 있는 한 빨리 관사를 비워 놓겠습니다. 오늘 오후부터 조퇴를 맞고 시내로 집을 구하러 다녀야 하겠습니다. 조퇴를 허락해 주시기 바랍니다."

"아이들은 걱정하지 말고 집을 구해보도록 해요. 다른 선생님들한테 이야기해서 보충 수업을 실시할 테니까 오늘부터 시내 나가서 구해보도록."

"잘 알겠습니다. 감사합니다."

나는 교무실을 나섰다. 앞이 캄캄해지는 기분이었다. 돈이 없는데 어떻게 집을 구하지? 걱정이 앞섰다. 점심을 먹으러 관사로 갔다. 아내는 점심시간에 맞춰 마루에 점심을 차려 놓고 행복한 듯 웃음을 짓고 있었다. 나는 아내에게 말했다.

"여보, 집 없는 교장선생님이 오시나봐. 관사를 내놔야겠어. 당신도 나와 같이 얼른 점심 먹고 시내로 집 구하러 가자고."

나는 아무렇지도 않은 듯 덤덤하게 말했다. 아내는 밝게 웃으며 말했다.

"당신, 지금 하는 말 거짓말이지? 농담으로 하는 말이지? 집 없는 교장선생님이 오긴 뭘 와? 그렇지?"

"아냐, 농담으로 하는 말 아니야. 정말 집 없는 교장선생님이 오신대. 어서 나랑 점심 먹고 집 구하러 나가요."

"정말이에요?"

"정말이요. 사실이라니까?"

아내는 그날 얼굴빛이 먹빛이 되었다. 곧 쓰러질 것 같았다. 그리고는 가까스로 정신을 차려 다시 평온을 찾는 듯 했다. 그런 아내의 모습을 보면서 나는 말할 수 없이 미안했다. 나라도 마음을 굳건히 먹고 우리 가정을 이끌어 나가야겠다고 생각했다. 나는 멋쩍게 웃으며 말했다.

"여보, 이곳 관사로 이사 올 때 이미 각오하고 온 건데 뭘 그러고 있어? 시내 나가서 사글세방이라도 구하러 이리저리 다니려면 기운이 있어야 해. 어서 밥이라도 먹구려."

"난, 괜찮아요. 당신이나 어서 먹어요."

"그러지 말고 당신도 어서 먹어요. 아기를 업고 다니려면 기운이 있어야 한다니까?"

아내는 밥을 먹지 못했다. 갑자기 입술이 타는 듯 까칠해지고 물기가 없이 메말라 보였다. 밥을 많이 먹고 기운을 차려야 할 사람은 아내였다. 그러나 아내는 점심을 전혀 먹지 못했고, 나는 아내를 대신하기라도 하듯 배부르게 먹었다. 마치 씨름대회에 나가는 선수가 힘을 비축하기라도 하려는 듯이 넘어가지 않는 점심밥을 목구멍으로 쑤셔 넣었다. 나는 속으로 생각했다. 인생을 살면서 어려움이 여러 번 닥치겠지만 그럴 때일수록 힘을 내야 한다고 생각했다. 아내가 전혀 기운을 못 차리니 나라도 더욱 힘을 내야 한다고 다짐했다.

방은 남부시장 쪽에 구하기로 아내와 의견이 일치되었다. 흥업에 어머님이 사시기 때문에 찾아뵙기도 수월할 것 같았다. 우리 부부는 시내 집에 대해서 상식이 전혀 없었다. 방을 구하는데 도움을 받기 위해 둘째 매형님께 전화를 드렸다. 매형님은 흔쾌히 응해 주셨다. 남부시장에서 매형님과 만난 우리는 복덕방 주인과 함께 이곳저곳 사글세방을 구하러 다녔다.

"방을 구할 때 최종 결정은 고모부와 당신이 결정하면 안 돼요. 방에서 가장 많은 시간을 보낼 사람은 나와 우리 두 아이잖아요. 당신은 출근하면 집에서 사실상 우리보다 많이 있지 않잖아요. 그러니 당신이 결정하기 전에 나를 보세요. 내가 고개를 가로저으면 싫다는 것이고, 고개를 앞으로 끄덕이면 좋다는 뜻이에요. 내가 고개를 끄덕일 때만 계약을 하세요. 둘째 고모부가 도와주시는데, 내가 건방지게 함부로 말할 수 없어서 그러는 거예요."

아내는 시내에 나오면서 미리 나에게 부탁을 했다. 자기의 얼굴을 보고 결정을 하라는 아내의 의견을 옳다고 생각했다. 돈 없는 나에게 시집와서 점심도 먹지 못하고 아기를 업고 다니며 고생하는 아내에게 그 부탁만은 꼭 들어줘야 할 의무사항 같기만 했다.

지금은 고층 건물이 들어선 남부시장이 1층 건물이던 시절, 남부시장 변두리부터 시작해서 뒤편 언덕배기 위의 집까지 훑어보았다. 한 집에 붙어있는 방과 부엌을 살피며 복덕방 주인이 나의 의견을 물을 때마다 나는 아내의 얼굴을 살펴보았고, 그럴 때마다 아내는 힘없이 고개를 가로저었다. 사실 나의 마음에 드는 집도 없었다. 그러나 아내가 고개를 끄덕이면 계약을 할 작정이었다. 그러나 아내의 마음에도 들지 않아서 우리는 힘없이 내려왔다. 바쁘신 농번기인데도 우리를 도와 함께해 주신 매형님께 감사했다.

"매형님, 고마워요. 오늘 매형님과 다니면서 방값 시세도 익혔으니 내일은 처와 둘이 다니면서 구해볼게요."

"오늘 방을 구했으면 좋았을 텐데 못 구해서 어떻게 하지?"

"내일 와서 찾다 보면 마음에 드는 방이 나오겠지요. 너무 걱정하지 마세요."

나와 아내는 간현으로 향하는 버스에 올라탔다. 주위는 어두워지고 내 마음도 어둠의 무게만큼 중압감을 느끼며 어깨가 축 처져 있었다. 점심도 먹지 않은 아내는 더욱 기운이 없어 보였고, 아기의 몸무게를 버텨내려는 듯 앞으로 더욱 허리를 숙이고 있었다. 버스에서 내린 우리는 운동장을 가로질러 관사로 들어갔다. 어두운 방에 불을 켜고는 아기를 업었던 허리띠를 풀어 놓았다. 아기의 고추 끝이 빨갛게 부풀어올라있었다.

"아기 고추가 왜 이렇게 됐지?"

"점심도 먹지 않은 채 아기를 업고 남부시장 뒤의 산골 마을을 이리저리 다니다 보니 기운이 없어서 그런지, 업은 아기가 엉덩이 뒤로 자꾸 처지더라고요. 그래서 자꾸 추켜올리다 보니 피부가 벗겨져서 그렇게 된 것 같아요. 아기가 울어도 젖이 나오지 않아서 먹이지를 못 했더니 배가 홀쭉해서 더욱 맥없이 뒤로 쳐졌던 것 같아요."

아무런 힘도 없이 중얼거리듯 말하는 아내의 얼굴과 아기의 고추를 번갈아 보면서 이 모든 것이 나의 잘못처럼 여겨졌다. 내 탓인 것 같았다. 나는 아내를 격려하면서 저녁 먹기를 권했다.

"당신, 바보야. 뭘 이까짓 걸 가지고 밥도 못 먹고 그래. 이보다 더한 부모님이 돌아가셔도 밥을 먹는데 말이야. 어서 저녁 먹자고. 당신은 우리 집 소중한 왕비님이야. 당신이 힘을 내야 돼."

이튿날 아침 학교에 출근했다. 교감선생님께 결과를 말씀드렸다.

"어제 남부시장 주변을 돌아보며 방을 구하러 다녔으나 구하지 못했습니다. 오늘 오후에 다시 방을 구하러 다니겠습니다. 최선을 다해 노력하겠으니 너무 걱정하지 마세요."

교감선생님은 말없이 고개를 끄덕였다. 점심 무렵 교장선생님의 이삿짐이 트럭에 실려 도착했다. 관사에는 나의 짐이 있으니 부릴 수가 없었다. 나는 짐도 꾸려놓지 않았다. 교장선생님의 이삿짐은 강당에 내려져 쌓였다. 강당 안에 수북이 쌓여있는 이삿짐은 마치 점령군의 탱크처럼 나를 압박했다. 아내도 관사에서 이삿짐 실은 트럭이 온 것을 알고 있으리라. 집 없는 설움이 갑자기 복받쳐 올랐다. 설움에 복받친 내 자신이 가엽기도 했고, 우습기도 했다. 점심을 먹으며 나는 아내에게 말했다.

"여보, 오늘 원주 의료원 뒤에 있는 개운아파트를 한번 보러 갑시다."

"돈도 없는데 어떻게 아파트를 보러 가요?"

"전세로 들어가든가 적당하면 사든가 하지 뭐. 돈 없다고 구경도 못하나. 한번 가 봅시다."

아파트를 가보자는 말에 아내는 신이 나 있었다. 간현을 다니는 버스종점이 개운아파트 부근에 있었다. 더욱 맘에 드는 것이 있다면 교통편도 좋고, 흥업에 계신 어머니께서 다녀가시기도 편한 장소였다. 아내와 나는 원주시 개운동 개운아파트 1단지 앞에 있는 복덕방에 들렀다.

개운아파트 단지에는 13평형의 아파트와 17평형의 아파트가 있었다. 두 평형의 아파트 모두 다 연탄을 땠고, 최고층은 5층이었다. 계단으로 오르내리는, 엘리베이터가 없는 아파트였다. 먼저 13평형의 아파트를 구경했다. 깨끗했고 아담했고 멋있었다. 사람들이 별로 수리를 하지 않아서 도깨비 집 같았던 관사를 많이 보아온 아내는 단번에 반했다. 얼굴에는 웃음꽃이 활짝 피었다.

"여보, 이 아파트가 너무 좋아요. 여기서 살았으면 좋겠어요. 될 수 있으면 사도되고, 전세도 좋아요."

"17평형은 방이 3개라는데 그걸 한번 구경을 하고 결정을 지읍시다. 아이들은 금방 크니까 방이 하나씩 있어야 하잖아요. 사기도 힘들고, 옮기기도 힘드니 신중히 결정을 합시다."

우리는 복덕방 주인의 안내를 받아 매물로 나온 14동 303호를 가 보았다. 앞도 탁 트여 치악산이 바라보였고, 동향이라 아침에 떠오르는 태양을 바라 볼 수도 있고 따사로운 햇볕이 내리 쬐어 겨울에도 춥지 않을 것 같았다. 전망은 너무나 좋았다. 방을 둘러본 아내는 구경만 했는데도 너무 좋아 어쩔 줄을 몰라 했다. 어제 맥없이 고개를 가로젓던 그 아내의 모습이 아니었다. 내가 보기에도 새집 같았고, 작은 궁궐 같았다. 바보 같은 나에게 시집와서 고생하는 아내와 어린 아들딸에게 아파트는 내가 꼭 사줘야 할 의무감마저 들게 했다.

"사는 데는 700만 원이고, 전세는 800만 원입니다."

"어떻게 사는 것보다 전세가 비쌉니까? 이상하네요."

"여기는 쭉 그렇게 값이 형성돼 왔습니다. 이상합니다. 분양할 때 조금 오르는 듯 하다가 도로 떨어져서 지금까지 6년 동안 아파트 값이 오르지도 않고 그대로입니다."

"그럼 700만 원 드리면 팔겠다는 말씀입니까?"

"네, 팔겠습니다."

"아파트는 언제까지 비워주실 수 있습니까?"

"돈만 주시면 당장 그날로 즉시 비워 줄 수 있습니다. 우리는 이사 갈 곳이 이미 정해져 있습니다. 세경아파트라고 이사 갈 빈 아파트가 있는데, 이 아파트가 팔리지 않아서 이사를 가지 못하고 있는 겁니다. 저의 남편이 대성고등학교 선생인데 이곳보다는 세경아파트가 출퇴근하기에 좀 더 가깝고 편리할 것 같아서 이사를 가려고 합니다. 그런데 손님은 직업이 무엇인가요?"

"네, 저도 선생입니다. 그런데 저는 초등학교 선생이에요."

"아, 그러세요. 저희 아버지도 초등학교 교장선생님이세요. 안창초등학교 김00 교장선생님이요."

"잘 알고 있습니다. 호리호리 하시고 인자하신 교장선생님이요. 저는 지정초등학교에 근무하고 있습니다. 교장선생님을 자주 뵙습니다."

"세상이 참 좁네요. 저희 친정아버지를 아시는 선생님이 저의 집에 오실 줄은 몰랐어요. 이왕이면 선생님이 이 아파트를 사셨으면 좋겠어요."

"저도 그렇게 되기를 바랍니다. 만일 사게 된다면, 매매계약서는 누구와 작성해야 하나요."

"제가 계약서에 서명을 하고 날인을 할 거예요. 우리 남편은 저를 믿어요. 걱정하지 마세요. 서로 선생님끼리 하는 거니까 안심하고 할 수 있잖아요."

"감사합니다. 저도 약속을 꼭 지키는 사람이니까 안심하셔도 돼요. 지금 저에게는 돈이 없습니다. 지원을 받아야 하는데, 연락을 해보고 지원이 된다면 계약을 하러 오겠습니다."

"여보, 이 아파트 꼭 사고 싶어요."

아내는 좋아서 어쩔 줄을 몰라 했다.

사모님께 인사를 드리고 나왔다. 복덕방 주인은 우리 부부에게 빨리 계약을 하도록 설득했다.

"사모님과 구두(口頭)로 말씀하시는 걸 들었습니다만 구두로 하는 말은 아무런 법적 효력이 없습니다. 단돈 얼마라도 걸고 계약을 하셔야 효력이 있고, 우선권이 있습니다. 말로 하신 건 다른 사람이 와서 계약을 해도 아무런 이의 제기를 할 수 없습니다."

복덕방 주인은 열심히 설명을 하며 오늘 계약할 것을 종용했다. 복덕방으로 간 나는 형수님에게 전화를 걸었다. 아파트를 사려고 하는데 500만 원만 빌려 줄 수 있냐고 말씀을 드렸다. 형님에게 전화를 걸어 의논하신 형수님께서는 정기적금 든 것을 해약해 주시겠다며 횡성으로 오라고 하셨다.

"선생님, 이제는 살 수 있는 겁니까?"

"네, 살 수 있습니다. 나머지 200만 원은 5년 만기 재형저축 불입한 금액이 300만 원 되는데, 주택은행에서 통장을 담보로 300만 원까지는 즉시 대출이 가능하다고 합니다."

"그럼 됐습니다. 지금 당장 계약을 합시다."

"돈이 없는데……."

"돈이 하나도 없습니까?"

"비상금으로 10만 원 정도밖에 없습니다."

"그 정도면 됐습니다. 그리고 내일 500만 원을 중도금으로 내는 것으로 하고 잔금 200만 원은 모레 이사하시면서 내는 것으로 하면 되겠습니까?"

"네, 그렇게 해 주시면 고맙겠습니다. 사실 나도 빨리 이사할수록 좋습니다. 교장선생님 이삿짐이 강당에 쌓여 있거든요. 미안한 마음이 큽니다."

그 사람은 능숙한 중개인이었다. 사모님을 불러 매매계약서를 체결했고 날인까지 했다. 복비는 잔금을 지불하는 날 주기로 했다. 복덕방 주인은 한 건 했다는 만족감에 기분 좋은 웃음을 터트렸다. 그리고는 문밖까지 나와서 허리 굽혀 인사를 했다.

아내와 나는 횡성 형님이 계신 곳으로 향했다. 형님과 형수님은 우리에게 저녁을 사주시고 위로의 말씀까지 해주셨다. 그리고 500만 원 수표를 내 바지 도장주머니에 넣고는 젓가락으로 꼭꼭 눌러 주셨다.

"혜인이 아빠, 뒷주머니 지갑에 넣고 다니는 것은 내 돈이 아니고 소매치기 돈이야. 이 돈이 내가 번 전 재산이야. 이 돈 잃어버리면 동생 아파트도 못 사니 큰일이야. 시내버스 타고 서서 있을 때에도 두 손 다 손잡이를 잡고 있지 말고, 한 손은 꼭 도장주머니를 잡고 있어야 돼."

나는 정말 형님과 헤어져 시내버스를 타고 오면서 도장주머니를 한 손으로 꼭 움켜쥐고 왔다. 시내에서 지정초등학교를 가는 버스에서도 나는 도장주머니를 오른손으로 꼭 움켜잡고 있었다.

이튿날 오후 주택은행에서 대출을 받은 나는 중도금과 잔금을 모두 지불하고 영수증을 받았다. 내일은 이사를 하는 날이다. 아내와 나는 시내 가구점에서 책장을 하나 구입했다. 내일 입주하는 시간에 맞추어 집으로 갖다 달라고 부탁을 했다. 사실 이삿짐이라야 별로 되지도 않는다. 시집올 때 아내가 가져온 가구는 흥업 어머니 댁에 있었다. 그동안 우리는 아주 간편한 살림으로 허름한 관사를 전전했고 사글세를 살았다. 검지초등학교 시절 절골 마을의 새 관사에 있었던 것은 잠시 짧은 기간이었을 뿐이다. 고향 어머니 곁으로 오기 위해서 곧 내신을 신청해 원주로 발령을 받았기 때문이다.

짧은 사흘 동안에 생각지도 못한 새 아파트를 구했고, 점심도 굶으며 절망상태에 빠져있던 아내는 이제 웃음을 짓고 내 곁에 서있다. 나는 그동안 고생한 아내에게 저녁을 사주고 싶었다. 원주 중앙시장을 거쳐 원일로 쪽을 걷던 나는 차준식 선생과 사모님을 만났다.

"아니, 차 선생 아니요? 사모님도 나오셨네요?"

"염 선생, 어떻게 시내를 나왔어? 사모님 안녕하세요?

"관사를 비우려고 집을 보러 다녔어."

나는 차 선생을 보자 갑자기 눈물이 쏟아져 흐느껴 울기 시작했다. 그동안 말 못하며 고생했던 3일간의 생활이 떠올랐기 때문이다. 나는 가장이다. 나를 믿고 함께 생활하는 가족들의 의식주를 책임져야 한다. 자신 없고, 절망에 가까웠던 시간은 지나고, 어느덧 꿈에도 생각지 못했던 아파트까지 장만했다. 형님께 빌린 돈을 갚는 것은 나중에 천천히 생각해도 된다. 우선 급한 불을 끄는 것이 문제였는데, 발등에 떨어진 불도 끄고 당당히 친구 앞에 서 있는 것이다. 관사를 내줘야 한다는 말을 들었을 때 초주검이 되어 점심도 못 먹던 아내를 보면서도 나는 아무렇지도 않은 듯 흔들림 없이 밥을 먹었다. 그러나 지금 나는 긴장이 풀리고, 혹 불면 바람에 쓰러져 땅 위에 누울 풀잎처럼 맥없이 친구 앞에서 서럽게 흐느끼며 울고 있었다. 누군가 나를 건드리면 보도 위에 쓰러져 영원히 일어나지 못할 나약하고 병든 사람처럼 맥없이 어깨를 들썩이며 울고 있었다. 아내는 신나고 즐거운 목소리로 대답했다.

"집을 구했어요. 오늘 아파트 중도금과 잔금을 모두 치르고 내일 이사만 하면 돼요."

"잘됐네요. 우리 저녁 식사하러 가요."

친구와 우리 가족은 저녁 식사를 하며 술도 마셨다. 많이 마신 술이 아니었다. 우리는 집 없는 설움에 대해서 이야기를 하고 친구는 공감하며 위로해 주었다. 친구도 집이 없었다. 그때는 다 그랬고, 그렇게 생활했다. 누구를 원망하지도 않았다. 어려움을 스스로 이겨내고 보람으로 느끼며 감사히 생각했다.

저녁 식사를 마친 후 친구의 가족과 우리는 헤어졌다. 극도의 긴장감 속에서 생활하다 긴장감이 풀린 나는 뼈 없는 문어처럼 흐느적거렸다. 그리고는 어떻게 간현 행 버스에 올라탔는지, 어떻게 내렸는지 기억이 전혀 없었다. 이튿날 아침 아내는 나에게 재미있다는 듯이 말했다.

"여보, 당신이 버스를 타고 정신이 없이 졸다가 버스가 커브를 돌면 당신이 나가떨어져 바닥에 쓰러지는 거예요. 여러 사람들이 일으켜 앉혀 놓으면 커브를 틀 때 다시 굴러 떨어지고요. 내가 뒤에 앉아서 앞에 혼자 앉아 있는 당신을 한 손으로 붙들고, 한 손으로는 등에 업은 아기를 받치고 있는데 소용이 없더라고요. 당신이 굴러 떨어지는데 힘이 약하니 한 손으로 붙잡고 있어도 도움이 안 돼요. 마침 둘러보니 문방구 집 총각이 탔더라고요. 내가 부탁을 했어요. 당신 옆에 서서 쓰러지지 않게 부축해 달라고요. 그러니까 당신이 쓰러지지 않고 앉아 있더라고요. 그런데 내 뒤에 앉은 할머니 한 분이 내 어깨를 두드리며 말씀을 하시더라고요. '새댁, 저 술주정뱅이가 새댁 남편이오?' 예, 그렇다고 하니까 '새댁도 고생이 말이 아니구려. 저런 술주정뱅이를 남편으로 만났으니 어쩌면 좋겠소. 그러나 어쩌겠소. 다 내 팔자려니 하면서 살아야지. 쯧쯧쯧쯧.'하시면서 혀를 차시더라고요."

"당신 고생을 많이 했구려. 내가 긴장이 풀려서 맥을 못 춰서 그랬어. 혹시 버스 안에 학부모님들은 못 봤소?"

"학부모님들이 타셨는지 안탔는지 나는 모르지오. 내가 아는 분이 몇 분 안 되니까요."

"학부모님들이 봤어도 어쩔 수 없지. 이미 쏟아진 물인데 도로 주워 담을 수도 없으니 말이야. 그런데 그 할머니 훌륭하신 분이야. 가만히 안 계시고, 당신을 위로해 주고 격려해 주셨으니 말이야. 나중에 당신과 다니다 원주시내 길거리에서 만나면 나한테 얘기 좀 해줘요. 할머니께 음료수라도 사드리고 싶어서 그래. 하하."

나는 멋쩍게 웃었다. 그런데 이상한 일이었다. 시내버스에서 여러 번 굴러 떨어졌는데도 아무 데도 다친 곳이 없이 멀쩡했다. 머리, 얼굴, 어깨, 허리 등 상처 나거나 아픈 곳이 없었다. 취권(醉拳)을 배운 것도 아닌데 말이다. 내 나름대로 분석한 바에 의하면 물에 젖은 스펀지처럼 아무 힘없이 굴러 떨어졌기 때문이 아닌가 생각한다.

은미 아빠가 웃으며 말했다.

"선생님, 축하합니다. 아파트를 사셨다고요?"

"예, 그렇습니다."

"내가 뭐라고 그랬어요? 걱정하지 말라고 그랬잖아요? 분명히 집

장만해서 이사 가신다고 했잖아요?"

"자랑할 것도 못됩니다. 형님한테 돈을 빌려서 산거예요. 은미 아빠, 울타리에 있는 누런 호박들 따 가세요. 젖소 썰어 주면 잘 먹을 것 같아서요."

"고맙습니다. 젖소 썰어 주면 잘 먹지요."

"그리고 관사에 사는 동안 많은 것을 도와주시고 가르쳐 주셔서 고마웠습니다. 은미 아빠랑, 어머니께 마음 속 깊이 감사드립니다."

"선생님이 관사에 더 사셨으면 좋았을 텐데 빨리 가시게 되어서 섭섭합니다."

아쉽게 이웃사촌과 이별의 아쉬움을 나누면서 이사를 가게 되었다. 학교에서는 고조아 씨가 이삿짐 나르는 것을 도와주러 차를 타고 따라왔다. 3층까지 계단을 통해서 이삿짐을 나르고, 종이상자를 열어 책들을 정리해 책장에 넣었다. 고조아 씨는 마치 마약견(痲藥犬)이 마약 냄새라도 맡듯이 킁킁거리고, 눈을 두리번거리며 종이상자 안을 살펴보았다. 나는 종이상자 하나를 열지 말도록 했다. 음해(陰害)를 잘하는 고 씨에게 구차하게 설명하고 싶지 않았기 때문이다. 그 종이상자 안에는 갱지 8절지가 1/2연이 조금 넘게 들어있었다. 열은 주황색으로 누르스름하게 색이 변한 갱지였다.

검지초등학교에서 5학년 8반과, 6학년 3반을 담임 맡으면서 나는 학생들에게 평가지를 많이 등사해서 나누어 시험도 보고, 풀어 보기도 했다. 학교에서는 학교에서 실시하는 평가 이외는 갱지를 대주지 않았다. 그래서 학부형님께 협조도 받았지만, 협조가 없을 시에는 내가 갱지를 사서 평가지를 만들었다. 학생과 학부모님과 선생님은 삼위일체다. 선생님은 월급만 타먹는 존재가 아니라, 학생들을 위해서 공부를 열심히 가르치며 갱지가 부족할 때는 갱지쯤은 사야 한다고 생각하고 있었다. 시커먼 탄가루가 날리는 광산촌의 아이들을 위해서 교사도 함께 노력한다면 좋은 일이라고 생각했다.

6학년을 맡으면서 나는 우리 반 학생들이 중학교에 갈 때까지 열심히 가르쳤다. 중학교 선생님들께 부끄럽지 않게 학생들을 가르쳐서 진학시키고 싶었다. 그것이 6학년 선생님이 할 일이다. 또한 중학교 갈 때는 입학시험을 본다. 그 시험에서 우리 학교 학생들이 좋은 성적을 얻도록 평가지를 돌려 학력을 측정하며 격려했다. 이왕이면 우리 반에서 최고득점자가 나온다면 학생과 학부모님과 학교를 위해서 영광이라고 생각했다.

지정초등학교로 발령을 받아 떠나오면서 나는 교실에서 교육자료, 새교실 등 책을 정리해 상자에 넣으면서 쓰다 남은 갱지를 보았다.

'내가 가는 지정초등학교는 조그만 시골 초등학교야. 이곳 학생들보다 더 어려울지도 몰라.'

망설이던 나는 갱지를 박스에 넣었다. 그러나 지정초등학교에서는 일일학습지를 구입해서 보고 있었다. 평가지를 만들 필요도 없었다. 또한 갱지가 필요할 때는 학교에서 사주기 때문에, 검지시에서 샀던 종이를 내놓을 필요가 없었다.

허규준 장로님이 이삿짐을 날라주러 오셨다면 문제는 달라졌을 것이다. 나는 아무런 거리낌 없이 모든 것을 열어서 책장을 정리했을 것이다. 이삿짐을 정리하는데 형님이 오셨다. 바쁘신 데도 찾아주신 형님께 감사를 드렸다.

"고 씨가 수고가 많구나. 집에 갈 때 수고비라도 주려무나."

형님이 나에게 조언했다.

"제가 알아서 다 할 테니까 걱정하지 마세요."

떠나가시는 형님께 나는 말씀을 드렸다. 고 씨가 일을 마치고 갈 때 나도 시내버스 타는 데까지 동행했다. 고 씨에게 버스비만 주고 집으로 돌아왔다. 허규준 장로님이 오셨다면 수고비라도 당연히 드렸겠지만, 고 씨에게는 그렇게 하고 싶은 마음이 없었다.

'고 씨 하는 짓을 보면, 들어오던 복(福)도 나가게 한단 말이야.' 나는 씁쓸한 웃음을 지으며 집으로 돌아왔다. 좋은 사람과는 함께 있다는 것 그 자체만으로도 행복한 일이라는 것을 오늘 깨달았다.

이삿짐이라야 별로 없다 보니 정리할 것도 없어서 일찍 끝났다. 전화위복(轉禍爲福)이란 말이 있듯이 도리어 아파트까지 사게 되니 기분이 매우 좋았다. 나는 알았다. 관사에서 돈이 없이 쫓겨나는 선생님들이 왜 집을 사서 나가는지를 말이다. 그것은 설움 때문이었다. 집 없는 설움을 느끼며 자존심이 상할 대로 상해서 오기로 무리하게 집을 사가는 것이다. 궁금해 하던 정답은 내가 겪어보니 알게 되었다.

"여보, 입주 첫날인데 뭘 간단하게 사다가 맥주 파티라도 합시다."

"그래요. 마침 집 앞에 슈퍼가 있어서 물건 사오기도 좋아요."

"우리 가족의 행복을 위해서, 건배!"

아내와 나는 맥주잔을 부딪치며 맥주를 마셨다. 시원한 맥주 맛이 일품이었다. 섬강 백사장에서 박신선 선생님과 마시는 것처럼 맛이 좋았다. 기분이 좋은 탓일 게다. 내일 출근을 위해서 맥주를 몇 잔 마시고는 잠자리에 들었다. 그러나 잠이 오지 않았다. 아내도 잠이 오지 않는 모양이다. 아내가 나에게 말했다.

"여보, 우리 평생 이 아파트에서 살아요. 어떤 일이 있더라도 이 아파트 팔지 말아요. 약속해요."

"평생 이 아파트에서 삽시다. 약속할게요."

나와 아내는 새끼손가락을 걸었다. 엘리베이터도 없어서 계단을 오르내려야 하는 아파트, 연탄을 때는 자그마한 17평짜리 아파트였는데도 불구하고, 그 때 그 아파트는 우리에게 너무 소중했다. 그리고 우리의 꿈은 소박했고, 눈높이가 낮은 만큼, 반비례해서 기쁨과 행복은 더욱 높고 컸다. 잠을 자려고 해도 잠이 오지 않았다. 아내와 이런저런 애기를 하면서 밤을 새웠다.

아침밥을 먹고 학교에 출근을 했다. 아이들을 가르치고 퇴근 시간이 다가와도 전혀 피곤하지 않았다. 내 집 마련의 기쁨이 큰 탓일까? 부모님이 집을 장만해 주는 사람은 이런 내 집 마련의 고통과 기쁨을 모르리라고 생각했다. 집에 와서 아내에게 이야기했다.

"여보, 집도 장만하고, 모든 것이 잘 되었어. 마치 하나님이 도와주신 것 같아요. 우리 그동안 관사도 잘 썼고 감사하는 뜻에서 어려운 학생 도와주라고 적은 돈이나마 기부했으면 좋겠는데."

"당신이 하고 싶다면 그렇게 하세요."

나는 나의 뜻을 교감선생님께 말씀을 드리고 봉투를 드렸다. 그러나 교감선생님도, 교장선생님도 나에게 결과에 대해서 아무런 애기도 해주지 않았다. 어려운 학생에게 잘 쓰였으리라 믿고 있을 뿐이다.

운동회 이어달리기의 패배

운동회 날짜가 정해졌고, 학생들과 선생님들은 운동회 연습에 다 같이 열심이었다. 아직 날씨가 무더웠지만 아랑곳하지 않고 매일 열심히 연습을 했다. 내가 맡은 단체 종목은 작년과 같이 태권도였다. 작년에는 처음이라 태권도를 지도하기에 매우 힘들었지만 올해는 수월했다. 5 · 6학년 학생들은 작년에 배워서 자세와 동작이 익숙했기 때문이다.

나는 운동장에서 일주일 정도 단체 연습을 시킨 후 태권도를 잘하는 학생을 조장으로 뽑아 조별로 연습을 하게 했다. 뜨거운 운동장에서 연습을 하지 않고, 시원한 버드나무 그늘에서 조별로 학생들은 열심히 연습을 했다. 내가 가르치는 태권도 종목은 성과제다. 잘하면 일찍 집으로 가지만 못하면 늦게까지 남아서 연습을 해야 한다. 한 사람만 잘해서는 안 되며 조별 모든 학생들의 동작이 절도 있게 일치해야 한다. 여기저기서 조장의 구령 소리와 학생들의 기합 소리가 울려 퍼졌다.

"준비."

"악!"

"주춤새 몸통 4번 지르기. 하나, 둘, 셋, 넷."

"악!"

"손 바꿔!"

"악!"

"주춤새 몸통 4번 지르기. 하나, 둘, 셋, 넷."

"악!"

"얼굴막기. 하나, 둘, 셋, 넷."

"악!"

"방향 바꿔!"

"악!"

"얼굴막기. 하나, 둘, 셋, 넷."

"태극 1장 준비!"

"악!"

"시작!"

"하나, 둘, 셋, 넷……."

나는 연습을 하는 학생들을 돌아보며 조별 지도를 했다.

"태극 1장과 2장은 하나하나의 동작을 정확히 익혀서 절도 있게 행한 다음 전체를 연결하여 힘 있고, 빠르고, 정확하면서 끊기지 말고 부드럽고 유연하게 해야 해."

"옆차기는 발이 정확히 높이 올라가야 해. 시선은 항상 발끝을 보도록."

"태권도는 동작마다 힘이 들어가 있어야 해. 힘이 없는 태권도는 태권도가 아니야. 정확하고 빠르고 힘 있게."

"주먹을 내지를 때에는 최대한 힘 있게 빨리 지르고 빨리 손을 거둬들여 방어 자세를 취해야 해."

나는 학생들에게 항상 정확하고, 힘 있고, 신속한 동작을 요구했다. 공격 시에는 주먹이나 발 등 공격 부위에 시선을 집중하여 철저한 확인 자세를 취하도록 했다. 그리고 공격 후에는 재빠르게 방어자세로 전환할 것을 학생들에게 강조했다.

"자! 태권도는 공격 후에는 신속한 방어, 방어 후에는 신속한 공격으로 항상 전환해야 해. 그래야 최고의 선수가 될 수 있어!"

운동회 연습도 끝나고 운동회 날이 다가왔다. 운동장에는 만국기가 펄럭이고 날씨도 맑았다. 달리기, 단체경기 등 모든 프로그램이 순조롭게 진행되었다. 이제 남은 경기는 학생들과 선생님들의 이어달리기 한 경기만 남았다. 이어달리기 경주는 각 반에서 가장 잘 달리는 학생을 선발하여 학생과 선생님이 벌이는 게임이다. 1학년 달리기는 어린 학생이라 여선생님이 신경을 써서 그런지 그렇게 빨리 달리지 않았다. 학생보다 조금 앞서서 달렸다. 2학년 남학생은 1학년보다는 훨씬 빨리 달렸다. 따라서 여선생님도 더욱 속도를 내게 되었다. 3학년 이어달리기에서는 여선생님이 어린 학생 생각해줄 겨를이 없었다. 잘못하면 학생에게 여선생님이 뒤떨어지게 될 상황이 되었다. 선생님이고 학생이고 각자 최선을 다해서 달렸다. 4학년도 마찬가지였다. 4학년 담임인 박신선 선생님도, 학생도 열심히 뛰었다. 학생보다 조금 앞서서 도착한 박 선생님은 나에게 바톤을 넘겨주었다. 바톤을 쥔 나는 달리기 시작했다. 그런데 뒤에서 쫓아오던 상복이가 나와 옆에서 같이 달리게 되었다. 아무래도 상복이에게 뒤쳐질 것 같았다. 나는 상복이에게 말했다.

"상복아, 선생님 앞서가면 안 돼. 선생님 앞서가면 큰일 나."

나는 상복이에게 은근히 겁을 주었다. 그러나 상복이는 굳세게 옆에서 달리더니 나를 앞서기 시작했다. 어린 상복이가 담임선생님을 이기고 앞서 달리는 것이다. 잠자코 지켜보던 학생들과 학부모님들은 모두 일어서서 소리를 지르며 환호했다. 운동장 스탠드는 청, 백, 홍 비닐천의 물결로 가득했고 마지막 이어달리기를 응원하는 함성으로 울려 퍼졌다. 어린 다윗이 골리앗을 쓰러뜨렸을 때 이스라엘 군대의 함성이 지금과 같았을 것이라고 생각되었다. 마치 한일 야구경기에서 역전 만루 홈런을 친 것처럼 학생들과 학부모님들은 열광하고 있었다.

상복이가 내가 서있는 곳으로 왔다. 나에게 꾸벅 인사를 하고는 뒤통수를 긁으며 겸연쩍게 말했다.

"선생님, 죄송합니다."

"아니야, 잘했어. 운동경기는 정정당당해야 해. 죄송하게 생각할 것 하나도 없어. 잘했어."

나는 상복이를 보며 웃었다. 결국 끊임없이 이어지던 환호 속에 6학년 남선생님들의 분전에도 불구하고 학생들에게 패하고 말았다. 6학년 남학생들도 선생님에게 뒤처지지 않을 정도로 잘 달렸고 또한 젖 먹던 힘을 다해 달렸기 때문이다. 어린 학생들과 학부형님들의 뜨거운 함성을 뚫고 박 선생님이 험상궂은 표정으로 내게로 다가왔다. 그리고는 거친 음성으로 나에게 항의하듯 따져 물었다.

"염 선생, 그래 애한테 떨어져? 애한테 달리기를 떨어지냐고?"

"어제 전야제 행사 할 때, 너무 많이 술을 마셔서 그런 것 같아요."

"그까짓 술 마셨다고, 애한테 떨어져? 애한테 떨어지냐고?"

"그리고 상복이가 너무 잘 뛰어서 그래요."

"애가 뛰면 얼마나 잘 뛴다고 애한테 떨어져? 애한테 떨어지냐고?"

“선생님도 보셨잖아요? 상복이 잘 뛰는 걸.”

“애한테 떨어지고도 웃음이 나와? 웃음이 나오느냐고?

학생들에게 교사들이 진 것에 대해서 박 선생님은 대단히 열 받아 있었고 화가 잔뜩 나 있었다. 이마와 목에는 핏줄이 서 있었고, 나에게 삿대질까지 했다.

그날 마지막 이어달리기의 패인(敗因)은 분명 나에게 있었다. 입이 열 개라도 변명할 수가 없었다. 수많은 학생들과 학부모님들을 열광하게 만든 원인은 내가 못 달렸고, 상복이가 잘 달렸기 때문이다. 그런데 나는 자꾸 웃음이 나왔다. 나도 승부욕이 있는 사람이다. 그런데 달리기 할 때와는 달리 막상 지고 나니 진 것이 부끄럽기는커녕 기분이 좋고, 상복이가 귀여워 계속 웃음이 나왔다.

그러한 내 마음을 박 선생님은 이해하지를 못했다. 그날 박 선생님은 나를 이렇게 생각했을지도 모른다. ‘염 선생 머리에 이상이 생긴 것 아냐?’

그러나 나는 그날 또 한 가지 좋은 것을 배웠다. 지고도 많은 사람들에게 기쁨을 줄 수 있다는 것을, 승리만이 이 세상의 전부가 아니라는 것을 말이다. 멋진 패배는 승리보다도 더 아름답다는 것을 확인하는 순간이었다.

조창하 선생과 손목시계

수업을 마치고 공문을 처리할 것이 있어서 교무실로 들어가려는데 한 아주머니가 나를 불렀다. 연세가 들어 보여 학부모님은 아니신 것 같았다.

"선생님!"

"네에?"

"선생님이 염근호 선생이요?"

"네, 그렇습니다."

"내가 조창하 선생 어미라오. 우리 창하가 지정초등학교에 가면 동기 염근호 선생이 있다고 말해서 선생님이 친구일 것 같아서 말을 붙여본 거라오."

"네, 제가 조 선생과 동기입니다. 어머니 어떻게 오셨나요?"

"교장선생과 사모님께 볼일이 있어서 왔다오. 교장선생과 사모님이 하는 짓을 보면 꼭 도둑놈, 도둑년이라오. 아, 글쎄 돈을 빌렸으면 돈을 갚고 가던가, 아니면 말을 하고 가야지, 아무 말도 안하고 그냥 내빼 버리면 어떻게 해. 우리 아들과 며느리가 착해서 아무 말도 못하고 있기에 내가 대신 받으러 왔다오."

"관사에 사모님이 안 계시던가요?"

"어딜 갔는지 아무리 불러도 대답이 없다오."

"교장선생님께서 교장실에 계실 겁니다. 제가 안내해 드리지요."

조 선생 어머니는 매우 기분이 나빠 있었고, 격앙된 분위기가 얼굴에 그대로 나타나 있었다.

조창하와 나는 교육대학을 다닐 때 한 반이었다. 창하는 시골 청년답게 착하고 순진했다. 2학년 12월이었던가 우리 5~6명은 춘천 명동에 있었다. 교생실습의 끝이었는지 정확한 기억은 나지 않는다. 몇 명의 친구들이 2차를 가자고 우기고 있었다. 모두 돈이 없었다. 한 학생이 또 우겼다. 돈 없으면 시계를 맡기자고 제의했다. 창하가 말했다.

"나는 시계를 맡길 수 없어. 그냥 집으로 가자."

"저녁 먹었으면 됐지 무슨 2차야. 헤어지자."

나도 창하의 말을 거들었다. 그러나 우리 둘의 힘은 미약했다. 강력한 대세에 밀려 둘의 뜻을 관철시킬 수 없었다.

"야! 지금 그냥 헤어지면 우리 언제 만날지 몰라. 지금 발령 받지 못한 선배들이 수두룩한데 우리는 3년 아니라 4~5년을 기다려도 발령을 못 받을 수 있다는 말이 있어. B교육대학 졸업 후에 몇 년 기다리던 발령 대기자(待機者)가 자살했다는 신문기사도 있잖아. 우리가 일부러 술 마시려고 명동에 올 수 있겠어? 이런 기회는 5~6년 이내는 다시없을지도 몰라."

"그래, 모처럼 기회니 한잔 하고 가자."

우리는 명동의 술집으로 들어갔다. 친구가 술집 주인을 불러 친절하게 현 상황을 설명했다.

"아저씨, 우리 술 마시려고 왔는데 돈이 없어요. 그래서 술값으로 시계를 맡기려고 해요. 시계는 5일 이내에 찾아가겠습니다."

술집 사장님은 우리의 손목을 일일이 확인하고는 흔쾌히 고개를 끄덕이며 허락했다. 술을 많이 마시지도 않았다. 술을 마시며 어떤 얘기를 나누었는지도 기억이 나지 않는다. 그 당시 우리가 처한 회색빛 상황을 비관하며, 몇 번 술잔을 권하고 부딪치며 신세 한탄을 했을 것이다.

술값을 계산하게 되었다. 모두 시계를 풀어 테이블 위에 놓았다. 나도 미안한 마음을 애써 누르며 힘없이 시계를 풀어 놓았다. 그런데 문제는 창하였다.

"야, 인마 시계 빨리 풀어내!"

"난 이 시계 절대로 풀어 줄 수 없어."

"의리 없이 굴지 말고 빨리 풀어 내놔."

"내가 아까 얘기했잖아. 난 절대 술집에 시계를 맡길 수 없다고. 이 시계는 우리 누나가 고생하면서 한푼 두푼 돈을 모아 나한테 선물로 사준 시계야. 누나를 욕되게 하는 것 같아서 시계를 맡길 수 없어."

"우리가 돈 벌어서 시계사는 사람이 몇 명이나 되겠니? 다 남이 사준 시계지. 내 시계도 우리 아버지가 선물로 사주신 시계다. 그럼 나는 아버지를 욕되게 한 거냐? 불효자냐? 싸가지 없이 굴지 말고 어서 풀어 내놔."

"난 형님이 사준 시계야."

친구들은 저마다 한마디씩 말했다. 마치 창하가 들으라는 듯이 퉁명스러웠다. 나는 창하의 얼굴을 바라보았다. 창하의 얼굴은 흥분되어 붉게 물들어 있었고 얼굴 근육은 실룩이고 있었다. 시계를 풀어 놓지 못하겠다고 우기는 창하가 부러웠다.

나의 시계도 매형님이 선물로 사주신 시계였다. 시계가 없어 불편을 겪고 있는 나에게 농사를 지으시는 매형님께서 돈을 주셔서 산 것이다. 교대를 다닐 때 매형님 댁에 들른 적이 있었다.

"근호야, 이 돈 매형이 너 시계 사라고 주는 돈이야. 받아."

"처남, 좋은 시계는 장가들 때 색시 보고 해달라고 하고, 아쉬운 대로 싼 시계 하나 사서 차고 다녀."

"감사합니다."

누님이 주시는 봉투를 머뭇거리며 받지를 않자 매형님은 옆에서 농담으로 웃기시며 받기를 권했다. 매형님이 누님에게 봉투를 주신 모양이다. 내가 마음 편히 받으라고 매형님이 배려하신 것 같았다. 봉투 속에는 7,000원이 들어 있었다. 그 당시 쌀 한 가마니에 4,000~5,000원 할 때이니 7,000원이란 커다란 금액이었다. 그 당시에는 쌀이 귀했다. 요즈음처럼 쌀이 남아돌아서 천덕꾸러기 대접을 받는 경우와는 질적으로 달랐다. 봄이면 쌀이 귀해 값이 폭등할 때도 있었고, 정부에서는 상인들의 매점매석을 강력히 처벌했다.

나는 그 돈으로 시계를 샀다. 시계는 시간도 정확했고, 디자인이 단순하면서도 보기에 매우 좋았다. 매형님이 사주신 시계라고 하지만, 사실은 누님이 사준 시계나 마찬가지였다. 누님이 없이 어떻게 매형님이 존재하는가? 누님이 있기 때문에 매형님이 계신 것 아닌가? 나도 매형님과 누님의 사랑을 욕되게 한 것 같아 심히 부끄러웠다. 매형님과 누님이 아신다면 나를 어떻게 생각할지 걱정도 되었다. 안 마셔도 되는 술을 마시고 술값으로 맡긴 시계가 나를 욕하고 있는 것만 같았다. 술집에서는 팽팽한 긴장감이 감돌고 있었다. 테이블 옆에서 남자 주인은 우리들의 다툼을 흥미롭게 지켜보고 있었다. 창하는 친구들과 술집 주인의 시선을 혼자 받으며 외롭게 버티고 있었다. 나는 친구들과 술집 주인에게 말했다.

"사장님, 우리 얘기 들으셨지요? 창하가 시계를 풀어 놓지 않아도, 지금 테이블에 있는 시계만으로도 충분히 술값은 계산되고 남을 것 같아요? 이 시계만 담보로 갖고 계시면 고맙겠습니다. 그렇게 해 주실 수 있지요?"

"네, 좋습니다. 그렇게 하지요."

술집 주인은 나의 제의에 시원스럽게 선선히 응해줬다. 그날 시계를 끝까지 맡기지 않고 굳세게 버틴 창하를 싸가지 없는 놈, 의리 없는 놈이라 수군대는 친구들도 있었지만, 나는 창하를 참 멋있는 친구라고 생각했다. 나는 그날 이후 창하를 마음속으로 매우 좋아하게 되었다. 지금도 창하는 부모님께 효도하며 누님과 매형님을 극진히 사랑하고 섬기는 좋은 남동생, 처남으로 멋있게 살아가고 있을 거라고 생각한다.

구룡사의 가을 소풍

무더운 여름 더위도 가을의 문턱에서는 기승을 부리는 듯했지만, 끝내는 맥을 못 추고 물러나게 되었다. 아침저녁으로는 날씨가 추워지고 한낮에도 선선한 바람이 부는 10월이 되었다. 치악산에도 붉은 단풍이 산등성이부터 시작하여 밑으로 서서히 내려오고 있었다. 그 모습은 마치 산불이 활활 타올라 퍼지는 듯 붉은 빛이었다. 아파트 베란다에서 바라보는 치악산의 가을 경치는 아름답기 그지없었다.

학교에서는 가을 소풍을 학년별로 가도록 했다. 우리 5학년은 원주시 소초면 학곡리에 있는 구룡사(龜龍寺)로 가기로 결정을 했다. 전세 버스를 이용하면 요금이 비싸지기 때문에 일반 시내버스를 이용하여 구룡사까지 가기로 했다. 집에 와서 이야기하니 어린 딸이 더 좋아서 어쩔 줄을 모른다. 자기도 오빠, 언니들 소풍가는 데 데려가 달라고 졸라댄다. 넓은 학교 운동장에서 매일 뛰놀며 언니, 오빠들을 만나다가 아파트에 이사와 집에만 한 달 넘게 있었으니 보고 싶고 답답했던 모양이다. 아내도 같이 가서 아이들을 돌봐줄 수 있다고 한다. 나는 학교에 가서 아이들에게 말했다.

"너희들이 찬성한다면 사모님과, 아기와 혜인이도 함께 가고 싶어 하는데 어쩌면 좋겠니?"

"와~~~아!"

아이들은 일제히 환호성을 올리며 화답했다. 소풍날이 되었다. 모든 학생들은 시내에 오는 버스를 타고 종점에서 내렸다. 간현역 앞에서 출발하는 버스의 종점은 원주의료원 옆에 있었다. 나는 종점에서 기다리고 있었다. 모든 학생들이 빠짐없이 버스에서 내렸다. 나는 학생들을 데리고 구룡사로 가는 버스에 올라탔다. 학생들과 우리 가족들은 오랫동안 헤어졌던 이산가족처럼 반가워했다. 헤어진 지 얼마 되지 않았는데도 너무 반가워하고 기뻐하는 모습을 보니 나도 즐거웠다.

치악산은 차령산맥에 속하는 준령으로 최고봉은 비로봉(1,282m)이다. 원주의 진산(鎭山)으로서 가을에 단풍이 아름다워 적악산이라 불리었는데, 뱀에게 잡아먹히려던 꿩을 구해준 나그네가 그 꿩의 보은(報恩)으로 위기에서 목숨을 건지고 살아났다는 전설에 따라 꿩 '치(雉)'자를 써서 치악산(雉嶽山)으로 이름이 바뀌었다고 한다.

구룡사는 신라 문무왕 8년(668)에 의상대사가 창건하였다. 원래 지금의 절터 일대는 깊은 소(沼)가 있던 자리로, 거기에는 아홉 마리의 용이 살고 있었다. 의상이 절을 지으려 하자, 용들은 이를 막기 위해서 뇌성벽력(雷聲霹靂)과 함께 비를 내려 산을 물로 채웠다. 이에 의상(義湘)이 부적 한 장을 그려 연못에 넣자 갑자기 연못물이 말라버리고, 그 중 용 한 마리는 눈이 멀었으며, 나머지 여덟 마리는 구룡사 앞산을 여덟 조각으로 갈라놓고 도망쳤다. 의상은 절을 창건한 뒤 이러한 연유를 기념하기 위해서 절 이름을 구룡사(九龍寺)라 하였다고 전한다. 그 후에 사찰이 자꾸 쇠퇴하자 어느 한 사람이 나타나 구룡사 앞에 있는 거북바위의 혈을 끊으라고 말하였다. 거북바위의 혈을 끊었음에도 불구하고 사찰이 더욱 쇠퇴하자, 거북바위의 혈을 다시 잇는다는 뜻에서 절 이름을 구룡사로 불러 오늘에 이르고 있다.

구룡사 입구에는 강원도 기념물 제30호로 조선시대에 세운 황장금표(黃腸禁標)가 있다. 이것은 궁궐을 지을 때 재목으로 쓰기 위해서 치악산 일대의 송림(松林)에 대한 무단 벌채를 금하는 방으로, 전국에서 유일하게 남아있는 표지로서 역사적 가치가 크다. 나는 어린 학생들에게 돌에 새겨진 한자의 낱자를 하나하나 풀이해 가며 설명을 해 주었다. 지금도 기억하고 있는지 궁금하다.

우리는 아름다운 계곡 사이로 맑게 흘러내리는 구룡계곡을 옆에 끼고 구룡사를 향해 걸었다. 맑은 물이 흘러내리는 소리가 기분을 돋워주어 마치 신선의 세계에 들어온 듯 했다. 아이들은 탄성의 소리를 크게 지르며 흥분했다. 섬강 삼산천의 계곡도 아름답지만 구룡계곡의 물도 아름답기 그지없었다.

그해 가을 소풍을 가기 전 비가 많이 왔다. 그래서 계곡의 수량(水

量)은 풍부했고 물소리는 더욱 요란하고 아름다웠는지 모른다. 구룡사에 들러 대웅전, 보광루, 삼성각 등을 견학하고 용소(龍沼)와 용소폭포를 지나 올라가 편평한 곳에 자리를 잡았다. 옆에는 맑은 계곡물이 시원하게 흐르는 명당자리였다.

비로봉에서 내려온 단풍이 사다리병창을 지나 아이들이 노는 곳까지 내려와 있었다. 나뭇잎의 색깔이 누르스름하게 물들어 있었다. 구룡사 절과 소풍 장소에서는 사진도 찍었다. 그날 아이들은 재밌게 오락을 하며 즐거운 시간을 보냈다. 그러나 가을의 해는 짧았다. 구룡사에서 차를 타고 종점까지 왔다. 간현 가는 버스를 기다리는 동안 우리는 원주의료원의 동그스름한 향나무를 배경으로 사진을 찍었고, 버스종점 앞의 공원에서도 노란 국화와 빨간 샐비어를 배경으로 사진을 찍었다. 그날 학생들은 각자 자율적으로 행동했는데도 모두 약속을 잘 지켜주어 소풍 일정을 잘 마칠 수 있었다. 간현으로 가는 버스에 학생들을 태웠다. 그리고 나는 학생들에게 신신당부를 했다.

"선생님이 따라가서 내려줘야 하는데 선생님은 너희들을 믿고 가지 않는다. 차를 타고 가다 잠이 들어서 내리는 곳을 지나치면 안 돼. 혹시 잠이 들면 다른 친구가 깨워서 자기네 집이 있는 곳에서 내려줘야 돼. 서로 도와주면서 소풍 마무리를 잘 해야 해."

"네~~에!"

학생들은 버스가 출발하기 전 씩씩하고 우렁차게 대답했다. 잘못된 학생이 없이 모두들 집에 잘 도착했다.

"5학년 학생들 고마웠어. 그리고 감사해."

당나돌 교장선생님과 닭

당 나돌 교장선생님이 우리 교직원들을 점심 식사에 초대했다. 우리 직원들은 점심을 먹으러 관사로 갔다. 교장선생님 관사래야 한 달 반 전만 해도 내가 살던 집이었다. 점심에 나온 국은 닭국이었다. 관사를 떠나올 때 나는 관사에 기르던 닭과 밭에 농사짓던 채소와 고구마 등을 교장선생님께 모두 드리고 떠났다. 교장선생님은 닭을 기르기가 사료도 들고 귀찮았던 모양이다. 닭을 잡아 국을 끓인 것이다. 넘어가지 않는 닭국을 넘기며 닭에게 미안한 마음을 금할 수가 없었다. 박스에 담겨서 우리 집에 팔려온 노란 병아리를 사료를 주며 키우던 때부터, 학교에서 관사로 돌아오면 '구구구구' 소리를 지르며 달려와 반기던 닭들의 모습이 떠올랐기 때문이다. 커다란 알을 낳고는 큰소리로 자랑스럽게 '꼬꼬댁' 거리던 닭들의 모습이 떠올라 나의 가슴을 아프게 했다.

"여보, 은미 엄마가 그러는데 은미네는 암탉이 별로 없고 거의 수탉이래요. 우리 암탉들이 알 낳는 것을 보며 얼마나 부러워하는지 몰라요. 혹시 잡아먹을 거면 우리 암탉과 은미네 수탉을 바꿨으면 하더라고요."

그때 나는 웃기만 했었다. 내가 생각을 좀 더 깊게 했더라면 우리 닭들을 살릴 수 있었고, 모두 좋게 되었을 텐데, 나의 부족함 때문에 이렇게 된 것 같아 가슴이 아팠다. 그러나 관사로 따지면 내가 선임자였다. 어느 선생님이 관사로 들어오든 나는 후임자에게 똑같이 했을 것이다. 그해 고구마 농사도 잘 되었고, 배추와 무도 잘 자라 매우

켰다. 내가 밭에 거름을 많이 해서 몇 년간은 퇴비를 주지 않아도 농사가 잘 될 거라는 생각에 위안을 삼았다.

명문 고등학교의 기준

붉게 물들었던 단풍도 나뭇잎이 떨어지고 길가에는 낙엽이 바람에 따라 이리저리 땅바닥을 스치며 날아다니고 있었다. 날씨가 추워지고 찬바람이 거세게 불며 겨울방학을 하게 되었다. 나도 집에서 생활하며 모처럼 따스한 겨울 방학을 보내게 되었다. 지정초등학교의 두 관사가 모두 단열이 부족하여 겨울에는 방안에서도 매우 추웠는데, 아파트는 관사보다는 단열이 보다 나은 편이었다.

내가 살고 있는 아파트 단지에는 춘천교대 동기인 이해림 선생이 살고 있었다. 항상 신중하고 선비 스타일인 이해림 선생도 우연히 방송통신대학 같은 과(科), 같은 학년이었다. 나와 이 선생의 처지도 비슷했다. 이 선생은 장난꾸러기 두 아들이 있었다. 추운 겨울이라 아이들은 방안에서 생활을 하다 보니 방안이 조용할 리 없었다.

이 선생과 나는 시내 자유시장 부근에 있는 방송통신대학 학습관으로 공부를 하러 다니기로 했다. 아침을 먹고는 학습관에 가서 공부를 하다가 점심은 시장에 가서 사먹었다. 이 선생과 가장 많이 사먹은 음식이 순대국이었다. 서로 돈을 내겠다고 앞 다퉈 냈지만 결국은 내 돈 주고 사먹는 식이 되었다. 서로 상대편을 배려해, 혼자서 점심값을 많이 내도록 허용하지 않았다. 때로는 저녁을 사먹으며 밤늦게까지 공부하고 오는 경우도 있었다. 이 선생과 같은 아파트 단지에 있으면서 우리는 서로 공부하고 서로 격려하며 보람되고 유익한 시간을 보냈다. 이 선생과 같이 있었던 시간은 나의 발전에 많은 도움을 준 시간이었다. 이 선생과 1년이 넘게 학습관에 다니면서 꾸준히 공부했던 시간들은 지금도 매우 소중한 추억으로 간직되어 있다.

이해림 선생은 춘천의 CC고 출신이다. 모교에 대한 자부심이 대단하다. 평상시에는 조용한 성격이라 말이 없지만 술을 마시고 취기(醉氣)가 돌면 마음속 깊이 담겨져 있던 생각을 술김과 함께 발산한다.

"염 선생, 강원도에는 뭐니 뭐니 해도 CC고가 제일이야. 원주에 있는 WJ고 출신 애들 하고, 강릉에 있는 GR고 출신 애들, 서로 자기네 고등학교가 명문이라고 자랑하는데 강원도에서는 CC고가 제일 명문 고등학교라고 생각해. 서울대학교 합격률로 보나 고위층 출신 인사들로 보나 CC고가 제일이지."

"……"

"염 선생은 어떻게 생각해?"

"이 선생 말이 맞아. CC고가 제일이라고 생각해."

이 선생은 기분 좋게 맥주를 들이마셨다. 문제는 다른 선생들하고 술을 마실 때였다. 한번은 개운아파트 슈퍼마켓 앞의 파라솔에서 나와 이 선생, 차 선생, WJ고 출신 동기와 함께 넷이서 맥주를 마시고 있었다. 하늘은 맑고, 별은 총총히 떠있고, 밤은 점점 깊어가고 무더위는 점차 사그라지고 있었다. 더위를 식히려 맥주를 마시러 나왔던 사람들도 집으로 돌아갔다. 슈퍼 앞 파라솔에는 우리 넷만이 남아 맥주를 마시고 있었다. 어느 정도 적당히 취해 있을 때 이 선생이 또다시 명문고 이야기를 들고 나왔다. 어깨를 으쓱거리고 목소리에 힘을 주어 우리를 압도하려는 듯이 자신 있게 말했다.

"강원도에서는 CC고가 최고의 명문 고등학교야. 다른 고등학교는 상대가 안 되지."

"야, WJ고가 왜 CC고에 상대가 안 되냐? 기분 나쁜 소리 하지 마라."

"고등학교가 똑같은 교육과정으로 배웠는데, 무슨 명문고를 따지냐?"

"그럼 CC고가 최고가 아니란 말이야?"

"최고긴 뭐가 최고야."

이 선생이 수적으로 수세에 몰려있었다. 누군가 지원군이 필요했다. 내가 거들었다.

"이 선생 말이 맞아. 강원도에서는 CC고가 최고 명문 고등학교야."

"아니, 염 선생은 원주 출신이면서 CC고 편을 드나?"

"원주는 조금 부족한 사람들이 많아서 명문고를 따질 형편이 못돼. 원래 원주는 강원도 감영(監營)이 있던 곳이 아닌가? 그런데 도청소재지를 춘천에 뺏겼잖아. 빼앗긴 바보들이 사는 곳에서 무슨 명문고를 따지나? 춘천은 도청소재지를 빼앗아갔잖아? 그러니 빼앗은 자의 똑똑한 자손들이 다니는 학교니까, 명문 고등학교라고 할 수 있지."

되지도 않는 나의 말에 친구들은 어이가 없다는 듯 나를 바라보았다. 나는 한술 더 떠서 말을 마무리했다.

"원래 강원도 감자바위들은 잘난 것을 따지면 안 돼. 도토리 키재기 하는 것처럼 거기서 거기니까. 강원도에서는 단언하건데 CC고가 최고 명문 고등학교야. 밤도 깊었어. 아파트 주민들 잠이 들고 조용한데 큰 소리 내면 안 돼. 남이 보면 술 취해서 싸움난 줄 알겠어. 그만 헤어지고 이야기할 것 있으면 다음에 이야기하자."

그날은 그렇게 헤어졌다. 모두 술이 적당히 취했기 때문이다. 얼마 후 이 선생과 다시 맥주를 마시게 되었다. 이 선생은 다시 CC고가 강원도 최고 명문 고등학교라며 기염을 토하기 시작했다.

"장ㅇㅇ 축구협회장 있지? 그분 키가 작지만 국회의원도 하고, 농수산부장관도 하고, 대단하신 분이야. 그분도 우리 CC고 선배님이셔. 강원도 출신 가운데 축구협회 회장을 한다니 대단하잖아? 서울대 입학 숫자로 보나 고위관료 숫자로 보나 CC고가 단연 최고라고 생각해."

이 선생은 기분이 좋아서 얼굴에 웃음을 가득 담고 이야기를 시작했다. 나는 이 선생의 이야기를 묵묵히 듣다가 그의 이야기가 끝나자 조심스럽게 말하기 시작했다.

"나는 서울대학교 졸업했다고 훌륭하다는 생각은 하지 않아. 돈이 없어서 공부를 하지 못한 사람도 자기가 맡은 일을 성실히 하는 사람, 그런 사람이 훌륭한 사람이라고 생각해. 또 고위 관직을 했다고 다 훌륭하다고 생각지 않아. 대통령을 했어도 국민은 도외시하고, 권력 나누어 먹기나 하고, 권력을 이용하여 개인적 치부(致富)나 하면서 국민의 가슴에 상처를 안긴 사람을 훌륭하다고 할 수 없어. 나의 아버지는 글자도 모르시는 문맹(文盲)이셨지만 농부로서 땀 흘려 일하시고 최선을 다하신 분이셨어. 나는 나의 아버지를 훌륭하신 분이라고 생각하고 있어. 명문 고등학교는 서울대를 많이 보내고 고위 관직자를 많이 배출한 학교가 아니라, 묵묵히 자기가 맡은 일에 최선을 다하는 사람을 가장 많이 배출한 고등학교가 명문 고등학교라고 생각해. 나의 모교인 육민관중 · 고등학교를 설립하신 홍범희 선생님께서는 어려운 환경에 처한 농촌의 학생들에게 공부를 가르치기 위해서 학교를 설립하셨어. 그리고 지역사회 발전을 위해서 묵묵히 일하는 참된 실력 있는 일꾼이 되라고 말씀하셨지."

"염 선생 말이 옳아. 내가 잘못 생각했어. 진심으로 사과할게."

이 선생은 그날 매우 미안한 표정으로 나에게 사과를 했다. 마음씨 착한 이 선생은 그 후에 다시는 그 말을 되풀이 하지 않았다.

주식투자 권유

이해림 선생과 나는 경제에도 관심을 갖고 서로 대화를 나눴다. 나에게 주식을 가르쳐 준 사부(師父)님이 이해림 선생이다.

"염 선생은 월급을 타면 남는 것은 어떻게 하고 있어?"

"나는 총각 시절부터 재형저축을 들었어. 월급 타면 생활비와 용돈을 제외하곤 모두 재형저축으로 적금을 들고 있지. 그게 다야."

"다른 데다 투자하고 싶은 생각은 없어?"

"어디에다 투자를 하는데?"

"원주에도 대우증권이라고 증권회사 지점이 생겼잖아? 지점에 찾아가서 계좌를 개설하고 주식에다 투자를 해봐."

"주식은 투기 아냐? 위험해서 어떻게 해? 나는 도박하는 기분이 들어서……."

"주식은 절대 도박이 아니야? 잘만 투자하면 은행 금리보다 훨씬 높은 수익을 올릴 수 있어. 내가 보니까 염 선생은 공부하는 것을 무척 좋아하던데 주식 책을 사다가 공부를 해서 도전을 한 번 해봐. 앞으로 금리는 점점 낮아질 것이고, 주식에 투자하는 것이 대세일 것 같아. 좋은 우량 종목을 골라서, 성장성도 높은 그런 종목으로 말이야."

"그래도 나는 불안한데……."

"세계 경기는 호황과 불황의 경기 사이클이 있어. 호황일 때는 몇 년씩 계속 경기가 좋아지고 주식가격도 계속 상승하지. 불황일 때는 몇 년씩 경기가 나빠지고 주식가격도 계속 하락하거든. 경기가 좋아지는 호황국면의 대표적 수혜 종목을 골라서 쌀 때 미리 사두면 큰돈을 벌 수 있어. 세계 경기는 동조화(同調化) 현상을 보이면서 변하고 있고, 경기 사이클도 점점 짧아지는 주기를 보이고 있어. 우리 세대는 주식 공부도 필수야. 한번 공부해봐."

이해림 선생의 권유로 나는 증권회사 원주지점을 찾아갔다. 분위기가 은행과는 전혀 딴판이었고 공포감이 생겨서 얼른 나와 버렸다. 망설이던 나는 며칠 후 서점에 가서 초보자를 위한 주식투자 책을 사서 읽었다. 그리고 다시 중급자를 위한 책을 사서 읽으며 실력을 쌓아갔다. 재무제표, 이동평균선, 엘리어트 파동론, 각종 그래프를 공부해 나갔다. 겨울방학 동안에 주식 책을 공부하는 것은 재미있었다. 너무나도 모르는 것이 많았기 때문이다. 그리고 경제신문을 보면서 현실 감각을 키워갔다.

주식을 하면서 크게 수익을 본 경우는 오랫동안 오르지 못하고 낮게 기어가는 종목을 매수해서 장기 투자를 했던 종목이다. 그리고 매출액, 영업이익, 순이익이 크게 증가하는 종목이었다. 그러나 30년 넘게 주식을 하면서 수익보다는 손해를 많이 보았다. 손해를 본 경우가 대부분 오랫동안 기다리지 못했기 때문이다. 주식투자는 인내와의 싸움이다. 사고 싶은 종목을 싸게 살 수 있을 때까지 기다려야 하고, 싸게 샀으면 오를 때까지 굳세게 참고 기다려야 한다. 주식투자를 타이밍의 예술이라고 한다. 투자의 효과가 가장 크게 나타나도록 적기를 포착하는 기술이 중요하다. 경기의 영향을 받아 흑자와 적자를 오가는 냉온탕의 기업보다는 꾸준히 흑자를 유지하는 견실한 기업이 더욱 매력적이다. 지금 같이 저금리 시대에는 꾸준히 배당을 많이 하는 우량기업도 탐색해 볼 만하다. 그러나 결국 주식투자는 머니게임이다. 커다란 자산을 갖고 있는 기업의 주가가 오르는 것은 그 회사의 주식을 사서 끌어올리는 강력한 매집 세력이 있기 때문이다. 매집 세력은 함께 돈을 벌려고 하지 않는다. 혼자서 많은 돈을 벌려고 한다. 그래서 쌀 때 달라붙는 개미들을 모두 털어버리고 주식을 띄우려고 한다. 올렸다 떨구기의 롤러코스터 장세를 몇 번 반복하여 지루함과 공포감을 느낀 개미들을 거의 털어버리고 고공 행진을 계속한다. 끝까지 떨어지지 않고 달라붙어 있던 소수의 개미들만이 커다란 이익을 남길 수 있다.

세계적 거대 금융기업 골드만삭스, 도이치, 모건스탠리, 메릴린치를 비롯하여 국내의 삼성, 미래에셋 등 거대 금융기업이 포진해 있는 주식시장에서 게임을 한다는 것은 대포와 기관총으로 중무장한 사람에게 맨주먹으로 덤벼드는 것처럼 불리하다. 자금 동원이나 미래 예측, 기업 분석력 등에서 개미들은 도저히 따라가기가 힘들다. 그러나 저금리 시대에서 주식투자는 필요악인지도 모른다. 방송, 신문 등의 모든 기사를 참고로 할 뿐 유언비어에 현혹되어서는 안 된다. 자기 나름대로의 투자관과 '밀짚모자는 겨울에 사라'는 격언을 믿음으로 삼고 있다면 타이밍을 기다려 투자해도 괜찮다고 생각한다. 때로 잘못 샀다고 생각될 때는 과감히 손절매할 수 있는 투자가라면 기대 이상의 수익률을 올릴 수 있다고 생각한다.

방학동안 추억 만들기

겨울방학도 끝나고 5학년 종업식도 마쳤다. 학생들은 저마다 한 학년 진급을 기다리며 봄방학을 즐기고 있었다. 학교 일직이라 교무실에 출근해서 장부를 정리하고 있었다. 교장선생님이 들어오셨다. 교장선생님은 심각한 표정을 지으며 내 앞으로 걸어오셨다.

"염 선생, 내가 부탁을 하려고 하는데 6학년 담임을 맡아줘야 하겠어."

"네, 당연히 제가 맡아야지요. 4~5학년 담임을 맡으며 정들었는데, 6학년까지 맡아서 제가 마무리를 해야 한다고 생각합니다."

"이번 6학년 중학교 입학시험 결과가 나왔는데, 원주시교육청 관내 본교와 분교 포함 총 57(55)개 학교 가운데 55(53)등을 했다고 하잖아. 꼴찌로 셋째래. 이번 면내 지정중학교 입학시험에서 5등 안에 우리 학교 학생이 한 명도 없다고 하잖아. 분교보다도 성적이 훨씬 나쁘대. 교육청에서 교육장님이 전화가 왔어. 한번 만났으면 좋겠다고 하시기에 교육청을 갔었지. 교육장님 말씀이 지정초등학교 학생들이 너무 실력이 부족하다고 분발해야 하겠다고 하더라고. 창피해서 혼났어. 나짜미 선생, 학생들 잘 가르치는 것처럼 말로 떠들어 대기에 믿고 있었다가 고개를 들고 다닐 수가 없게 생겼어. 나짜미 선생처럼 학생들을 대충대충 가르치지 말고, 염 선생이 열심히 가르쳐서 내 체면 좀 살려 줘. 부탁이야."

"교장선생님, 걱정하지 마십시오. 열심히 가르쳐서 내년에는 반대로 상위권에 저희 학교를 올려놓겠습니다. 안심하십시오."

"염 선생만 믿겠어. 고맙네."

나는 그날 깊이 생각을 해보았다. 나짜미 선생이 말하는 걸 보면 무엇이든지 잘하는 것처럼 이야기하는데 실제는 그렇지 않은 것 같았다. 나짜미 선생은 겉과 속이 다른 표리부동한 사람이었다. 교사는 학생을 가르치기 위해서 존재하는 사람이다. 학생들을 성심성의껏 가르쳐야 한다. 다른 것은 용서할 수 있어도 학생들 수업에 나태한 것은 용서할 수가 없다. 더욱이 교육 환경이 좋지 않은 시골학교에서 선생이 학생들을 제대로 가르치지 않았다면 참 나쁜 사람이라고 생각했다.

3월 1일자로 새로운 교감선생님이 취임했다. 신입생을 맞이하고 새로운 교실에서 공부를 하면서 학생들에게 학습 의욕을 고취시켰다. 매일 늦은 시간까지 학생들과 공부했다. 나는 서무를 맡고 있었는데 때로는 공문서를 집으로 가져가서 처리해야 하는 경우도 많았다. 교장선생님은 붓글씨를 예쁘게 잘 썼다. 나의 각종 흑표지 장부에다가 예쁘게 표지 글씨를 써 주기도 하셨다.

바쁘던 3월이 지나가고 4월이 되었다. 4월에 교육청에서 장학사가 장학지도를 나왔다. 교장실에 모든 선생님이 모였다. 새 학기 장학지도를 나온 장학사의 얼굴은 매우 불쾌해 보였다. 상견례 겸 인사를 마친 장학사는 교장선생님께 말했다.

"교장선생님께서는 나가셨으면 합니다. 선생님들에게 제가 별도로 드릴 말씀이 있어서요."

"예, 그렇게 하시지요."

교장선생님 체면을 살려주려는 듯 교장선생님을 내보낸 장학사는 우리와 함께 자리에 앉았다. 그리고는 중학교 입학시험 성적이 나온 공문을 읽고 흔들며 격하게 소리를 내질렀다.

"이번 지정초등학교 6학년의 중학교 입학시험 결과가 나왔는데, 원주시교육청 관내 본교와 분교 포함 총 57(55)개 학교 가운데 55(53)등을 했습니다. 면소재지 학교가 조그만 분교보다도 성적이 좋지 않습니다. 꼴찌로 3등입니다. 꼴찌로 3등이라고요. 내가 아무리 생각해 보아도, 하도 한심해서 하는 말입니다. 지정초등학교 선생님들, 학생들에게 공부는 가르치지 않고 맨날 낮잠만 잤습니까? 낮잠만 잤느냐고요? 그러면서 월급은 타먹습니까? 족제비도 낯짝이 있다고 월급 도둑이 아닌 다음에야 어떻게 월급을 타먹습니까? 선생님들 정신 차리세요. 외부인들이 알면 모두 낮잠만 자고 있는 줄로 안다고요."

장학사는 성적이 나온 공문을 마구 흔들며 흥분해서 소리를 질렀다. 나는 나짜미 얼굴을 바라보았다. 나짜미는 고개를 약간 숙인 채, 두 눈만 깜박이고 있었다. 미안해하는 표정도 보이지 않았다. 그 당시는 6학년 성적으로 그 학교의 학력을 평가하는 경향이 있었다. 우리는 다 같이 도매금으로 매도(罵倒)되었다. 잘난 체만 하는 나짜미가 갑자기 풍선처럼 보였다. 한참 동안 장학사에게 꾸중을 들은 우리는 아무 말도 못하고 교장실을 나왔다. 밖에 나온 나짜미가 낄낄대며 말했다.

"장학사가 목에 힘주고 뭐하는 짓거리야. 건방지게 말이야."

그러나 나짜미는 그렇게 말해서는 안 될 것 같았다. 6학년을 맡았던 담임으로서 이런 불상사가 생긴데 대해서 도의적으로 책임을 져야 할 것 같았다. 학생들과 선생님들에게 사과는 못 할지언정, 적어도 미안한 표정이라도 짓고 있어야 합당한 태도가 아닌가? 낄낄대며 떠드는 나짜미의 얼굴을 물끄러미 바라보다가 교실로 발걸음을 옮겼다.

매년 간현 섬강 가에서 실시하던 봄 소풍도 마치고, 라일락 향기 퍼지는 5월도 지나가고, 학교 앞 넓은 들에는 모내기를 한 벼들이 쑥쑥 자라서 한여름의 경치를 자아내고 있었다. 6학년 학생들과 1학기를 마치고 여름방학을 맞이하게 되었다. 교실은 2층 콘크리트 건물이라서 그런지 여름의 한낮에는 매우 더웠다. 여름방학을 시작하던 날 나는 학생들에게 말했다.

"너희들에게 말한 대로 6학년은 여름방학이 없다. 내일부터 수업을 시작할 테니 책가방을 그대로 싸 오거라."

"선생님 더워 죽겠는데 그냥 공부를 계속하면 어떻게 해요. 1주일만 쉬고 공부를 시작해요."

"일주일만 쉬게 해 주세요. 선생님 부탁해요."

학생들은 모두 몸을 좌우로 흔들며 강력하게 졸라댔다.

"그럼, 좋다. 딱 1주일만 쉬고 공부를 시작한다. 다녀올 데 있으면 다녀오고, 물놀이 하고 싶으면 안전하고 재밌게 물놀이도 해라. 그리고 1주일 후에는 책가방을 가지고 등교해서 공부를 한다. 약속은 꼭 지켜야 한다."

"네~에."

학생들은 모두 즐겁게 대답했다. 이번 여름방학은 학생들이나 나에게 공부하느라 힘든 방학이 될 것 같았다. 학생들에게 복습의 기회를 통해서 부족한 부분을 채워주고 싶었다. 나도 1주일 동안 집안 식구들과 유익한 여름방학을 보내야 할 것 같았다.

1주일 후부터 수업이 시작되었다. 무더운 여름 날씨에도 불구하고 학생들은 열심히 공부하고 학교생활에 충실했다. 과외수업을 받을 수도 없는 열악한 시골 초등학교 어린이들에게 방학 중에도 수업을 한다는 것이 나 자신 즐겁고 기뻤다.

올해도 매년 되풀이 되는 서울○○교회의 중 · 고등학생 여름방학 성경캠프가 우리 학교 강당에서 시작되었다. 옆 강당에서 열리는 목사님의 설교 말씀이 우리 교실에도 또렷하게 들려왔다. 내가 학생들에게 가르치는 목소리도 잘 들릴 것이다. 무더운 여름이라 우리 교실 창문도 모두 열려 있고, 강당의 창문도 모두 열려 있었다. 때로 쉬는 시간이 겹칠 때는 우리 반 학생들과 교회학교 학생들이 상면(相面)하는 경우도 있었다. 그럴 때 마다 나는 학생들의 얼굴빛을 살펴보았다. 그리곤 우리 반 학생들이 무더위에 힘들고, 지쳐 보이면 나는 학생들에게 격려의 말을 했다. 의외로 우리 반 학생들은 강했고 무더위를 잘 이겨내며 열심히 공부했다.

"하나님께서는 모든 사람들을 아름답고 훌륭하게 만드셨다. 그런데 살다보면 사람들의 차이가 생겨난다. 왜 차이가 생겨날까? 그것은 땀 흘려 열심히 노력했느냐, 아니냐의 차이다. 일찍 날아오른 새가 먹잇감도 먼저 보는 것처럼, 땀 흘려 열심히 노력하는 사람에게 하나님께서는 축복을 내려주신단다. 정말 아름다운 사람은 얼굴이 예쁜 사람보다 마음씨가 예쁜 사람이란다. 마음씨가 예쁜 사람이란 부모님을 지극 정성으로 모시는 효자와 효녀, 친구와 사이좋게 지내는 착한 학생, 자기에게 사랑을 베풀어 주신 모든 분들에게 늘 감사하며 사는 사람이다. 하나님은 이러한 사람들을 아름답게 보시며 축복을 내리신다. 이번 여름방학 공부가 너희들이 살아가는데 있어서 좋은 경험이 되었으면 좋겠다. 더욱 부지런하고 성실하게 살아가는 사람이 되었으면 좋겠다. 너희들은 하나님이 보시기에 아름다운 사람으로 이 세상을 살아라. 그러한 삶을 산다면 성공한 사람이고, 승리한 사람이고, 행복한 사람이다. 너희들이 인생을 살아가는 동안에 어려움이 닥치더라도 쉽게 절망하거나 포기하지 말라. 모든 역경을 이겨내며 하나님 보시기에 아름답게 살아가는 사람이 되기를 간절히 바란다."

나는 1986년 여름방학을 공부하며 보내는 우리 반 학생들에게 용기를 북돋아 주기 위해서 자주 희망의 말을 하고는 했다. 뜨거운 태양과 무더운 날씨에도 불구하고, 학교 앞 넓은 들의 벼들은 힘차게 쑥쑥 자라고 있었다. 그 벼들처럼 우리 반 학생들은 더위를 잘 참아내었고, 여름의 지루한 장마와 소나기도 잘 참아내며 열심히 공부를 하고 있었다. 나는 이 여름방학의 공부가 먼 훗날 학생들에게 아름다운 추억이 되고, 힘을 내 인생을 살아가는데 밑거름이 되기를 원했다. 학생들이 기특했고 고마웠다. 86아세안 게임의 메달을 목에 걸기 위해서 막바지 훈련에 최선을 다하는 국가대표 선수들처럼, 무더운 여름방학에 최선을 다하는 우리 반 학생들에게, 그리고 여름성경학교 캠핑 학생들에게도 인생의 결승선을 돌파할 때 뜨거운 축하의 함성이 울려 퍼지기를 고대했다.

4장

오랜 시간의 기다림

수학여행과 박수준 선배님

우리 반 학생들의 초등학교 마지막 여름방학도 끝났다. 여름방학 이래야 학교에서 공부하느라 별로 쉴 시간도 없었다. 2학기가 시작되었다. 6학년 여행인 수학여행을 어디로 가는 곳이 좋을지 생각하고 있었다. 그런데 그해 중 · 고등학교 수학여행을 경주로 가던 학생들이 대형 교통사고가 발생해 어린 학생들이 다치고, 생명을 잃는 사고가 발생했다. 그 영향은 강원도에도 나타났다. 강원도 도교육청은 각 학교에 타 지역 먼 거리 수학여행을 자제하고, 될 수 있는 한 가까운 도내 수학여행을 할 것을 종용하는 내용의 교육감 명의의 공문을 보내왔다. 만일 이를 어기고 경주 등 타시도로 수학여행을 갔다가 불미스러운 일이 생기면 학교장이 책임을 지게 생겼다며 교장선생님께서 도내 수학여행을 강력히 요구하셨다.

"염 선생, 교육감이 도내 수학여행을 강력히 요구하니까 교육장까지 나서서 도내 수학여행을 하는 것이 좋을 것 같다고 말하는데 아무래도 도내로 수학여행을 하는 것이 좋을 것 같아. 만일 말을 안 듣고 타 시도로 수학여행을 갔다가 사고라도 나면 어떻게 해."

"강원도 내 수학여행이라면 동해안 방면밖에 더 있겠습니까? 그런데 동해안은 4학년 때 현장 학습을 다녀왔습니다. 마땅히 갈 데가 없네요."

"초 · 중 · 고 수학여행 학생들이 경주로 다들 몰려들어서 숙박료도 비싸고 무척 붐빈다고 하는데, 좋은 방법이 없을까?"

"6학년 사회 교과서에 도청에서 하는 일을 공부하는 과정이 나옵니다. 도청에서 하는 일을 알아보기 위해서 도청 견학도 하고, 강원일보사를 견학하여 신문 만드는 과정도 보고, 소양댐 관광도 한다면 하루 정도의 시간으로 유익한 견학이 될 것 같습니다. 수학여행 경비도 무척 적게 들어서 학부모님 부담도 경감될 것 같습니다. 수학여행을 그렇게 대체할까요? 교장선생님 생각은 어떠신지 말씀해 주십시오."

"그게 좋겠어. 그렇게 하도록 해. 그 대신 염 선생이 도청이나 신문사에 협조 공문을 보내야 할 거야."

"네, 알겠습니다. 협조 공문도 보내고 추진하도록 하겠습니다."

협조 공문을 보낸 결과 도청에서 답신이 왔다. 직원회의 및 업무보고로 인하여 오전 10시 이후에 견학을 했으면 고맙겠다는 내용이었다. 그래서 제일 먼저 강원일보사를 견학하고, 다음에 도청, 소양댐 견학 및 관광을 최종 결정 했다.

수학여행일이 다가왔다. 가을의 낮은 무척 짧다. 최대한 시간을 잘 활용하기 위해서 일찍 출발시간을 정했고 나의 말에 따라 질서정연하게 단체행동을 해 줄 것을 학생들에게 당부했다. 학교에서 도청 등 견학을 갈 때는 간단한 필기도구를 갖고 오도록 했다. 그리고 현장 견학 시에 타인의 업무에 방해가 되지 않도록 조용히 다닐 것을 몇 번씩 강조해서 주의를 주었다.

버스를 대절하기 때문에 간현에 살고 있는 학생들은 학교에 오지 말고 간현역 앞에서 모이기로 약속했다. 그래야 학생들이 편하기 때문이다. 가곡리에 사는 학생들도 버스가 다니는 길거리에서 만나기로 약속을 했다. 모든 학생들에게 버스 승차가 편리한 장소에서 만나기로 약속을 한 다음 나는 원주에서 시내버스를 타고 학생들을 태우며 간현으로 갔다. 약속 시간보다 일찍 도착한 나는 버스에서 기다리고 있었다. 간현역 부근에서 미용실을 하시는 최홍인 어머니께서 나오셨다.

"선생님, 기사아저씨, 날씨도 추운데 저의 집에 들어오셔서 따뜻한 커피 한잔 드세요. 어서 들어오세요."

"괜찮습니다. 차 안이라서 별로 춥지 않습니다."

"어서 들어오셔서 커피 한잔 드시고 가세요. 홍인이 아버지도 기다리고 있습니다."

이른 아침에 죄송했지만 커피를 마시러 홍인이네 집에 들어갔다. 홍인이 아버지께서 반갑게 맞아주셨다. 홍인이 아버지를 나는 그때 처음으로 뵈었다. 조용하시면서도 인자하신 성품이 인상적이었다.

학생들을 태우고 원주로 향하면서 못 탄 학생들을 마저 태우고 춘천을 향해 버스는 달렸다. 이른 아침 추운 날씨인데도 학생들은 신이 나서 들떠있었다. 버스는 횡성을 지나 굽이진 길을 돌아가며 조금씩 높이 올라가고 있었고 홍천 입구에 도착했다. 나는 독립 운동가이며 황성신문 사장을 역임하셨고, 훌륭한 교육자이자 기독교 목자이신

한서(翰西) 남궁억(南宮檍) 선생에 대해서 마이크를 잡고 설명을 했다. 학생들에게 숭고하신 남궁억 선생님의 생애와 교육 사상을 이 기회를 통해서 꼭 알리고 싶었기 때문이다. 선생님께서는 여러 가지 방면으로 국민교육과 계몽운동에 평생을 몸 바쳐 헌신하셨다.

강원일보사에 도착했다. 학생들은 커다란 윤전기(輪轉機)가 돌아가며 신문이 찍히는 과정을 보면서 감탄사를 자아냈다. 신문사 측에서는 신문 기사를 취재해서 신문이 만들어지기까지의 과정을 견학시키며 자세히 설명을 해 주셨다. 다음으로 도청에 도착했다. 학생들에게 견학을 시키기에 앞서서 나는 지사 비서실을 찾아갔다. 육민관고등학교 제 9회 졸업생인 박수준 선배님이 비서실장으로 근무하고 계셨기 때문에 인사차 들른 것이다.

"박수준 비서실장님 계신가요?"

"실례지만 비서실장님과 관계가 어떻게 되시나요?"

"초 · 중 · 고등학교 후배가 됩니다. 저는 초등학교 선생인데 도청 견학 차 학생들을 인솔하고 왔습니다. 인사드리고 가려고 잠시 들렀습니다."

"비서실장님이 바쁘신 일로 잠시 나가셨습니다. 사전에 내청(來廳)하시는 일을 말씀드렸나요?"

"아니요. 비서실장님께서 부담을 느끼실지 몰라 사전 연락을 안했습니다. 그냥 인사만 드리고 가려고 찾아뵈었습니다."

"선생님, 성함을 말씀해 주시겠어요?"

"네, 염근호라고 합니다."

다른 비서실 아가씨가 나에게 차를 권했으나 사양했다. 도청 로비에서는 아이들이 있는데 너무 시간이 지체되는 것 같아 불안했다. 선배님께 전화를 건 아가씨가 나에게 말했다.

"선생님, 될 수 있는 한 빨리 일을 마치고 돌아오신다고 여기서 기다리고 계시라는데요."

"아닙니다. 저 혼자라도 괜찮으니 학생들과 함께 견학을 하겠습니다."

"그러시다면 제가 학생들을 안내해 드리겠습니다."

비서실 아가씨는 우리 학생들을 데리고 앞장서서 국, 과 등 도청 내 부서를 데리고 다니며 자세히 설명을 해주었다. 경찰국에 갔을 때였다. 다른 부서와 같이 아가씨 뒤를 따라서 학생들이 들어갔다. 나는 학생들 맨 뒤에서 뒤처지는 학생이 없도록 챙기며 경찰국으로 들어섰다. 어깨에 무궁화 꽃이 네 개인가 세 갠가 달린 경찰 제복을 입은 분이 인상을 찌푸리며 큰 소리로 말했다.

"애들 떠들어서 시끄러워 죽겠어! 여긴 견학시키지 말고 내보내!"

"이 학생들을 잘 모시고 정중히 안내해서 빼놓지 말고 견학시키라고 지사님과 비서실장님이 말씀하셨어요."

"지사님과 비서실장님이 정중히 견학시키라고 말씀하셨다고?"

"예, 그렇다니까요. 지사님과 비서실장님 고향인 원주에서 온 학생들이에요."

"지사님과 비서실장님 고향인 원주에서 온 학생들이라고?"

"그렇다니까요."

"난, 원주에서 온 학생들인 줄 몰랐지. 진작 말하지 않고서…… 그럼 견학시키도록 해."

학생들이 시끄럽다며 호통을 치던 50대 중반의 경찰관은 젊은 나에게 비굴한 웃음을 흘리더니 목례를 하고는 어디론가 나가버렸다. 방금 호통을 칠 때의 뻣뻣하던 목과 당당하던 어깨는 축 처져 있었다. 한국인에게 학연과 지연, 혈연이 중요하다고 하더니 오늘 학연과 지연의 중요성을 처음 체험해 보는 순간이었다. 우리 반 아이들도 시끄럽게 떠들지 않았다. 그 정도의 잡음은 애교로 보아 넘길 수 있는 소음이었다. 자식 키우는 사람이 어느 정도 아이들 떠드는 소리야 즐거운 노래 소리처럼 들릴 수도 있을 텐데 너무 유별나다고 생각했다. 도청 견학을 마친 나는 아가씨에게 작별 인사를 고했다.

"바쁘신데 너무 감사합니다. 이만 가봐야 하겠습니다."

"실장님께서 오실 때까지 기다리라고 말씀하셨습니다. 기다리시지요."

"다음 일정이 있어서 가봐야 하겠습니다. 소양 댐에 가서 발전기 돌아가는 것도 견학하고 댐 위에서 구경도 하려고 합니다."

"실장님께 다시 한 번 전화를 할 테니까 잠시만 기다려 주세요."

선배님께 전화를 마친 아가씨는 실장님이 곧 오신다며 기다려 줄 것을 요청했지만 나는 일정이 바쁜 관계로 도청을 떠나 소양 댐으로 향했다.

소양 댐은 국내 내륙 댐 가운데 가장 큰 댐이며 세계에서 4번째로 큰 사력댐이다. 춘천시 신북읍 소양강에 있는 다목적 댐으로 높이가 123m, 제방길이 530m, 총 저수량이 29억t이다. 발전소 내부에 들어가 발전기가 돌아가는 것도 보고, 설명을 자세히 들은 학생들은 댐 위를 거닐며 관광을 마치고, 소양 댐 완공 기념탑에서 사진도 찍었다. 청평사(淸平寺)로 가는 유람선을 기다리는 동안에 소양 댐 관리 사무소에서 안내방송이 울려 퍼졌다.

"원주시 지정초등학교에서 오신 염근호 선생님이 계시면 지금 즉시 관리사무소로 오셔서 전화를 받으시기 바랍니다. 강원도 도청에서 긴급 전화가 왔습니다."

몇 번씩 방송은 반복되어 확성기를 통해서 울려 퍼졌다. 나는 급히 달려가 전화를 받았다.

"내가 빨리 일마치고 온다고 기다리라 했는데 왜 갔어?"

"오늘 일정표대로 진행하기 때문에 그냥 왔습니다."

"지금, 다시 도청으로 돌아와."

"예?"

"지금 도청으로 돌아오라니까?"

"지금 청평사 가는 유람선 표를 끊어놔서 불가능합니다."

"그럼 청평사 갔다 오는 길에 멀티미디어 홍보관에서 만나자. 학생 수가 몇 명이니? 같이 오신 어머님은 몇 분이시고? 그냥 가지 말고 꼭 들러서 가야해. 내가 학생들 선물 좀 준비해서 주려고 그러니까 그리 알고 꼭 들러."

"네, 알겠습니다."

유람선을 타고 청평사를 향했다. 청평사는 춘천시 북산면 오봉산) 에 있는 신흥사(神興寺)의 말사이다. 고려 광종 24년(973)에 승현(承賢)이 창건하고 백암선원이라 하였으나, 그 뒤 폐사되었다. 1550년(명종5) 보우(普雨)가 청평사로 개칭하였다. 6 · 25전쟁으로 구광전과 사성전은 소실되고, 현재 보물 제 164호인 청평사 회전문과 극락

보전 등이 있다. 지금도 청평사의 붉은 단풍잎을 잊을 수가 없다. 우리와의 이별을 아쉬워하는지 바람에 휘날리며 떨어지는 붉은 단풍잎이 인상적이었다.

버스를 타고 소양 댐을 내려오면서 나는 차창 밖으로 어둠이 깃드는 소양 댐 밑의 강물을 바라보면서 홍천득 형이 생각났다. 고등학교 선배이면서 친구이기도 한 형은 1973년 여름방학에 소양 댐 밑에서 아르바이트를 했다. 소양 댐 준공을 앞두고 현대건설은 자갈이 필요해서 자갈 채취를 도급으로 하고 있었다. 강원대 법대를 다니던 형은 자갈 채취를 해서 번 돈으로 군사훈련을 받느라 수고한다며 우리에게 소주를 사줬다. 형의 얼굴은 새카맣게 변해 있었다. 목에는 수건을 두르고 웃음 짓던 천득이 형의 모습은 건장한 농부 같았다. 그 당시 소양 댐은 물을 담수(湛水)하느라 댐 밑으로는 물이 많이 흐르지 않았다. 양대진, 차준식, 염세근 등 친구들과 물고기를 잡아 매운탕을 끓여서, 자갈더미 옆 강바닥에서 마시던 소주 맛은 일품이었다. 섬강에서 마시던 술맛처럼 기분이 좋았다. 천득이 형은 나중에 내가 검지시에 근무할 때 강원은행 장성분소장으로 근무했었고, 지정초등학교를 근무할 때는 강원은행 원주시 남부지점장으로 근무하기도 했다.

도(道) 멀티미디어관에 도착하니 선배님이 기다리고 있었다. 홍보영상을 보고 우리는 선배님이 주시는 선물을 한 보따리씩 들고 차에 올랐다. 스케치북, 물감 등 학용품이 가득 들어있는 상자의 겉 포장지에는 '증(贈) 강원도지사 김영진'이라고 적혀 있었다. 김 영진 도지사님과 선배님께 마음 속 깊이 감사를 드렸다. 특히 박수준 선배님께 감사를 드렸다. 후배가 담임 맡은 학생들을 위해서 바쁘신 데도 불구하시고 정성을 베풀어 주신 선배님께 저절로 고개가 숙여졌다. 선배님께 작별의 인사를 마치고 버스는 원주로 향해 달리기 시작했다. 차창 밖은 어두워 보이지 않고 차 안은 불이 켜져 있었다. 학생들은 뜻밖의 선물을 받고는 싱글벙글 웃음이 가득했다. 나는 이 기회를 통해서 학생들에게 강한 학습 의욕을 고취시키고 싶었다. 스스로 열심히 공부하는 학생으로 변화시키고 싶었다. 나는 운전기사 옆에 앉아서 학생들을 보며 마이크를 잡고 말했다.

"이 선물을 주신 김영진 도지사님과 박수준 비서실장님께 감사하는 마음을 갖기 바랍니다. 두 분 다 원성군 시골에서 태어나신 분이지만 열심히 공부해서 행정고시에 합격하신 훌륭한 분이십니다. 여러분도 지정면 시골 어린이라 낙심하지 말고 열심히 공부해서 훌륭한 사람이 되기를 바랍니다."

그러나 그 날 밤 차 안에서 말한 나의 말 중에는 사실이 아닌 것도 있었다. 박수준 선배님은 행정고시 출신이 아니다. 말단 공무원 출신이다. 학생들에게 공부를 독려하기 위해서 선의의 거짓말을 한 내 잘못이 크다. 우리 반 학생들에게 마음 속 깊이 사과한다. 그러나 박수준 선배님은 행정고시보다도 더 높고 힘든 하나님 고시를 합격한 분이다. 하나님 고시는 공부와 상관이 없다. 행정고시, 사법고시에 합격한 사람도 합격하지 못하는 사람이 수두룩하다. 하나님 고시는 자기가 맡은 일에 최선을 다해서 노력하는 사람만이 합격할 수 있다. 젊어서 노력을 게을리 했다고 실망하지 말라. 지금부터 최선을 다하면 된다. 나는 내가 담임 맡은 학생 중에서 하나님 고시에 합격한 사람이 많이 나오기를 기대한다.

박수준 선배님에 관한 이 이야기는 나의 고등학교 선배님께 들은 이야기다. 선배님이 강릉시청 새마을 담당 공무원으로 근무하고 있을 때였다. 당시 새마을운동은 전국적으로 열렬히 진행되어, 새마을운동에 필요한 시멘트가 품귀 사태가 벌어졌다. 마을길도 고치고, 다리를 놓고 싶어도 시멘트가 없어서 일을 할 수가 없었다. 깊이 생각에 잠겼던 선배님은 쌍용시멘트 김성곤 회장을 찾아갔다. 몇 시간을 기다려서 김 회장을 만난 선배님은 강릉시의 형편을 설명하고, 강릉시가 원하는 만큼 시멘트를 지원해 줄 것을 요청했다.

"건축업을 하는 사람이 돈을 벌기 위해서 몇 시간씩 기다리고 있다가 시멘트를 요청하는 경우는 많이 봤어도, 공무원이 자신의 담당 업무를 추진하기 위해서 나를 찾아와 부탁하는 경우는 자네가 처음일세. 내 자네의 열정에 감동했네. 내가 쌍용시멘트 공장장에게 전화를 걸어서 자네가 원하는 시멘트의 양을 제일 우선적으로 공급해 주라고 명령을 내릴 테니 안심하게."

그해 강릉시는 계획한 대로 새마을 사업을 완성하여 전국 새마을 사업 경연대회에서 1등을 하였다. 당시 강릉 시장이었던 김영진 씨는 전국에 이름을 떨쳤고, 강원도 부지사로 승진하게 되었다. 박수준 선배의 추진력과 성실함을 알게 된 김 지사는 내무부 차관을 할 때까지 동행했다. 화천군수와 도청 국장을 끝으로 퇴임하신 선배님은 홍업초등학교, 육민관중고등학교의 발전을 위해 노력하셨으며, 지금은 작사가 '박건호 기념사업회' 회장을 맡아 노력하고 계신다.

이순신 장군을 꿈꾸며

나는 박수준 선배님의 아버지를 아저씨라 불렀고, 어머니를 아주머니라고 불렀다. 우리 집과 고개를 사이에 두고 밤골에 사셨던 아저씨께 자주 놀러갔다. 아저씨는 구수한 목소리로 재밌는 이야기도 잘 해주셨다. 반공사상이 투철하셨던 아저씨께서는 냉전시대인 1970년대에는 반공연맹 강사로 면사무소를 돌며 강의도 하셨다. 아주머니는 조용하시고 얌전하셔서 말씀이 별로 없으셨으나 나에게 먹을 것도 내어주시곤 했다. 아저씨와 아주머니는 우리 집에도 자주 놀러 오셨다. 어느 날 내가 아저씨 댁에 가서 놀 때였다.

"근호야, 이다음 커서 무엇이 되고 싶니?"

"예?"

"장래 소원이 무엇이냐고?"

"이순신 장군이요. 이다음 커서 이순신 장군 같은 훌륭한 사람이 되고 싶어요."

"이순신 장군의 어디가 좋니?"

"다 좋아요. 어릴 때부터 마지막 전투에서 전사하실 때까지 다 좋아해요."

"으음, 네가 이순신 장군을 되게 좋아하는 구나."

"우리나라 장군 중에서 이순신 장군을 제일 좋아해요."

"장군이면 큰 칼이 있어야 하는데, 내가 칼을 만들어 줄까?"

"아저씨, 정말이에요?"

"정말이고말고."

"고맙습니다."

나는 좋아서 어쩔 줄을 몰랐다. 아저씨는 굵고 마른 산초나무를 가져오셨다.

"칼을 만들려면 나무가 단단해야 하고 벌레가 먹지를 않아야 한다. 나무가 오래되면 벌레가 먹거든. 그런데 산초나무는 단단하고, 나무에서 향도 나고, 벌레가 먹지 않아서 칼을 만들기에 적격이야. 내가 이 나무로 멋있는 칼을 만들어 주지."

아저씨는 내게 설명을 마치시고는 먹줄과 먹통, 곱자, 끌, 대패, 자귀, 톱 등을 꺼내 오셨다. 그리고는 먹통에 먹줄을 시커멓게 묻혀서 바르게 직선으로 산초나무에 먹줄을 묻혀 튀긴 다음 자귀로 나무를 파내기 시작했다. 손잡이 부분에는 예쁜 문양을 넣어서 보기에도 좋았고, 칼과 손잡이 부분의 경계에는 둥근 테두리도 만들어 그림책에 나오는 큰칼 같았다. 아저씨는 대패로 몇 번씩 다듬어 멋있게 만든 목검(木劍)을 건네 주셨다. 아저씨는 점심때부터 저녁때까지 칼을 만드시는 데 시간을 보내셨다. 칼을 받아 든 내가 좋아하는 모습을 보시고는, 흐르는 이마의 땀을 수건으로 닦으시며 만족한 웃음을 지으셨다. 아저씨는 목수처럼 손재주가 좋으셨다. 나는 그 칼을 갖고 다니며 장군처럼 뽐내었다. 모든 친구들은 목검을 들고 다니는 나를 부러워했다. 나는 그 칼을 옆에 차고 초등학교 국어 교과서에서 배운 장군님의 시조를 암송하며 어두운 저녁 집으로 돌아오곤 했다. 낮에 친구들과 놀다가 어두워지면 저녁을 먹으러 집으로 돌아오면서 장군님을 흉내 내어 시조를 암송했다.

한산도가

한산 섬 달 밝은 밤에 수루에 혼자 앉아
큰 칼 옆에 차고 깊은 시름 하는 적에
어디서 일성호가는 나의 애를 끊나니

閑山島歌(한산도가)
閑山島　月明夜(한산도 월명야)
上戍樓　撫大刀(상수루 무대도)
深愁時　何處(심수시 하처)
聲羌笛　更添愁(성강적 경첨수)

그러나 나는 그 칼을 잃어버렸다. 아저씨가 정성껏 만드시는 것을 지켜본 나로서는 너무 죄송했다. 부모님께도 크게 꾸중을 들었다. 그리고 장군님의 시조를 암송하면서 집으로 돌아오던 습관도 그만두었다. 군인의 생명인 칼을 잃어버린 내가 어찌 한산도가를 부를 수 있겠는가? 그 후로 어린 나는 다시는 한산도가를 암송하며 다니지 않았다.

아들의 주례 선생님

아들이 장가를 가려고 아가씨를 데리고 왔다. 나는 기분 좋게 승낙

했다. 아들과 며느리가 평생을 서로 사랑하고 이해하며 행복하게 살기를 바랐다. 나는 내 앞에 다소곳이 앉아 있는 아들과 며느리에게 웃으며 말했다.

"너희들 정말 서로 사랑하니?"

"예."

"지금 사랑은 사랑이 아니다. 없으면 보고 싶고, 평생 나한테 잘해 줄 것 같은 마음은 눈에 콩깍지가 끼여서 그런 거란다. 진짜 사랑은 오랜 세월을 같이 살면서 서로의 단점까지도 이해하고, 아무리 힘들어도 참고 격려하면서 함께 동행 하는 것, 그것이 진짜 사랑이란다. 배우자가 아플 때 지극 정성으로 간호해 주고, 어려운 일에 부딪혔을 때 힘을 보태주는 것, 그것이 사랑이야. 사랑은 그렇게 달콤하고 행복한 것이 아니고, 상대편을 위해서 배려하고 섬기는 무한한 책임감이 필요한 힘든 것이야."

"마음 속 깊이 명심하겠습니다."

"내가 이 말을 하는 것은, 내가 훌륭하거나 똑똑해서가 아니란다. 너희들보다 떡국을 많이 먹었기 때문에 하는 얘기야. 내가 경험해 보니까 그렇더라."

내말을 심각하게 듣고 있는 아들과 며느리에게 웃음을 지으며 말했다.

"결혼식은 11월 11일 하려고 해요."

"너희들 좋은 대로 하려무나. 너희들이 편리하고 마음에 드는 결혼식장도 고르도록 해라. 그런데 주례(主禮)선생님은 정했니?"

"아니요. 정하지 못했어요. 아빠가 존경하시는 분으로 주례선생님을 부탁해 주세요."

"이왕이면 네가 존경하는 분으로 고르지 그랬니?"

"저는 직장일이 바빠서 시간을 내기가 힘들고, 어떤 분이 훌륭하신 분인지 잘 몰라요."

나는 아들의 부탁에 의해서 주례선생님을 누가 좋을지 깊게 생각해 보았다. 아들 부부가 이분처럼 인생을 살았으면 좋겠다고 생각한 분은 박수준 선배님이었다. 박수준 선배님은 학교 공부를 많이 하신 분도 아니고, 높은 벼슬을 하시거나, 돈이 많으신 분도 아니었다. 그러나 형수님과 사랑하시며 가정적으로도 행복하시고, 이웃과 후배를 사랑하시고, 직장 생활을 하실 때에는 사명감과 소명 의식을 가지고 최선을 다하시는 분이었다. 나는 선배님을 찾아가 주례를 부탁드렸다. 내 아들의 마음속에 선배님처럼 최선을 다하는 마음을 간직하기 바라면서…….

할아버지에 대한 사랑이 크셨던 고모님

둘째 고모님은 내가 송아지를 사던 그 이듬해 봄에도 오셨다. 고모부님과 함께 할아버지 제사를 지내러 오셨다가 고모부는 가시고, 고모님 혼자서 남으셨다. 가부장적 유교문화의 전통을 지키는 집안이지만 고모님은 남자들과 함께 제사를 지냈다. 비록 남자들 뒷줄에 서서 제사를 지냈지만 말이다. 어머님과 말씀을 나누며 며칠을 묵고 계시던 고모님은 나에게 부탁을 했다.

"근호야, 내가 할아버지, 할머니 산소에 가서 인사를 드리고 싶은데, 너도 같이 가줄 수 있겠니? 혼자도 찾아갈 수 있지만 너와 함께 가서 인사를 드리고 싶구나."

"네, 고모님 내일 인사를 드리러 가요."

"농사일 열심히 하는데 방해를 놓는 것 같아서 미안하구나."

"논밭에 거름도 다 내고 지금 할 일도 별로 없어요. 저도 고모님이랑 할아버지, 할머니 산소에 가게 되어서 기분이 좋아요. 내일 아침 먹고 같이 가는 거예요."

산에 가서 나무를 한 짐 해 오고, 점심을 기다리며 고모님과 대화를 나누고 있었다. 어머님은 그 사이 아침에 끓여 두었던 소죽을 데워서 마당에 매어 있는 누렁이에게 갖다 주었다. 누렁이는 커다란 대야에 입을 들이대고 소죽을 맛있게 먹고 있었다.

"형님도 나무해 온 근호가 배가 고플 텐데 아들은 챙기지 않고, 소부터 챙기고 있네."

"어머니, 소죽 무거운데 나보고 날라다 주라고 말씀하시지, 직접 날라다 주느라고 고생하세요."

"넌 나무하느라 고생했으니 쉬라고 그랬지."

"저렇게 소를 잘 거두시니 일 년 만에 큰 소가 다 됐지."

누렁이는 작년에 사올 때와는 다르게 큰 소가 되어 있었다. 살도 토실토실 예쁘게 쪘고, 털빛도 주황색으로 기름이 졸졸 흐르며 윤기가 나 있었다. 어머니는 만면에 가득 행복한 웃음을 짓고 계셨다. 풀이 없는 가을부터 봄까지 누렁이 점심은 어머님이 챙기셨다. 아버지와 내가 나무를 하러 다니느라 집에 없는 경우가 많았기 때문이다.

그러나 눈이 많이 와서 아버지와 내가 집에 있을 때는 서로 누렁이의 점심을 챙겨 주려 했다. 누렁이는 복이 많은 소였다. 아버지, 어머니, 나의 사랑을 듬뿍 받으며 행복하게 자라고 있었다. 겨울에도 엉덩이에 소똥이 묻을 날이 없었다. 자주 외양간 청소를 깨끗이 했고, 볏짚도 자주 깔아 주었기 때문이다. 아버지와 나는 시간 있을 때마다 글겅이로 소를 깨끗이 빗겨주었다. 누렁이는 언제 시집가도 될 준비된 처녀처럼 복스럽고 예뻤다. 고모님이 말씀하셨다.

"새끼 가질 때가 된 것 같은데……."

고모님은 혼잣말처럼 중얼거리시고는 웃으셨다. 점심을 먹으며 나는 어머니께 말씀을 드렸다.

"내일 고모님 모시고 할아버지, 할머니 산소에 인사드리러 가기로 했어요."

"나도 고모한테 얘기를 들었다. 내일 아침에 부침개, 두부전 등을 마련해서 줄 테니, 네가 성묘 가서 따라 놀 술을 미리 사다 놓아라."

"저한테 돈이 있으니 사다 놓겠습니다. 무슨 술이 좋을까요?"

"아니다. 술값은 내가 내마. 정종으로 사 오거라."

"고모, 저한테 돈이 있어요. 걱정하지 마세요."

"이제는 늙어서 친정 부모님 산소에도 찾아뵙지 못할 것 같아. 그러니 내 돈으로 술을 사서 따라 드리고 싶어서 그런다. 아마 이번이 마지막이 될 것 같은 기분이 드는구나."

갑자기 고모님의 얼굴 모습이 숙연해졌다. 그리고 꼬깃꼬깃 접혀진 돈을 펼쳐서 나에게 주셨다. 망설이며 받지 않으려는 나에게 어머니는 웃으며 고개를 끄덕이시곤 눈짓을 보냈다.

이튿날 버스를 타고 가 고사리 골에서 내렸다. 고모님과 함께 회촌으로 가는 언덕길을 천천히 올라갔다. 허리가 굽은 고모님께서는 힘들어 하셨고, 걸음걸이가 느렸다. 산소는 지금의 박경리 문학관 옆에 있다. 할아버지와 할머니 산소는 봉분이 두 개로 나란히 있다. 고모님은 과일과 부침개 등을 산소 앞 가운데 펼쳐 놓으시고 나보고 먼저 술을 따르고 인사를 드리게 했다. 그리고 고모님은 술을 따라 놓으시고, 인사를 드린 후에 엎드려 울기 시작했다.

"아이고 아버지, 불쌍하신 우리 아버지, 이제 왜놈은 물러가고 살기 좋은 세상이 되었습니다. 오라버니도 힘들게 농사를 짓고 있지만, 먹고 살 만큼 되었고, 아들도 셋을 낳아 잘 자라고 있습니다. 대를 이을 자손도 걱정하지 않으셔도 됩니다."

그날 고모님은 한참을 슬피 우시다가 일어나셨다. 나는 옆에서 고모님이 우시는 모습을 지켜보고 있을 뿐이었다. 그날 내가 생각한 것은 딸이 아버지 생각을 더 한다는 단순한 생각이었다. 아버지와 함께 설과 추석에 성묘를 다니면서도 아버지가 산소 앞에서 우는 모습을 한 번도 본적이 없었기 때문이다. 애틋하게 한참을 우시며 하실 말씀을 다하신 고모님은 묘소 주위를 한참을 바라보시다가 아쉬운 듯 발걸음을 돌렸다.

고모님은 내가 고등학교 진학할 때에도, 대학에 입학했을 때에도, 선생 발령을 받았을 때에도, 아들을 낳고 집을 장만했을 때에도 격려의 편지를 써서 나에게 보내 주셨다. 고모님이 쓰신 편지는 6~7장의 편지지에 옛날의 한글을 소리글자로 쓰신 글이다. 맞춤법과 띄어쓰기를 무시한 채 정성껏 쓰신 편지는 처음에는 읽어 내려가기가 힘들었으나 읽어볼수록 조카에 대한 고모님의 사랑이 듬뿍 느껴지는 내용이다. 옛날의 춘향전이나 장화홍련전 같은 고전의 책을 읽는 느낌이었다. 항상 조부모(祖父母)님과 부모님의 은혜를 생각하고 살아계신 어머님께 효도하며, 열심히 노력하여 가문을 일으켜야 한다는 내용이었다. 옛날 고조부, 증조부, 조부님 모두 몸가짐을 바로 하고 열심히 공부하셨던 훌륭하신 분이라는 사실을 강조하시며, 열심히 공부하고 학생들 열심히 가르치라는 내용이 적혀 있었다. 나는 고모님의 편지를 받을 때마다 정성껏 답장을 써서 보냈다. 고종 사촌형과 함께 사셨던 고모님은 1985. 10. 15일 발신을 끝으로 편지를 그만두셨다. 그때 고모님의 주소는 '서울 동대문구 신내동 49-213, 곽노명'이라고 맏손자의 이름으로 나에게 편지를 보내셨다. 고모님은 항상 고모부, 고종사촌형님, 손자를 앞세우시고 자신은 뒤에서 조용히 실천하시는 유교의 전통이 몸에 배신 분이셨다. 편지 봉투에도 자신의 이름을 쓰신 적이 없었다. 지금은 신내동이 동대문구가 아니고 중랑구로 바뀌었을 것이다. 시대의 변화를 느끼게 하는 대목이다. 편지 끝부분에 '나는 몸이 아파 움직일 수 없으니 어머님을 모시고 서울에 한번 꼭 다녀가라.'는 당부의 내용이 적혀 있었다. 당시 서울 지리를 잘 몰라 자신이 없던 나는 아내와 의논 끝에 어머님을 모시고 서울에 갔다.

어머님은 서울은 다 돈을 주고 사 먹는 곳이라며, 콩, 팥 등 곡식을 자루에 담아가지고 가셨다. 무겁다며 내가 만류해도 소용이 없으셨다. 이후 나는 경기도 남양주시와 구리시에 근무하면서 신내동 고종사촌형의 집 앞을 지나다닐 때마다 고모님의 모습을 떠올리곤 했다.

첫눈과 끝 눈의 의미

우리 반 옆 교실에는 5학년 반이 있었다. 5학년 학생들의 담임은 여선생이었다. 돈을 잃어버렸다고 한다. 고용원과 돈을 줬느니, 안 줬느니 실랑이를 벌이더니 교실에서 돈을 잃어버렸다고 한다. 나는 우리 반 학생들에게 물어보았다.

"5학년 여선생님이 돈을 잃어버렸다고 하는데 혹시 너희들이 훔쳤으면 솔직히 말해 보아라."

"선생님 저희들 훔치지 않았어요."

학생들은 억울하다는 듯이 이구동성으로 일제히 대답했다.

"나는 너희들이 착한 학생이라는 것을 믿는다. 착한 너희들이 훔쳤을 리가 없다. 그러나 돈이나 물건을 잃어버리는 사고가 발생하면 불신풍조가 생기게 마련이고 착한 사람이 오해를 받기가 쉽다. 남의 교실에 용건 없이 들어가는 일이 없도록 해라."

나는 학생들에게 주의를 주었다.

12월 중순쯤 되었을까, 오후 수업을 하고 있는데 창밖에서 함박눈이 펑펑 쏟아진다. 내가 보기에도 펄펄 바람에 휘날리며 내리는 눈송이가 너무나 아름다웠다. 하얗게 내리는 눈 때문에 밖에는 시야가 가려서 제대로 보이지를 않았다. 아이들이 일제히 소리를 질렀다.

"눈이다! 눈이 내린다."

"첫눈이다. 첫눈이 온다."

"와~아! 눈이 많이도 내린다. 밖에 나가서 뛰어 놀고 싶다."

아이들은 합창이라도 하듯이 저마다 소리를 질렀다. 나도 학생들과 운동장에 나가 뛰어 놀며 아름다운 추억을 만들어 주고 싶었다. 그러나 눈을 맞으며 뛰어 놀다 보면 옷도 젖고, 집에 가느라 찬바람을 쐬면 감기에 걸릴까봐 걱정이 되었다.

"운동장에 나가서 뛰어 놀고 싶니?"

"네~에."

"첫눈은 발로 밟고 뛰는 것이 아니야. 조용히 바라보는 것이야. 지금부터 5분간 창문을 열고 손에 받아보기도 하고 감상해 보아라. 그리고 손이 젖은 학생은 수건으로 닦고 조용히 자리에 앉는다."

"와~아~아!"

학생들은 모두들 함성을 지르며 창가로 달려가 밖을 내다보고, 탐스럽게 쏟아지는 눈을 손으로 받아보기도 하며 환호성을 질렀다.

"자! 눈의 노래를 불러보자. 눈 노래가 끝나면 자리로 돌아가서 앉는 거야."

그날 학생들은 '창밖을 보라' '눈이 옵니다' '루돌프 사슴 코' '구두 발자국' 등 아는 노래는 모두 불렀다. 펑펑 내리는 눈을 감상하며 자리에 앉기 싫다는 듯이 노래를 부르던 학생들의 마지막 노래는 박경종 시인의 눈이었다.

흰 눈이 보슬보슬 내려옵니다.
고향에서 낯익은 새하얀 눈이
산에도 들에도 지붕 위에도
소리 없이 보슬보슬 내려옵니다.
소리 없이 보슬보슬 내리는 눈은

그리워서 기다리던 고향집 소식
반가워 두 손에 받아 봤더니
눈물만 방울방울 짓고 있어요.

어린 학생들은 행복한 미소를 지으며, 한편으로는 아쉬운 듯 자리로 돌아가 앉았다. 나도 학생들이 부르는 노래 소리를 들으며, 내리는 눈을 보며 옛 추억에 잠겼다.

1979년 크리스마스이브, 어두운 밤에 펑펑 쏟아지는 함박눈을 맞으며, 고향 흥업 시골집으로 나를 찾아와 큰 소리로 이름을 부르던 아가씨가 생각났다. 그때 그 아가씨의 머리와 옷은 흰 눈이 수북이 쌓여 있었다. 나는 그 아가씨와 함께 눈을 맞으며 흥업의 밤길을 걸었고, 원주시의 보도를 걸었다. 추억은 쉬이 지나가지만 아름다운 것인가 보다.

학생들이 자리에 다 앉기를 기다려 웃으며 물어 보았다.

"여러분도 반가워 두 손에 받아 봤더니 눈물만 방울방울 짓고 있어요?"

"예! 첫눈이 반갑다며 눈물을 짓고 있어요. 눈물을 많이 흘렸어요."

"악수를 할 수가 없어요. 자꾸 울기만 해서요."

어차피 공부할 분위기가 아니다. 매일 오후 5시까지 학생들과 함께 하던 공부도 할 수가 없다. 일찍 어두워지는 겨울 날씨에 눈 내리는 밤에, 어린 학생들을 위험하게 귀가시킬 수는 없었다. 차편이 없어 멀리 걸어 다니는 학생도 있기 때문이다. 오늘은 수업이 끝나는 대로 학생들을 돌려보내야겠다고 생각했다. 갑자기 학생들에게 장난을 하고 싶은 짓궂은 생각이 들었다.

"너희들이 밖에 내리는 눈을 보고 첫눈이라고 했니?"

"예!"

"지금 내리는 눈은 첫눈이 아니야."

"네~에?"

"선생님도 첫눈이라고 말씀하셨어요?"

"나도 첫눈이라고 말했다면 사과한다. 틀리게 말했으니까. 생각해봐라. 12월에 내리는 눈이 어떻게 첫눈이니? 첫눈은 새해 1월 초에 내리는 눈이 첫눈이란다. 올해가 다 지나가는 12월에 내리는 눈은 끝눈이라고 하는 거야. 이제 똑바로 알아야 하겠지? 다같이 '끝 눈'하고 큰 소리로 외쳐봐."

"끝 눈!"

"큰 소리로 끝 눈을 세 번 외치고 책가방을 싼다."

"끝 눈! 끝 눈! 끝 눈!"

학생들은 즐거워하며 가방을 쌌다.

"집에 갈 때 눈 장난하지 말고 바로 집으로 가도록. 같이 가던 친구가 엎어지거나 미끄러지면 일으켜 세워 주고 사이좋게 가도록. 혹시 다쳤으면 부축해서 가고 지나가는 어르신께 도움을 청해서 안전하게 집으로 가기 바란다. 이상."

"전체 차렷, 선생님께 경례."

"선생님, 안녕히 계세요. 친구들 안녕."

"안녕, 잘 가!"

이튿날 아침 교실에 들어서니 책상 위에는 일기장이 수북이 쌓여 있었다. 일기장 검사 일이었다. 나는 평소에 일기장을 검사하며 맞춤법이나 문맥이 틀린 글이 있으면 바로잡아 주고, 어렵거나 힘든 일이 있으면 위로해 주고, 잘한 일이나 착한 일에는 칭찬과 격려를 해주었다. 그런데 일기 검사를 하던 나는 아연실색할 수밖에 없었다. 일기장에는 첫눈에 관해서 여러 가지 글들이 실려 있었다.

'나는 12월에 처음 내리는 눈을 첫눈으로 알고 있었다. 그런데 내가 잘못 알고 있었던 거다. 12월에 내리는 눈은 첫눈이 아니라 끝 눈이었다. 다음부터는 실수를 되풀이 하지 말아야 하겠다.'

'끝 눈이 내린다. 끝 눈이 많이 내려서 기분이 좋았다.'

'끝 눈이 내려서 창문을 열고 두 손으로 받아 봤더니 금방 녹아버렸다. 반가워서 눈물짓는 끝 눈의 눈물이라 생각하니 내 눈시울도 붉어졌다.'

'끝 눈이 펄펄 내려서 눈 노래도 부르고 너무 기분이 좋았다.'

학생들의 일기장에는 이러한 내용이 많이 적혀 있었다. 나는 아이들에게 웃음을 주려고 농담 삼아 한 말인데 어린 학생들은 진실로 알고 일기장에 그대로 써놓은 것이다. 나는 학생들에게 정중히 사과했다.

"어제 선생님이 첫눈이 아니라 끝 눈이라고 한 말은 너희들 웃겨 주려고 농담으로 한 말이었어. 첫눈의 기준은 그해 정월(1월)을 기준으로 하는 것이 아니라 계절을 기준으로 하는 거야. 겨울이란 계절이 시작되는 것은 12월부터니까, 12월에 처음 내리는 눈이 첫눈이 맞아. 그러니까 어제 내린 눈이 첫눈인 거야. 알겠지? 앞으로 집에서나 다른 사람들에게 끝 눈이 내렸다고 말하면 절대로 안 된다. 약속이야."

나는 학생들에게 몇 번씩 첫눈에 대해서 이야기를 해주었다.

팀 스피리트 군사 훈련과 초콜릿

학교 관사 뒤편 밭에도 탱크가 주둔해 있고, 학교 밑 개울가에도 여러 대의 탱크가 주둔해 있었다. 섬강 제방 둑 밑의 낮은 지대에는 훨씬 더 많은 탱크가 포진해 있었다. 모든 탱크들은 국방색 천 조각이 붙은 위장막으로 덥혀 있었고, 포문은 하늘을 향해 열려 있었다. 해마다 겨울철이면 주한미군의 탱크가 이곳에 장기간 주둔해 있었다. 유사시에는 이곳 지정면이 군사적, 전략적 요충지인가 보다. 한반도에서 발생할지도 모르는 군사적인 돌발 사태에 대비하기 위해서 1976년부터 연례적으로 실시되었던 한국과 미국 군인들의 연합 군사 훈련인 팀 스피리트 훈련에 참가한 군인들이 이곳에 머무르고 있었다. 거의 미군으로서, 백인도 있었지만 흑인이 대부분이었다. 내가 관사에 살 때도 추운 날씨임에도 불구하고 들에다 텐트를 치고 생활하는 군인들을 보면서 감사의 마음을 지니고 있었다. 나는 늘 미국을 은혜의 국가라고 생각하고 있었다.

일본의 잔인한 식민지에서 우리를 해방 독립시켜준 국가가 미국이었다. 1950년 6월 25일 북한의 침략이 있은 이후 우리의 자유와 평화를 지켜준 나라가 미국이었다. 그러나 나는 감사한 마음을 갖고 있으면서도 우리나라 스스로가 자주국방의 힘을 갖추고 있을 때, 더욱 행복한 나라가 될 수 있다고 생각했다. 강대국의 힘의 논리에 맞서서 나라를 굳건히 지키면서, 국민의 자유와 평화를 최고의 가치로 보호할 수 있는 국가가 되어야 한다고 생각하고 있었다.

1984년 겨울 아침에는 흑인 병사가 물을 구하러 온 적이 있었다.

나는 어떤 물을 원하는지 물어보았다. '마실 수 있는 물이면 다 좋다. 그러나 더운 물이면 더욱 좋겠다.' 나는 그때 더운 물을 한 통 준 적이 있었다. 그때 흑인 병사는 하얀 이를 드러내고 '땡큐!'를 연발했었는데 '나는 미합중국과 미국 국민을 가장 사랑하고 존경한다.'고 말했더니, 미군 병사는 너무 좋아 했었다.

점심시간이 끝나는 종이 울렸다. 아이들이 들어와 앉아 있는데 몇 명의 아이들이 없었다.

"왜 아이들이 없지? 어떻게 된 거야?"

"선생님, 지금 미군병사들한테 초콜릿 얻으러 갔어요."

"그 애들 교실에 오면 혼내주세요. 버릇을 고쳐놔야 해요."

아이들 3명이 헐레벌떡 들어왔다. 교실에 들어온 학생들은 불안해서 어쩔 줄을 몰라 하며 우물쭈물 서있었다. 세 아이들의 배는 아기를 가진 임산부처럼 불룩 불러 있었다. 나는 일부러 몹시 화가 난 표정을 지으며 학생들에게 걸어갔다.

"어떻게 된 거야? 어딜 갔다 이렇게 늦게 왔어?"

"……"

"남학생이 아기 가진 엄마처럼 배는 왜 이리 불러. 배 걷어 봐. 빨리 걷어 보란 말이야."

최홍인이가 배를 걷어 올렸다. 초콜릿 과자가 우르르 교실 바닥으로 떨어져 쌓였다.

"하하하하~, 호호호호~……."

교실은 갑자기 웃음바다가 되었다. 교실에 있던 학생들도, 나도, 늦게 들어와 문 앞에 서 있던 최홍인이를 비롯한 3명의 학생들도 모두 웃음을 터트렸다. 웃음이 멈추기를 기다려 나는 학생들에게 말했다.

"솔직히 말해봐. 솔직히 말하면 용서해 줄 거야. 이 초콜릿 어디서 났어?"

"미군들한테 얻었어요."

"미군들한테 어떻게 말을 했는데?"

"기브 미 어 초콜릿(give me a chocolate?)이라고 말했어요."

"영어도 안 배웠는데 어떻게 영어를 알았어?"

"중학교 형들한테 배웠어요. 기브 미 어 초콜릿이라고 말하면 초콜릿을 준다고 가르쳐 줬어요."

"하하, 들어가 자리에 앉아."

모든 학생들이 웃었고, 학생들은 초콜릿을 챙겨서 싱글벙글 거리며 자리로 들어가 앉았다. 6.25전쟁 후에 피폐된 여건에서 제대로 끼니를 때우지 못하며 학교 다니던 어릴 때 모습이 떠올랐다.

"여러분의 부모님, 선생님의 누나와 형 그리고 내가 초등학교 다닐 때만 해도 정말 먹고 살기가 힘들었단다. 일본 식민지에서 벗어나 해방을 한 후였고, 나 같은 경우는 6.25전쟁 후라 힘들었지. 그러나 여러분은 할아버지, 할머니가 열심히 땀 흘려 노력하셨고, 부모님도 열심히 노력하신 덕분에 풍족하지는 않더라도 힘들게 살지는 않잖니? 조부모님과 부모님께 감사해야 한다. 그리고 앞으로는 미군 군사훈련 받는데 가서 초콜릿 달라고 그러지 마. 군사훈련 하는데 방해도 되고 우리 국민의 자존심도 손상시키는 일이야. 알겠지? 그리고 너희들은 선생님이 벌주지 않는 대신 친구들과 나누어 먹고, 집에 가져가서 부모님께 드리고, 형이나 누나, 동생들에게도 주기 바란다."

"와~~아."

모든 학생들이 두 손을 들고 환호성을 질렀다. 6학년의 겨울은 눈 내리는 풍경과 아름다운 추억으로 하얗게 뒤덮여서 그렇게 지나가고 있었다.

노변담화(爐邊談話)

차가운 강바람이 얼굴을 스치는 겨울방학이 되었다. 지정초등학교의 겨울은 유난히 춥다. 강바람 때문에 실제 느끼는 체감 온도가 더 차갑게 느껴지나 보다. 지난 여름방학 때와 마찬가지로 일주일 동안 휴식을 취한 후에 공부를 시작했다. 될 수 있는 한 학생들보다 먼저 학교에 출근해 교실에서 기다리고 있던 나는, 빨갛게 상기된 얼굴에 하얀 입김을 내뿜으며 교실에 들어서는 학생들을 볼 수가 있었다.

"선생님, 안녕하세요."

아침마다 나에게 인사를 하며 교실에 들어서는 학생들은 책가방을 자기 의자에 올려놓기 바쁘게 난로 곁으로 몰려든다. 나는 자갑동 등 먼 데서 오는 학생들이 빨리 손, 발을 녹일 수 있도록 연탄난로의 공기 출입구를 활짝 열어 놓았다. 교실이 훈훈해져서 학생들이 난로 가에 모이지 않고도 몸이 따뜻해지도록 위해서다. 나는 연탄난로의 위험성을 알기 때문에 학생들에게 항상 주의를 주었다. 학생들에게 불조심에 대한 주의는 아무리 강조를 해도 지나치지 않는다고 생각했다.

"난롯가에서는 장난을 치면 절대 안 돼. 서로 밀치고 당기며 장난을 치다가 너희들이 난로 쪽으로 쓰러지기라도 한다면 크게 다치게 돼. 너희들의 귀엽고 예쁜 얼굴이 뜨거운 난로에 부딪혀서 상처를 입는다고 생각해 봐. 서로 친구를 생각한다는 의미에서 난롯가에서는 조용히 이야기만 나누어야 해. 그리고 아무리 추워도 1.5~2m의 거리를 유지하고 떨어져서 불을 쬐어야 한다. 용서하지 못할 가장 나쁜 학생이 겨울철 난롯가에서 밀치며 장난치는 학생이고, 여름철에 냇가에서 친구 목잡고 물속에 집어넣어 물 먹이는 학생이야! 그럼 가장 멋있는 학생은 어떤 학생일까? 겨울철 난롯가에 떨어져 앉아서 도란도란 재밌게 얘기를 나누는 학생이야. 그리고 여름철 냇가에서 친구 등 밀어 주고, 물에 빠진 친구 구해 주는 학생이 가장 멋있는 학생이야. 난롯가에 앉아서 조용히 재밌게 대화를 나누는 것을 노변담화(爐邊談話)라고 해. 너희들도 집에서 책도 읽고 공부도 해서 재밌는 이야기나 친구들이 모르는 유익한 이야기를 들려주어서 서로에게 도움을 줄 수 있는 그러한 착한 학생들이 되기를 바란다."

"네~에!"

난로 위에는 누렇고 커다란 주전자에 물을 담아 항상 끓게 했다. 주전자 속에는 보리차나 옥수수차도 들어 있어서 학생들은 항상 따뜻한 물을 마실 수 있었다. 난로 위에 주전자를 올려놓는 것은 여러 가지 깊은 뜻이 있었다. 건조한 실내 공기를 예방하고 불의의 화재 예방에도 도움이 되기 때문이다.

"난롯가에 너무 오래 앉아 있으면 더워서 공부도 제대로 안 되고 건강에도 좋지 않단다. 한 시간씩 바꿔 앉도록 해라. 자리를 바꿀 때는 난로와 멀리 떨어진 학생이 와서 앉도록 서로 양보하고 배려하도록 해라."

나는 화재, 화상 등 겨울철 안전사고에 주의를 기울이며 학생들에게도 안전수칙을 실천할 것을 항상 강조했다. 그리고 안전을 뛰어넘어 노변담화를 통해 서로간의 발전에 유익하도록 지도했다. 창밖엔 찬바람이 불어도, 온 산하가 흰 눈으로 덮어버려도 어린 학생들은 꿋꿋하게 학교에 나와 열심히 공부를 했다. 나는 그런 학생들을 고맙게 생각하며 즐겁고 보람 있는 겨울 방학을 보내고자 노력했다.

졸업식과 금반지 선물

프랑스의 작가 알퐁스 도데(1840~1897)의 단편소설 '마지막 수업'에 나오는 아멜 선생님처럼, 나는 그동안 부족했던 학생들의 마음을 채워주기라도 하듯이 정성을 다해 학생들의 수업에 임했다. 학생들도 지친 모습 없이 씩씩하게 공부에 임했고, 즐겁게 겨울방학의 시간을 함께 보내주었다.

1986년은 나에게 있어서 가장 바쁜 한 해였고, 보람 있는 한 해였다. 학생들과 공부를 하면서, 방송통신대학 공부를 병행했고, 틈틈이 토요일과 일요일에는 고향 흥업에 가서 어머님의 농사일을 도와드리곤 했다.

나와 동기인 차준식 선생이 모의고사 시험지를 구해 가지고 있다며 말했다.

"나에게 모의고사 시험지가 있는데 우리 매지초등학교 6학년 학생들만 가지고는 인쇄소에서 인쇄를 안 해 주겠다고 합니다. 학생 수가 적어서 일거리만 생기고 남기는커녕 적자라고 합니다. 지정초등학교 6학년과 함께라면 인쇄를 해주겠다고 하는데 추진해 볼까요?"

"감사합니다. 내일 아침 출근해서 교장선생님께 말씀드리고 가부를 알려드리겠습니다."

차 선생과 나는 인쇄소에서 시험지를 프린트해 학생들에게 모의고사 시험을 치렀다. 성적도 좋았다. 시험지 채점 결과를 나누어 주고 다시 한 번 틀린 곳을 풀어보게 했다. 일요일 책가방을 들고 원주의료원 앞에서 시내버스를 탔다. 빈자리를 찾아 두리번거리고 있는데 뒤쪽에서 소리가 들려왔다.

"염 선생, 이리와!"

춘천교대 선배님이 손을 흔들며 나를 불렀다. 나는 선배님 쪽으로 갔다. 선배님은 2인용 의자에 혼자 앉아 있다가 엉덩이를 들어 창문 쪽으로 옮겨 앉으며 자리를 권했다.

"어디를 가는 거야?"

"공부 좀 하러 방통대 학습관에 가는 중입니다."

"염 선생이 여름방학과 겨울방학에도 쉬지 않고 학생들을 가르치고 있다면서?"

"그걸 어떻게 아셨어요?"

"우리 교장선생님이 말씀하시더라고. 다른 학교는 학생들 열심히 가르치고 있는데 우리 학교만 너무 손 놓고 있는 것 아니냐면서 걱정을 계속하시는 거야. 그래서 입막음으로 일주일간 수업을 했더니, 교장선생님이 수고했다며 쇠고기 등심을 사주시는 거야."

"선배님 학교 교장선생님 멋있는 분이시네요. 쇠고기도 사주시고. 하하하하."

"지정 교장선생님도 교통비나 점심값 대주시는 거 아니야?"

"일체 그런 것 없어요."

"교통비, 점심값도 안 대준다고?"

"예."

"그 교장 너무 싸가지 없는 사람 아냐?"

"선배님의 교장선생님과 비교하면 싸가지 없는 교장이 맞네요."

"그런데 무엇 하러 쉬지도 못하고 힘들게 학생들을 가르치러 다녀? 집어치우지."

"학생들이 귀엽잖아요? 올 일 년 동안 열심히 노력하고 즐겁게 생활하면서 아름다운 추억을 학생들에게 만들어 주고 싶습니다. 그래서 방학에도 공부하는 거예요."

"학생들에게 아름다운 추억을 만들어 주고 싶다고?"

"예!"

"혹시 염 선생, 페스탈로치아냐?"

"예?"

"혹시 염 선생이 페스탈로치 선생님이 아니냐고?"

"선배님 그런 말씀 하지 마세요. 페스탈로치 선생님 발뒤꿈치도 못 따라 갑니다."

"아니면 무더운 여름방학과 추운 겨울방학에 고생하면서 학생들을 가르치러 다녀?"

"학생들이 귀엽고, 사랑스러워서 추억 만들기 과정입니다. 이다음 학생들이 어른이 되어서도 초등학교 때의 추억을 생각하며, 힘든 일이 있을지라도 인내하며 즐겁고 힘차게 열심히 노력하며 살아갔으면 합니다."

선배님은 내 이야기를 듣고는 웃으며 이해하기 힘들다는 듯이 고개를 갸우뚱거렸다. 우리는 중앙시장에서 내렸다.

"날씨도 추운데 염 선생과 술국에 소주 한잔하고 싶은 생각도 있지만, 학습관에 가는 사람을 붙잡을 수도 없고……."

"선배님, 말씀만 들어도 감사합니다. 제가 모셨어야 하는데 죄송합니다. 안녕히 가십시오."

졸업식 날이 다가왔다. 나는 지정초등학교의 남선생님 중에서 막내이기 때문에 평상시 같으면 일을 하느라 분주했을 것이다. 그러나 올해는 졸업식 준비에 관해서는 손을 놓고 있었다. 선생님들께서 6학년 담임이라며 배려해서 식장 준비 등을 제외시켜 주었기 때문이다. 나는 교실에서 학생들에게 졸업식 노래를 가르쳤다. 졸업식 날 씩씩하고 힘차게 불러주기를 바랄 뿐이다. 그리고 답사를 써서 학생에게 연습을 시켰다.

"옛날에는 초등학교 졸업식이 공부의 마지막이 되는 학생이 많았단다. 초등학교 졸업을 끝으로 중학교를 진학하지 못하고 사회로 진출하는 학생이 많았지. 그래서 졸업식 날 눈물바다가 되는 경우가 많았단다. 학생들도 울고, 어린 제자가 안타까워서 선생님도 우시고. 그런데 지금은 거의 다 중학교에 진학하잖니? 초등학교 졸업은 끝이 아니라 다시 중학교를 시작하는 출발점이기도 하지. 그러니까 울지 말고 씩씩하게 답사를 해야 해."

나는 답사를 읽는 학생에게 격려하며 말했다. 나는 졸업식을 앞두고 내 곁을 떠나가는 학생들에게 강하게 살아갈 것을 강조했다.

"남극의 펭귄은 먼 곳에서 먹이를 잡아 목에다 집어넣고는 새끼에게 갖다가 준다. 그러나 새끼가 크면 부모 펭귄은 곁을 떠난다. 오랫동안 배고픔을 참고 부모 펭귄이 오기를 기다리다 지치면, 새끼 펭귄들은 굶어죽지 않으려고 바다를 향해 먹잇감을 찾아 긴 여행을 떠난다."

"독수리는 새끼에게 먹이를 잡아다 먹이며 키우고 날기 연습을 시킨다. 독수리가 다 자랐다고 생각하면 어미 독수리는 새끼를 키우던 집을 부리와 발로 허물어 땅에 떨어트려 버린다. 새끼가 스스로 먹잇감을 구하고 강하게 살게 하기 위해서다."

"병아리는 알 속에서 노오란 부리로 껍질을 깨고 밖으로 나와 병아리가 되고 마침내 커다란 닭이 된다. 세상 밖이 무서워 알 속에서 계속 남아있기를 바란다면 영원히 닭이 될 수 없다. 그 달걀은 곤달걀이 되어 버려질 것이다. 세상살이를 겁내지 마라. 힘들어도 열심히 살다 보면 보람이 있을 것이다."

"진주조개는 평범한 조그만 조개가 모래에 살갗이 다쳐 흘리는 눈물이 모래와 생물학적 반응을 일으켜 진주가 된다고 한다. 커다란 모래에 살갗이 많이 다쳐 분비액이 많이 나오면 더 크고 값비싼 진주가 나온다고 한다. 세상이 힘들다고 좌절하거나 절망하지 마라. 오늘의 작은 시련들을 이겨내며 극복하다 보면 먼 훗날의 영광이 너희들을 반겨줄 것이다. 그리고 작은 시련들은 너희들 인생에 좋은 정신적 재산이 될 것이다."

졸업을 앞두고 웃고 떠들며 즐거워하는 학생들에게 나는 나름대로 인생의 메시지를 전달하기 위해서 노력했다. 나는 학생들이 내가 말하는 한 구절이라도 기억하고 있다가 삶이 힘들 때 절망하지 않고, 위안을 삼고 희망을 갖고 용기를 얻을 수 있다면 다행이라고 생각했다.

졸업식 날 식장에 앉은 학생들을 바라보며 감회가 새로웠다. 아기같이 어리기만 하던 학생들이 늠름하게 많이 자랐기 때문이다. 앞으로 더 큰 마음과 생각을 가지고 훌륭히 자라기를 바랐다.

학부모님들께 졸업식 선물을 받았다. 금반지 한 돈이었다. 나는 사양했다. 그러나 학부모님들은 굳이 건네 주셨다.

"선생님, 우리 아이들 담임을 맡아서 열심히 공부를 가르쳐 주셨습니다. 6학년 학부모들이 조금씩 돈을 모아 선물을 마련했습니다. 받아 주세요."

"아닙니다. 당연히 할 일을 했을 뿐입니다. 사양하겠습니다."

"선생님이 너무 사양하시면 우리가 미안해집니다. 여름방학, 겨울방학 없이 아이들을 열심히 가르친 선생님은 지정초등학교가 생긴 역사상 선생님이 처음이래요. 호호. 받아주세요."

나는 어머님들이 건네주신 선물을 감사히 받았다. 학교에 오신 어머니와 아버님들께서도 3년간의 정들었던 이별을 매우 아쉬워하셨다. 나와 기념사진을 찍고 싶어 하는 학생, 학부모님들과 기념사진을 찍은 후 인사를 마치고 교무실에 들어섰다. 교장선생님과 나짜미가 난롯가에 서 있었다. 교장선생의 얼굴 모습이 험악해져 있었다. 마치 원수지간이라도 된 듯 나를 노려보던 당 교장선생이 목소리를 높여 나에게 공세를 취했다.

"염 선생! 학부모님들께 금반지 선물 받았어?"

“예.”

“왜 받았어?”

“당연히 해야 할 일을 했을 뿐이라며 몇 번씩 사양을 했는데도 학부모님들이 계속 권유하셔서 어쩔 수 없이 받았습니다. 죄송합니다.”

나는 고개를 들어 교장선생님 얼굴을 보며 진심으로 사과했다. 그런데 옆에서 나짜미가 고소하다는 듯이 살살 눈웃음을 흘리고 있었다. 대머리가 까진 나짜미가 교장선생님께 일러바치고 초를 친 모양이다.

‘이 인간, 나이도 많이 먹은 사람이 덩치 값도 못하고 교장선생 밑구멍이나 긁어댔구나.’

옛말에 꾸짖는 시어머니보다 말리는 시누이가 더 밉다고, 갑자기 나짜미의 얼굴을 보는 내가 메스꺼움 같은 것을 느꼈다. 내가 잠시 마음속으로 사태파악을 하고 있는 사이 교장선생의 호통소리가 다시 귓가에 울려 퍼졌다.

“몇 돈 받았어?”

“한 돈 받았습니다.”

나의 잘못이었다. 교장선생님께 정중히 사과했다. 나짜미는 고소하다는 듯이 막걸리 집 아가씨처럼 알 수 없는 눈웃음을 더 크게 흘리고 있었다. 나짜미와 합세해서 화를 내는 당 나돌 교장도 상대하기 싫었다. 교무실을 나왔다. 나는 찬바람 부는 운동장에서 크게 숨을 들이마셨다가 내뿜었다.

교장선생님의 명령을 거부

5학년 학부모님들로부터 원주시내에서 저녁 식사를 하자는 연락이 왔다. 몇 번 사양했으나 학부모님들은 강력히 주장했다.

"선생님, 2월 23일 6시에 꼭 저녁식사를 하러 나와 주셔야 하겠습니다. 선생님께 드릴 말씀이 있습니다. 안 나오시면 식당에서 계속 기다리고 있겠습니다. 사모님도 모시고 나오십시오. 나만 선생님을 만나러 나오는 것이 아니라 다른 학부모님들도 나오십니다. 우리를 실망시키지 마시고 꼭 나오시기 바랍니다."

나는 아내에게 의견을 구했다.

"여보, 어떻게 하지? 5학년 학부모님들이 당신도 꼭 참석했으면 하고 바라는데?"

"당신은 언제나 생각이 깊고 소심해서 탈이에요. 5학년 학부모님들이 저녁식사 같이 하고 싶다면 만나서 즐겁게 식사를 하면 되지, 너무 어렵게 생각하지 말아요. 갑시다."

나와 아내는 아들을 업고 원일로 도로의 기독교 부근 입구에 있는 식당으로 갔다. 학부모님들은 이미 미리 나와서 기다리고 계셨다. 저녁식사 시간이었다. 쇠고기가 나왔다. 그 당시 쇠고기는 값이 매우 비쌌다. 요즈음 경운기와 트랙터와의 경쟁에서 밀려나 단순히 식용우(食用牛)로 전락한 한우(韓牛)와는 전혀 달랐다. 대부분 농사를 짓고 계시는 학부모님께 과도한 폐를 끼치는 것이 아닌가 하는 우려가 느껴져 죄송스러웠다. 그러나 겉으로는 미안함을 표현하지 못하고 술을 마시고 있는 나에게 학부모님들이 정식으로 부탁을 했다.

"선생님, 우리 아이들이 6학년에 올라갑니다. 6학년 담임을 맡아 주십시오. 그 부탁을 드리기 위해서 선생님을 만나자고 한 겁니다. 교장선생님께 부탁을 드려도 되지만 선생님께 먼저 말씀을 드리는 것이 도리인 것 같아서 이렇게 말씀드립니다."

"선생님은 학생들이 편지를 보내면 꼭 답장을 써서 보낸대."

학부모님들은 나에게 좋은 감정을 갖고 계셨나 보다. 식사를 하시면서 재밌게 말씀을 나누고 계셨다. 나는 아버님의 부탁 말씀을 들으면서 졸업식 날 화를 내던 교장선생과 옆에서 눈웃음치던 나짜미의 얼굴 모습이 떠올랐다. 마음이 내키지 않았다. 나는 학부모님들께 의례적으로 정중히 말씀을 드렸다.

"저는 선생일 따름입니다. 학교 조직을 아우르는 인사권은 교장선생님께 있습니다. 교장선생님이 명령하시면 저는 따를 뿐입니다. 저는 학생을 가르치는 교사일 뿐이니 너무 무리한 요구는 안 하셨으면 좋겠습니다."

"교장선생님은 저희들에게 맡겨 주십시오. 다만 선생님께 양해를 구하고자 미리 말씀을 드리고 있는 겁니다. 하하하."

아버님은 웃으시며 나에게 술을 권했다. 술잔을 받고 있는 사이 아내의 등에 업혀서 같이 나온 아들의 떼쓰는 소리가 들렸다.

"짜짱면 줘. 짜장면 달란 말이야!"

"여기는 중국식당이 아니야. 짜장면이 없어."

"짜장면보다 이 쇠고기가 훨씬 비싸고 맛있는 거야. 짜장면 찾지 말고 어서 쇠고기 먹어."

"싫어, 으앙 짜장면."

아내와 어머님들의 달램도 소용없이 어린 아들은 짜장면을 달라고 울음을 터트렸다. 옆에 있던 연강춘 식당에 전화를 걸어 짜장면을 시켰다. 짜장면이 앞에 놓이자 아들은 울음을 멈췄다. 행복한 순간이었다. 쇠고기를 먹어서 행복한 것이 아니라 부족한 나를 고맙도록 인정해 주시는 학부모님들의 마음에 진정으로 감사해 하며 행복했다.

학교에 출근했다. 교장선생과 나짜미가 난롯가에 서 있었다. 둘이 무슨 이야기를 나눴는지 나짜미는 옛날의 모습 그대로 살살 눈웃음을 치고 있었다. 교장선생은 나에게 불쾌한 표정으로 화를 내면서 언성을 높여 말했다.

"염 선생, 또 6학년을 맡아야 하겠어!"

나는 불쾌한 표정으로 당나돌 교장을 바라보다가 퉁명스럽게 한마디 내뱉었다.

"나중에 금반지 왜 받았느냐고 야단치려고요? 금반지 받기 싫어서 6학년 맡지 못 하겠습니다."

임진왜란 당시 선조는 목숨을 구걸하기 위해서 의주로 파천(播遷)했다. 그러나 의병장 김덕령은 열심히 싸워 왜군의 호남 진출을 막았다. 1594년에는 진해, 고성에 상륙하는 적을 기습, 격퇴하는 통쾌한 승리를 거두었다. 그러나 1596년 스물아홉의 나이에 역모에 연루되어 억울한 죽음을 맞이했다. 왜놈을 물리치고 백성을 보호한 장군을 왕권을 위협한다고 보고 토사구팽 시킨 것이다. 이순신 또한 해군 제독으로서 병사의 수나 무기 등 모든 면에서 우세한 왜군을 맞아 열심히 싸워 잘 물리치고 있었다. 선조는 이순신 장군을 삼도수군통제사로 기용하여 적절히 대응을 잘 했으나, 간신들의 말에 따라 왕명을 어긴 죄로 극형에 처해 죽이려 했다. 정탁, 유성룡의 상소로 죽음을 면한 이순신은 백의종군(白衣從軍)을 했다. 고문에 의해서 몸이 다 망가진 이순신은 삼도수군통제사의 명을 받고 다시 싸움터로 나갔다. 그러나 나는 이순신이 되지 못했다. 선조보다도 훨씬 못한 당나돌 교장에게 혐오감을 갖고 있었던 것이다. 나는 이 글을 쓰는 지금의 순간에도 그 때의 잘못된 판단을 후회하고 있다. 교장이 나를 알아주지 못하면 어떤가? 학생들의 부모님이 원하시는데 말이다.

학교를 나와 버스를 탔다. 중학교 선생님이 자리에 앉기를 권했다.

"이번 중학교 입학시험에 지정초등학교 성적이 좋습니다. 6학년 맡아 가르치시느라 수고 했습니다."

"감사합니다. 중학교에서도 잘 지도해 주시기 바랍니다."

우리나라는 교육의 책임을 서로 미룬다. 서로 미루지 말고 당당히 책임 있게 가르치는 자세가 필요하다.

누렁이와의 이별

형이 휴가를 나왔다. 나보고 고등학교를 다니라고 한다. 나는 망설였다. 외양간에 새끼를 가져 배가 부른 누렁이가 가엾게 생각되었다. 저녁 무렵 형은 됫병 소주를 사왔다. 집 앞에서 50m쯤 떨어진 곳에 이웃집 홍 씨네 조상의 무덤이 있었다. 형은 나를 그곳으로 데리고 갔다. 어두운 저녁 달빛을 불빛삼아 형과 나는 소주 됫병을 마시며 이야기를 나눴다.

"근호야, 공부도 때가 있는 거야. 고등학교에 다니도록 해라. 봄에 농부가 못자리에 볍씨를 뿌리고 가을에는 논에서 수확을 하듯이 공부도 때가 있어. 지금 조금 늦기는 했지만 학교를 다녀야 해. 조금 더 있다 보면 공부할 기회를 영원히 놓치고 만다. 내가 그렇게 반대하시던 아버지도 설득해서 허락을 받았는데 당사자인 네가 왜 머뭇거리고 있어? 내년에는 학교에 다니도록 해."

"나도 고등학교를 다니고 싶지. 그러나 고등학교를 다니려면 등록금 마련을 위해서 누렁이를 팔아야 하잖아? 지금 새끼를 가져서 배가 부른데, 더욱이 내년 봄에는 새끼를 낳게 되는데 팔 수 없어."

"네가 누렁이를 좋아하는 걸 나도 알아. 그러나 누렁이도 그냥 소일뿐이야. 사람을 위해서 존재하는 동물일 뿐이야. 팔아서 고등학교를 다니도록 해."

"형은 몰라서 그래. 누렁이가 강아지처럼 꼬리를 치고 껑충껑충 뛰면서 반가움은 표시하지 않아도, 은근히 자기의 마음을 다 나타내. 내가 일을 하다 산에 매어 놓은 누렁이를 데리러 가면 천천히 내 곁으로 와서 머리를 내 쪽에다 대고 있어. 그리곤 커다란 꼬리를 천천히 흔들어. '누렁아, 미안하구나. 오늘 남의 품앗이 하다가 늦었구나. 어두운데 혼자서 산에 있느라 무서웠지?' 하면서 정수리도 긁어주고 목덜미도 만져주면 커다란 눈을 끔벅이면서 얼마나 좋아하는데. 반가움을 나타내는 표시가 눈동자에 다 나타나 있어."

"참 답답하구나. 정신 차려. 동네 어르신들이 내가 군대 가니까 어린 동생이 대신 일을 잘한다고 칭찬을 많이 하시더라. 그러나 나는 네가 안타까워서 하는 말이야. 네가 고등학교 졸업하고 좋은 직장에 취직해서 돈 번 다음에 그 돈으로 소를 사. 소는 얼마든지 있어."

"그렇지만 누렁이는 아버지와 엄마, 나의 사랑이 다 깃들어 있는 소중한 소야. 그래서 팔수가 없어."

"지금은 내가 너를 사랑하기 때문에 학교 다니라고 말을 하는 거야. 그러나 이다음 내가 장가가서 아내가 생기고 자식이 생기게 되면 나는 동생인 너보다 아내와 자식들을 더 사랑하게 될지도 몰라. 그때 내 아내가 놀부 마누라처럼 못된 여자여서 너는 고생하건 말건 우리만 잘 먹고 잘 살자고 동생 재산 모두 뺏자고 충동질하면 나는 네 것을 모두 뺏으려고 덤벼들지 몰라. 실제로 사이좋던 형제, 남매들이 결혼하고 나서 재산 때문에 싸우는 경우를 많이 보잖아. 네가 소를 정성껏 길러서 여러 마리가 되어도 내가 뺏으면 다 내 꺼야. 너는 안 뺏기려고 나에게 싸움을 걸 동생이 못돼. 그러나 내가 달라지고 아무리 욕심이 생겨도 네가 소를 팔아서 공부한 것은 뺏을 수가 없어. 너의 머릿속에 든 것을 어떻게 뺏니? 그래서 학교를 가라는 거야. 알겠어? 이 바보야! 지금이라도 정신을 차리라고."

"……"

형과 나는 주거니 받거니 하면서 거의 비슷하게 술을 마셨다. 됫병 소주도 거의 다 마셔서 밑바닥에 조금 남아 있었다. 형은 술기운이 올랐는지 얼굴과 목덜미가 불그스레하게 물들어 올랐고, 마치 싸움이라도 하는 사람처럼 화가 난 듯 목소리가 거칠고 고음이었다. 술병을 비우고 나는 빈 소주병과 안주 그릇을 들고 형 뒤를 쫓아 집으로 돌아왔다. 나는 밤에도 제대로 잠을 잘 수가 없었다. 흥부와 놀부 이야기를 거침없이 하면서 화를 내는 형에게 일종의 배신감을 느꼈다.

'형이 어떻게 그런 이야기를 거리낌 없이 함부로 말할 수 있을까?'

나는 뒤척이고 또 뒤척이며 생각에 잠겼다. 휴가를 마치고 부대로 돌아가는 형에게 나는 말했다.

"학교 가기로 결정했어. 후배들에게 인사하면서 자존심 구기며 다니는 일이 없도록 3학년으로 다닐 거야."

"잘 생각했어. 염영도 교장선생님 사모님이 흥업교회를 다니신대. 최 목사님께 말씀드리면 모든 일이 잘 해결될 거야. 최 목사님께서도 어떻게 해서든지 너를 학교에 보내야 한다고 말씀하시더라."

형은 환하게 웃었다.

"네가 학교를 간다고 하니 부대생활을 하면서도 두 다리 쭉 뻗고 편히 잠을 잘 수 있을 것 같구나."

형은 다정하게 어깨와 등을 두들겨 주었다. 일은 일사천리로 진행되었다. 아버지는 새하얀 한복에 회색 두루마기를 걸쳐 입으시고, 중절모를 쓰신 후에 학교로 교장선생님을 만나러 가셨다. 집에 돌아오신 아버지는 말씀하셨다.

"홍기문 교감선생님과 염영도 교장선생님 모두 만났단다. 두 분 다 3학년으로 다니는데 허락하셨어. 교장선생님은 자기와 종씨(宗氏)라며 나를 집으로 모시겠다며 굳이 데리고 가서 점심 대접을 하고 술까지 몇 잔을 따라 주시더구나. 이젠 소를 팔아야 하겠구나."

아버지는 기분이 무척 좋아 보이셨다.

"아버지 누렁이를 그렇게 빨리 팔 필요가 없어요. 제가 다시 한 번 학교에 가서 확인을 하고 팔아도 늦지 않아요."

학교에 간 나는 홍기문 교감선생님과 염영도 교장선생님을 만났다. 아버지의 말씀 그대로였다. 겨울방학이 끝나고서부터 3학년에 올라가는 학생들과 공부하기로 했다. 상복이네 집에서 공부하고 있는 안재원 학생에게 말했다. 내년부터 같은 학년이 되어 공부하기로 했으니 잘 지내자며 굳게 악수를 했다.

겨울방학이 끝나기 열흘 전쯤 되었을까 자감촌에 사시는 소장수가 왔다. 몇 번을 다녀가신 그분에게 누렁이를 팔았다. 소고삐를 움켜쥔 그 아저씨는 아버지와 어머니를 번갈아 보시며 말했다.

"이 소는 흠잡을 데 없이 정성껏 아주 잘 키운 소입니다. 그러나 아직 일을 배우지 못했습니다. 그리고 두세 번 새끼를 낳으면서 커야 뼈도 더 굵직하고 몸집도 커져서 최고의 소 값을 받을 수 있는데 처음 새끼를 가진 소라서 아직 어린 티를 벗어나지 못했습니다. 그런데 저 총각이 나무를 팔아서 산 송아지라는 말을 듣고, 또 고등학교를 다니기 위해서 판다는 말을 듣고 제가 후하게 값을 쳐서 드리는 겁니다. 아무리 소장사라고 하지만 배우기 위해서 학비를 마련하려고 파는 소를 후려쳐 깎을 수는 없는 것 아닙니까? 다른 분한테 물어 보아도 잘 파셨다는 소리를 듣게 되실 겁니다."

아버지는 말없이 고개를 끄덕이셨다. 그분은 소를 끌고 내려갔다. 말없이 소장수의 뒤를 따라 걸음을 옮기는 누렁이를 보면서 나는 눈물을 흘렸다.

'누렁아, 이 못난 나를 용서해 줘. 부디 너를 사랑하고 가족처럼 여기는 좋은 주인을 만나서 행복하게 잘 살기를 바랄게.'

나는 마음속으로 누렁이의 행복을 기원했다. 소장수를 따라가던 누렁이가 금란이네 집 모퉁이를 돌아가 보이지 않자 어머니가 나지막한 목소리로 중얼거렸다.

"왜? 이렇게 허전하고 슬플까? 마치 정든 딸을 시집보내는 것처럼…… 내가 많은 소를 길러 봤어도 이런 느낌을 가져 본 적이 없었는데. 이번 소는 막내둥이를 떠나보내는 느낌도 들고."

고개를 돌려 부끄러운 듯이 나를 바라보시던 어머니는 내 눈가의 눈물을 확인하시고는 눈시울을 붉히시며 더 굵은 눈물을 흘리셨다.

"그럼 어떻게 해. 소를 안 팔고 논밭을 팔수는 없잖아. 저 소장수 아주 양심적인 분이야. 소 값을 아주 후(厚)하게 계산을 해줬어. 저 소장수가 먼저 번 흥정하러 와서 그러더구나. '소 값을 후하게 계산해 주는 대신 아드님이 고등학교에 들어가서 열심히 공부를 해야 한다고' 그래서 내가 말했다. '열심히 공부할 애니까 걱정 안하셔도 된다고' 아깝구나. 내가 누렁이를 2~3년만 데리고 있었으면 힘이면 힘, 일이면 일 무엇이든지 이 동네 최고의 소를 만들었을 텐데. 나는 누렁이가 너와 참 어울리는 소라고 생각했단다. 내가 일을 가르쳐 놓으면 20여 년간 너와 정답게 살아갈 소라고 생각했었는데 우리와 헤어졌구나. 너도 농사일을 떠나고."

아버지는 누렁이가 떠난 길을 바라보시며 아쉬움이 많이 담긴 목소리로 중얼거리듯 나직하게 말씀하셨다.

"추운데 들어가자. 계속 내려다본다고 누렁이가 다시 돌아오지도 않을 테고. 그리고 너는 외양간 거름을 밖으로 치워내라. 바닥이 마르면 나무를 쌓아두자꾸나."

아버지는 텅 빈 외양간을 보면 누렁이 생각이 떠오르실까봐 그런지 나에게 말씀을 남기시곤 먼저 방으로 들어가셨다. 방으로 들어가시는 아버지의 등허리가 오늘따라 더 구부정하고 힘이 없어 보였다. 나는 잘 알고 있었다. 누렁이는 아버지의 희망이고, 기쁨이고, 사랑이었다. 나보다도 몇 배 더 누렁이를 사랑하고 계셨는지도 모른다. 누렁이를 통해서 나에게 가축에 대한 사랑과 양육(養育)하는 방법을 가르쳐 주셨으며, 써레질도 가르쳐 주시고, 참 농부의 길을 걷게 하려던 아버지의 꿈이 아주 서글프게 사라지는 순간이었다. 나의 아버지는 진실로 흙을 사랑하시고, 농자천하지대본(農者天下之大本)을 신앙처럼 생각하시는 이 땅의 마지막 세대셨다.

아버지는 돈이 있을 때 입학금 및 3학년 졸업할 때까지의 월사금을 학교에 갔다가 모두 내라고 말씀하셨다.

"집에 돈이 있으면 쓰게 되는 법이여. 그러면 네가 학교 다니며 월사금도 못 내어 고생하게 되니 돈 있을 때 모두 학교에 갔다가 미리 내도록 해라. 그러면 네가 마음 편히 학교를 다닐 수 있잖니? 누렁이 판돈은 네 학비와 책값 이외는 다른 데 전혀 쓸 수 없다."

나는 돈을 책보에 싸서 허리에 매었다. 그리고 점퍼를 걸쳐 입고 학교로 갔다. 잃어버리면 큰일이라며 어머니가 가르쳐 주신 방법이다. 행정실로 갔다. 행정실에서는 2학년 수업료까지만 받았다. 나는 교장선생님과 홍기문 선생님을 만났다.

"깊이 생각한 결과 3학년을 취소하고 2학년으로 받기로 결정했다. 네가 면사무소 지역에 사는 걸 다 아는데 3학년으로 받아 봐. 아무리 학교의 재정 형편이 어렵다 하더라도 체면이 말이 아니잖니? 그리고 네가 중학교 다닐 때의 성적도 고려해서 2학년은 문제가 없다고 생각했다. 2학년으로 다니 거라."

"원래의 약속이 틀리지 않습니까?"

"미안하게 됐다만 너와 학교를 모두 생각한 최선의 결정이었어. 이해해다오. 그리고 3학년 수업료를 미리 받는 것은 미안한 생각이 드는구나. 집에 가져가서 1년 정기예금이라도 들어 두었다가 내년에 내도록 해라."

"처음 약속과 달라서 저도 당황했습니다. 학교를 다닐지 말아야 할지는 생각해 보고 나중에 말씀드리겠습니다. 안녕히 계십시오."

"네가 학교를 안 다니겠다면 입학금 및 2학년까지 낸 수업료는 돌려 줄 테니 너무 걱정하지 말거라. 그러나 이 기회를 놓치지 말고 꼭 학교를 다니도록 해라."

교장실을 나서면서 기분은 엉망으로 일그러져 있었다. 어떻게 해야 하나? 그동안 3학년으로 붕 떠있던 기분이 바람 빠진 풍선처럼 쭈그러져 볼품없이 학교운동장에 버려진 느낌이 들었다. 마치 낙제를 해서 한 학년 진급하지 못한 학생의 기분이 들었다. 아는 사람들에게 3학년에 다닐 거라고 말했는데 나도 신의 없는 허풍장이가 되고 말았다. 학교를 다니지 않기로 결정했다. 그리고 형에게 편지를 썼다.

보고 싶은 형에게

형, 추운 겨울철 날씨에 군대생활은 잘 지내고 있는지 궁금해? 형이 휴가를 나왔다가 부대로 돌아간 지도 몇 개월이 지났네. 오늘따라 형이 자꾸만 보고 싶어져.

이곳 부모님과 나와 동생들은 형의 염려 덕분에 무사히 잘 지내고 있어. 소를 팔아서 학교에 입학금 및 수업료를 내러 갔었어. 그런데 3학년으로 받아주겠다던 염영도 교장선생님과 홍기문 교감선생님이 안 된다고 하시는 거야. 2학년으로 다니래. 말씀을 180도 반대로 바꿔버리네. 나는 교육자가 그렇게 약속도 지키지 않고 거짓말을 할 줄은 몰랐어. 세상에 믿을 사람 없다고 하더니 선생님마저 믿을 수가 없네. 계약서를 쓴 것도 아니고 확인서를 받아둔 것도 아닌데 어떻게 하면 좋을지 모르겠어. 학교에 냈던 돈을 찾고, 고등학교를 포기하려고 해. 그러나 돈을 되찾았다고 해도 누렁이를 찾아 올 수도 없고, 그 돈으로 누렁이만한 새끼 가진 소를 살 수도 없을 것 같아. 모든 일이 엉망으로 꼬여 버렸어. 되는 일이 없네. 군 생활하느라 고생하는 형에게 좋은 소식 전하지 못해서 미안해. 형의 건강을 기원하며 이만 글을 마칠게. 안녕

사랑하는 동생에게

네가 보내준 편지 반갑게 받아 보았어. 부모님도 건강하시고, 영옥이와 명호도 건강히 잘 지내고 있겠지? 나는 너의 염려 덕분에 몸 건강히 군 생활을 보람차게 보내고 있어. 지금은 고참 병장이라 편해. 형의 걱정은 안 해도 돼.

지난 번 네가 후배에게 인사하며 다니기 싫다고 3학년으로 다니겠다고 말했을 때 나도 고개를 끄덕이며 동의했었지. 그러나 그것은 너에게 상처를 주지 않기 위해서 맞장구를 쳤을 뿐이야. 사람은 언제나 제일 높은 사람만으로 살 수가 없는 법이야. 내가 복무하고 있는 이곳 군대에서도 나이 어린 상관이나 선임자에게 경례를 하는 경우가 많아. 그것이 자존심 상하는 것은 절대 아니란다. 윗사람에 대한 존경과 예의일 뿐이야. 그렇게 함으로서 부대원들 간에 단결이 이루어지고 사랑이 이루어지는 것이란다. 나는 네가 선배들에게도 인사를 잘하고 모든 일에 모범을 잘 보임으로써 명랑하고 사랑스런 학교 분위기를 형성하는데 일조하리라 믿는단다. 그리고 교장선생님과 교감선생님이 너를 2학년에 입학시키려고 하는 것은 사기를 치는 것이 아니라, 진정으로 너를 사랑하시기 때문이야. 더 많은 것을 가르쳐 주시고, 더 많은 것을 배워서 훌륭한 학생으로 만들려고 그러시는 것이야. 공부도 기초가 필요한데 3학년으로 들어가서 백 미터 달리듯이 힘들게 하다 보면 짜증이 생기고 힘들어질지도 몰라. 그러나 2학년으로 들어가면 즐겁고 보람찬 학창시절을 보내면서도 남에게 뒤지지 않는 실력을 충분히 갖추리라 믿는다.

사랑하는 근호야! 네가 나한테 자주 이야기했었지? 고등학교 교복을 입고 책가방 들고 학교 다녀서 졸업장 타는 것이 평생소원이라고. 그렇게 네가 입어보고 싶어 하던 교복을 1년간 입어보고 졸업하는 것보다, 2년간 입어보는 것이 얼마나 더 좋으니? 얼마 안 있으면 제대를 앞두고 휴가를 나간단다. 그때는 교복을 입고 고등학교를 다니는 너의 모습을 볼 수 있으리라 믿는단다. 저녁에는 교재를 놓고 예습과 복습을 열심히 공부하는 너의 모습을 상상만 해도 이 형은 기쁘단다.

누렁이도 팔려가면서 네가 고등학교 다니기를 마음속으로 간절히 원했을지 몰라. 자기는 사랑하는 주인과 헤어질지라도 주인만은 더 배워서 원하는 꿈을 이루기를 바라면서 누렁이는 말없이 네 곁을 떠나갔을 거야. 꼭 학교에 입학하기를 다시 한 번 간절히 바란다. 이 세상에서 너를 가장 사랑하는 형이……

고등학교 2학년 입학을 놓고 형은 나와 상반(相反)되는 생각을 하고 있었다. 깊이 생각한 끝에 나는 학교에 다니기로 했다. 형의 말을 따르기로 결정한 것이다. 그 때 형이 쓴 편지 내용은 위와 같았으나 글의 짜임이나, 표현, 문장이나 감동은 형이 보내준 옛날의 편지가 훨씬 우수하고 뛰어났다. 그것을 보관하고 있지 못한 것이 무척이나 아쉽다. 내가 살아가면서 나에게 가장 감동과 영향을 준 글을 뽑으라면 1. 성경, 2. 형의 편지, 3. 데미안이다. 그리고 학교생활을 하면서 염영도 교장선생님과 홍기문 교감선생님의 제자 사랑에 대한 깊은 애정도 직접 체험할 수 있었다. 더욱 뜻 깊은 체험은 설립자 홍범희 선생님의 제자 사랑이다. 혈기왕성한 제자들이 운동장에서 뛰어놀다 다칠까봐 무더운 여름에도 운동장에서 돌부리를 캐시며 섬기는 사랑을 몸소 보여주셨기 때문이다.

내가 다시 태어나 중 · 고등학교를 다닌다면 육민관중 · 고등학교를 다시 한 번 더 다니고 싶다. 아름다운 경치와 훌륭하신 스승님들의 정신이 깃들어 있는 모교에서 밝고 아름답게 학창시절을 다시 한 번 더 즐겁게 보내고 싶다.

어머니와 외할머니

봄방학 기간에 외할머니를 찾아뵙고 싶었다. 어머님께 말씀드렸다.

"어머니, 외할머니 댁에 아이들을 데리고 가서 하룻밤 지내고 싶어요. 어머니도 가실래요?"

"외가댁이 어디 사람 사는 집이니? 굴뚝이지, 굴뚝. 담배 연기가 아이들한테 무척 나쁘다고 하더라. 아이들과 네 처는 빼놓고 너와 나, 단둘이서만 갔다 오자."

"외할머니께서 아이들을 무척 좋아하시는데?"

"아이들은 날씨가 더워서 문 열어 놓고 있어도 될 때, 찾아뵈어라."

"아내가 가야 반찬도 해드리고 설거지도 하지요."

"괜찮다. 내가 할 테니까 시장 보아서 둘이 가자."

어머니와 나는 외할머니 댁에 갔다.

"할머니! 할머니!"

나는 마루 앞에서 외할머니를 불렀다. 혼자 방안에서 추위를 견디며 조용히 보내셨나 보다. 연세 많으신 몸으로 혼자서 추위와 외로움을 견뎌내셨을 외할머니를 생각하니 갑자기 눈물이 핑 돌았다. 우리가 오리라고는 전혀 생각 못하신 듯 외할머니께서는 깜짝 놀라시며 나오셨다. 외할머니의 반찬을 해드리기 위해서 부엌과 방안을 구부정한 허리로 드나드시는 어머니를 바라보시다가 어머니가 나가시자 외할머니는 혀를 끌끌 차시며 나에게 말씀하셨다.

"니 어미가 저렇게 빌빌 대서야 어떻게 한대냐? 내가 죽거든 장사를 지내고 죽어야 할 텐데 나보다 먼저 앞서 갈까봐 걱정이다. 나는 지금 아픈데도 하나 없고 50년은 더 살 수 있을 것 같다."

외할머니는 자신 있게 말씀을 하시며 어머니 걱정을 하셨다. 저녁을 먹고 외할머니께서는 화롯가에 앉아서 담배를 태우시며 그동안 모아 두셨던 이야기를 말씀하셨다. 나는 외할머니 곁에서 마주앉아 이야기를 듣고 있었다. 어머니는 외할머니 옷을 꿰매 드리려고 해진 옷을 갖다 놓으시고 바늘귀에 실을 꿰려고 애쓰고 계셨다. 보다 못한 내가 어머니의 바늘과 실을 받아 들었다. 외할머니께서 내가 받은 실과 바늘을 가로 채셨다.

"아범이 달랜다고 바늘과 실을 주냐? 이런 것은 여자가 만져야지 남자가 만지면 안 된다."

외할머니께서는 얼른 바늘에 실을 꿰어 어머니께 넘겨주시고는 밖으로 나가셨다.

"아이고, 저 노인네 얼른 돌아가셔야 할 텐데 큰일이다. 허리도 구부러지지 않고 꼬장꼬장 하시고, 눈도 나보다 더 밝으시고, 정신도 저렇게 말짱하시니 큰일 났네. 아무래도 저 노인네 장사지내서 하늘나라 보내드리지 못하고 내가 앞서 가게 될 것 같구나."

어머니는 말씀하시고는 멋쩍게 웃으셨다.

"아이고, 두더지 잡는 것도 아니고, 왜 이렇게 담배는 줄담배를 태우신 다냐? 목구멍이 칼칼해서 죽을 것 같다."

"내가 할머니께 말씀을 드려 볼까요? 건강을 위해서 담배를 조금씩 태우시라고요."

"섭섭하게 생각하신다. 그런 얘기하면 절대로 안 된다. 사실만치 사셨는데 기분 좋게 태우시도록 아무 말도 하지 말거라."

어머니는 담배 연기는 싫어 하시면서도 외할머니께 말씀드리는 것은 절대로 반대였다. 외가댁을 다녀온 지 며칠 후에 외할머니께서 급히 오라는 연락이 왔다. 논을 팔기 위해서 연락을 하신 것이다. 어머니와 두 이모님도 와 계셨고, 논을 사시려는 분도 계셨다. 외할머니께서는 담배연기를 깊이 들이마셨다 내뿜으시면서 자신의 심경을 말씀하셨다.

"요즈음 세상에 믿을 사람이 어디 있소. 이 앞에 딸년들이 셋이 앉아 있다만, 내 뱃속으로 키워서 낳았다만 다 도둑년들이라오. 믿을 수가 없다오. 그런데 우리 외손자는 심지(心地)가 곧은 사람이라서 믿을 수가 있다오. 재가 맏사위인 자기 아버지를 닮아서 아주 양심적이거든요. 그래서 여러 사람이 있는 앞에서 이야기하는 것인데, 네가 땅을 팔라 하면 팔고, 팔지 마라 하면 팔지 않겠다. 단 조건이 있다.

이 땅을 팔았을 경우에는 그 돈은 모두 네가 가지고 있어야 한다."

외할머니께서 말씀을 하시는 동안 두 이모님의 얼굴은 굳어 있었다. 그런데 어머니는 외할머니께 욕을 먹었으면서도 싱글벙글 웃고 계셨다. 아마 자신의 몸으로 낳으신 둘째 아들을 대쪽 같은 외할머니께서 신임해 주시고 무한한 사랑을 보내주시니 기분이 좋으셨던 모양이다. 모든 분들의 시선이 나에게 쏠려 있었다. 나는 잠시 깊게 생각하다가 말문을 열었다.

"외할머니 논을 파세요. 제가 책임지고 관리하겠습니다. 이 논을 놔둔다면 나중에 평당 몇 백만 원으로 땅값이 오를지도 모릅니다. 그러나 땅값이 오르면 뭘 하나요? 외할머니께서 세상을 떠나신 다음에는 아무 소용도 없는 것이지요. 이 땅을 장만하시느라 고생하신 외할아버지와 외할머니를 생각해 볼 때, 외할머니 살아생전에 옷 한 벌이라도, 반찬 한 가지라도 맛있는 것으로 더 해드리고 싶습니다. 파십시오."

옆에서 듣고 계시던 손상희 할아버지께서도 말씀하셨다.

"아암, 선생님 말씀이 백번 옳으신 말씀이야. 살아계실 적에 돼지찌개 한 그릇에 소주 한 병이라도 대접해야 고마운 것이지 돌아가신 다음에 몇 억을 방안에 쌓아 놔봐야 아무 소용없는 일이지."

그 후 나는 경기도로 발령을 받아 원주를 떠나면서 여동생과 매제에게 돈을 맡겼다.

"이 돈은 외할머니와 내 허락 없이는 절대 개인적으로 찾아 써서는 안 돼. 그리고 외할머니께서는 앞으로 150살까지 사실 자신이 있다고 말씀하셨어. 그러니까 외할머니만을 위해서 알뜰히 써야 돼."

외할머니께서는 만100세가 넘으셔서 대통령께서 주시는 명아주 지팡이도 선물로 받으셨고, 원주시에서는 경로잔치도 마련해 주셨다. 그 당시에는 정기예금 금리가 괜찮아 은행 이자만으로도 외할머니의 생활 물품을 마련해 드리는데 부족함이 없었다.

선생님은 훌륭한 교육자

새 학년이 되었다. 인사이동으로 선생님들의 구성에 변화가 있었다. 교감선생님과 두 분 선생님이 가시고 새 선생님이 오셨다.

이용구 어머니가 학교에 오셨다. 농협중앙회에서 학생들에게 지급하는 장학생 선발에 응모하려고 초등학교 성적증명서를 발급받으러 오신 것이다. 나는 용구의 성적증명서를 작성해 주면서 용구가 꼭 장학생에 선발되기를 마음속으로 간절히 바랬다. 나중에 용구가 장학생으로 선발되어 장학금을 지급받았다는 소식을 들었을 때 뛸 뜻이 기뻤다. 내가 장학금을 받았을 때보다 더 기분이 좋았다.

김웅변 선생님은 교무주임을 맡고 있었다. 그런데 새로 오신 선생님에게 밀리게 되었다. 대개 교무를 학교에서는 서열 3위로 본다. 새로 교무를 맡을 선생님에게 양보를 부탁했으나, 거절당했다. 승진이 코앞에 걸린 것도 아니라 나 같으면 양보해 줬을 텐데 세상 사람들이 너무 빡빡하게 사는 것만 같아 아쉬웠다.

"교무 임명권은 교장선생님께 달려있습니다. 교장선생님의 뜻에 따를 뿐입니다."

새로 부임한 선생님의 답변에 김웅변 선생님은 멀쑥해졌다. 퇴근 후에 술잔을 기울이면서 김웅변 선생님이 신세 한탄하듯이 말했다.

"염 선생, 마당개 노릇하느라 얼굴이 다 탔어. 수업이 끝나면 교무실에 모여서 농담 따먹기나 하고 있는데, 이거 영 말이 아니야. 거기다 아이들은 백말 띠라서 말을 안 들어. 아주 억세. 웬만큼 소리를 꽥꽥 질러도 꿈쩍도 안 해."

선생님은 자조(自嘲)섞인 목소리로 한탄하듯이 말했다. 나도 김웅변 선생님의 말을 들으면서 웃었다. 그리고 위로하듯이 말했다.

"선생님은 멋진 분입니다. 돈이나 받으려는 월급쟁이 선생님이 아닙니다. 학생들 합창을 가르칠 때나, 웅변을 가르칠 때나, 연식정구를 가르칠 때에도 학생에 대한 열정과 사랑이 있습니다. 선생님은 훌륭한 교육자입니다."

우리는 소주잔을 부딪쳤다.

"선생님 어떻게 말도 안하는 여학생을 웅변을 가르쳤습니까? 대단하십니다. 그리고 그런 여학생을 데리고 나가서 대회에 입상을 하시다니요."

선생님이 처음 지정초등학교에서 웅변 연습을 할 때 부족한 점이 많았다. 웅변 연습을 하느라 오후 창가에 울려 퍼지는 선생님의 목소리를 들으면서 어떤 선생은 못 참겠다는 듯이 킥킥대며 웃어댔다.

"어디서 돼지 멱따는 소리가 들리는 것 같아. 키이익~킥."

그러나 선생님은 포기하지 않고 열심히 노력하고 보완하여 한국자유총연맹(한국반공연맹)에서 주최하는 웅변대회에 출전하여 대통령상을 수상했다. 우리나라 웅변대회에서는 한국자유총연맹에서 주최

하는 대회를 가장 권위 있는 대회로 인정하고 있다. 우리 모두는 꿈과 열정을 갖고 노력하면 반드시 원하는 것을 이룰 수 있다. 김웅변 선생님이 이를 보여주고 있다.

'청소년들이여! 꿈을 가져라. 그리고 열정을 가지고 노력하라. 반드시 이루어질 것이다.'

"선생님, 엄마를 불러주세요."

내가 맡은 학년은 4학년이었다. 4학년에는 채문기라는 학생이 있었다. 얼굴도 잘 생기고 키도 커서 교실 뒤쪽에 앉았다. 학생들과 장난도 잘 치지 않고 어른스럽고, 공부도 잘해서 어느 한 곳 나무랄 데가 없는 믿음직스러운 아이였다. 교실에서 공부하던 어느 날 갑자기 죽을 듯이 울고 있었다. 나는 갑자기 일어난 교실의 사건에 깜짝 놀랐다.

"문기야, 어디가 아프니? 병원에 전화를 걸어서 구급차를 부를까?"

"선생님, 엄마를 불러주세요."

"엄마보다 빨리 병원으로 가야지? 그래야 병을 고치지?"

"선생님, 엄마는 제가 왜 아픈지 알고 있어요. 약도 갖고 오실 거예요."

문기는 고통으로 어쩔 줄을 몰라 하며 아픔을 참아내느라 애를 쓰고 있었다. 나는 급히 교무실로 달려가 전화를 걸었다.

"문기 어머니세요? 문기가 몸이 매우 아파서 고통이 심합니다. 나에게는 말도 하지 않고 엄마를 불러 달래요. 엄마는 모든 것을 알고 있다며 약을 가지고 올 것이라고 하네요. 빨리 와 주셨으면 고맙겠습니다."

"선생님, 걱정을 끼쳐 드려 죄송합니다. 지금 빨리 학교로 가겠습니다."

학교로 달려온 문기 어머니는 문기를 데리고 급히 화장실로 갔다. 그리고는 얼마 정도의 시간이 지난 후 화장실을 나왔다. 문기는 거짓말처럼 멀쩡했다. 문기 어머니에게 여쭤보았다.

"문기가 어떤 병으로 고생하고 있습니까?"

"말씀드리기 뭐한 병 때문에 고생하고 있습니다. 앞으로도 놀라지 마시고 저에게 연락해 주세요."

문기 어머니는 내 귓가에 대고 조그만 목소리로 알려주셨다. 나는 문기에게 말했다.

"문기야, 아픔을 참고 있느라 얼마나 고생이 심했니? 앞으로는 참지 말고 선생님께 즉시 알려주기 바란다. 선생님이 바로 어머니께 연락을 할 테니까."

그리고 나는 시내 약방에서 약을 구입해 내 책상서랍에 넣어 두었다. 문기 어머니께 연락이 되지 않거나 갑자기 너무 아파할 때를 대비해서 비상시에 내가 처방하고자 사다 놓은 것이다. 약을 사다 놓으니 불안했던 마음이 편안해졌다. 4학년에는 내가 졸업시킨 학생들의 동생도 있었다. 조경연, 이길용 등 귀여운 아이들의 모습이 떠올랐다.

"자기야, 왜 인제 왔어?"

형님은 횡성에서 사셨기 때문에 형님의 큰 딸 기쁨이는 중학교 진학을 위해 우리 집에서 초등학교를 다녔다. 우리가 정성껏 보살피느라 노력했지만 형님과 형수님이 데리고 있는 것만 하겠는가? 마침 아파트 같은 동, 같은 층에 집이 나왔다.

"여보, 사업하는 사장님의 첩(妾)인데 본처가 알고 찾아와서 세간을 부수고, 난리를 쳤나 봐요. 사장님이 강릉으로 본처 몰래 급히 이사를 시키나 봐요. 급히 나온 아파트인데 형님께 소개시켜 드릴까요?"

"그것 좋소. 소개시켜 드립시다. 그런데 싸움을 하고 그랬다는데 집이 망가진 곳은 없습니까?"

"아파트 내부가 망가진 곳은 없어요. 술병과 그릇을 깨트렸나 봐요. 그런데 첩이 살던 집이라 괜찮을까요?"

"첩은 사람이 아니오? 본처보다 얼마나 잘하면 남의 남편을 데리고 살겠소? 그런 집에 형님이 이사 오시면 두 분 금슬이 더욱 좋아질지도 모르오. 가서 집 구경을 합시다."

"하하, 호호."

여인 혼자서 사는 집이라 그런지 깨끗하고 좋았다. 집값도 우리가 살 때와 거의 같았다. 오르지 않은 싼값이라 우리는 즉시 형수님께 연락을 했다. 형님, 형수님과 같은 아파트에서 살게 되니 기분이 매우 좋았다.

형님의 둘째 딸 혜림이가 교동초등학교 5학년에 다니고 있었다. 형님은 바쁘셔서 선생님을 찾아뵙지 못하시고, 형수님은 담임선생님이 어려워서 말을 제대로 못하시겠다고 한다. 그런데 담임선생님은 나와 춘천교대 동기인 김 영남 선생님이었다. 교육청 출장을 마치고 음료수 1통을 사가지고 김영남 선생님을 찾아갔다. 수업이 끝나고 청소를 하는 중이었는데 청소도 거의 끝나가고 있었다.

"김 선생, 건강히 잘 지내고 있었지?"

"그런데 어떻게 왔어?"

"염혜림이 아빠가 나의 큰형님이야, 내가 혜림이 작은 아버지가 되지. 형님 댁을 대표해서 특사로 오늘 여기 왔어. 혜림이를 잘 부탁해."

"그래, 그래, 걱정하지 마라."

"내가 잘 부탁한다는 뜻은 무조건 잘 봐달라는 뜻이 아니야. 잘못했을 때는 종아리를 세게 때려서라도 나쁜 버릇을 고쳐주고, 잘했을 때는 칭찬과 격려를 아낌없이 해줘서 푸른 풀밭에 뛰노는 송아지처럼 기쁘게 해주라는 뜻이야."

"하하하하, 알았어. 알았어. 더운데 시원한 캔 맥주나 하나 마셔."

"고마워, 그런데 나는 김 선생이 크리스천인 줄 알았는데."

"응, 교회 다녀. 귀한 손님이 오실 때만 접대용으로 캔 하나씩 마셔."

캔 맥주를 마시며 두리번거리던 김 선생은 교실 뒤쪽에서 책걸상 정리를 하던 키가 작은 여학생을 불렀다.

"재가 장래 희망이 개그맨이나 코미디언이 되는 건 데 아주 웃겨."

"여기 있는 분이 선생님과 교대 동창이자 혜림이 작은 아버지야."

"혜림이 작은 아버지라고요?"

"응, 내가 혜림이 작은 아버지야. 혜림이 아버지가 나의 형님이셔.

혜림이와 사이좋게 지내기 바란다."

"선생님께는 귀한 손님인데 맥주 한 캔만 드시고 가시게 할 수가 없어서, 네가 선생님을 웃겨서 보냈으면 좋겠구나. 한번 웃겨봐."

"제가 선생님을 웃겨도 될까요?"

"네가 나를 웃길 자신이 있니?"

"예, 자신 있어요. 그런데 선생님이 화를 내실까봐 그래요."

"그럼, 우리 겨루기 하자. 나는 화내지도 않고 웃지도 않을 테야. 내가 웃지 않으면 네가 지는 거고, 내가 웃으면 네가 이기는 거야. 시작하자."

"선생님, 정말 화를 내지 않으실 거지요?"

"정말 화를 내지 않는다니까. 약속할게."

"선생님, 정말 괜찮을까요?

"혜림이 작은 아버지가 괜찮다고 말했잖아. 걱정하지 말고 시작해 봐."

고개를 돌려 담임선생님에게 다시 한 번 확인을 한 여학생은 내게로 다시 고개를 돌려 앞으로 다가오며 단호하게 말했다.

"그럼 시작하겠습니다."

"시작해 봐."

나는 바른 자세로 앉아서 시합을 할 자세를 갖추었다. 갑자기 어린 여학생이 손으로 내 목덜미를 거세게 잡아채 자기 얼굴에 바짝 갖다 댔다. 어린 여학생의 얼굴과 내 얼굴은 맞닿을 정도로 가까웠다. 그 여학생의 귀여운 눈동자는 내 눈동자와 서로 마주보고 있었다. 조그만 눈동자에서는 반가움과 슬픔과 안타까움이 깃든 복잡한 눈빛이 쏟아져 나왔다. 그 여학생이 나에게 말했다.

"자기야, 왜 인제 왔어?"

마치 오랜만에 만난 춘향이가 이몽룡에게 말하듯 나에게 속삭였다. 나는 당황스럽고, 기가 막히고 우스웠지만 꾹 참고 있었다. 다시 여학생이 목을 세차게 몇 번 흔들고는 자기의 얼굴에 갖다 댔다. 그리고는 격정적으로 말했다.

"왜, 인제 왔냐고~오?"

내 눈동자 가까이에서 귀여운 아이의 조그만 눈동자가 나를 빤히 쳐다보고 있었다. 귀엽기도 했고 우습기도 했다. 나는 웃음을 터트렸다.

"하하하하, 내가 졌다. 이다음 훌륭한 개그맨이 되겠어."

나는 여학생의 머리를 쓰다듬어 주었다. 김 선생도 유쾌하게 웃으며 즐거운 듯 말했다.

"얘, 아주 잘 웃긴다니까."

그러나 배꼽이 빠지도록 웃으며 교실을 나왔지만, 돌이켜 생각해 보면 그 여학생에게는 지금도 미안하다. 봉투에 얼마라도 돈을 넣어서 동화책이라도 사보라고 권하며 격려했어야 했는데, 그날은 미처 그 생각을 하지 못했다. 내기를 했으면 진 사람이 이긴 학생에게 무엇이든 예의를 표시했어야 했는데 미안하구나. 건강하고 행복한 가정 꾸려서 언제나 즐겁고 예쁘게 살기를 바란다.

태권도 격파 시범

가을 운동회 연습을 하게 되었다. 나는 올해도 태권도를 지도하게 되었다. 그런데 올해는 방과 후에 태권도를 사범이 가르치고 있었다. 사범 선생님이 운동회에서 할 태권도 시범을 자신이 지도하겠다고 나섰다.

"선생님, 운동회 연습으로 지도하는 태권도를 내가 맡아서 하고 싶습니다."

"좋습니다. 그렇게 하시지요."

태권도를 사범이 지도하니까 나는 편하고 좋았다. 나는 다만 학생들이 사범의 말씀에 잘 따르도록 옆에서 생활지도 정도만 해주면 되었다. 사범은 나보다 나이가 어렸다. 운동회 연습이 끝난 후 퇴근할 때에 노고에 보답하는 차원에서 몇 번 식당으로 모셨다. 나는 술을 사주며 사범의 힘든 인생살이를 들어주고 때로는 형처럼 위로하고 격려해 주었다. 태권도 사범은 의욕이 넘쳤다. 학생들에게 격파(擊破)까지 연습시키고 있었다. 내가 3년 동안 태권도를 지도할 때에는 격파는 제외시켜 놓았었다.

"어린 학생들에게 격파까지 연습시키는 것은 무리인 것 같은데요. 학생들이 격파를 못 해낼 것 같습니다."

"해낼 수 있습니다. 격파 재료는 벽돌이나 기왓장을 재료로 하지 않고 얇은 미루나무 판으로 할 것입니다. 얇은 미루나무 판은 힘이 없어서 격파가 잘 됩니다."

운동회를 일주일 쯤 앞두고 사범과 나는 얇은 미루나무 판을 사러 갔으나 아예 미루나무 판이 없었다. 대체재(代替財)로 송판(松板)을 사기로 했다. 그러나 우리가 원하는 얇은 송판은 아예 제재소에서 팔지 않았다. 제재소에서 파는 가장 얇은 송판이 8밀리미터짜리 였다. 송진 냄새가 매우 진하게 풍겼으며 송판이라 진득진득했다. 학생들에게 사전 연습을 시켜보았는데 아무도 격파시키는 학생이 없었다. 사범은 난감한 표정을 지었다.

"선생님, 방법이 한 가지 있긴 있는데 그 방법을 쓸까요?"

"어떤 방법인데?"

"커터(cutter) 칼로 송판을 2/3정도씩 깊이 금을 그어 놓는 것입니다. 그러면 격파 시에 무리가 없을 것 같습니다. 괜찮겠지요?"

"단증 시험을 보는 것도 아니고, 20일 정도 연습해서 학부모님들께 보여드리는 것인데 학생들 기죽일 필요가 없다고 생각합니다. 모두가 유쾌한 방법을 선택합시다. 그렇게 하지요."

사범과 나는 칼로 송판의 가운데 부분에 깊이 금을 그어 놓았다. 무리가 없었다. 그러나 금을 그어 놓은 면을 발로 차야 격파가 잘 되었다. 금을 그어 놓은 반대쪽을 발로 차면 그냥 송판이 접혀질 뿐 격파가 되지 않았다. 학생들에게 단단히 주의를 주었다. 운동회 날 학생들은 우렁찬 기합소리와 함께 뛰어올라 앞차기, 2단 옆차기로 격파를 실시하고는 다시 기합을 넣으며 힘차게 공격 자세를 취했다. 우렁찬 박수소리가 쏟아졌다.

산타할아버지의 선물

12월의 크리스마스가 이틀 앞으로 다가왔다. 겨울방학을 했기 때문에 나는 집에서 책을 보고 있었다. 아들이 급히 문을 열고 헐떡이며 들어왔다.

"무슨 일이 있니? 왜 그래?"

"내가 큰집에서 혜리 누나랑 놀다가 오는 길인데, 산타할아버지가 큰집에 와서 혜리 누나에게 크리스마스 선물을 주고 갔어. 이제 조금 있다가 산타할아버지가 우리 집으로 오실 거야. 문을 닫으면 안 되는데."

"괜찮아, 산타할아버지가 초인종을 누르시면 내가 얼른 문을 열어 드릴 거야."

거실에서 왔다 갔다 하면서 안절부절 못하던 아들은 문을 열고 베란다에 나가서 산타할아버지가 우리 집 출구로 들어오려는 것을 확인하려는 듯 밖을 내려다보고 있었다.

큰집 혜리는 유치원에 다니고 있었다. 혜리가 갖고 싶은 선물을 형수님이 알아보시고 유치원에 사다 주신 것이다. 산타할아버지는 유치원에서 고용한 1일 심부름꾼이었다. 이를 알지 못한 우리 아들은 추운 베란다에 서서 산타할아버지가 오시기만을 애태우며 기다리고 있었다.

"승규야, 추운데 우리 들어가 거실에서 기다리자."

"아니야, 산타할아버지가 오시면 내가 문을 열고 뛰어 나가서 선물을 받을 거야. 그런데 왜 이렇게 안 오시지?"

"승규는 산타할아버지께 어떤 선물을 받고 싶은데?"

"로봇, 움직이는 로봇이 있어. 그걸 선물로 받고 싶어."

산타할아버지가 보였다. 메모지에 적힌 이름과 주소를 보며 우리 아파트 단지에 사는 어린이에게는 선물을 다 돌린 모양이다. 우리 아파트 앞에 나있는 큰길 밖으로 나가는 산타할아버지는 다른 어린이에게 선물을 돌리려는지, 아직도 선물보따리에는 선물이 많이 들어 있어서 불룩했다. 산타할아버지가 보이지 않자 아들은 울음을 터트렸다.

"으~앙, 산타할아버지가 나에게는 선물을 왜 안 주지? 왜 날 미워하지? 나는 잘못한 것이 없는데 왜 빼놓고 갔을까?"

어린 아들은 아주 슬프게 울며 하소연 하듯 나에게 물었다.

"승규야, 울지 마. 하나님께서 귀여운 승규를 얼마나 사랑하시는데. 하나님께서 로봇을 산타할아버지 보따리에 넣어 주시며 이것은 꼭 승규에게 갖다 주라고 말씀하셨을 거야. 그런데 선물이 너무 많아서 산타할아버지가 깜박 잊으신 거야. 선물을 돌리다 승규 로봇이 남아 있으면 '승규를 안 주고 왔네. 그렇지만 착한 승규는 울지 않고 조용히 기다리고 있을 거야' 하시면서 부지런히 다시 우리 집으로 오실 거야."

"아빠, 산타할아버지가 정말 다시 오실까?"

"그럼 오시고말고. 승규한테 미안하다며 머리도 쓰다듬어 주실 걸."

어린 승규를 간신히 달래었을 때, 밖에 나갔던 아내가 볼이 붉어진 채 집으로 들어왔다. 연유를 들은 아내는 웃었다. 나는 아내에게 선물을 사러가니 승규한테는 비밀로 해달라는 말을 남기고 밖으로 나왔다. 아파트 앞 문방구에는 맘에 드는 로봇이 없었다.

"맘에 드는 로봇을 고르시려면 중앙시장 완구점으로 가셔야 합니다."

어두워지는 겨울 저녁도, 추위도 아랑곳 하지 않았다. 꼭 맘에 드는 로봇을 오늘 밤 안으로 구입해야 했다. 시내버스를 타고 문방구 주인이 가르쳐 준 중앙시장 완구점을 찾아갔다.

"이것이 최신형 로봇입니다. 앞뒤로 움직일 수도 있고, 허리도 굽혔다 펼 수 있고, 팔 동작도 자유롭습니다."

여러 로봇 중에서 제일 맘에 들었다. 종이상자에 들어 있었지만 나는 포장을 해 달라고 했다.

"포장 좀 예쁘게 해 주세요."

상점 주인은 웃으며 예쁜 포장지로 포장을 해 주었다. 어둑해진 버스 정류장에서 차를 기다리는 동안 기뻐서 좋아할 아들의 모습이 떠올라 마음이 조급해졌다. 슈퍼마켓에 들러 과자도 샀다. 집에 도착하니 놀고 있을 거라고 생각한 아들은 잠이 들어 있었다. 추운 베란다에서 떨며 기다리느라 지치고 힘이 들었나 보다. 다음날 아침 나는 아들에게 로봇을 건네주었다.

"승규야, 어제 저녁 늦게 산타할아버지가 우리 집에 오셨어. 여기저기 아이들한테 바쁘게 선물 돌리느라 승규 선물을 깜박 잊고 그냥 가셨대. 그런데 승규가 조금밖에 울지 않은 착한 아이라고 과자도 주고 가셨어."

"와아!"

아들은 기뻐 어쩔 줄을 몰라 하며 포장지를 풀었다. 그리고 로봇이 움직이는 것을 보며 뛸 듯이 기뻐했다. 로봇과 과자봉지를 들고 베란다로 나간 아들은 하늘을 향해 꾸벅 절을 했다. 그리곤 하늘을 보며 말했다.

"하나님, 감사합니다. 산타할아버지 감사합니다."

새로 맡은 3학년과 연식정구

1988년 새 학기에 나는 3학년을 맡았다. 나는 나이로 보아 3학년을 맡을 나이가 아니었다. 고참 선생님이 많았기 때문이다. 그런데 나에게 3학년을 준 이유는 우리 학교 체육 육성종목인 연식정구를 맡기기 위해서였다. 나는 김웅변 선생님이 가르치던 2학년 학생들과 연식정구를 그대로 물려받았다. 3학년 아이들은 말을 잘 듣지 않았다. 청소 시간에 청소를 재촉해도 서두르지 않았다. 비 내리는 호남선 완행열차였다. 큰 소리로 소리를 지르며 겁을 주어도 조그만 아이들은 꿈쩍도 하지 않았다. 김웅변 선생님의 우렁차고 큰 목소리에 내성(耐性)이 생긴 아이들은 꿈쩍도 하지 않은 채 말을 듣지 않는 것이다. 기가 막히고 우습기도 했다. 김웅변 선생님의 말씀으로는 백말 띠라 무척 억세서 말을 잘 듣지 않는다고 했다. 그렇다고 조그만 아이들을 윽박지르며 청소를 시킨다는 것은 나의 자존심이 허락하지 않았다. 청소의 진도가 나가지도 않고 깨끗하지도 못했다. 며칠을 생각다 못한 나는 솔선수범 청소 성과제란 다소 길고 생소한 방안을 생각해 냈다. 오후 수업을 마치고 청소 시간이 돌아왔을 때 아이들에게 '솔선수범 청소 성과제'에 관해 설명을 했다.

"오늘부터 솔선수범 청소 성과제를 실시한다. 어제까지는 똑같이 청소를 하고 똑같이 집으로 갔지만 오늘부터는 다르다. 오늘부터는 청소를 제일 열심히 하는 학생이 제일 먼저 집으로 간다. 가장 게으르고 청소를 잘 하지 않는 학생이 늦게 집으로 간다. 선생님이 너희들 청소하는 것을 보며 가장 잘하는 학생부터 이름을 부를 테니, 이름 부르는 학생부터 가방을 메고 집으로 간다."

"열중~ 쉬어! 차렷! 선생님께 경례!"

"선생님 안녕! 친구들 안녕!"

반장의 구령에 따라 학생들은 손을 흔들며 인사를 하고는, 청소를 시작했다. 1분도 되지 않아서 나는 학생의 이름을 불렀다.

"허영명, 잘했어. 집으로 가."

"네에?"

"아주 잘했어. 집으로 가라고."

이름이 불린 학생은 입이 쫙 벌어지고, 얼굴에는 웃음을 가득 담고 집으로 갔다.

"최희, 잘했어. 집으로 가."

학생들이 잘한다고 1~2분 안에 거의 다 보내면 게으른 학생 몇 명이 어떻게 청소를 다 하나? 어린 학생들에게 청소에 대한 적극적 사고와 동기유발을 촉진시키는 것이 목표이면서도 운영의 묘가 필요했다. 효과는 즉각적으로 나타났다. 청소를 시작하면서 손놀림이 바빠졌고 동작이 민첩해졌다. 동작 하나하나가 정성이 들어 있었다. 청소를 하면서 몇 분 만에 땀을 뻘뻘 흘리는 학생들도 있었다. 휴식 시간에 휴지를 줍거나 교실을 깨끗이 하는 학생에게는 청소 시간에 가산점을 주었다. 노는 시간에도 학생들은 교실 주변에 떨어져 있는 휴지를 즉시 주웠다.

어느 날 종례시간이었다. 김웅변 선생님이 들어오셨다. 청소가 시작되었다. 부리나케 열심히 청소하는 모습을 본 김 선생님은 탄성을 자아냈다.

"아니, 얘들이 왜 이래? 미친 거 아니야? 얘들아! 너희들 미쳤냐?"

김 선생님의 목소리를 들은 아이들은 2학년 때 말을 안 듣고 장난친 것이 미안했던지 웃음을 터트리면서도 열심히 청소를 하고 있었다. 아이들과 나, 그리고 김 선생님도 모두 웃음을 터트렸다.

"히히히히, 호호호호, 하하하하."

누구에게나 지기 싫어하고 샘이 많던 김기한, 항상 복스러운 웃음을 달고 다니던 최희, 아버지를 닮아서 언제나 조용하고 착했던 허영명, 언니는 말이 없고 조용한 성격이었는데 언니와 다르게 내 곁에 다가와 귀엽게 말도 잘하던 손상윤의 모습이 이 글을 쓰는 순간에도 떠오른다.

나는 연식정구를 맡으면서 학교 대표로 선발된 학생들에게 먼저 꿈과 자긍심을 심어 주었다.

"너희들은 축복 받은 아이들이야. 공부를 마치면 청소를 해야 하는데, 청소도 안 하고 바로 테니스 치러 나오지, 다른 사람들은 돈 주고 테니스 배우러 다니는데 돈 안 내고 학교에서 공짜로 선생님한테 배우지, 더욱이 학교에서 우유와 빵을 간식으로 주지, 얼마나 좋냐. 너희들 얼굴을 보면 복이 철철 흘러넘치게 생겼어. 축복 받은 아이들이야! 앞으로 테니스는 누구나 배워야 하는 운동 종목인데 학교서 미리 배우니 얼마나 좋으니? 학교에 감사하고 열심히 연습을 해. 연습을 하면서도 그냥 연습을 하지 말고 어떻게 하면 상대편이 넘겨준 공을 잘 받아낼 수 있는지, 내가 공을 넘길 때에는 상대편에게 어떻게 넘겨야 받을 수 없는지 깊이 생각하면서 넘기란 말이야."

나는 학생들에게 1월에 거행되는 전(全) 오스트레일리아 오픈(멜보른의 쿠욘 테니스 클럽), 5월의 전 프랑스 오픈(파리의 로우란 개로), 6월의 전 영국 오픈(런던 교외의 윔블던), 그리고 9월의 전 미국 오픈(뉴욕의 프래싱메드워) 등을 설명해 주며 의욕을 고취시켰다. 테니스에 대한 지식을 갖추고자 서점에 들러 '최신 테니스 기법'(삼청길森淸吉 저, 서림편집부 역)과 '테니스의 타법과 전략'(美 · 테니스매거진지誌 편집부 편)등의 책을 구입해 보며 학생들을 가르치는데 노력을 기울였다.

나는 **'승자가 되는 몇 가지 비결'**에 대해서 학생들에게 설명해 주었다.

1. 자기 팀의 장점을 잘 이용하자.
2. 볼에서 시선을 잃지 말라.
3. 샷의 목표를 상대의 발에 두라.
4. 로우(low) 발리를 하려면 자세를 낮추어라.
5. 상대편 선수를 많이 움직여 지치게 하라.

■ **서브의 반구**(return of serve)**의 방법**

1. 긴장은 풀되 주의력 있는 준비 자세를 취하라.
2. 볼이 움직이는 순간 동작을 옮겨라.
3. 라켓은 뒤로 일찍 빼라.
4. 백스윙은 짧게 하라.
5. 볼을 따라가라.
6. 느린 서브는 안쪽으로 들어가라.
7. 볼을 밀어 쳐라.
8. 볼을 되받아 친 후에도 계속 움직여라.

학생들과 연식정구 연습을 하는 동안에 학생들 스스로 터득한 기술을 나에게 알려 주기도 했다.

"선생님 공을 낮게 감아서 보냈더니 공이 방향을 알 수 없게 튀어가요."

"잘했어. 새로운 기술을 개발했네. 그리고 상대편에게 공을 줄 때는 될 수 있는 한 백으로 주도록 해. 몸에 바짝 붙여 주든지. 그래야 상대편이 공을 제대로 못 받지."

나는 학생들에게 자신감을 심어 주면서 강하게 훈련을 시켰다. 때로는 이웃 중학교의 커다란 선수들을 초청해 평가전을 치렀는데 조그만 우리 학생들이 너무나 잘해 주어 중학생을 이겼다. 원주시 관내에서는 우리 학생들을 상대할 선수들이 없었다. 무더운 여름방학, 추운 겨울방학에도 열심히 학교에 나와서 연습해 준 학생들에게 감사했다. 어린 학생들이었지만 눈빛에는 언제나 꿈이 담겨 있었고, 공을 받아치며 내뿜는 구령 속에는 항상 자신감이 묻어나 있었다.

나의 보람

지정초등학교에 근무하는 동안 개인적으로도 보람 있는 일이 두 가지 있었다. 방송통신대학을 졸업한 일과 특수학급 교사 자격증 시험에 합격한 일이었다. 개인적으로 지능이 부족하거나 지체장애가 있는 학생들에게 관심을 갖고 있었는데, 공부를 하여 특수학급 교사 자격시험에 합격하니 기분이 좋았다. 기회가 주어진다면 특수학급 학생들을 위해서 열심히 가르치리라 다짐을 해봤다.

12월의 추운 날씨와 짧은 해는 퇴근시간 무렵부터 어둑어둑해져 있었다. 원주시 종점에서 버스를 내려 집으로 가려고 도립의료원 쪽으로 걸어가는데 안창초등학교 교장선생님께서 나를 불렀다. 몇 분의 교장선생님과 동행하고 계셨다.

"염 선생, 의료원 뒤에 있는 포장마차 집으로 감자탕에 소주 마시러 가는 길이야. 염 선생도 같이 가."

"아닙니다. 저는 집으로 가겠습니다. 교장선생님들과 즐겁게 드세요."

"마침 잘 됐어. 내가 염 선생한테 술 한 잔 사주고 싶었어. 오늘 같이 한잔하자고."

그 당시 의료원 뒤에는 몇 개의 포장마차 감자탕집이 있었고, 맛이 있어서 손님도 많았다.

“자, 염 선생 받아. 내가 교장 입장에서 염 선생이 고마워서 술을 사는 거야. 관사에 있을 때 당나돌 교장을 위해서 기꺼이 관사를 비워 주고 시내로 나왔잖아. 고마워.”

“관리자가 관사에 있는 것이 보다 좋을 거라고 저는 생각했습니다. 당연한 일인데요 뭘.”

“아니야, ‘배 째라’ 하고 안 내놓는 선생들도 많아. 그런데 당시 염 선생은 돈도 없으면서 무리하게 나왔잖아.”

“그 바람에 생각지도 못했던 아파트도 장만하고, 도리어 잘 됐습니다.”

“염 선생이 착해서 복 받아서 그래.”

“아파트 값이 많이 올랐지?”

“예, 저는 아파트를 사면서 교장선생님 따님도 뵙고, 사위 되시는 분도 만나서 반가웠습니다. 따님은 알뜰한 살림꾼으로 생기셨고, 사위 되시는 선생님은 온화하신 선비처럼 틀림없으신 분으로 보였습니다. 따님과 사위 두 분 다 인상이 너무나 좋았습니다.”

“어, 무슨 이야기야?”

“염 선생이 당 교장한테 관사를 양보하고 나오면서 우리 딸네 아파트를 샀잖아.”

“아, 그래.”

“당 교장과 부인 둘 다 그래. 그래서 내가 대신 위로 주(酒) 사 주는 거야.”

“당연한 일인데 마음 속 깊이 위로해 주시고 너무 감사합니다.”

적당히 먹고 마시고, 적당히 취했다. 술자리가 끝나면서 나는 재빠르게 계산하는 쪽으로 가 돈을 지불했다.

"염 선생, 이러면 안 돼. 내가 나이 어린 선생 데리고 와서 바가지 씌운 것밖에 더 돼. 젊은 선생 돈 받은 것 돌려주세요."

"교장선생님, 너무 감사해서 제가 모시려고요."

"아냐, 안 돼. 그러면 안 되지."

결국 그날 술값은 교장선생님이 내셨다. 그리고 그날 교장선생님의 따뜻한 위로의 말씀과 표정은 지금도 잊을 수가 없다.

개운 아파트 주공1단지의 가격 이동 평균선은 10년선, 5년선, 3년선, 2년선, 1년선, 6개월선이 변함이 없었다. 그물망 차트의 이동평균선도 똘똘 뭉쳐 큰 밧줄처럼 일직선으로 향했다. MACD(Moving Average Convergence and Divergence)도 변함없이 일직선을 향했으며 어떤 신호를 보여주지 않았다. 그랬던 이동평균선이 조금씩 꿈틀대다가 폭등하며 위로 치솟았다. 미친 아가씨 널뛰듯 한다더니 갑자기 치솟아 아파트값이 3~4배로 뛰어올랐다. 우리 같이 이미 그곳에 사는 사람이야 떨어지나 오르나 매일반이다. 그러나 사려는 사람에게는 큰 부담이 아닐 수 없다. 내가 살면서 형님께 잘한 일 중에 한 가지가 아파트를 소개시켜 사시게 한 일이다.

숙녀가 된 제자들

김정아와 전정환이가 서울에서 전화를 했다. 어떻게 전화번호를 알았는지 신통하다는 생각이 들었다.

"선생님, 집이 어디세요? 선생님 집을 찾아가려고 전화를 건 거예요."

"여기는 남양주시 진건면이야. 그런데 진건면 가는 버스는 없고 사릉이라고 적혀있는 버스를 타야 돼. 여기 지역 사람들은 모두 이곳을 사릉이라고 불러. 사릉 가는 00번 버스를 타고 와서 진건초등학교 앞에서 내리면 돼."

"그럼 선생님 사릉 가는 00번 버스를 타고 갈게요."

"그래, 내가 진건초등학교 앞 버스 정거장에서 기다리고 있을 테니까 안심하고 와."

나는 제자들이 찾아온다는 말에 기쁨이 앞섰다. 정류장으로 제자들을 마중하러 갔다.

사릉은 조선 제 6대 왕 단종(端宗 1445~1457, 재위 1452~1455)의 부인 정순왕후(1440~1521)의 무덤이다. 1970년 5월 26일 사적 제 209호로 지정되었다. 정순왕후는 1521년(중종 16년) 6월 4일 82세의 나이로 세상을 떠났다. 소생이 없어 단종의 누이인 경혜공주가 경기도 양주군의 시가(媤家) 묘역에 묘를 만들었다. 사가(史家)들은 정순왕후가 유산(流産)이나 출산의 이야기가 실록에 기록되지 않은 것으로 보아, 처녀였을 거라고 생각하고 있다. 강제로 어린 단종과 헤어져 있었기 때문이다. 노산군(魯山君)으로 강봉 되었던 단종은 1691년(숙종7)에 노산대군으로 추봉되었다가 1698년(숙종24) 11월 단종으로 복위되었다. 이때 정순왕후도 복위되었으며 무덤은 사릉(思陵)이라는 능호를 받았다. 나는 단종의 무덤이 있는 영월군에서도 근무한 적이 있었다. 가슴 아프도록 슬픈 이 부부의 이야기를 제자들에게 들려주었다.

정아와 정환이는 몸이 많이 성숙해져 처녀티가 났다.

"너희들 어떻게 여길 찾아왔니?"

"여길 왜 못 찾아와요? 호호호호."

내가 아직도 자기들을 초등학생 취급한다는 듯 둘은 웃었다. 나를 찾아준 제자들이 반갑고 고마우면서도 한편으로는 나 자신이 부끄러웠다. 누추한 시골의 전셋집을 보여줘야 했기 때문이다. 집은 엉성하면서도 수도권이라 무척 비쌌다. 고향 원주가 집값도 싸고, 공기도 맑아서 살기 좋은 곳이라 생각되었다.

"선생님, 어떻게 하면 집으로 갈 수 있나요?"

"여기서 동서울터미널에 가는 버스가 많이 있어. 거기서 원주 가는 차표를 끊어서 버스를 타면 바로 원주까지 논스톱으로 가는 직행버스가 많이 있어."

"예, 잘 알았어요. 이제는 저희들이 집을 찾아갈 수 있어요. 걱정하지 마세요."

딸은 언니들이 일어서려고 하니까 섭섭했나 보다. 언니들 더 놀다 가라고 졸라댔다. 나는 두 제자와 함께 버스 정류장으로 가서 버스를 기다리고 있었다. 티 없이 맑게 웃는 두 제자들을 보면서 갑자기 불안감이 엄습해 왔다.

'서울이 어떤 곳인가? 눈 감으면 코 베어 간다는 곳이 서울 아닌가? 두 딸을 부모님이 나에게 보낸 것은 나를 믿어주셨기 때문인데, 중간에 잘못되기라도 한다면 두 학생의 부모님을 어떻게 뵐 것인가? 내가 동서울터미널까지 데리고 가서 직접 버스를 태워 보내야지.'

"선생님, 저희들끼리 집에 갈 수 있어요."

"아냐, 선생님이 직접 터미널까지 같이 갈 거야."

"지금 저희들은 옛날 초등학생이 아니에요. 호호호호."

"초등학생이 아니래도 나는 걱정이 더 많이 돼. 하하하하."

우리는 동서울터미널에 갔다. 그리고 나는 표를 끊어서 원주행 직행버스 앞으로 가 두 제자에게 건네주며 말했다.

"원주에 내려서 친구네 집에 들르지 말고 바로 집으로 가야 해. 각자 집으로 가서 부모님께 '선생님 댁에 잘 다녀왔습니다.' 인사드리고 나한테 바로 전화해. 꼭 그렇게 해야 한다."

나는 몇 번씩 되풀이 하며 강조했다. 정아와 정환이는 웃으며 고개를 끄덕였다. 버스에 타서 두 제자는 나를 내려다보고 있었다. 나는 두 제자를 올려다보았다. 드디어 버스가 움직이기 시작했다. 나도 손을 흔들고 두 제자도 나에게 웃음을 보내며 손을 흔들고 있었다. 마치 먼 낯선 타향 땅에 딸을 시집보내며 이별을 안타까워하는 친정아버지의 기분이 들었다. 집에 와서 두 제자의 소식을 기다리고 있었다. 전화가 왔다.

"선생님, 저희 둘 다 집에 잘 도착했어요. 선생님께서 걱정하실까봐 부모님께 인사드리고 바로 전화하는 거예요."

"고마워, 부모님 말씀 잘 듣는 효녀가 되고, 건강히 잘 지내기 바란다."

김응변 선생님과 뜻밖의 해후

고등학교 동창들 넷이서 간현산에 등산을 갔다. 산이 높지는 않았지만 섬강과 삼산천이 흐르는 내(涞)를 곁에 두고 있어서 경치가 아름다웠다. 오늘의 목적은 고사리와 두릅을 따는 것이다. 그러나 목표량이 정해져 있는 것이 아니다. 따면 좋고 못 따도 좋았다. 푸른 하늘과 맑은 공기를 마시며 천천히 산행을 즐겼다. 그리고 가까이서 삼산천을 내려다보면 무서운 공포심을 느끼면서도 감탄을 자아냈다. 산을 오르다 도시락을 꺼내 밥을 먹으니 밥맛이 최고였다. '금강산도 식후경이다'라는 말이 있는 것처럼 뱃속이 꽉 차고 든든해야 등산하고 싶은 의욕도 생기는 것이다.

산 정상을 내려오면서 고사리와 두릅이 보여 흩어져 따기 시작했다. 그러나 두릅은 먼저 등산하신 분들이 모두 따 가서 그런지 작은 것만 보이지 큰 두릅은 거의 보이지 않았다. 친구들은 각자 조금씩 뜯은 산나물을 성진이 친구에게 모두 건네주었다. 산을 내려오는데 싸리나무가 많이 자라고 꽃이 하얗게 피어 있었다. 싸리꽃 향기가 물씬 풍기며 코를 자극했다. 향기가 너무 좋았다. 코를 꽃 가까이에 대고 잠시나마 향기를 마시며 봄기운을 만끽했다. 두몽폭포를 바라보니 물이 조금씩 떨어지고 있었다. 너무 가물어서 그런가 보다. 비가 많이 오는 장마철에는 보기에 아름답겠다는 생각이 들었다. 산을 내려와 편평한 길을 걸었다. 스위스 알프스 지방의 아름다운 집들처럼 몇 채의 아름다운 집들이 보였다. 한 집에서 개가 길로 뛰어나와 사납게 짖었다.

"멍, 멍, 멍, 멍."

"짖지 마. 짖지 마. 짖지 말라니까. 이 개가 짖기만 사납게 짖지, 물지는 않습니다. 안심하고 지나가십시오."

김웅변 형님의 목소리였다. 혹시 실수할지 몰라서 다시 한 번 모자 쓴 얼굴을 훑어보았다. 틀림없었다.

"형님, 안녕하십니까?"

"아니, 이게 누구야. 염 선생 아니야?"

"예, 그동안 형님 건강하셨지요? 형수님도 건강하시고요?"

"아, 그럼 모두 건강히 잘 있어."

"저 벌통도 형님이 다 기르는 것입니까?"

"아, 그럼 내가 다 키우는 거지."

"옛날에 형님이 안창리에다 땅을 사놓으셨다는 게, 이 땅이었나요?

"아, 맞아. 이 땅이야."

"안목이 참 좋으십니다. 경치도 좋고, 훌륭한 땅을 미리 잘 사놓으셨네요?"

"뒤에 계신 분들은?"

"저의 고등학교 동창들입니다. 인사드려요. 내가 모시고 있던 선생님이셔."

"이럴 게 아니라 우리 집에 들어가서 커피 한잔 마시고 가요."

우리는 2층 선생님의 거실로 들어갔다. 거실 벽면 탁자에는 한국자유총연맹에서 수상한 대통령상 트로피가 금빛 찬란하게 빛나고 있었다. 형수님께서 주시는 커피를 마시며 여러 가지 목공예를 살펴보았다. 실물과 모양이 똑같았다.

"이것 모두 형님이 만드신 겁니까?"

"응, 내가 다 만든 거야."

"나는 형님이 예술 분야에도 재능이 있으신 줄은 예전엔 미처 몰랐습니다. 조각으로 만든 목공예가 마치 실물과 똑같습니다."

"하하하하."

우리는 모두 유쾌하게 웃었다. 선생님께서는 우리가 주차시켜 놓은 주차장까지 따라와서 배웅해 주셨다. 그리고 아쉬움을 남기며 헤어졌다. 나는 근면성실하신 김웅변 선생님의 앞날에 건강하심과 행복을 기원했다.

오랜 시간의 기다림

점심을 먹고 짐을 꾸려서 배낭 안에다 차곡차곡 정리해서 넣기 시작했다. 이번 피서는 성공적이었다. 피서하는 2박 3일 동안 무더위는 기승을 부렸지만 우리 가족은 삼산천에서 시원하게 물놀이를 하며 즐길 수 있었다. 오늘도 서울 도심에서는 내리쬐는 태양에 아스팔트가 녹아 끈적거리며 태양열과 지열과 복사열로 인해 한낮에는 돌아다닐 수가 없다고 아나운서는 말했다. 삼산천 주위를 가슴에 새기듯 천천히 둘러본 나는 야영지를 벗어나 간현역 쪽으로 걸음을 옮겼다. 간현 역전 광장으로 가면 원주시내로 가는 시내버스를 탈 수 있기 때문이다. 짧은 거리를 움직였는데도 온몸에 땀이 줄줄 흘러내렸다. 나는 역전 광장에 있는 벤치에 자리를 잡으러 광장으로 들어섰다. 광장 아스팔트의 열기가 숨이 막힐 정도로 뜨거웠다. 그늘이 있는 곳을 찾느라 시선을 두리번거렸다. 상복이가 뛰어와 내 앞에 섰다.

"선생님! 엉, 엉, 흑, 흑."

"아니, 네가 어떻게 여기에……."

"선생님이 오늘 간현을 떠나신다고 해서, 언제 가실지 몰라 아침 아홉시부터 기다리고 있었어요. 엉, 엉, 흑, 흑."

"내가 여기 피서 온 걸 어떻게 알았어?"

"미영이 한 테 들었어요. 미영이가 오늘 선생님이 가신다고 말해줬어요. 그래서 언제 떠나실지 몰라 아침부터 선생님을 계속 기다리고 있었어요. 그런데 선생님이 안 오셔서 아침 일찍 떠나신 게 아닌가 하고 집으로 가려고 하던 중이에요. 엉, 엉, 흑, 흑."

"그럼, 점심도 안 먹었겠구나?"

"안 먹었어요. 엉, 엉, 흑, 흑."

"배가 고파서 어떻게 하니?"

"괜찮아요. 집에 가서 먹으면 돼요. 그리고 선생님 이거. 엉, 엉, 흑, 흑."

"이건 메기 아니니? 이렇게 큰 메기를 어디서 구했어?"

"제가 선생님께 선물로 드리려고 어제 강에 나가서 물안경 쓰고 작살로 잡았어요. 엉, 엉, 흑, 흑."

"이렇게 큰 메기를 나를 주려고 가져왔어? 그러지 말고 아버지 매운탕을 끓여 드리지 그랬어?"

"아니에요. 아버지께서도 선생님께 갖다드리라고 말씀하셨어요. 엉, 엉, 흑, 흑."

나는 커다란 메기 세 마리를 상복이로부터 건네받았다. 상복이는 나를 바라보며 굵고 맑은 눈물을 계속 흘리고 있었다. 십자가에 못 박혀 신음하는 예수그리스도를 바라보며 애달픈 눈물을 흘리는 그분의 어머니 마리아처럼, 상복이는 나를 바라보며 계속 소리 내어 흐느끼며 눈물을 흘리고 있었다. 이 부족한 선생님을 위해서 상복이는 무더운 여름 하루를 메기를 잡느라 고생을 했고, 또 오늘 하루는 간현역 광장에서 기다리며 노심초사했다.

섬강이 어떤 곳인가? 심심치 않게 익사사고도 발생하는 곳이다. 그래서 나는 여름방학과 겨울방학 때마다, 안전사고를 미연(未然)에 예방하기 위해 학생들에게 귀가 따갑도록 물조심, 얼음조심, 수로(水路)조심을 강조했었다. 수심이 깊고 물살이 센 섬강에서 나를 위해 고기를 잡은 상복이를 생각하며 가슴이 아팠다. 상복이의 굵고 맑은 눈물방울은 얼굴을 타고 내려와 뚝뚝 떨어졌다. 나는 상복이의 눈물 속에서 그동안 잃어버렸던 초심(初心)과 자신감을 되찾았다. 커다란 상복이는 어린 아기처럼 울었던 자신이 부끄러웠던지 손등으로 눈물을 닦았다.

"선생님, 그럼."

상복이는 허리를 굽혀 인사를 하고는 넓은 도로 쪽으로 달려 나갔다. 나는 뛰어가는 상복이를 바라보며 마음속으로 울부짖었다.

'내가 바보였어! 내가 잘못했어! 나짜미, 당나돌 교장 등 그 누가 뭐라든지, 나는 학생들만 생각하고 인내하며, 학생들을 위해서, 학생들과 함께 즐겁게 생활하고 꿈을 가꿔 가면 되는데, 그렇게 하지를 못했어! 고슴도치처럼 서로 부딪치고, 상처받고 상처주면서, 분노하

고 좌절하고 절망하며 눈물을 흘렸어! 내가 바보였어!'

도로를 달리던 상복이는 모퉁이 작은 길로 들어가기 전 몸을 돌려 다시 나를 바라보았다. 그리고 손등으로 흘러내리는 눈물을 닦고는 다시 몸을 돌려 뛰어갔다.

오랜 시간의 기다림, 짧은 만남, 그리고 또 다른 이별이었다. 시계는 오후 3시 40분을 지나가고 있었다.

오랜 시간의 기다림을 쓰고 나서

초등학교 교사 생활을 하면서 산골 벽지와 탄광촌과 농촌지역을 다니며 생활하게 되었는데, 학생들을 가르치고 함께 귀한 시간을 보내면서 소중한 추억들이 가슴속에 차곡차곡 쌓이게 되었다. 또한 학생들의 학부모님들께서도 어렵고 힘들게 땀 흘리며 살면서도 자식들을 위하여 기꺼이 모든 것을 바쳐 희생하시는 눈물겨운 삶의 현장을 체험하면서 거룩한 사랑에 감동을 받았다.

내가 교사 생활을 한 곳은 대부분 가정환경이 넉넉하지 못한 학생들이었지만 학생들은 어려움 속에서도 티 없이 맑고 씩씩하게 자라주었고, 그 아름다운 모습은 한 폭의 풍경화를 보는 듯 했다. 새까만 석탄가루가 바람에 휘날리고, 지붕도 거리도 새까만 탄광촌의 거리를 거닐며 많은 광부들을 보았다. 그 광부들 가운데는 내가 가르치는 학생들의 아버님도 계셨다. 탄광에서 일하시다가 귀여운 학생들을 남겨놓고 하늘나라로 떠나신 아버님도 계셨다. 내가 월세로 살던 주인집에는 규폐병(硅肺病)으로 매일 아파하시면서도 탄광에 나가 일하시는 가족도 같이 월세로 살고 있었다. 나는 그분들의 아픔을 가까이서 지켜보며 안타까운 마음을 금할 수가 없었다. 그러나 그런 아픔

속에서도 가족을 위하여 아픈 몸을 이끌고 탄광으로 들어가 일하시는 가장(家長)의 모습을 보면서 슬픔을 넘어 경외심(敬畏心)을 느꼈다. 마치 우리 죄인들을 구원하기 위하여 가시 면류관을 쓰시고 십자가(十字架)에 못 박혀 피 흘리시는 예수 그리스도를 바라보듯 아픔과 경건함을 동시에 느끼는 마음이었다.

이 글의 배경은 원주시이고 지정초등학교 때의 학생들과의 추억을 담았다. 처음 지정초등학교 발령을 받아 생활하던 여름방학 동안에 많은 비가 내려, 땀 흘려 농사지은 옥토(沃土)가 파여 떠내려가고 자갈과 모래로 덮여 황폐해졌다. 강변의 많은 집들이 수해를 입고 힘들어 했다. 그러나 모든 분들이 어려움을 이기고 다시 일어나 수해를 복구하는 현장을 묵묵히 지켜봤다. 학부모님들은 시련을 극복하셨고 학생들은 아픔의 현장에서도 웃음을 잃지 않고 씩씩하게 자랐다.

행복하게도 나는 학생들을 3년간 계속 담임을 맡으며 생활했다. 나는 학부모님들의 아픔과 사랑을, 소중한 추억을 글로 표현하고 싶은 강렬한 욕망을 느끼고 있었다. 사실 지정면은 나의 고향이나 마찬가지였다. 이 세상에서 나를 가장 사랑해 주시던 외할머니께서 동화 마을에 살고 계셨으며, 작동 마을에는 외삼촌도 살고 계셨다. 글을 쓰면서 부모님과의 소중 했던 추억과 전해들은 조부모님의 이야기, 청소년시절의 누렁이의 이야기도 담고 싶었다. 사실 누렁이는 말 못하는 소의 이야기지만, 나는 그때 나 자신보다도 누렁이를 더 사랑했었다. 소의 풀을 베러 산에 갔다가 손을 다쳐 피가 흘러도, 벌에 쏘여 한쪽 눈이 보이지 않아도, 소나기를 맞아 등허리와 배로 빗방울이 줄줄 흘러내려도 나는 그때 행복했었다. 누렁이는 내 청소년 시절의 꿈과 정열과 사랑을 가득 받았을 뿐만 아니라 부모님의 꿈과 사랑도 가득 받으며 건강하게 잘 자랐지만 안타깝게도 헤어져야 했다.

지정초등학교에 근무하던 5년간 학생들과 생활하면서 기쁨과 행복이 함께한 시간이었다. 학생들과의 추억이 깃든 초등학교, 간현역, 소풍장소였던 섬강 강변, 캠핑장소를 거닐며 학생들과의 추억을 되새겨 보았다. 그러나 30년이란 세월이 흐르는 동안 변한 것도 많았다. 운동장에서 뛰어 놀며 바라보던 강변의 넓은 들판 가운데는 전철길이 높게 생겼고, 상복이와 추억이 깃들어 있는 간현역에는 기차가 다니지 않았다. 그러나 옛날 상복이의 모습을 잊을 수가 없어서 한참이나 우두커니 서 있었다. 상복이의 눈에서 떨어지던 커다란 맑고 굵은 눈물방울을 생각하며 역전 광장의 바닥도 유심히 살펴보았다. 역전 광장 바닥에 상복이의 눈물방울은 보이지 않았다. 그러나 내 마음

속에는 상복이의 맑은 눈물방울이 소중히 간직되어 그대로 남아 있다. 그리고 삶의 힘든 고비마다 상복이의 눈물을 생각하며 용기를 얻곤 한다.

나는 이 세상에서 가장 행복한 선생님 중 한 사람이라는 생각이 들 때가 많다. 나는 제자들을 사랑했고, 제자들은 나를 사랑했다. 이 모든 것이 하나님이 주신 사랑과 은혜와 축복의 덕분이라고 생각한다. 부족한 저에게 끊임없는 믿음과 사랑으로 지켜봐 주신 학부모님들께 언제나 건강하시고 행복하시기를 삼가 기원합니다.

어려운 가정환경 속에서도 귀여운 아들딸을 사랑으로 키워주신 학부모님들과 뜨거운 태양에도 하늘 향해 푸르게 자라나는 나무들처럼 씩씩하게 잘 자라준 학생들에게 감사드립니다. 귀여웠던 어린 학생들이 이제는 장성한 어른이라고 생각하니 감회(感懷)가 새롭습니다. 다시 한 번 잊을 수 없는 소중한 추억을 마련해준 학생들과 학부모님, 선생님, 함께 해주신 모든 분들께 마음속 깊이 감사의 인사를 드립니다. 안녕히 계십시오.

엄근호 드림